KB025627

The Infidel and the Professor

무신론자와 교수

무신론자와 교수
데이비드 흄과 애덤 스미스, 상반된 두 거장의 남다른 우정

초판 1쇄 인쇄일 2018년 10월 19일 **초판 1쇄 발행일** 2018년 10월 25일

지은이 데니스 C. 라스무센 | **옮긴이** 조미현
펴낸이 박재환 | **편집** 유은재 김예지 | **관리** 조영란
펴낸곳 에코리브르 | **주소** 서울시 마포구 동교로 15길 34 3층(04003) | **전화** 702-2530 | **팩스** 702-2532
이메일 ecolivres@hanmail.net | **블로그** http://blog.naver.com/ecolivres
출판등록 2001년 5월 7일 제10-2147호
종이 세종페이퍼 | **인쇄 · 제본** 상지사 P&B

ISBN 978-89-6263-187-6 03160

책값은 뒤표지에 있습니다. 잘못된 책은 구입한 곳에서 바꿔드립니다.

무신론자와 교수

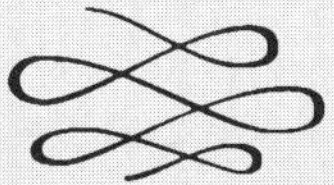

데이비드 흄과 애덤 스미스, 상반된 두 거장의 남다른 우정

데니스 C. 라스무센 지음 | 조미현 옮김

에코리브르

전체적으로 저는 그가 살아생전에도 그렇고 사후에도 그렇고, 인간의 나약함이라는 본성이 허용하는 선에서 어쩌면 완벽하게 지혜롭고 도덕적인 인간이라는 개념에 거의 근접한 사람일 수 있겠다고 항상 생각해왔습니다.

–애덤 스미스가 데이비드 흄에 대해 한 말*

흄이 직접 쓰고 애덤 스미스 박사가 자신의 편지를 첨부한 이른바 데이비드 흄의 자서전을 필시 읽어보셨을 겝니다. 이건 정말 후안무치한 시대 아닙니까? 제 친구 〔존〕 앤더슨 씨가 …… 최근 저를 찾아왔습니다. 그때 저희는 이 시대에 득실거리는 독버섯 같은 저작물들에 관해 얘기하면서 분개와 모욕을 금치 못했는데, 그가 지금이야말로 존슨 박사가 한 걸음 앞으로 나아갈 절호의 기회라고 말하더군요. 당신이 흄과 스미스를 혼쭐내주고 그들의 오만하고 과시적인 무신론을 완전히 웃음거리로 만들 수 있다는 그의 생각에 저도 찬성입니다. 도덕의 정원에서 이런 유해한 잡초들을 짓이기는 것은 가치 있는 일 아니겠습니까?

–제임스 보스웰이 새뮤얼 존슨에게 한 말**

* Adam Smith, *Letter from Adam Smith, LL. D. to William Strahan, Esq.*, in David Hume, *Essays, Moral, Political, and Literary*, ed. Eugene F. Miller (Indianapolis: Liberty Fund, [1777] 1987), xlix.

** James Boswell, *The Life of Samuel Johnson, LL. D.* (London: William Pickering, [1791] 1826), 104-105.

머리말

데이비드 흄(David Hume)은 영어권에서 역대 가장 위대한 철학자로 널리 평가받고 있으며, 애덤 스미스(Adam Smith)는 역사상 가장 유명한 상업 사회 이론가임에 틀림없다. 놀랍게도 이 둘은 성년의 대부분을 절친한 벗으로 지냈다. 이 책은 1749년 그들의 첫 만남부터 사반세기 남짓 후 흄이 사망할 때까지 둘의 우정의 추이를 따라가면서 개인적 상호 작용은 물론 각자가 상대방의 세계관에 끼친 영향을 검토할 것이다. 우리는 그들이 서로의 책을 논평하고, 서로의 일과 문학적 야심을 응원하고, 흄과 장자크 루소(Jean-Jacques Rousseau)의 드라마 같은 싸움의 여파 때처럼 필요할 때에는 서로에게 조언해줬음을 알게 될 것이다. 우리는 두 사람이 같은 친구들(그리고 적들)을 많이 사귀었고, 같은 사교 단체들의 회원이었으며, 좀 더 많은 시간을 함께 보내기 위해 끊임없이—항상 그들의 바람보다 덜 실현됐지만—애썼음을 알게 될 것이다. 아울러 둘이 종교 및 종교인에 관해 대체로 비슷한 견해를 취하긴 했으나 대중에게 알려진 태도는 사뭇 달랐다는 점도 알게 될 것이다. 사실 이것이 이 책 전체를 관통하는 주제일 것이다.

나는 교수로서 이 책이 흄과 스미스의 학술 연구에 기여하기를 바라지만, 비단 학자들만을 위해서가 아니라 이 두 계몽주의 거장의 삶과 사상에 관해, 그리고 단언컨대 가장 위대한 철학적 우정에 관해 더 많이 알고 싶어 할 모든 이를 위해 이 책을 썼다.

차례

감사의 글

이 책을 쓰게 된 것은 더할 나위 없는 즐거움이었으며, 그렇게 하도록 도움을 준 분들에게 고마움을 전할 기회가 생겨 기쁘다. 우선 터프츠(Tufts) 대학교에, 특히 적절한 학문적 거점을 제공해준 정치과학부와 재정적으로 아낌없는 지원을 해준 교수연구자금수여위원회(Faculty Research Awards Committee)에 두루두루 감사의 말을 전하는 것으로 시작해야겠다. 이 책의 원고를 읽고 유익한 논평을 해준 빌 커티스(Bill Curtis), 에밀리 내콜(Emliy Nacol), 리치 라스무센(Rich Rasmussen), 미셸 슈워츠(Michelle Schwarze) 및 익명의 두 검토자, 그리고 유용한 자료를 알려준 펠릭스 월드만(Felix Waldmann)에게 고마움을 전한다. 나는 흄, 스미스, 그리고 좀더 넓게는 계몽주의를 연구하는 다른 많은 학자들의 대화와 격려와 통찰로부터 엄청난 은혜를 입었다. 여기서 이들의 이름을 일일이 대는 것은 불가능하겠지만 새뮤얼 플라이섀커(Samuel Fleischacker), 마이클 프레이저(Michael Frazer), 마이클 길레스피(Michael Gillespie), 루스 그랜트(Ruth Grant), 찰스 그리스월드(Charles Griswold)와 라이언 핸리(Ryan Hanley)는 언급해야겠다. 터프츠 대학교의 티시(Tisch) 도서관, 하버드 대학교의 와이드너(Widener) 도서관과 러몬트(Lamont) 도서관, 예일 대학교의 바이네케(Beinecke) 도서관, 뉴욕의 모건 도서관·박물관(Morgan Library and Museum), 런던의 영국 국립도서관과 윌리엄스 박사 도서관(Dr. Williams's Library), 에든버러 대학교 도서관과 스코틀랜드 국립도서관, 글래스고 대학교 도서관 및 벨파스트(Belfast)의 북아일랜드 공문서 보관소(Public Record Office) 직원들의 도움에도 감사드린다. 아울러 이 책을 최대한 훌륭하게 만들기 위해 편집자 롭 템피오(Rob Tempio)와 프린스턴 대학교 출판부 팀 전체가 기울인 모든 노력과 관심에 대해서도 감사를 드리고 싶다.

늘 그렇듯 아내 에밀리(Emily)에게, 그리고 이제는 아들 샘(Sam)에게도 심심한 감사를 표한다. 그러나 이 책이 우정에 초점을 맞춘 만큼 내 친구들에게 이 책을 바치고 싶다. 아무리 생각해도 내가 그랬던 것처럼 샘도 친구 운이 좋길 바라는 것 이상으로 더 나은 소망이 떠오르진 않는다.

서문 

가장 친애하는 벗들에게

1776년 여름 데이비드 흄이 죽음의 침상에 누워 있을 때, 트위드(Tweed) 강 북쪽과 남쪽 양편(각각 스코틀랜드와 잉글랜드—옮긴이)의 많은 영국인은 그의 사망 소식을 손꼽아 기다렸다. 흄의 저술은 거의 40년간 그들의 견해—철학관과 정치관, 특히 종교관—에 도전장을 던져왔다. 그를 제명하려는 스코틀랜드 국교회의 단합된 행동을 포함해 그는 평생 신도들에게 욕을 먹고 비난을 받았지만 이제는 그들의 손길이 닿지 않는 곳에 있었다. 온 세상이 이 악명 높은 무신론자가 어떤 최후를 맞을지 궁금해했다. 그가 반성의 기색을 보이려나? 아니면 혹시라도 회의론을 철회하는 건 아닐까? 사후 세계에 대한 믿음이 제공하는 흔한 위안도 전혀 받아들이지 않았으니 고통 속에서 죽어가려나? 그러나 정작 흄은 자신이 살아왔던 대로 죽었다. 아주 유쾌하게, 그리고 신앙심 없이. 흄의 차분하고 용감한 최후에 관한 가장 뛰어난 글은 그의 가장 친한 친구이자 얼마 지나지 않아 세상을 바꾸게 될 책을 이제 막 출간한, 유명한 게 너무나도 당연한 한 철학자의 펜 끝에서 나왔다. 《국부론(The Wealth of Nations)》은 애덤 스미스 본인의 말을 빌리면 "대영제국 상업 체계 전반에 대한 …… 매우 과격한 공격"이었으나 대체적으로 꽤 호평을 받았다.[1] 스미스는 그해 말 흄이 죽기 전 며칠간의 쾌활함과 차분함에 대해 쓴—심지어 과시하기까지 한—짧은 공개서한 때문에 훨씬 많은 격렬한 비난에 시달렸다. 그는 신앙심 없는 자신의 친구가 "인간의 나약함이라는 본성이 허용하는 선에서 완벽하게 지혜롭고 도덕적인 인간이라는 개념에 거의" 근접했다는 선언으로 편지를 끝맺었다.[2] 그것은 하마터면 스미스가 독실한 신자들의 반감을 대놓고 살 뻔한 매우 위험천만한 행동이었다. 그는 이로 인해 값비싼 대가를 치렀지만 절대 후회하지 않았다. 더욱이 이는 역사상 가장 중요한 두 사상가의 삶에서 주축이 된 우정에 잘 들어맞는 결론이었다. 이 책은 바로 그 우정에 관한 이야기다.

이 책의 두 주인공이 책의 존재 자체에 반기를 들었을 거라는 점을 인정해야겠다. 흄과 스미스는 살아생전에 명성과 상대적인 부를 얻었지만 다듬어지지 않은 글과 사생활이 공개되는 것을 둘 다 꺼렸다. 흄은 자신의 서신이 "쓸데없는 사람들의 손에 흘러 들어가 출판되는 영예를 얻을까봐" 걱정했고, 스미스는 "제가 막을 수 있는 한 제 이름이 신문지상에 등장하는 일을 절대 당하지 않지만, 애석하게도 제가 항상 막을 수 있는 것은 아니더군요"라고 썼다.[3] 그들은 사생활뿐 아니라 사후의 평판도 염려했다. 흄이 사망한 후—두 사람의 책을 출판해온—윌리엄 스트러핸(William Strahan)은 흄의 서간문 모음집 발간을 고려했다. 그러나 스미스는 다른 이들이 "그한테서 휴지 한 장이라도 받은 적 있는 사람들의 캐비닛을 당장 뒤지기 시작"하고 "그를 추모하는 모든 사람이 엄청난 수치심을 느낄 정도로 세상에 알려지기에 적합하지 않은 많은 것이 공개될까" 두려워 그 계획을 단념시켰다.[4] 자신들의 죽음이 가까워오자 흄과 스미스는 둘 다 엄선된 소수의 문서를 제외하고는 전부 불태우라고 유언했다. 흄의 경우와 달리 스미스의 경우는 이 유언이 집행되었다.[5]

그러나 스미스는 "위인들의 가장 사소한 상황, 가장 조그만 거래도 사람들은 열심히 찾아낸다"는 사실을 잘 알고 있었고, 그 자신도 여기에 매료되어 다른 사람들에게 얘기했던 모양이다.[6] 근대 전기 문학의 창시자로 잠시 스미스의 제자이기도 했던 제임스 보스웰(James Boswell)은 "위대한 인물과 관련한 것이라면 무엇이든 관찰할 가치가 있다. 애덤 스미스 박사가 글래스고 대학교의 수사학 강의에서 존 밀턴(John Milton)이 버클 대신 신발 끈을 착용했다는 사실을 알게 되어 기뻤다고 말한 것이 기억난다"는 근거를 들면서 자신이 쓴 새뮤얼 존슨(Samuel Johnson) 전기(傳記)의 철저한 세부 묘사를 정당화했다.[7] 더욱 의미심장하게도 흄은 마지막 투병 기간 중 짧은 자서전을 집필해 자신의 인생 이야기에 사람들의 이목을 집중시켰다. 흄은 거기에 〈나의 생애(My Own Life)〉라는 제목을 붙인 뒤, 스트러핸에게 장차 자신의 모든 저작물 모음집의 머리말로 써달라고 요청했다. 스미스가 〈애덤 스미스 법학 박사가 윌리엄 스트러핸 씨에게 보내는 편지(Letter from Adam Smith, LL. D. to William Strahan, Esq.)〉(이하 〈스트러핸 씨에게 보내는 편지〉—옮긴이)—앞에서 언급했던 항의를 유발한 바로 그 공개서한—의 형식으로 흄이 사망할 무렵의 이야기를 거기에 보충한 것을 보면 그도 찬성했음이 분명하다. (이 통쾌한 두 편의 글은 모두 이 책 부록에 실려 있다.) 이것은 우리가 확보한 자료 중에서 두 사람의 공동 저작물에 가장 가까우며, 스미스의 글은 독자의 관심을 현저하게 자신들의 우정에 집중시킨다. 6쪽가량의 지면에서 '친구'란 단어를 무려 17차례나 사용하니 말이다. 더구나 천재들도 자기 사건에서는 최고의 판사가 못되는 법이다. 흄과 스미스는 한층 정성 들여 집필한 저술을 통해 쌓아온 자신들의 명성에 서간문 출간이 먹칠을 하지 않을까 우려했지만, 사실 그들의 성격과 서로를 향한 우정을 알면 알수록 우리의 존경심은 커질 뿐이다. 게다가 이 책은 그들의 미발간 저작물에만 의존하지 않는다. 철학자로서 그리고 문필가로서 그들은 삶의 대부분을 사유하고 집필하는 데 바쳤고, 그들의 우정이 발현된 주요 형태 중 하나가 서로의 생각과 저술에 관여하는 것이었다. 그러므로 이러한 생각과 저술은 우리의 설명에서 중요한 역할을 할 것이다.

그들의 위상과 영향을 놓고 봤을 때, 지금까지 흄과 스미스의 개인적, 아니 지적 우정에 관해 쓴 책이 한 권도 없다는 게 놀랍다.[8] 여기에 대해 한 가지 그럴 법한 이유는 그들의 삶—특히 스미스의 삶—이 우리가 바라는 만큼 제대로 문서화되어 있지 않다는 것이다. 남아 있는 편지들이 길이와 수량의 부족함을 재치와 매력으로 보완해주고 있기는 하지만, 흄은 편지를 그다지 많이 쓴 사람이 아니었다. 반면 여러 편의 철학 논고뿐 아니라 여섯 권짜리 《영국사(History of England)》, 상상 가능한 모든 주제를 다룬 듯한 에세이들, 시사 문제에 관한 몇몇 소책자, 그리고 당연히 〈나의 생애〉를 포함한 흄의 출판물은 어마어마하다. 스미스는 흄보다 편지 쓰기에 훨씬 소홀했는데, 얼핏 보기에도 그가 글쓰기를 육체적으로 힘들어했다는 게 부분적 원인이었던 것 같다.[9] 흄은 종이에 펜을 가져가기 싫어하는 그의 이런 습관을 "나도 당신처럼 어쩌다 쓰거나 짧게 쓸 수 있답니다……" 또는 "나도 당신만큼 편지 쓰기를 게을리하고 있네요……"로 편지의 첫 문장을 시작할 때처럼 이따금 책망했다.[10] 게다가 스미스는 단 두 권의 책, 곧 《도덕감정론(The Theory of Moral Sentiments)》과 《국부론》만 출간했다. 그의 유언 집행인들이 사후에 출간한 논집과 그가 가르친 학생들이 필기한 강의 노트가 있지만, 그걸 다 합쳐도 흄의 생산량에 비하면 여전히 왜소해 보인다. 사실 스미스의 전기 작가들은 그들의 일을 어렵게 만들려고 스미스가 일부러 그런 것 같다며 종종 탄식한다. 편지는 어쩌다 쓰고, 책은 두 권만 내고, 죽기 전 자신이 쓴 글 대부분을 불태우라고 단단히 못 박은 것도 모자라 스미스는 이상하리만치 자신에 관해 쓰는 것을 기피했다. 어떤 학자가 말했듯 자의식적인 자기 표출의 관점에서 보면 그는 동시대의 장자크 루소와 거의 반대편 극점에 있었다.[11]

우리의 목적으로 봤을 때 다행스럽게도 스미스는 다른 이들보다는 흄과의 서신 교환에 약간 더 신경을 썼고, 그들의 우정 말기에는 특히 그랬다. 흄이 죽기까지 스미스가 썼거나 받았다고 알려진 편지는 전부 합쳐 170통이다. 그중 우리에게 있는 것은 스미스가 흄에게 쓴 편지 15통—이 시기 스미스의 서한치고는 단연 가장 많은 양—과 흄이 스미스에게 쓴 41통이다. [흄의 경우는 출판업자 윌리엄 스트러핸과 앤드루 밀러(Andrew Millar)를 제외하면 적어도 남아 있는 것 중에서 가장 많은 편지를 스미스에게 썼다.] 현재 흄과 스미스가 주고받은 이 56통의 편지는 그들의 생각과 주장, 그들이 출판한 저작물의 행운과 불운, 시사 문제와 신간 도서, 그리고 가족, 친구, 적, 건강, 취업 전망, 여행 및 장래 계획을 포함한 온갖 종류의 주제를 망라한다. 어떤 것은 꽤 짧고 일상적이지만 어떤 것은 유머가 가득하다. 또 지적으로 충실하거나 그들의 성격을 드러내기도 한다. 그들의 관계가 점차 훈훈해졌다는 증거는 편지의 내용뿐 아니라 인사말 자체에서도 찾을 수 있다. 초창기 편지는 정중한 "선생님께"로 시작하지만, 얼마 지나지 않아 좀 더 친근한 "스미스에게" 또는 "나의 친애하는 흄에게"로, 그 후에는 "나의 친애하는 벗에게" 그리고 마지막에는 "나의 가장 친애하는 벗에게"—두 사람 모두 교우 관계에서 다른 어떤 편지 수신자에게도 사용하지 않은 호칭—로 옮겨갔다.[12]

또한 사실상 스미스의 모든 저술에는 명시적이건 암시적이건 흄에 대한 언급이 수도 없이 나온다. 그 반대의 경우는 훨씬 적은데, 《도덕감정론》 출간 직후 흄이 익명의 리뷰를 발표하긴 했지만 스미스의 첫 책이 등장하기 이전에 그가 거의 모든 저서의 집필을 끝냈기 때문이다. 거기에 덧붙여 평생에 걸친 명성 덕분에 많은 동시대인이 그들에 관한 이야기를 기록했다. 특히 두걸드 스튜어트(Dugald Stewart)의 스미스 전기, 제임스 보스웰의 무수한 글, 온건파(Moderate) 목사 알렉산더 칼라일(Alexander Carlyle)의 자서전과 극작가 존 홈(John Home)의 일기(두 사람 모두 흄 및 스미스와 같은 사교계에서 활동했다), 많은 지인들의 사적인 서신, 정기 간행물과 서평 그리고 일간지 부고란, 헨리 매켄지(Henry Mackenzie)와 오크터타이어의 존 램지(John Ramsay of Ochtertyre)가 수집한 일화들이 여기에 속한다. 이처럼 우리는 그들과 동시대에, 그리고 가까운 시대에 속한 수많은 자료에서 그들의 우정에 관한 논평과 회고담을 찾을 수 있다. 이 책은 흄과 스미스의 우정에 관한 이야기를 최대한 제공하기 위해 입수할 수 있는 모든 증거를 동원했다.

흄과 스미스의 우정이 계속해서 분석의 대상이 되지 못한 또 하나의 신빙성 있는 이유는 불화와 싸움보다 우정을 재현하기가 더 어렵기 때문이다. 갈등은 극적인 드라마에 도움이 되지만 동지애는 그렇지 않다. 그러므로 철학적 갈등에 관해 쓴 책은 많지만—최근에 출판된 책, 이를테면 데이비드 에드먼즈(David Edmonds)와 존 에이디노(John Eidinow)의 《비트겐슈타인은 왜?(Wittgenstein's Poker)》와 《루소의 개(Rousseau's Dog)》, 유벌 레

빈(Yuval Levin)의 《에드먼드 버크와 토머스 페인의 위대한 논쟁(The Great Debate)》, 스티븐 내들러(Steven Nadler)의 《가장 좋은 세상(The Best of All Possible Worlds)》, 매슈 스튜어트(Matthew Stewart)의 《왕정파와 이교도(The Courtier and the Heretic)》, 로버트 자레츠키(Robert Zaretsky)와 존 스콧(John Scott)의 《철학자들의 싸움(The Philosophers' Quarrel)》을 떠올려보라 — 철학적 우정에 관한 책은 훨씬 적다는 사실이 놀랍지 않을 것이다.[13] 흄의 전기들조차도 스미스와의 오랜 우정보다 루소와의 잠깐의 충돌에 더 주목하는 경향이 있는데, 후자는 자극적일지 몰라도 흄의 생애와 사상에서 차지하는 중요도는 훨씬 떨어진다.

상대적으로 철학적 우정에 관심이 덜 쏠린 것은 이해는 가지만 유감스럽다. 플라톤과 아리스토텔레스를 대충 훑어보기만 해도 알 수 있듯 우정은 애초부터 철학과 철학적 삶의 핵심 요소로 알려졌다. 아리스토텔레스는 우정이란 그 밖의 모든 선(善)을 소유했다 하더라도 그것 없이 살기를 선택할 사람은 아무도 없는 하나의 선이라는 유명한 말을 했고, 흄과 스미스도 분명 같은 생각이었다.[14] 흄은 "우정은 인생에서 최고의 기쁨"이라 여겼고, 스미스는 친구들의 존경과 애정이 "인간의 행복에서 주된 부분"을 차지한다고 밝혔다.[15] 흄은 실제로 아리스토텔레스의 요점을 입증하기 위해 작은 사고 실험을 제안하기도 했다. 그는 "자연의 모든 힘과 요소가 공모해 한 사람을 섬기고 복종하도록 하자"고 주장한다. "태양이 그의 명에 따라 뜨고 지게 하자. 바다와 강은 그가 원하는 대로 흘러가고, 대지는 그에게 쓸모 있거나 알맞은 것이면 무엇이든 알아서 공급하게 하자. 그런데도 그는 비참할 것이다. 자신의 행복을 함께 나누고, 자기에게 존경과 우정을 보내줄 적어도 한 사람이 생길 때까지는."[16] 우정이라는 개념은 《영국사》에서도 놀랍도록 큰 역할을 하는데, 어떤 대표적인 흄 학

자가 언급한 것처럼 거기서 흄은 "우정의 역량을 …… 거의 성격의 시금석으로" 다룬다.[17]

아리스토텔레스는 우정을 세 유형으로 분류한다. 효용성에서 생겨난 우정, 즐거움에서 생겨난 우정, 그리고—세 가지 중 가장 숭고하고 드문—선(善) 또는 탁월함에서 생겨난 우정이 그것이다. 스미스 역시 《도덕감정론》에서 유사한 구분을 하지만, 오직 나중 것만이 "우정이라는 성스럽고 숭엄한 이름을 가질 자격이 있다"고 주장한다.[18] 스미스와 흄의 관계는 이런 유형의 우정에서는 거의 교과서적 모델이다. 단지 서로의 이익에 기여하거나 함께 있는 데서 즐거움을 느끼는 것만이 아닌, 숭고한 목적—그들의 경우 철학적 이해—을 공동으로 추구하는 데서 오는 안정적이고 지속적이며 호혜적인 유대인 것이다. 따라서 흄과 스미스의 사적이고 지적인 관계에 대한 탐구는 우정에 관해 플라톤, 아리스토텔레스, 마르쿠스 툴리우스 키케로(Marcus Tullius Cicero), 미셸 드 몽테뉴(Michel de Montaigne), 프랜시스 베이컨(Francis Bacon) 등의 저술에서 발견할 수 있는 것과는 종류가 다른 성찰을 허용한다.[19] 우정을 다룬 이 대표적인 철학자들은 그 개념을 추상적으로 분석—우정이 취하는 다양한 형태, 인간 본성에 잠재한 우정의 근원, 사욕과 낭만적 사랑 및 정의와 우정의 관계—하는 데 반해, 흄과 스미스의 사유는 우리로 하여금 저 희귀한 우정, 실현 가능한 선에서 최상의 철학적 우정을 알게 해준다. 요컨대 사례 연구인 셈이다.

단언컨대 서구의 전통에서 이보다 더 고귀한 철학적 우정의 사례는 없다. 사실 가장 흡사한 경쟁 상대가 누구일지 떠올리려면 약간의 수고가 필요하다. 소크라테스와 플라톤? 40년이라는 나이 차이를 놓고 봤을 때 그들의 관계는 동등하다기보다 선생과 학생 또는 멘토와 제자의 관계에 가까웠던 것 같고, 어차피 그들의 사적인 상호 작용에 대한 기록도 거의 전무하다. 플라톤과 아리스토텔레스의 경우도 마찬가지다. 존 로크(John Locke)와 아이작 뉴턴(Isaac Newton)은 서로를 존경하긴 했지만 친한 친구라고 할 수는 없을 것이다. 마르틴 하이데거(Martin Heidegger)와 한나 아렌트(Hannah Arendt)는 우정이라기보다는 (파란만장한) 이성 관계였다. (극적인 요소는 약간 덜하지만) 장폴 사르트르(Jean-Paul Sartre)와 시몬 드 보부아르(Simone de Beauvoir)가 그랬듯이 말이다. 미셸 드 몽테뉴와 에티엔 드 라 보에티(Étienne de La Boétie), 고트홀트 레싱(Gotthold Lessing)과 모제스 멘델스존(Moses Mendelssohn), 제러미 벤담(Jeremy Bentham)과 제임스 밀(James Mill), 헤겔(G. W. F. Hegel)과 프리드리히 셸링(Friedrich Schelling), 카를 마르크스(Karl Marx)와 프리드리히 엥겔스(Friedrich Engels), 그리고 앨프리드 노스 화이트헤드(Alfred North Whitehead)와 버트런드 러셀(Bertrand Russell)로 말하자면, 이들 각 쌍의 사례 중 적어도 한 명은 영향과 독창성이라는 관점에서 흄과 스미스보다 한참 떨어진다. 랠프 월도 에머슨(Ralph Waldo Emerson)과 헨리 데이비드 소로(Henry David Thoreau)가 그 수준에 가장 근접하긴 하지만, 우리가 이들을 문학적 인물이 아닌 철학자로 여겼을 때 그렇다. 철학자 중 강력한 경쟁 상대라면 데시데리위스 에라스뮈스(Desiderius Erasmus)와 토머스 모어(Thomas More)가 있을 수 있겠으나, 영향력과 사고의 깊이라는 측면에서 대부분 흄과 스미스 쪽에 확실히 고개를 끄덕일 것이다.[20]

흄과 스미스의 우정이 생겨난 배경은 우정 자체만큼이나 주목할 만하다.

그들이 태어난 18세기 초의 스코틀랜드는 무수한 세월 동안 가난과 질병, 무지와 미신, 끊임없는 종교 갈등과 잦은 군사 점령에 시달렸다. 흄 자신도 스코틀랜드가 오랫동안 "유럽의 모든 나라 중 가장 예측 불허인 곳, 가장 가난하고 파란만장하고 불안정한 곳"이었다고 말했다.[21] 하지만 흄과 스미스의 생애 동안 경제적 번영과 문화적 성과의 활기찬 새 시대가 도래했고, 이는 동시대 관찰자들에게 뚜렷한—실은 깜짝 놀랄 만한—변화였다. 흄은 그러한 느낌을 또 한 번 제대로 포착했다. 1757년 흄은 한 친구에게 "이 나라가 현재 얼마나 많은 천재를 배출하고 있는지 보면 정말 감탄할 지경"이라고 평했다. 그러곤 "이상하지 않은가?"라고 묻는다. "우리나라 왕자들, 우리나라 의회, 우리나라 독립 정부, 심지어 우리나라 최고위 귀족이라는 존재를 잃어버린 지금 우리가 우리의 악센트와 발음에 불만족스러워하며 우리가 사용하는 언어의 상당히 변질된 방언으로 얘기하고 있다는 게 이상하지 않은가? 상황이 이런데 유럽에서 문학으로 가장 유명한 국민이 바로 우리라는 게, 그러니까, 이상하지 않은가 말일세."[22] 최초의 스미스 전기 작가 두걸드 스튜어트는 "외국인의 눈에는 틀림없이 1745년 〔재커바이트〕 반란 직후 일종의 마법에 의해 이 나라에 펑하고 등장한 것처럼 보였을 천재들의 갑작스러운 분출"에 놀라움을 느꼈다.[23] 19세기 초의 작가 월터 스콧(Walter Scott)은 "이 땅에 거인들이 있었던", 흄과 스미스 그리고 그 동포들의 시대를 향수에 젖어 회고했다.[24] 이런 발전에 주목한 것은 비단 스코틀랜드인들만은 아니었다. 아마도 당대의 가장 '계몽된' 잉글랜드인이었을 에드워드 기번(Edward Gibbon)은 1776년 자신이 "항상 가장 진심 어린 존경의 마음으로 우리 섬의 북쪽을 쳐다봤다"면서 "감식안과 철학은 이 거대한 수도〔즉 런던〕의 자욱한 연기와 분주함에서 탈출해 어딘가로 떠나버린 듯하다"고 시인했다.[25]

스코틀랜드 계몽주의는 현재 페리클레스(Perikles) 시대의 아테네, 아우구스투스(Augustus) 시대의 로마, 르네상스 시대의 이탈리아에 대적할 지성의 황금기로 널리 인정받고 있다. 《스코틀랜드인들은 어떻게 근대 세계를 발명했나(How the Scots Invented the Modern World)》라는 제목의 베스트셀러가 있을 정도다.[26] 당대의 대표적 저술가로는 흄과 스미스 외에도 휴 블레어(Hugh Blair), 애덤 퍼거슨(Adam Ferguson), 헨리 홈〔Henry Home, 케임스 경(Lord Kames)〕, 프랜시스 허치슨(Francis Hutcheson), 존 밀러(John Millar), 토머스 리드(Thomas Reid), 윌리엄 로버트슨(William Robertson), 두걸드 스튜어트가 있었다. 아울러 이 스코틀랜드 르네상스에서 주축을 이룬 이들로는 화가 앨런 램지(Allan Ramsay), 극작가 존 홈, 건축가 로버트 애덤(Robert Adam) 같은 예술가는 물론이고 근대 지질학의 창시자 제임스 허튼(James Hutton), 화학자 조지프 블랙(Joseph Black), 증기 기관으로 유명한 제임스 와트(James Watt) 같은 자연과학자도 있었다. 흄과 스미스는 이런 인물을 개인적으로 전부 알았고, 이들은 각각 우리 이야기에서 한 배역씩을 담당할 것이다. 스코틀랜드의 '문필가들(literati)'이라는 별명으로 종종 불렸던 그들은 프랑스 문인이 대체로 그랬던 것처럼 사회의 기득권층 및 엘리트와 싸우는 반체제 지식인이 아니라 많은 사람에게 존경받고 사회 문제에 적극 참여하는 공동체의 구성원이었다. 소수의 예외가 있을 뿐—가장 유명한 예외는 흄이다—그들은 학구적인 직종, 이를테면 학계·법조계·종교계 또는 의료계 중 한 곳에 종사했다. 어떤 면에서는 18세기 파리의 계몽사상가들에게서 굉장히 두드러졌던 체제 전복성의 활력이 그들의 세계관에서 일반적으로 결여된 것도 그 때문이라 할 수 있는데, 이로 인해 스미스와 특히 흄의 사상에서 좀더 급진적인 측면이 한층 부각되었다.[27]

18세기 벽두까지만 해도 유럽 변방의 가난하고 낙후했던 나라가 어떻게 같은 세기 중반 무렵 그런 지식 강국이 되었을까? 거기에는 스코틀랜드를 세계 최고의 교양 국가 중 하나로 만든 교구(parish) 소속 학교들의 혁신적 시스템, 유럽의 최우수 교육 기관으로 성장한 글래스고(Glasgow)·에든버러(Edinburgh)·애버딘(Aberdeen)·세인트앤드루스(St. Andrews) 대학교, 수많은 사교 단체와 토론 모임의 등장, 출판업의 호황, 그리고 마침내 커크(Kirk, 스코틀랜드 국교회)를 이끌게 된 진보적인 온건파 목사들을 포함한 많은 요인이 연관되어 있었다.[28] 대영제국을 탄생시킨 1707년의 연합도 필시 중요한 요인이었다.[29] 1603년의 왕국연합(Union of the Crowns) 이래로 스코틀랜드에 독립된 왕정이 존재한 적은 없지만, 18세기의 시작을 목전에 두고 잉글랜드와 의회를 합병함으로써 이 나라는 남쪽의 강력한 이웃 국가와 한층 더 긴밀하게 결속되었다. 이는 안보 강화, 안정성 확보, 잉글랜드 및 식민지 시장에 대한 접근성 확대라는 전망을 가져다줬다. 스코틀랜드인은 협상에서 대부분의 정치력을 포기했지만—새로 구성된 하원에서 그들은 558석 중 겨우 45석을 차지했다—사법·종교·교육 기관에 대한 통제권은 꽤 유지했다. 비록 지지자들이 바라던 것보다 오래 걸리긴 했으나, 연합은 결국 약속했던 경제 호황과 함께 개인의 자유와 기회의 증대를 가져왔다. 물론 1715년과 1745년의 재커바이트(Jacobite: 명예혁명 후 망명한 가톨릭계 스튜어트 왕조의 제임스 2세와 그 자손을 정통 왕조로 지지한 정치 세력—옮긴이) 반란이 충분히 입증했듯 모든 스코틀랜드인이 그 새로운 질서에 기뻐한 것은 아니다. 하지만 스코틀랜드의 대표적 문필가 중에서 연합의 이익에 의문을 제기한 사람은 거의 없었다. 특히 흄과 스미스는 스코틀랜드적인 모든 것에 대한 잉글랜드인의 지속적 편견에 분개했음에도 불구하고 쌍수를 들어 연합을 받아들였다.

흄과 스미스의 우정은 대체로 영국의 정치적 안정기 동안에 이뤄졌다. 사실 이 기간은 이전과 이후에 찾아온 격동의 시대 사이에 깔끔하게 낀 시기였다. 그들이 처음 만난 1749년은 굵직한 재커바이트 반란이 마지막으로 일어난 후 몇 년이 지난 때였고, 흄이 사망한 1776년은 아메리카 식민지와의 갈등이 막 고조되기 시작한 때였다. 이 시기의 실질적인 정치적 소용돌이라면 프랑스와의 7년 전쟁(1756~1763), 그리고 윌크스 사건(Wilkes and Liberty: 국왕의 연설을 신랄하게 비판해 불경죄로 구금된 존 윌크스를 런던 시민이 폭동을 일으켜 석방시킨 사건—옮긴이)과 관련해 1760년대 말과 1770년대 초에 일어난 폭동뿐이었다. 특히 후자는 당시 흄을 놀라게 했지만, 이 두 사건은 어떤 기준으로 봐도 흥미가 상당히 떨어졌다—한쪽으로는 명예혁명과 1707년의 연합, 다른 한쪽으로는 미국독립혁명 및 프랑스혁명과 연결된, 세기를 열고 닫은 격변과 비교하면 확실히 그랬다.

당시의 종교적 분위기 역시 우리 책과 연관이 있다. 명예혁명이 가져온 결과 중 하나는 잉글랜드가 영국 국교회를 유지하는 사이 1690년 스코틀랜드 장로교인 커크가 스코틀랜드 국교회로 복원됐다는 것이다. 하지만 커크의 성격과 관행은 18세기 내내 지속적이고 종종 격렬한 갈등의 근원이 되었다. 어떤 학자의 표현대로 흄과 스미스의 청년 시절에 커크는 "유럽의 어느 교회보다도 엄격하고 편협했다".[30] 예정설에 대한 믿음과 인간 본성의 철저한 타락을 포함한 유난히 엄격하고 가차 없는 형태의 칼뱅주의(Calvinism)를 선포하고, 춤과 결혼식 연회와 일요일에 멍하니 거리를 활보하는 것 같은 활동을 금했다. 1720년대 말—흄은 10대 후반이고 스미스는 어린 소년이었을 때—영국을 방문한 볼테르(Voltaire)는 전형적인 장로교 목사를 "진지한 척하는 분위기에 뚱한 표정을 지으며 심각하고 엄한 훈계를" 신도들에게 늘어놓는 사람이라고 묘사했다.[31] 불과 몇 십 년 전인 1697년, 토머스 에이킨헤드(Thomas Aikenhead)라는 이름의 한 에든버러 대학생은 친구들에게 자랑 삼아 던진 불경스러운 발언 때문에 18세의 나이에 교수형을 당했다.[32] 마녀 혐의자들에 대한 사법 살인은 그 세기 내내 계속됐다. 스코틀랜드에서 마법으로 유죄 판결을 받은 최후의 여성은 자기 딸을 조랑말로 둔갑시켰다는(항상 결정적인 증거였다) 죄목으로 1727년 산 채로 화형당했다.[33]

18세기를 지나면서 온건파로 알려진 일단의 진보적 성직자들이 단결해서 싫다고 발버둥치는 커크를 근대적이고 예의 바르며 계몽된 세계로 끌어내려 애썼다.[34] 그들은 교리보다 실천을 강조하는 좀더 부드러운 유형의 칼뱅주의를 설파하고, 관용과 인문 교육의 중요성을 역설했다. 온건파에는 에든버러의 탁월한 문필가들이 대거 포함되었다. 윌리엄 로버트슨과 휴 블레어가 그들을 이끌었고, 애덤 퍼거슨과 존 홈도 그들 무리에 속했다. 이들은 전부 흄과 스미스의 친구였다. 물론 특히 흄의 경우 친구라 함은 그들을 진짜 만났다는 의미보다는 상호 정중함을 표하는 증거이긴 했지만 말이다. 아무리 마음이 너그러운 목사라도 흄의 다소 노골적인 무신론에 100퍼센트 찬성할 수는 없었을 것이다. 온건파의 의제는 회중교회파(Popular Party, 會衆敎會派)나 복음주의자 또는 야심가들이라고 일컫던 스코틀랜드 장로교 내 상대 파벌의 반대에 사사건건 부딪혔다.[35] 이 반대 집단은 엄격한 정통주의의 유지를 대단히 중시했고, 존 녹스(John Knox: 16세기 스코틀랜드의 종교 개혁가—옮긴이) 및 종교 개혁 시대 이래로 스코틀랜드 교회를 특징지었던 한층 철저한—억압적이라고 하는 이들도 있었다—교리와 실천을 견지 또는 회복하려 했다. 그들의 비타협적 태도와 민중의 광범위한 지지 때문에 자유화 과정은 느리고 단속적일 수밖에 없었다. 같은 세기 하반기에 스코틀랜드 교회 내에서 온건파가 우위를 점한 이후에도 회중교회파는 비신자와 비국교도의 삶을 계속해서 불안하게 만들 소지가 있었다. (그리고 정말 그렇게 만들었다.) 이 책 전반에 걸쳐 살펴보겠지만, 흄과 스미스는 이런 분위기 속에서 삶 및 글쓰기와 관련해 다소 다른 접근법을 택했다.

흄과 스미스가 지닌 세계관의 유사성이 그 밖에도 여러 방면에서 매우 넓고 깊었다는 사실에 비춰보면, 그들이 좀더 독실한 동시대인을 향해 대단히 다른 입장을 취했다는 사실이 한층 더 부각된다. 두 사람 중 흄은 열두 살 더 많았고, 출발이 빨라 스미스가 책을 내기 시작하기도 전에 거의 모든 저술을 집필했다. 그 결과 스미스의 생각이 흄의 사상에 의해 형성된 측면이 그 역보다 훨씬 많다. 물론 스미스는 자신의 절친한 벗 말고도 많은 사상가의 도움을 받았지만—그는 '위대한 절충주의자'로 알려져왔다—대부분의 스미스 학자들은 그가 쓴 거의 모든 글에 흄의 영향이 스며 있음을 인정한다.[36] 가령 최근 니컬러스 필립슨(Nicholas Phillipson)의 스미스 전기에서는 그를 가리켜 "흄 철학에 함축된 내용을 발전시켜 그걸 자신의 범위가 될 영역으로 확장하는 것을 과업으로 삼곤" 했던 "열렬한 흄주의자", 심지어 "완벽한 흄주의자"라 칭한다.[37] 하지만 둘 중 어떤 표현도 스미스가 단순히 흄의 시각을 통째로 차용했다는 뜻은 아니다. 오히려 반대로 그가 손대는 것마다 거의 전부 수정했다는 사실을 알 수 있다. 저명한 스미스 학자 새뮤얼 플라이섀커는 그들의 지적 관계를 잘 설명했다. "스미스 사상은 흄 사상의 주위를 선회한다. 스미스가 흄에게 전적으로 동의하는 측면이 거의 없음에도 불구하고 사실상 일종의 출처(source)

나 예측을 흄에게 두지 않은 곳은 《도덕감정론》과 《국부론》 어디에도 없다."[38] 플라이섀커는 다른 책에서도 그러한 요점을 되풀이하면서 "스미스가 흄에게 진 부채를 알아보지 못하는 것은 그의 많은 주요 이론의 근원을 놓치는 것이다. 그러나 스미스가 흄의 이론을 수정—흄이 말하는 모든 것을 그대로 수용하길 끊임없이, 거의 강박적으로 거부하는 성향—했음을 알아보지 못하는 것은 스미스의 가장 변별적이고 흥미로운 요소를 놓치는 것이다"라고 말한다.[39]

흄과 스미스 사이의 지적 친화성이 이렇게 넓고 깊다는 생각은 흔히 이 두 인물에게 따라다니는 일련의 희화화한 설명들과 모순되는 것처럼 보일 수 있다. 이러한 설명에 따르면, 흄이 형이상학 및 인식론의 추상적 질문에 주로 관심을 가진 철학자였던 반면 스미스는 좀더 현실적인 문제에 초점을 맞춘 실리적인 경제학자였고, 흄이 정치적으로 보수적인 토리당(Tory) 지지자였던 반면 스미스는 진보적인 휘그당(Whig) 지지자였다. 아울러 종교와 관련해 흄은 회의주의자, 아니 어쩌면 무신론자이기까지 했던 반면 스미스는 확고한 기독교 신자였다. 차이점으로 추정되는 이 세 가지 중 첫 번째는 다루기 쉽다. 흄이 형이상학적이고 인식론적인 질문을 탐구하는 것으로 경력을 시작한 건 사실이고, 그의 전집(corpus) 중에서 여전히 철학자들로부터 가장 큰 관심을 받는 것도 바로 이 부분이다. 하지만 흄은 심지어 데뷔작 《인간 본성에 관한 논고(A Treaties of Human Nature)》 본문에서도 상당히 추상적인 이런 쟁점을 심리학 및 도덕과 관련한 좀더 현실적인 논의로 전환시켰다. 더욱이 이후에는 종교에 관한 몇몇 저술과 기념비적인 《영국사》뿐 아니라 정치에서 일부다처제에 이르기까지, 경제에서 웅변술에 이르기까지 엄청나게 다양한 범주의 주제에 관한 논고를 계속 썼다. 사실 흄은 생애 대부분과 사후 몇 세대 동안 우선은 역사가로, 그다음 철학자로 여겨졌다.

마찬가지로 스미스는 흔히 자본주의의 '창시자'로 일컬어지지만, 현대의 해설자들이 지치지도 않고 지적하고 있듯 사실 보이지 않는 손을 이론화하고 자유 무역을 옹호했던 경제학자를 훨씬 뛰어넘는 인물이었다. 오히려 그는 정치경제학을 그저 자신의 많은 지적 관심사 중 하나에 포함시켰던 도덕철학 교수였고, 상업 사회와 관련한 많은 잠재적 위험 요인과 문제점을—사실은 흄보다 더욱 뚜렷하게—인식했다. 스미스는 윤리학과 법학과 수사학을 강의했고, 그 밖의 많은 주제 중에서도 특히 언어의 발달과 천문학의 역사에 관한 논고를 썼다. 흄의 《인간 본성에 관한 논고》 1권과 스미스의 《국부론》에 나오는 가장 유명한 몇몇 구절에서 벗어나면 흄과 스미스의 관심사가 많이 겹쳤다는 사실이 명백해지는데, 이는 둘 다 거의 모든 주제에 관심을 가졌다는 게 부분적 이유일 것이다.

20세기 전반에 걸쳐 스미스의 철학 저술은 흄의 저술에 대한 일련의 주석 정도로 여겨졌고, 경제학자로서 흄은 그를 후대하는 경우에도 오랫동안 스미스의 대수롭지 않은 전임자로 간주되었다. 역설적이게도, 두 사람을 병치하는 것이 도덕철학에 대한 스미스의 기여와 정치경제학에 대한 흄의 기여를 부각시키는 데 도움이 된다는 점을 알 수 있다. 스미스는 인간의 도덕 이론을 감정에 기초해 발전시켰다는 점에서 흄의 뒤를 이었지만, 스미스식 도덕감정론은 흄의 이론을 여러 면에서 상당히 개선했다. 반대로, 흄은 《국부론》이 등장하기 50~60년 전에 자유 무역 옹호론을 펼치고 상업의 도덕적·사회적·정치적 혜택을 강조했다. 《국부론》의 얼마나 많은 부분이 흄의 통찰을 기반으로 했는지 살펴보면 그저 놀라울 따름이다.

두 사람 사이의 두 번째 이분법이라고 알려진 것에도 마찬가지로 어폐가 있다. 과연 흄의 정치사상은 보수적 색채를 띠고 스미스는 의심할 나위 없이 자유주의 전통의 핵심 일원이지만, 그 역 또한 사실이다. 흄 역시 넓은 의미로 봤을 때 자유주의자이며, 스미스의 자유주의 역시 뚜렷한 보수적 경향을 갖고 있다. 좀더 구체적으로 말하면, 이 두 사상가는 모두 자유주의 전통과 연관된 핵심적 이상을 수용했고 법의 지배, 작은 정부, 종교적 관용, 표현의 자유, 사유 재산, 상업의 장점을 강조했다. 요컨대 그들은 모두 당시 영국의 근대적이고 자유주의적이고 상업적인 질서를 전반적으로 지지했다. 반면 둘 다 대규모의 갑작스러운 정치적 혁신을 불신했다. 그들은 오류를 범하기 쉬운 인간의 이성과 복잡하고 변덕 심한 정치권의 성격을 감안했을 때, 급진적으로 사회 구조를 바꾸겠다는 거창한 계획을 경계해야 한다고 주장했다. 이런 이유로 그들은 당시 사회의 특정 개혁—가령 자유 무역 확장과 종교적 관용 증대—을 옹호하면서도 이런 변화는 점진적이고 신중한 방식으로 이행되어야 한다고 주장했다.

'토리'와 '휘그' 같은 용어에 관해서는 솔직히 흄이건 스미스건 정확하게 한 당의 신봉자라고 할 수 없다. 둘 다 18세기 영국의 주요 정당 중 어느 한쪽에 대한 믿음이 크지 않았다. 한 걸출한 스코틀랜드 계몽주의 학자는 흄의 편지 한 통에서 힌트를 얻어 그 둘에게 "회의주의적 휘그"라는 딱지를 붙인다. 즉 그들은 명예혁명의 결과 탄생한 헌법을 지지하고 그것이 개인에게 자유와 안보를 제공하는 합리적 과업을 이뤘다고 판단했다는 점에서 휘그이지만, 휘그주의에 종종 따라붙는 이념적 부담에는 드러내놓고 거리를 뒀다는 점에서 회의주의자라는 것이다.[40] 자유주의 전통의 핵심 이상을 수용했지만 절제, 신중함, 유연성 그리고 이러한 이상을 적용할 때의 맥락에도 신경 써야 한다는 점 등의 중요성을 강조했음을 감안하면 실용주의적 자유주의자라 표현하는 편이 훨씬 나을지도 모른다.[41]

어쨌든 두 사람의 정치적 차이는 비교적 미미했고, 전반적 가치관이라기보다는 세부 사항과 중점의 문제였다.

이 두 사상가의 흔한 이미지가 함축하고 있는 세 번째이자 마지막 차이—종교적 시각과 관련한 것—는 특히 우리 책에서 중요한 역할을 할 것이므로 더욱 꼼꼼하게 고찰해볼 필요가 있다. 종교는 흄이 몰두한 주된 관심사 중 하나였다. 종교 옹호론의 신뢰성, 종교의 심리학적 기원과 결과, 종교의 역사, 종교가 도덕과 정치에 미친 영향 등 그가 쓴 거의 모든 글은 어떤 식으로든 이 주제를 건드렸다. 구석구석으로 들어가면 당연히 논란이 있지만, 그의 견해를 이루는 윤곽은 비교적 명확하다. 흄은 신앙인도 아니고 철저한 무신론자도 아닌, 우리가 불가지론자라고 부를 수 있는 부류, 아니 18세기에는 그냥 회의론자(아무튼 더 나은 말이다)라고 일컫던 부류다.[42] 그는 전능한 존재를 결코 전면적으로 부정하지는 않았으나 그 존재를 대표하는 주요한 주장은 그다지 그럴싸하지 않게 여겼고, 종교가 끼치는 영향은 대부분 유해하다고 생각했다. 한 학자가 쓴 대로 "종교와 종교적 신앙에 대한 흄의 비판은 …… 미묘하고 심오하며, 철학적인 전임자도 계승자도 거의 없을 정도로 종교에 해를 끼친다".[43] 흄은 가끔 자신의 주장을 교묘하게 또는 완곡한 방식—예를 들면 대화 속 한 등장인물의 생각으로 돌린다거나, 아니면 회의적인 결론을 신비로운 신의 방법을 접한 신앙지상주의적 경이감으로 포장한다거나 하는 방식—으로 표현했지만, 보통은 그 연막이 꽤 투명해서 속이 빤히 들여다보였다. 동시대인들은 속지 않았고, 그 역시 그들을 특별히 속일 의도가 없었다. 오히려 흄은 "광신도들이 수군대"도록 유도할 수 있다는 걸 즐기곤 했다.[44]

스미스는 속내를 드러내지 않는 쪽을 선호했다. 저술이건 사생활이건 보통 그는 자신의 종교적 신앙—또는 그것의 결여—이 드러나는 것을 회피하고 독실한 신도들과의 대립을 멀리하려 무진 애를 썼다. 동시대 인들은 종교적 화제가 나오면 스미스가 "대화에 매우 신중했다"는 언급을 자주 했다.[45] 그는 또한 이 주제에 관해 흄보다 훨씬 적은 글을 썼고, 그나마 얼마 되지 않는 글에서도 사실 다양한 방향에 초점을 맞췄다. 한편 《도덕감정론》에서는 신의 섭리 개념을 주기적으로 들먹이고, 일반적으로는 종교적 충동을 꽤 공감하는 시각에서 설명한다. 그는 전능한 존재에 대한 믿음에는 현실적으로 중요한 이득이 있으며, 무엇보다 위안을 주고 도덕의 버팀목이 된다고 흄보다 훨씬 더 여러 번 기술한다. 반면 도덕이나 정치, 경제에 관한 스미스의 핵심 주장은 어느 것도 궁극적으로 종교적 전제를 기반으로 하지 않는다. 그는 요점을 설명하기 위해 '만물의 창조주'에 의존할 때는 언제나 그것보다 세속적인 설명도 곁들인다. 사실 그의 도덕 이론의 핵심 목표 중 하나는 흄의 목표처럼 도덕이 신의 말씀이나 의지가 아니라 인간 자신으로부터 생겨나는 것이므로 종교란 선의 전제 조건이 아님을 입증하는 것이었다. 스미스가 노년기에 《도덕감정론》을 개정하는 바람에 구판(舊版)들의 종교적 기조는 약해졌지만, 많은 독자가 그의 궁극적 신념이 무엇인지 의심하게끔 만들기에는 초판도 충분히 모호했다. 가령 스미스의 옛 제자 중 한 명인 제임스 우드로(James Wodrow) 목사는 "저자는 악에 대한 강한 혐오와 선에 대한 사랑, 그리고 종교에 대한 관심을 갖고 있는 것 같습니다. 내 생각에 적어도 이 책은 밑바탕의 원칙은 같을지 몰라도 데이비드 흄이 그 주제에 관해 쓴 대부분의 글처럼 음탕한 성향을 가진 것처럼 보이지는 않네요"라고 논평하며 친구에게 그 책을 추천했다.[46] 더군다나 스미스의 또 다른 책인 《국부론》은 표현과 가치관에서 놀랄 만큼 세속적이며, 사후 출간된 몇몇 논고의 성격은 지극히 회의주의적이다.

그의 종교적 견해에 관해서는 스미스 본인의 시대만큼이나 오늘날에도 의견 일치가 이뤄지지 않고 있다. 대다수 학자는 스미스를 일종의 이신론자(deist, 理神論者: 하느님이 우주를 창조하긴 했지만 관여는 하지 않고 우주가 자체의 법칙에 따라 움직인다고 믿는 사람—옮긴이)로 해석하면서 어딘가 중도를 표명하고 있지만, 추측의 범위는 신실한 기독교 신앙에서부터 드러나지 않은 무신론에 이르기까지 광범위하게 걸쳐 있다.[47] 흄과 스미스의 우정을 골똘히 생각하다 보면 그 스펙트럼에서 회의주의의 극단까지 해석을 밀고 나갈 수밖에 없다. 그들의 서신은 "심각한 종교적 차이가 있었다는 가정과 조화를 이루기 어려울" 듯한 "친밀함과 공모"의 느낌을 드러낸다고 한 에마 로스차일드(Emma Rothschild)의 발언은 일리가 있다.[48] 그들은 서로에게 쓴 편지에서 종교에 관한 농담을 자주 했고, 그 주제에 대한 스미스의 반어법은 흄만큼이나 확연하고 속내가 들여다보였다. 스미스가 《자연 종교에 관한 대화(Dialogues Concerning Natural Religion)》의 사후 출판을 담당해달라는 흄의 제안을 거절했고, 그리하여 흄이 죽기 직전 둘 사이에 불협화음이 빚어졌던 것은 사실이다. 이것은 스미스가 흄의 회의주의에 동의하지 않았다거나 반기를 들었다는 조짐으로 종종 받아들여지지만, 우리는 10장에서 이러한 일화가 실상은 흔히 추측하는 것보다 덜 신랄하고 철학적으로도 덜 격렬했음을 알게 될 것이다. 게다가 불과 몇 달 뒤에 쓴 〈스트러핸 씨에게 보내는 편지〉에 나타나는, 흄의 지혜와 도덕에 대한 스미스의 극찬은 아마도 그가 친구의 신앙심 결여로 인해 동요했다는 생각을 부정하기에 충분할 것이다.

이런 점에서 2세기가 훨씬 넘는 간극을 두고 무엇이 스미스로 하여금 흄보다 훨씬 말을 아끼게 했는지 밝혀내기는 불가능하다. 물론 많은 가능성을 상상하기는 쉽다. 예를 들면, 스미스가 단순히 기질적으로 신중한 성향이었을 가능성이 있다. 아니면 자신의 명성과 경력상·직업상의 성공에 훨씬 관심이 많았든지, 혹은 종교를 덜 중요하고 덜 위험한 현상으로 봤을 수도 있다. 아니면 대놓고 맞서기보다는 조용히 무시함으로써 종교의 위험을 더 제대로 방지할 수 있다고 생각했을지도 모른다. 유난히 가까웠던, 신앙심 돈독한 어머니의 심기를 건드리는 일을 피하고 싶었을 수도 있다. 흄이 겪은, 교인들과의 언짢은 만남에서 교훈을 얻은 것일 수도 있다.[49] (이런 가능성은 당연히 서로 공존할 수 있다.) 아무튼 스미스가 빈틈없었던 탓에 그의 개인적 신앙을 고려할 때 어느 정도 추측은 불가피하다. 스미스의 종교적 견해에 어쩔 수 없이 꼬리표를 붙여야 한다면, 저자는 그를 (흄 같은 노골적 회의주의자와 대조적으로) 회의적 이신론자라고 말하겠다.[50] 스미스가 독실한 기독교도가 아니었다는 것은 거의 확실하며—예를 들어 그가 예수의 신성함을 받아들였다는 기미는 전혀 없다—그는 대부분의 종교적 헌신을 의심했던 것 같다. 그럼에도 분명 저 멀리에 있는, 아마도 자애로울 것 같은 전능한 존재에 대한 믿음을 간직했을 가능성은 있다.

물론 스미스 시대의 독실한 신자들에게 이런 건 털끝만큼도 중요하지 않았을 것이다. 무신론·회의주의·이신론—이것들은 모두 기독교에 대한 불신을 시사했다—은 전부 같은 부류로 여겨졌고, 이런 단어는 모두 맹비난의 표시로 쓰이는 일이 많았다. 동시대인들이 흄과 스미스를 어떻게 봤는지와 관련해 말하자면, 흄의 회의주의와 스미스의 회의적 이신론 사이의 미묘한 이론적 차이는 흄의 솔직함과 스미스의 의도적 과묵함 사이의 훨씬 더 큰 현실적 차이에 비하면 훨씬 사소한 것이었다. 이런 대조적인 태도는 그만큼 대조적인 평판으로 이어졌다. 흄은 '위대한 무신론자'라는 호칭을 얻음으로써 젊은이들을 가르치기에 부적합하다고 여겨진—

그는 교수직에 두 차례 지원했지만 두 번 다 결정적으로 성직자들이 임용을 반대했다—반면 스미스는 존경받는 도덕철학 교수가 됐다. 앞으로 살펴보겠지만, 이 모든 것은 그 둘 사이에 숱한 농담의 소재였다. 하지만 그것이 서로에 대한 존경과 애정을 약화시키지는 못했다.

1711~1749 01

쾌활한 무신론자

데이비드 흄은 많은 이들의 마음속에 상냥한 성격과 명석한 두뇌와 절대 물러서지 않으면서도 인간미 넘치는 세계관으로 간직된 가장 사랑받는 철학자라 해도 무방할 것 같다. 전 세계 대학의 철학자 수천 명을 대상으로 실시한 최신 설문 조사에서, 많은 사람이 철학사의 다른 어떤 인물보다도 흄을 지지한다는 사실이 밝혀졌다.[1] 자신의 시대에도 흄은 그를 잘 아는 사실상 모든 이들로부터 사랑받았다. 그는 에든버러의 문필가, 심지어 목사들 사이에서도 인기가 많았다. 파리 상류 사회는 그에 대한 존경을 나타내는 '좋은 사람 데이비드(le Bon David)'란 호칭을 부여했다. 그러나 비교적 국한된 이들 집단 바깥에서는 흄의 논쟁적 견해가 가져다준, 그를 깎아내리지 못해 안달 난 사나운 이들이 대거 포진하고 있었다. 1764년 그는 한 친구에게 이렇게 말했다. "간밤에 내가 목이 부러졌다는 말을 듣고 기뻐하지 않을 영국인이 50명 중 1명이나 있으려나. 어떤 사람은 내가 토리가 아니라서 싫다 하고, 어떤 사람은 내가 휘그가 아니라서 싫다 하고, 또 어떤 사람은 내가 기독교인이 아니라서 싫다 하고, 모든 사람이 내가 스코틀랜드인이라서 싫다 하네."[2] 우리가 살고 있는 좀더 냉담한 시대에도 그리고 흄의 엄청난 유머 감각에도 불구하고, 외견상 가차없어 보이는 그의 회의론적 성격은 많은 독자를 당혹스럽고 심지어 경악하게까지 만든다. 이사야 벌린(Isaiah Berlin)이 "어느 누구도 그보다 더 심각하고 충격적으로 철학사상사에 영향을 준 적은 없다"고 피력했을 때 이는 다수를 대변하는 말이었다.[3]

흄은 1711년 4월 26일 비교적 유복한 농부이자 시골 지주의 집안에서 막내인 셋째로 태어났다.[4] 홈(Home)—그는 1734년 잉글랜드에 있는 동안 자기 성의 철자를 발음에 맞게 흄(Hume)으로 바꿨다—가문은 잉글랜드 국경 근처인 에든버러 남쪽 나인웰스(Ninewells)에서 살았다. 부친인 조지프(Joseph)가 결핵으로 사망했을 때 흄은 아직 어린 아이였다. 그래서 대부분의 시기를 어머니 밑에서 자랐다. 어머니는 스코틀랜드의 선구적 판사 중 한 명의 딸로 처녀 적 이름이 캐서린 팰코너(Katherine Falconer)였다. 결국에는 맏아들인 흄의 형 존(John)이 가문의 땅을 물려받았다. 어머니와 이름이 같은 누나 캐서린은 흄처럼 결혼하지 않았고, 따라서 평생을 남자 형제들에게 얹혀살았다. 그녀는 흄의 말년에 그의 집안일과 관련해 없어서는 안 될 존재였다.

흄은 누가 봐도 이른 나이인 열 살 때 에든버러 대학교에 들어갔다.[5] 18세기 스코틀랜드의 대학은 많은 면에서 오늘날의 단과 대학이나 종합대학보다는 고등학생을 위한 근대식 기숙사 학교를 연상케 하지만, 자신의 형과 같은 시기에 공부를 시작한 것으로 보아 아마도 흄의 입학은 당대 기준으로도 빨랐던 것 같다. 에든버러에서 흄은 라틴어·그리스어·논리학·형이상학 그리고 '자연철학(natural philosophy)', 즉 우리가 오늘날 자연과학이라고 부르는 것을 공부했다. 모르긴 해도 그는 도덕철학과 '기력학(pneumatics, 즉 심리철학)'에 관한 일련의 공개강좌도 들을 수 있었을 것이다. 모든 강좌는 청년을 교화하기 위한 종교적 계율을 철저히 주입했다. 흄이 훗날 언급한 내용으로 판단하건대 그는 자신의 대학 교육이 자연철학 강의 정도를 제외하면 흥미와 효용 면에서 전적으로 부족했다고 생각한 듯하다. 1735년 흄은 한 젊은 친구에게 "교수한테는 배울 게 아무것도 없는데, 이런 얘기는 책에 나오지 않아. ……우리가 왜 다른 곳도 아니고 대학에 가야 하는지, 아니면 왜 교수의 학식이나 역량 때문에 골머리를 앓아야 하는지 어느 쪽도 이유를 모르겠네"라고 조언했다.[6] 하지만 흄은 학위를 따지 않고 4년간 청강을 했다—당시로서는 꽤 흔한 풍토였다.

흄의 진정한 교육은 대학을 떠난 뒤 시작됐다. 그는 다음 8년—14세부터 22세까지—의 대부분을 철학과 문학 연구에 심취해 독학으로 보냈다. 한동안 대학에서 법학 강좌를 청강했지만 그 과목이 자기하고는 덜 맞는다고 생각했다. 흄은 〈나의 생애〉에서 "학구적 성향, 냉철함, 근면함 때문에 가족은 내게 어울리는 직업이 법률가라고 생각했지만 나는 철학 및 종합적인 학문 탐구 말고는 일체의 것들에서 극복할 수 없는 혐오감을 느꼈다. 그들이 내가 푯(Johannes Voet: 네덜란드 법률가—옮긴이)과 피니위스(Arnold Vinnius: 네덜란드 법률가—옮긴이)를"—다시 말해 법학 책을—"파고 있을 거라 믿는 동안 내가 남몰래 탐독하던 작가는 바로 키케로와 베르길리우스(Vergilius: 고대 로마의 최고 시인—옮긴이)였다"고 썼다.[7] 흄의 인생에서 우정이 차지할 중심적 역할 또한 상당히 일찍부터 뚜렷하게 나타났다. 겨우 16세 때 쓴 현존하는 첫 번째 편지에서 그는 "친구와의 자유로운 대화는 내가 어떤 취미보다 좋아하는 것"이라고 단언한다.[8] 이 시기에 그는 겨울은 주로 에든버러에서, 여름은 나인웰스에서 보내며 계속 가족과 함께 살았다.

우리가 말할 수 있는 한 흄은 신앙 깊은 집안에서 전형적인 기독교식 교육을 받았다. 어머니, 형, 누나는 전부 독실한 장로교 신자였다. 그리고 삼촌은 이단 재판을 행하고 죄인들을 필러리(pillory: 머리와 손을 고정하는 구멍이 있는, 나무와 금속 틀로 만든 처벌용 기둥—옮긴이)에 집어넣을 만큼 아주 엄격한 천사이드(Chirnside) 마을의 현지 장로교 목사였다. 어릴 때는 흄도 독실했다. 훗날 그는 17세기에 인기 있던 종교 소책자 《규율의 서(Whole Duty of Man)》에 나오는 악행 목록을 사용해 자신의 도덕적 인성을 테스트한 일을 회상하기도 했다. 책자에서 강조한 규율 위반에는 "겸손과 죄의 고백을 위해 일정한 또는 엄숙한 시간을 할애하지 않는 것, 또는 너무 드물게 할애하는 것", "건강이 아닌 즐거움을 식사의 목적으로 삼는 것", 그리고 "친목에 시간이나 재산을 낭비하는 것"—하나같이 성인이 된 흄이 실제로 준수하기 어렵겠다고 여길 명령—따위가 있었다.[9] 그러나 10대 때 그의 머릿속에는 집요하게 의심이 생겨나기 시작했다. 나중에 한 친구에게 말했듯 그는 "보편적 견해를 확인하고자 많은 주장을 불안한 마음으로 탐색"하기 시작했다. "의심은 살그머니 들어왔다가 사그라들었다가 되돌아오고 다시 소멸되기를 반복했다."[10] 말년에 흄은 제임스 보스웰에게 자신이 "로크와 클라크(Samuel Clarke)의 책을 읽기 시작한 이후로는 종교에 대해 어떤 믿음도 품은 적이 없다"고 밝혔다.[11] 바꿔 말하면, 존 로크와 새뮤얼 클라크의 저술에 나타난 유신론 옹호와 조우한 것이 흄의 신앙을 강화하기보다 약화시키는 데 영향을 미쳤다. 〔이를 통해 클라크가 신의 존재를 입증하기까지는 어느 누구도 그것을 의심하지 않았다고 말한—클라크와 동시대 사람인—앤서니 콜린스(Anthony Collins)의 재담을 그는 부지불식간에 이행했다.〕[12]

18번째 생일 무렵 흄은 어떤 인생의 진로를 추구할지 결정했다. "학자와 철학자의 길 말고는 세상에서 내 평생을 걸고 나아갈 것이 도무지 생각나지 않았다." 하지만 초기 연구부터 (여전히 초기이긴 하지만) 《인간 본성에 관한 논고》 집필까지의 길은 결코 탄탄대로가 아니었다. 흄은 한동안 치열하고 외로운 독서를 하던 중 자신이 의사가 '학자병(學者病)'이라고 명명한 심신증(心身症: 심리적 스트레스와 정신적 고민으로 신체 곳곳에 증상이 나타나는 상태—옮긴이)을 앓고 있음을 알았다. 공부 속도를 늦추고, 사람들과 더 많은 시간을 보내고, 잘 먹고, 약간의 운동—사실상 매일 걷고 말을 탔다—을 하자 건강은 나아지기 시작했다. 이런 생활 습관의 변화로 흄은 "키 크고 군살 없고 빼빼 마른" 청년에서 "불그레한 안색과 쾌활한 표정을 지닌, 당신이 만나본 사람 중 가장 건장하고 혈기 왕성하고 건강해 보이는 사나이"로 변신했다.[13] 회복기 중에는 브리스톨(Bristol)에 있는 무역상의 서기로 일하며 잠시나마 상업 세계의 삶을 시도해봤지만, 이내 그 자리가 "도무지 적성에 안 맞는다"는 것을 깨달았다.[14] 고용주 역시 흄이 적합하지 않다고 생각했던 것 같다. 요컨대 그는 주인의 문법을 교정하려다 해고당했다.

1734년 9월 흄은 인간의 본성이라는 방대한 주제에 관해 기획한 책을 집필하기 위해 프랑스로 떠났다. 파리에 잠깐 체류한 뒤 1년은 대학 도시 랭스(Rheims)에서, 그다음 2년은 루아르(Loire) 계곡에 있는 조용한 마을 라플레슈(La Flèche)에서 지냈다. 라플레슈의 예수회 대학은 르네 데카르트(René Descartes)가 수학한 장소로 유명했고, 18세기에도 여전히 흄이 뒤엎으려 애썼던 데카르트 철학의 온상이었다. 《인간 본성에 관한 논고》 1권과 2권 〈오성에 관하여(Of the Understanding)〉와 〈정념에 관하여(Of the Passions)〉는 대부분 유럽 대륙에 머문 이 3년 동안 썼다. 기대에 부푼 흄은 책을 출판하기 위해 1737년 9월 런던으로 돌아갔다. 그 책은 1739년 마침내 세상에 나왔다. 길고 빽빽하고 난해한 철학책이 즉각 사상의 혁명을 일으킬 거라는 다소 순진한 기대를 가졌던 흄은 책의 평판에 틀림없이 실망할 터였다. 그는 〈나의 생애〉에서 "광신도들을 수군대게 만들 정도의 유명세에도 도달하지 못한 채 **인쇄기 속에서 사산되었다**"고 한탄했다.[15] 〔고딕체로 인용한 부분은 알렉산더 포프(Alexander Pope)의 "모든, 거의 모든 진실은 인쇄기 속에서 사산된다/마지막 관보처럼, 아니면 마지막 연설처럼"이라는 선언에서 유래했다.〕[16] 《인간 본성에 관한 논고》는 흄이 탄식한 것에 비하면 더 자주 더 우호적인 평가를 받았지만 별로 잘 팔리지 않은 건 사실이다. 책을 발간하고 얼마 안 되어 흄은 스코틀랜드로 돌아가 3권 〈도덕에 관하여(Of Morals)〉를 꾸준히 썼는데, 1740년 11월 이 책을 냈을 때 맞닥뜨린 대중의 반응은 한층 더 차가웠다. 흄의 첫 번째 책이 당시 많은 독자를 찾는 데 실패하기는 했지만 그 몇 년간의 작업은 이러한 실패를 만회하고도 남았다. 동시대 철학자들은 거의 이구동성으로 《인간 본성에 관한 논고》를 흄의 철학적 명저로 여겼기 때문이다. 19세기에 '다윈의 불도그(Darwin's Bulldog: 영국 동물학자 헉슬리가 다윈의 진화론을 지지하고 보급하는 데 앞장선 데서 붙은 별명—옮긴이)'로도 알려진 토머스 헨리 헉슬리(Thomas Henry Huxley)는 "어쩌면 본질적인 면에서도 그렇고, 사유의 방향에 미친 영향 면에서도 그렇고, 그것은 지금껏 쓰인 가장 놀라운 철학책"이라고 주장하기까지 했다.[17]

아직 20대 후반인 청년이 쓴 첫 번째 책치고 《인간 본성에 관한 논고》의 야심은 분명 모자람이 없었다. 결국 흄의 공식적인 목표는 다른 게 아니라 그 밖에 모든 지식 분야의 기초 역할을 하게 될 인간 본성에 관한 새로운 학문을 제창하는 것이었다. 그는 "우리가 가장 중요한 질문들에 대해 여전히 거짓말을 하는, 그리고 인간 이성의 재판에 나설 수 있는 무지"를 통탄하며 책의 서두를 연다. 그리고 이러한 약점을 바로잡을 수 있는 유일하고 효과적인 전략은 "우리가 지금까지 오래도록 답습해온 따분한 방법에서 벗어나 이따금 변방의 성이나 마을을 차지하는 대신 이들 학문의 수도 혹은 심장부인 인간의 본성 자체를 향해 곧바로 진격하는 것이다. 일단 그것들의 달인이 되고 나면 다른 곳에서도 손쉬운 승리를 기대할 수 있을 것"이라고 제안한다.[18] 흄은 자신이 책의 부제에서 '실험적 방법'이라고 부른 것을 사용해 인간의 본성이라는 학문을 확립시키려 했다. 예를 들어 데카르트는 가능한 한 순수한 추상적 이성에 기초한 결론 도출을 목표로 삼았던 데 반해 흄은 인간과 우리를 둘러싼 세계에 관한 지식을 위한 "탄탄한 기초는 오직 경험과 관찰"에서 찾을 수 있다고 주장했다.[19] 이런 식으로 경험에 의존할 것을 제안한 철학자는 흄이 최초는 아니지만—이와 관련해서는 흄 자신도 전임자로 존 로크, 3대 백작 섀프츠베리〔the Third Earl of Shaftesbury: 영국의 도덕사상가 앤서니 애슐리 쿠퍼(Anthony Ashley Cooper)를 말함—옮긴이〕, 버나드 맨더빌(Bernard Mandeville), 프랜시스 허치슨, 조지프 버틀러(Joseph Butler)를 언급한다—그는 이 방법을 더욱 밀어붙여 지금껏 다른 누가 했던 것보다 단호하게 결과를 이끌어내고자 했다.[20]

그 결과는 혁명적인 것으로 밝혀졌다. 흄은 만일 우리가 전적으로 경험에 의존한다면—즉 우리가 과거 철학자들이 보여줬던 인간 이성의 힘에 대한 과장되고 부당한 믿음을 거부한다면—세계나 우리 자신에 대해 절대적 확신을 갖고 알 수 있는 것은 극히 일부라고 결론지었다. 실제로 우리는 우리의 즉각적 감각을 넘어선 세상이 **존재**하는지, 또는 우리가 시간이 지나도 안정적으로 지속되는 개개인을 의미하는 자아로 **존재**하는지조차 알 수 없다. 흄에 따르면 우리가 확신할 수 있는 것은 거의 수학(2+2=4)과 순수 논리(모든 총각은 미혼이다)의 명제뿐이다. 하지만 그렇다고 해서 우리가 보고 생각하는 모든 것을 끊임없이 의심하며 영원히 회의(懷疑)라는 안개 속에서 살아가야 한다는 말은 아니다. 오히려 그는 인간의 본성 자체가 이것을 막아준다고 얘기한다. 보편적 의심은 일상생활에서 그저 지속 불가능하기 때문이다. 흄이—새로운 '인문과학'을 정립할 가능성이 있는—실험적 방법을 통해 세계와 우리 자신에 관한 **개연적**(蓋然的) 지식을 상당수 얻을 수 있다고 인정한 대목 역시 중요하다. 그가 제시한 가장 유명한 사례는 인과론이다. 추상적 이성은 당구공 하나가 다른 당구공을 맞추면 운동을 발생시킬 것이라는 걸 입증할 수 없지만—그리고 이성은 입증이란 걸 할 수 없다—우리의 모든 과거 경험은 그럴 거라고 말해주며, 경험이 제공하는 가르침을 무시하는 것은 어리석은 짓이다. 그러므로 흄이 인간의 삶에서 이성이 담당하는 역할을 놀라우리만치 축소한 것은 관습, 습관, 정념, 상상이 담당하는 역할을 대대적으로 확대한 것에 부합한다.

《인간 본성에 관한 논고》에는 신이나 종교에 관한 명쾌한 토론이 거의 포함되어 있지 않지만, 바로 이러한 누락은 책을 추문에 휩싸이도록 만들기에 충분했다. 어떤 전능한 존재에게 호소하지 않은 채 인간의 본성을 공들여 자세히 탐구함으로써 흄은 그런 호소가 필요치 않다고 암시했으니 말이다. 흄에게 인간이란 선천적으로 죄를 짓지도 않고 하느님의 형상에 따라 창조되지도 않은, 감정에 이끌리기는 하되 비교적 지적인 동물이다. 더욱이 경험이 유일하게 믿을 만한 지식의 기초라는 사고는 나약하고 오류를 일으키기 쉬운 우리의 이해력을 넘어서는 그 어떤 존재가 우리를 이끄는 게 아니라 우리 스스로 존재한다는 것을 시사한다. 이 책이 본질적으로 반종교적이라는 사실은, 애초에 그러려는 의도가 훨씬 더 강하긴 했지만, 동시대인의 이해를 얻지 못했다.[21] 흄이 프랑스에서 쓴 버전에는 기적의 실재와 영혼의 불멸성에 의문을 던지는 대목도 포함되었던 것 같다.[22] 이런 구절이 "가뜩이나 현재 세상 사람들의 경향이 그러할진대 지나치게 심기를 건드리지는 않을까" 걱정한 흄은 "내 책을 거세하는, 그러니까 숭고한 부분을 도려내는, 다시 말해 최대한 불쾌감을 주지 않도록 애쓰는" 데 시간을 쏟을 필요가 있다고 판단했다. 그는 "이건 비겁한 행동이고, 거기에 대해서는 나도 자책한다. ……그러나 다른 사람의 맹신을 비난하는 내가 철학에서 광신도가 되지는 말아야겠다고 결심했다"고 선언했다.[23] 흄은 나중에 광신도들이 수군대게끔 만드는 것조차 실패했다고 탄식했지만 사실은 그렇게 되는 것을 미리 막으려고 공을 들였던 셈이다.

1740년 흄이 추가로 낸 3권의 도덕 이야기는 앞의 두 권이 전반적 인간 본성에 대해 묘사한 방식만큼이나 과감하게 세속적이었다. 흄은 도덕이 어떤 초월적 근원이 아닌, 인간의 공통된 감정, 구체적으로 말하면 승인과 거부의 감정에서 나온다고 주장한다. 흄은 프랜시스 허치슨처럼 우리 눈이 색깔을 인식하고 귀가 소리를 인식하는 식으로 우리에게 선악을 인식하는 일종의 '여섯 번째 감각'인 도덕감이 있다고 믿지 않았다. 오히려 흄의 시각에서 보면 우리는 그냥 어떤 성격적 특성—가령 근면함과 쾌활함—이 쓸모 있다거나 기분 좋다고 느끼며, 거기에 따라 그것들을 승인한다. 우리가 사람들 사이에 기분을 전달하는, 흄이 '공감'이라 부르는 자질을 통해 인식하는 것처럼 다른 사람도 마찬가지로 쓸모 있다고 느끼거나 기분 좋게 만드는 성격적 특성—가령 관대함과 겸손함—이 있다. 이런 성격적 특성에서 타인이 얻는 즐거움에 대한 우리의 공감은 우리 역시 이런 특성을 승인하게끔 만든다. 흄에게는 이게 도덕의 전부다. 인간의 삶이 더 원활하게 굴러가도록 만드는 게 유일한 목적인, 단연코 실용적인 인간의 관습인 것이다. 도덕이란 우리가 우리 자신 혹은 다른 이들에게 쓸모 있거나 그들의 기분을 좋게 한다고 집단적으로 느끼는 자질이다. 그것은 하느님의 의지나 신성한 계획 또는 내세와 아무런 관계가 없다.

확실히 이 무렵 흄은 어린 시절의 신앙심을 잊은 지 오래였다. "《규율의 서》가 아니라 키케로의 《안내서(Offices)》에서 선의 목록을 가져오고 싶다"고 허치슨에게 말한 것처럼 말이다. 그럼에도 불구하고 다분히 마지못해서이긴 했지만 독실한 신자들에게 줄 불쾌감을 최소화하기 위해 《인간 본성에 관한 논고》의 이 세 번째 권도 앞의 두 권처럼 수정을 하기에 이르렀다. 그는 허치슨에게 이렇게 얘기했다. "신중함의 관점에서 봤을 때 결함이 있다고 당신이 언급한 구절 대부분을 당신의 조언에 따라 고치려 합니다. 하지만 고백하건대 저는 당신이 좀 까다롭다고 생각합니다. 성직에 있거나 청소년 교육과 직접적으로 관련 있는 사람을 제외하면 지금 세상 사람들이 본보기로 삼고 있는 것처럼 사람의 인격이 그의 철학적 추측에 달려 있다고는 생각하지 않거든요."[24]

초짜 작가들이 으레 그렇듯 흄은 출간 당시 자기 책에 과도한 자부심을 가졌지만 출판한 것을 후회하기까지는 오래 걸리지 않았다. 그는 1751년 봄 친구들에게 이렇게 말했다. "젊은 혈기와 창작의 열기에 휩쓸려 너무

다급하게 출판했습니다. 스물하고도 한 살 때 기획하고 25세가 되기 전에 집필한 너무나 방대한 프로젝트이니만큼 결함이 아주 많을 수밖에 없습니다. 서두른 것을 백번, 또 백번 후회했지요."[25] 몇 년 후에는 "그 책에 팽배한, 청춘의 열정 탓일지 모르는 긍정적 분위기가 너무 혐오스러워 재검토할 인내심이 추호도 없다"고 시인했다.[26] 그리고 이런 점에서 그의 생각은 한 번도 바뀌지 않았다. 그는 살아생전 발간한 모음집마다 《인간 본성에 관한 논고》를 완전히 배제했고, 죽음이 가까워올 무렵에는 "그 어린애 같은 책……" 이후에 출간한 철학 저술들만이 "그의 철학적 감성과 원리를 담고 있다고 볼 수 있다"는 글을 신판(新版) 광고에 싣기도 했다.[27] 물론 이 요구를 근대 학자들은 집요하고 뻔뻔하게 일축했다. 흄의 광고는 고려할 가치 없는 "성마른 병약자의 사후(死後) 지껄임"으로 묵살되기까지 했다.[28] 이런 표현은 분명 부당해 보이긴 하지만, 흄이 《인간 본성에 관한 논고》에 담긴 **생각**을 완전히 부정한 적은 한 번도 없었던 게 사실이다. 오히려 반대로 그는 자신의 성숙한 철학 저술에 담긴 "대부분의 신조"가 《인간 본성에 관한 논고》의 신조와 동일하며 이후의 책들은 단지 "몇몇 추론상의 과실과 그보다 많은 표현상의 부주의"를 바로잡은 것이라고 항상 인정했다.[29] 데뷔작의 난해한 문체와 "긍정적 분위기"를 후회하긴 했으나 흄은 끝까지 회의주의자로 남았다.

《인간 본성에 관한 논고》의 실망스러운 평판 이후 문학적 전략을 재고하면서 흄은 곧 에세이 집필로 돌아섰다. 그는 첫 책의 난해하고 복잡한 논증을 집어던지고, 철학과 문학과 역사의 결실을 좀더 많은 독자에게 제

공하는 자칭 "지식의 영토에서 대화의 영토로 파견된 외교 사절"로 복무하려 노력했다.[30] 이렇게 접근 방식의 전환을 가져온 것은 결코 명성이나 재산에 대한 욕망이 아니었다. 그의 목표가 정말 최대한 인기를 얻는 것이었다면, 흄이 자신의 에세이에서 다룬 주제와 거기서 표명한 견해는 형편없는 선택이었을 것이다. 그보다 흄은 학자와 계몽된 대중 모두가 한층 개방적인 소통 체계로부터 혜택을 볼 거라 생각했다. 그는 철학이 거실, 사교 단체, 선술집의 대화에 의미 있는 내용을 제공할 수 있었던 것과 마찬가지로 "지식 역시 대학과 수도실에 갇혀 세상과 인간관계로부터 격리되면서 엄청난 패배자가 되어왔다"고 느꼈다. 결국 실세계의 경험이 인간과 우리를 둘러싼 세상에 관한 유일하게 믿을 만한 지식의 기초라고 한다면 철학은 절대 "일상생활과 대화"로부터 스스로를 단절해서는 안 된다.[31] 전형적으로 온건한 이 장르를 흄이 특유의 철학적 깊이와 논쟁적 강도를 보태 변화시키기는 했지만 세기 초에 조지프 애디슨(Joseph Addison)과 리처드 스틸(Richard Steele)이 대중화한 에세이 형식은 그에게 가교 작업을 위한 완벽한 수단으로 보였다.

흄의 《도덕·정치 논집(Essays Moral and Political)》 1권은 1741년에 나왔다. 대부분의 에세이는 정치적 사안에 초점을 맞췄고, 그 기저에 깔린 주제는 당파적 열정의 위험이었다. "파벌 싸움은 정부를 전복하고, 법을 무력하게 하고, 서로 도와주고 보호해야 할 같은 나라 국민 사이에 가장 격심한 적대감을 유발한다"는 게 흄의 견해였다. 따라서 그는 논집 전체에 걸쳐 온갖 유형의 당파적 견해와 주장—궁정과 국가, 휘그당과 토리당 그리고 심지어 공화파와 왕정파—에 이의를 제기했다. 그렇게 함으로써 "우리의 모든 정치적 논쟁에 절제라는 교훈"을 전달하고 싶었던 것이다.[32] 예상했겠지만 온갖 종교적 열정도 흄의 분노를 샀다. 몇몇 에세이에서 그는 종교적 '미신'(기본적으로 가톨릭교)이 "인간을 온순하고 비굴하게 만들며 노예제에 최적화하는" 방식을 부각시키는가 하면 종교적 '광신'(기본적으로 한층 엄격한 신교 종파들)이 세상 속으로 들어가 "더욱 잔인한 무질서를 만들어내는" 방식을 강조했다. 그는 다양한 기독교 종파가 "인간 사회의 독이자 모든 정부의 가장 고질적인 파벌의 근원"으로 밝혀진 "박해의 유령을 불러왔다"고 말한다.[33] 그는 철학과 도덕에 있어 종교가 불필요하다는 점을 입증하는 데 만족하지 않고 그것의 유해한 영향을 강조하는 자신의 평생에 걸친 노력을 막 시작한 터였다.

이듬해에 흄은 논집의 2권을 출판했는데, 그중 백미는 〈쾌락주의자〉, 〈금욕주의자〉, 〈플라톤주의자〉, 〈회의주의자〉란 제목을 단 일련의 글이었다. 이 에세이들은 제목에 드러난 고대 철학 종파에 대한 무미건조한 토론이 아니라 바람직한 삶의 네 가지 개념, 즉 쾌락의 삶, 미덕의 삶, 종교적 헌신의 삶, 그리고 회의주의적 삶의 매력과 약점을 생생하게 탐구한다.[34] 회의적 삶에 대한 에세이가 그 외 세 편의 에세이를 합친 것보다 길며, 흄이 가장 크게 공감하는 것도 확실히 이러한 삶이다. 흄은 회의주의가 종종 허무주의 및 무력함과 연관이 있는 데 반해 실제로는 마음의 평안, 지성적 겸손, 심층적 탐구에 대한 열정으로 이어지는 경향이 있다고 말한다. 이 에세이는 또한 우리가 어떻게 하면 회의주의자의 절제되고 균형감 있고 인간적인 성향에 도달할 것인지 탐구하고, 이 목표를 위해 "과학과 인문학에 대한 진지한 관심을 가질 것"을 권장한다.[35]

흄은 그의 전집 중 저평가된 보석 중 하나인 1권의 첫 번째 에세이 〈취향과 열정의 섬세함에 관하여(Of the Delicacy of Taste and Passion)〉에서 비슷한 교훈을 끌어낸 바 있다. 이 글의 기본 취지는 아주 간단하게 인문학 지식 함양이 행복의 비결이라는 것이다. 우선 "우리가 어떤 책을 읽을지, 어떤 변화를 취할지, 어떤 이들과 어울릴지에 관해서는 우리가 거의 주인"인 이상, 세련된 취향을 가진 사람은 "주로 자기 자신의 결정에 달려 있는 이러한 목표에 행복의 가치를 부여할" 수 있다. 이는 맞는 얘기다. 예를 들어 좋은 책이나 좋은 친구와의 대화에서 진정한 행복을 찾을 수 있는 사람은 엄청난 명성이나 부를 갈망하는 사람보다 자신의 손이 닿는 곳에서 행복을 찾을 가능성이 훨씬 더 높다. 거기서 좀더 나아가 흄은 "취향의 섬세함은 우리의 선택을 소수의 사람들로 한정함으로써 사랑과 우정에 유리하다"고 주장한다. "책과 사람 둘 다에 대한 지식을 제대로 소화해온 사람은 소수의 엄선된 동반자과 함께 있을 때 말고는 거의 즐겁지 않"기 때문이다.[36] 다시 말하면 세련된 취향을 가진 사람은 누가 진정으로 자신의 감정과 자신이 좋아하는 것을 공유하는지 더 잘 알아차릴 수 있고, 따라서 그 선별된 소수와 한층 깊고 의미 있는 관계를 형성할 수 있다. 마치 때가 왔을 때 흄과 스미스가 그랬듯 말이다. 《도덕·정치 논집》은 《인간 본성에 관한 논고》보다 우호적인 평판을 얻었고, 이는 흄으로 하여금 결국에는 《인간 본성에 관한 논고》의 논거를 좀더 접근하기 쉽게 재구성해야 하는 것은 아닌지 고민하게 만들었다.

하지만 흄은 우선 1744년 여름부터 1745년 봄 사이 내내 에든버러 대학의 윤리학과 심리철학 담당 교수 자리를 얻는 데 주력했다.[37] 흄의 관심과 전문성 정도면 그 직책에 적임자였을 테지만 상황은 그렇게 돌아가지 않았다. 그는 "회의주의, 이단 등 나쁜 평판을 이유로" 그의 지명에 반대하는 "대중들의 항의"가 빗발쳐 임용에 고배를 마셨다고 불평했다.[38] 광

신도들이 단순한 수군거림을 훨씬 뛰어넘는 행동에 돌입한 것이다. 이번 경우는 프랜시스 허치슨 같은, 그때까지 흄의 친구였던 이들까지 등을 돌렸다. 사실 그들의 반대도 완전히 터무니없는 일은 아니었다. 그 직책을 보유한 사람은 학생들에게 "하나이신 진정한 하느님의 존재와 완벽함 그리고 천사들의 본질과 인간의 영혼"에 대해 가르치고 매주 월요일에는 "기독교의 진리"에 관한 강의를 해야 했다—흄이 수행하기에는 그다지 맞지 않는 과제였다. 대학의 직무 분석표에 따르면, 교수들이 사용하는 어떤 교재가 "성서나 〔웨스트민스터(Westminster)〕 신앙 고백 또는 풍속을 거역하는 내용"을 혹시라도 포함할 경우 당연히 "젊은이들이 오류나 부도덕으로 더럽혀지는 것을 막기 위해 동일한 내용이 틀렸음을 입증"할 수밖에 없을 터였다.[39] 이런 자격 요건을 놓고 볼 때, 흄이 그 자리를 수락한다면 상당히 뻔뻔스러운 위선이라는 건 말할 것도 없고 대학 측 역시 흄을 임용할 경우 이를 어처구니없이 눈감아준 셈이 될 터였다. 흄이 허치슨에게 "지금 세상 사람들이 본보기로 삼고 있는 것처럼" 개인의 성격이 자신의 철학적 추측에 달려 있는 것은 아니라고 했을 때, 본인 스스로 성직자이거나 "청소년 교육에 직접적으로 관련된" 사람은 예외로 만들었다는 것을 상기하자.[40]

그러나 이후의 증거를 통해 우리는 흄이 종교와 관련한 이런 종류의 위선으로 그다지 고민하지 않았음을 알 수 있다. 1764년 한 친구가 신앙이 약해지기 시작해 성직을 포기할지 말지 심각하게 고려 중인 한 젊은 목사의 사례에 관해 흄에게 조언을 구했다. 문필가는 확실한 직업을 얻기 너무 힘들다는 이유를 들며 흄은 포기하지 말라고 조언했다. 청년이 가진 양심의 가책에 대해 흄은 신랄한 답변을 했다. "그와 관련해 진정성을 자랑하는 것은 저속한 이들과 그들의 미신에 지나치게 깊은 존경을 표하는 일입니다. 지금까지 어린 아이나 광인들에게 진실을 말하는 것을 영광으로 생각한 사람이 있던가요? ……특히 이 점에서는 여전히 힘닿는 한 위선자가 되려는 게 제 소망입니다. 사회의 보편적 의무가 보통 그것을 요구하지요. 그리고 기독교 종사자들은 순진한 위선, 아니 그보다는 흉내내기에 조금 더 보탤 뿐입니다. 그것 없이는 세상에 스며드는 게 불가능하지요."[41] 에든버러 대학의 교수 임용 결과를 놓고 봤을 때, 분명 흄은 적당한 믿음을 흉내 낼 정도로 최선을 다하지는 않았다. 나중에 살펴보겠지만, 자신의 진짜 가치관을 비밀에 부치는 데는 스미스가 훨씬 더 능숙했다.

어쨌든 교수직을 따내는 데 실패한 흄은 '미치광이' 애넌데일 후작(Marquess of Annandale)의 가정 교사로 근무하기 위해 런던 인근으로 거처를 옮겼는데, 후작은 흄이 그 자리를 관두고 몇 년 뒤 법적으로 정신이상 선고를 받은 사람이었다. 그는 후작의 집사가 꾸민 음모 때문에 1년 뒤 가정 교사 자리에서 해고당했다. 그 후 먼 친척인 제임스 세인트클레어(James St. Clair) 중장의 비서로 프랑스 서해 연안으로 가는 작은 원정대에 참여하면서 흄의 기나긴 직업적 여정은 연달아 흥미로운 전환점을 맞는다. (원정대의 원래 목적지는 캐나다였으나 대서양을 횡단하는 이 모험은 행정상의 연기와 역풍으로 좌절됐다.) 세인트클레어의 원정은 분명 어느 모로 봐도 오스트리아 왕위 계승 전쟁의 하찮은 사건들 중 하나로 평가받을 게 틀림없다. 그것은 한층 강력한 플랑드르(Flanders) 격전지로부터 프랑스 군대를 철수시키고자 기획한 주의 분산 작전에 지나지 않았으며, 런던의 담당 부처로 인해 실행 계획은 완전히 엉망진창이 됐고, 어떤 사건에 실질적 영향을 미치기에는 군사 작전에서 너무 후반부에 침공을 실행했다. 그럼에도 불구하고 미래의 역사가는 바로 지척에서 전쟁이라는 행위를 목격할 기회를 통해 단연 수혜를 받았다.

이때 흄의 나이는 36세였고, 아직 철학과 저술에 대한 열정을 재정적으로 뒷받침해줄 안정된 직업이 없었다. 헨리 홈에게 보낸 편지에서 그는 가장 확실한 후보 직종을 하나씩 제거했다. 변호사 사무실을 개업하거나 군대에 가기에는 이제 나이가 너무 많았다. 여행 동반 개인 교사라는 개념은 마뜩찮았다. 정치계 자리는 너무 불안했다. 그는 형편없는 조신(courtier, 朝臣)이 될 터였다. 그리고 직설적으로 "교회가 난 싫습니다"라고 홈에게 말했다. 이렇게 잠시 주저한 끝에 그는 "영원히 계속해서 가난한 철학자가 되는" 수밖에 없다고 결정했다.[42]

1747년 가을 나인웰스로 돌아온 흄은 애넌데일 경의 가정 교사로 있을 당시 쓰기 시작한《인간 오성에 관한 철학 논집(Philosophical Essays Concerning Human Understanding)》〔나중에《인간 오성에 관한 탐구(An Enquiry Concerning Human Understanding)》로 제목을 바꿨고, 현재는 흔히《첫 번째 탐구(First Enquiry)》로 알려져 있다〕의 마무리 작업에 돌입했다. 본질적으로 이 책은 불운했던《인간 본성에 관한 논고》1권—인간 이성의 한계에 관한 책—을 좀더 접근하기 쉬운 형태로 다듬은 것이었다.《인간 본성에 관한 논고》에서는 자신이 아는 한 최대한 상세하고 어렵게 쓰는 데 열중했던 데 반해,《인간 오성에 관한 철학 논집》(이하《철학 논집》—옮긴이)에서는 명확하고 매력적인 필체로 곧장 철학적 본론으로 들어간다. 흄은 "질문을 짧게 줄이고 단순화함으로써 실제로 그것들을 훨씬 더 완벽하게 만든다"고 판단했으며, 그 결과에 기뻐했다.[43] 그것은 또한 여러 가지 측면에서 봤을 때《인간 본성

에 관한 논고》보다 대담한 책이기도 했다. 어쩌면 흄이 에든버러 대학의 교수 임용에 실패한 뒤 더 이상 잃을 게 없다고 느꼈기 때문일 수도 있다. 기왕 불경죄로 유명해질 거라면 차라리 아예 그런 평판을 얻자고 결론 내렸던 것 같다.[44] 흄은 신자들을 분노하게 만들 가능성이 가장 높은 구절을 뺌으로써 《인간 본성에 관한 논고》를 '거세했던' 것과 달리 《철학 논집》에서는 자기의 생각을 손대지 않고 그대로 뒀다. 후자의 책에 실린 기적에 관한 선동적 에세이는 이 주제와 관련해 철학사상 틀림없이 가장 유명한 논고일 것이다. 흄의 전집 중 어떤 구절도 이 정도로 많은 비판과 욕설을 불러일으킨 것은 아마 없을 듯싶다.

요약하면 그 논거는 다음과 같다. 흄은 기적을 자연법칙에 대한 위배라고 정의하는데, 여기서 그가 의미하는 자연법칙이란 자연의 작동 방식에 관한 우리의 균일한 경험을 말한다. 이런 의미로 봤을 때, 바다가 둘로 갈라지는 것이나 물 위를 걷는 사람이나 죽은 자의 부활은 기적의 사례에 속할 것이다. 이런 기적이 일어났다는 얘기를 듣거나 읽을 때, 우리는 사실에 관한 모든 보고서에 대해 그러는 것과 똑같이 증거에 비례해 이를 믿어야 한다고 그는 말한다. (정의상) 기적이라 알려진 것은 우리의 어떤 과거 경험에도 배치되므로 신빙성을 구축하기 위해서는 유력한 증거가 엄청나게 확실해야 할 것이다. 증언을 따져볼 때는 기적이라고 주장하는 것을 목격한 상황뿐 아니라 그것을 알린 사람의 지성, 성격, 동기도 고려해야 할 것이다. 그 사람이 기적이라고 주장하는 것을 직접 목격했는가? 그는 이런 종류의 사안에 대해 얼마나 많은 지식과 경험을 갖고 있는가? 그는 정직하고, 공정하고, 냉철한 판단을 내리는 사람인가? 그에게 우리를 속일 만한 이해관계가 얽힌 이유들이 있는가? 그는 머뭇거리며 증언하는가, 아니면 반대로 너무 과격하게 주장하는가? 기적이라고 주장하는 것을 얼마나 많은 사람이 목격했는가? 그 증언과 모순되는 그 밖의 다른 증언이 있는가? 특히 이런 사항을 모두 고려하면, 기적이라고 주장하는 것의 유력한 증거란 항상 그에 반하는 것, 즉 자연의 작동 원리에 관한 우리의 균일한 경험 앞에서 왜소해 보이게 마련이다. 끝까지 회의주의자였던 흄은 기적이 불가능하다고는 절대 말하지 않는다. 기적이 불가능하다고 주장하는 것은 거의 그 실재를 주장하는 것만큼이나 독단적일 것이기 때문이다. 그는 차라리 기적이 일어났다는 보고를 믿는 것이 전혀 합리적이지 않다고 '단순하게' 주장한다.

마치 계시 종교의 핵심 토대에 대한 이런 엄청난 공격으로는 충분치 않다는 듯 흄은 다음 에세이에서 신의 존재에 관한 당대의 대표적인 철학적 논증, 즉 목적론적 증명(argument from design: 설계론적 증명이라고도 한다—옮긴이)으로 시야를 돌렸다. 이 논증의 핵심은 세상은 아주 복잡한데 그것을 이루는 부분들이 대단히 잘 들어맞으므로 분명 설계자가 있었을 것이며, 이 설계자는 더없이 지혜롭고 강력하고 자애로운 하느님이 틀림없다는 것이다. 이런 추론 과정이 18세기 영국에서는 아주 보편적이었으므로 대부분의 지식인은 이를 그냥 당연시했다. 그러나 흄은 세상의 명백한 질서부터 이런 설계자까지 이어지는 추론이 증거를 훨씬 벗어난 것이라고 말한다. 에피쿠로스(Epicuros)의 말을 빌리면, 우리가 결과로부터 원인을 추론할 때는 전자에 비례하는 후자가 있어야 한다고 그는 주장한다. 결과에서 확인할 수 있는 것 이상을 원인에서 추론하지 말아야 한다는 것이다. 따라서 신의 솜씨에서 우리가 보는 그런 정도의 지성, 힘, 박애만을 신의 덕분으로 돌려야 한다. 세상에 존재하는 무수한 무질서와 악을 놓고 본다면, 그걸 설계한 자가 몹시 현명하거나 강력하거나 자애로웠을 게 틀림없다고 믿을 하등의 이유가 없다. 태도를 바꿔 그 추론된 원인을 몇 가지 결과를 추론하기 위해 사용할 수도 없다. 경험을 근거로 했을 때, 예를 들어 신의 명백한 선을 위해 선한 자들이 보상받고 악한 자들이 벌을 받는 사후 세계가 필요하다고 가정해야 할 이유는 없다. 우리가 겪는 경험은 오로지 현세의 것이며, 현세에는 우리가 현세를 넘어서 추론할 수 있는 게 아무것도 없다. 여기서 다시 흄은 독단적 결론에 도달하기를 피한다. 요컨대 그는 신은 **존재**하지 않는다거나 세상의 설계자는 없다고 우기지 않는다. 그러나 그 논증의 결말은 목적론적 증명이 세상에 대해 어떤 새로운 것도 우리에게 말해주지 못한다는 것, 혹은 우리 자신의 경험에 기초해 생각하고 행동하는 것과 다르게 생각하고 행동해야 할 아무런 이유도 알려주지 못한다는 것이다. 그것은 근본적으로 쓸데없는 가설이다.

이 책은 내용뿐 아니라 흄의 작가로서 정체성을 담고 있다는 점에서 지금까지 그의 저술 중 가장 대담했다.《인간 본성에 관한 논고》와《도덕·정치 논집》 1권과 2권은 모두 당시 흔히 그랬던 것처럼 익명으로 출판했다.[45] 헨리 홈을 비롯한 흄의 몇몇 친구는 그 책이 너무 '무분별하다'고 생각했지만, 이 무렵 흄은 "지금 시대에 무신론자라는 특징 때문에 어떤 나쁜 결과가 따라올 거라고는 생각하지" 않으며 "특히 그 사람의 행동이 그 밖의 측면에서 나무랄 데가 없다면 더욱 그렇다"고 공언했다.[46] 초반에《철학 논집》은《인간 본성에 관한 논고》 이상으로 주목받지 못했지만, 1750년대 들어서는 반응이 거세지기 시작했다. 이러한 반응에는 흄의 기적 관련 논증에 대한 일련의 반박 시도—오늘날까지 수그러들지 않고 지속되는 대규모 기획—도 포함되었다.

같은 해 법적 공방을 이어가는 와중에 흄은 또 하나의 소논집을—이번에는 자신의 이름을 붙여—출판했는데, 여기서 그는 집요하게 양쪽 정당의 신성불가침한 고정관념을 물고 늘어졌다. 그는《인간 본성에 관한 논고》에서 자신이 펼쳤던 예전 논거에 기대어 합법적 정치 권한이란 오직 사회계약의 형태로 표현된 사람들의 동의에 달려 있다는 휘그당의 대중화한 '원시 계약(original contract)' 개념은 물론이고, 정치 권한이란 신성하며 따라서 불가침이라는 토리당의 '절대 복종(passive obedience)' 교리에 이의를 제기했다.[47] 당시 휘그파가 지적으로 우세했으므로 흄은 옛 논고에 특히 자부심을 느끼면서 그것은 "이 나라의 모든 철학자 중 절반이 거의 1세기 동안 암암리에 수용해왔던, 〔앨저넌(Algernon)〕 시드니(Sydney), 〔존〕 로크 및 휘그파의 정치 제도에 관한 짧지만 완벽한 반론"이라고 썼다. "내 짧은 소견으로는 그것이 만민의 이성과 실천에 그저 혐오감을 안길 뿐이지만 말이다."[48] 논고를 완성하기 위해 그는 신교도 왕위 계승, 혹은 앤 여왕 사후 스튜어트 왕가를 영국 왕위에서 배제한 일에 대한 에세이를 포함시킬 계획을 세웠다. 이는 1745년 재커바이트 반란으로부터 불과 3년이 지난 때라 아직 적잖이 부담스러운 주제였지만, 흄은 "그것을 카이사르와 폼페이우스 사이의 분쟁만큼이나 냉철하고 초연하게 다루려" 애썼다. "어떤 사람들은 이렇게 솔직하면 어떤 결과가 따라오는지 아느냐고 내게 겁을 주곤 했지만 …… 무슨 말인지 내가 이해하지 못하고 있다는 것을 인정한다."[49] 그러나 결국 흄의 친구들은 이 특이한 에세이를 적어도 당분간 보류하도록 설득하는 데 성공했다. 그리고 그것은 몇 년 후 《정치론(Political Discourse)》으로 구체화됐다.

흄은 그 대신 〈국민성에 관하여(Of National Characters)〉라는 에세이를 첨가했는데, 현대 독자들 사이에서는 18세기에 〈신교도 왕위 계승에 관하여(Of Protestant Succession)〉가 그랬던 것보다 훨씬 높은 악명을 그에게 가져다줬다. 전자의 논고는 각기 다른 나라 국민에게서 종종 관찰할 수 있는 성격 차이를 탐구하고, 한 나라의 정부·경제·종교 같은 '도덕적 원인'

이 기후와 토양 같은 '물리적 원인'보다 큰 영향을 미친다는 점을 입증하려 한다. 흄은 이 논고의 신판에서 기후가 국민성에 미칠 법한 영향을 논의하는 대목 중 악명을 얻어도 싼 각주를 달았다. 그는 여기서 자신이 "흑인이 백인보다 선천적으로 열등하지 않을까 곧잘 의심하게" 된다면서 "지금껏 그런 피부색을 한 문명국가는 없었고, 행동이든 사유든 한 방면에서 걸출한 개인도 단 한 명 없었다"고 언급한다—실제 경험보다는 개인적 의혹에 의존하는 게 얼마나 위험한지를 강력하게 보여주는 사례가 역사상 가장 뛰어난 경험주의자 한 명의 펜에서 직접 나온 것이다.[50] 스미스의 경우는 이런 실수를 피했다. 가령 그는 "아프리카 해안 출신 흑인 중 추악한 주인의 영혼으로는 도저히 품을 수 없을 만큼 높은 수준의 관대함을 소유하지 …… 않은 이는 단 한 명도 없다. 운명이 그런 영웅의 나라들로 하여금 유럽 감옥의 쓰레기를 겪게 한 때보다 인류에 대한 자신의 위력을 더욱 잔인하게 행사한 적은 없었다"고 썼다.[51] 인종이라는 주제를 놓고 흄과 스미스 사이에 어떤 토론이나 공개적 의견 충돌이 있었다는 기록은 없지만, 어쨌든 현대적 시각에서 보면 이 각주는 흄의 인격과 관련해 진정한 오점 중 하나를 보여준다.

이런 책을 마무리하는 와중에 흄은 이번에는 빈(Wien)과 토리노(Torino)로 가는 군사 사절단에서 세인트클레어의 비서로 두 번째 복무를 하며 다시 한번 문학적 탐구를 하기에 이른다. 흄은 친구 더니키어의 제임스 오스월드(James Oswald of Dunnikier)에게 저술가의 삶이 여전히 "내 야망의 유일한 대상"이라고 했지만, "좀더 나이가 들면 역사책을 집필하려는 의향이

오랫동안 있었던" 것을 감안하면 "법원과 군인 막사를 볼 기회"가 정말로 그러한 야망을 진전시킬 수 있겠다 싶었다.[52] 이 여행을 통해 흄이 국제 정세의 외교적 측면을 일별한 것은 세인트클레어와의 첫 번째 임무 수행 기간 중 목격했던 군사적 행동을 완벽하게 보완하는 역할을 했다. 흄이 고국의 형님에게 보낸, 일기 형태로 쓴 여행기는 지금 봐도 아주 재미난 읽을거리다. 그가 신성로마제국의 마리아 테레사(Maria Theresa) 여제를 알현한 이야기로 전체를 대신한다.

> 황제와 여제에게는 허리를 굽히는 것도 아니고 무릎을 꿇는 것도 아니고 한쪽 다리를 뒤로 살짝 빼고 무릎을 약간 구부리며 인사해야 한다는 걸 알아둬야 한다. 여제 폐하와 약간의 대화를 나누고 난 뒤 계속 그 자세를 유지하며 뒷걸음치면서 아주 긴 방을 빠져나갈 수 있도록 말이다. 그런데 그러다가는 넘어지는 건 물론이고 서로 입씨름을 할 아주 큰 위험이 있었다. 그녀는 우리가 봉착한 난관을 알아차렸다. 그리하여 즉각 우리에게 큰 소리로 말했다. "자, 자, 제군들, 의식은 관두시오. 당신들은 이런 움직임에 익숙하지도 않고 바닥도 미끄러우니." 우리는 그녀의 이런 배려에 깊은 감사를 느꼈다. 내가 자기들 쪽으로 엎어져 깔고 앉을까봐 안절부절못하던 내 동료들은 특히 그랬다.[53]

말할 필요도 없이 이 무렵 흄은 오늘날 아주 널리 알려진 대로 두둑한 기반을 잡았다.

흄이 〈나의 생애〉에서 회고했듯 이 비서직 임명으로 받은 연금은 어느 정도 재정적 안정을 가져다줬고—"친구들은 내가 이런 얘기를 하면 대부분 웃는 경향이 있었지만 내가 자립이라고 부르는 거금"을 그는 용케도 손에 쥔 터였다—그때부터 줄곧 자기 에너지의 가장 큰 몫을 저술 활동에 쏟아부을 수 있었다.[54] 이 점에서 그는 결코 게으른 적이 없지만, 다음 10년은 그의 인생에서 가장 생산적인 시기가 될 터였다. 1749~1759년 흄은 《자연 종교에 관한 대화》의 초고를 집필하고, 《도덕 원리에 관한 탐구(An Enquiry concerning the Principles of Morals)》, 상당히 두툼한 《정치론》, 《종교의 자연사(Natural History of Religion)》를 포함한 또 하나의 모음집 그리고 《영국사》의 첫 네 권을 출간했다. 이런 저서가 한데 모여 그를 영국에서 가장 유명한—아니, 관점에 따라서는 가장 악명 높은—저자로 만들었다. 이 시기는 또한 스미스와 우정을 나눈 첫 10년이기도 했다.

1723~1749  02

흄과의 조우

철학사에서 흄이 갖는 거의 독보적인 영향과 유명세에도 불구하고, 학계 밖에서는 아마 둘 중 스미스가 더 유명할 것이다. 그의 옆얼굴은 지폐와 넥타이를 장식하고, 그의 이름은 자유 시장 자본주의 사상과 동의어가 되었으며, 《국부론》은 시대를 통틀어 매우 유명한—비록 가장 많은 이들이 읽었거나 이해한 책은 아니지만—책 중 하나다. 마거릿 대처(Margaret Thatcher)가 스미스의 위대한 두 번째 책을 끼고 다녔다는 소문은 있어도 자기 가방에 흄의 《인간 본성에 관한 논고》 한 부를 넣고 다닌 영국 총리는 한 명도 없을 것 같다. 그렇긴 해도 스미스의 삶은 그다지 화려하지 않았다. 성격은 흄만큼 재기가 넘치지 않았고, 저서도 논란을 부르지 않았다. 그러나 그는 널리 사랑받았고 동시대인들 사이에서도 존경을 받았다. 많은 이들로 하여금 실제로 그에게 반기를 들게 만든 것은 흄과의 우정뿐이었다. 그리고 스미스의 사상은 그 이전이나 그 이후 어떤 사상가의 사상보다도 현실 세계에 영향을 미쳤다. "스미스가 …… 최초로 근대 사회의 진정한 광경을 펼쳐 보인 뒤부터 서구 세계 전체가 애덤 스미스의 세상이 되었다. 그의 시각은 몇 세대의 인상적인 상황에 대한 처방전이 되었다"는 위대한 경제사가 로버트 하일브로너(Robert Heilbroner)의 말은 효과를 위해 과장하기는 했지만 전적으로 사실을 왜곡한 것은 아니다.[1]

스미스는 12세인 흄이 대학에서 공부하고 있던 에든버러로부터 포스만(Firth of Forth)을 사이에 두고 맞은편에 위치한 커콜디(Kirkcaldy)라는 작은 항구 마을에서 1723년 6월에 태어났다.[2] 이름이 똑같이 애덤 스미스였던 아버지는 아들이 말년에 똑같이 갖게 될 직업인 세관원으로 비교적 풍족한 편이었다. 하지만 아버지 스미스는 아들이 태어나기 전에 사망했고, 그리하여 우리의 스미스는 흄처럼 아버지 없이 자랐다. 그는 처녀 적 이름이 마거릿 더글러스(Margaret Douglas)인 어머니의 손에서 성장했는데, 그녀는 흄의 어머니처럼 아주 독실한 장로교 신자였다. 스미스는 외동이고 역시 흄처럼 평생 독신이었다.[3] [여담이지만 고전으로 존경받는 철학자 중에는 비혼자가 깜짝 놀랄 정도로 많다. 플라톤, 토마스 아퀴나스(Thomas Aquinas), 토머스 홉스(Thomas Hobbes), 르네 데카르트, 존 로크, 베네딕트 스피노자(Benedict Spinoza), 아이작 뉴턴, 고트프리트 라이프니츠(Gottfried Leibniz), 볼테르, 임마누엘 칸트(Immanuel Kant), 에드워드 기번, 아르투르 쇼펜하우어(Arthur Schopenhauer), 쇠렌 키르케고르(Søren Kierkegaard), 프리드리히 니체(Friedrich Nietzsche), 루드비히 비트겐슈타인(Ludwig Wittgenstein)은 이 목록에 넣을 수 있는 위인들 중 일부다—이런 이유로 니체는 진정한 철학자는 절대 결혼하지 않으며 소크라테스가 결혼했다는 것은 역설일 뿐이라고 말했다.][4] 형제자매도 없고 자기만의 가정도 없던 스미스가 가정의 안정감이란 차원에서 성인기까지 줄곧 의존했던 사람은 어머니였다. 그는 어머니보다 고작 6년을 더 살았고, 모친이 사망하자 그녀는 "분명 어떤 누구보다도 나를 더 사랑하셨고 영원히 나를 사랑해주실 것"이라고 단언했다.[5]

커콜디의 명문 자치구 학교를 다닌 후, 스미스는 1737년 14세의 나이에 글래스고 대학에 들어갔다. 그즈음 그의 라틴어 실력은 첫해 수업을 건너뛸 만큼 뛰어나 당시의 나머지 표준 과목, 즉 그리스어·논리학·형이상학·수학·자연철학·윤리학·법학을 탐구했다. 스미스는 자신의 경력에서 핵심이 될 윤리학과 법학을 훗날 "결코 잊지 못할 허치슨 박사"라고 본인의 입으로 말했던 바로 그 프랜시스 허치슨 밑에서 수학했다.[6] 학자들은 허치슨에 대한 이런 경의를 거의 강박적으로 인용하는데, 사실 그는 사망 직후 흄을 설명하기 위해 "결코 잊지 못할 친구"라는 호칭을 처음 붙였고, 그 뒤에 가서야 자신의 스승에게 이를 적용했다.[7] 더구나 당시 스미스가 가장 높이 평가한 교수가 허치슨이었는지도 완전히 확실하지는 않다. 글래스고 대학에서 스미스가 "좋아하던 탐구 분야"는 수학과 자연철학이었다고 했으니 말이다.[8] 그는 이런 과목을 각각 많은 이들이 훌륭한 스승으로 여기던 로버트 심슨(Robert Simson)과 로버트 딕(Robert Dick) 아래서 공부했다. 심슨은 나중에 동료이자 친구가 되었고, 스미스는 그를 "우리 시대를 살았던 …… 가장 위대한 수학자"로 생각했다.[9]

스미스는 글래스고 대학에서 3년을 보낸 데 이어 1740년부터 1746년까지 6년은 옥스퍼드 대학의 베일리얼 칼리지(Balliol College) 학생으로 보냈다. 스미스는 옥스퍼드 대학의 수업이 글래스고 대학에서 경험한 것과는 판이할 만큼 너무 시시하다고 느꼈다. 훗날 그는 옥스퍼드 교수들이 "가르치는 척하는 것조차 완전히 포기"해버렸다고 말했으며, 최고의 기부금을 받은 대학들이 "전 세계 곳곳에서 내쫓기자 무너진 체계와 한물간 편견이 안식과 돌봄을 찾는 보호구역"의 역할을 하는 일이 비일비재하다고 썼을 때도 분명 옥스퍼드를 염두에 두고 있었다.[10] 그와 대조적으로 스코틀랜드의 대학들은 "갖가지 단점에도 불구하고 하나같이 유럽 전역에서 찾을 수 있는 최고의 배움의 전당"이라고 조숙한 스미스는 생각했다.[11] 이곳들이 흄의 에든버러 대학 시절 이래로 보여준 발전상은 실로 놀라웠다. 18세기 초만 해도 글래스고, 에든버러, 애버딘, 세인트앤드루스 대학들은 아직 작았고 세상에 거의 알려지지 않았으며 대개는 라틴어로 쓰인 낡은 신학을 가르치는 데 전념했다. 하지만 같은 세기 중반에 가서는 규모와 위상의 양 측면에서 성장해 대부분 광범위한 최첨단 과목을 영어로 가르치기 시작했다.[12] 1750년대와 1760년대에는 스미스 본인도 교수로서는 물론 행정가로서 글래스고 대학을 더욱 발전시키는 데 지대한 기여를 했다.

1740년 8월 스미스는 현존하는 그의 첫 번째 편지에서 풍자적으로 다음과 같이 논평했다. "여기서 우리가 하는 일이라고는 하루에 두 차례 기도를 하러 가고 일주일에 두 차례 강의를 하는 것뿐인데, 만일 그런데도 옥스퍼드에서 지나친 공부로 건강을 해친 사람이 있다고 한다면 그것은 그 사람 본인의 잘못일 것입니다."[13] 이런 까닭에 그는 그곳에서 많은 시간을 흄이 대학 이후 그랬듯 독학으로 보냈다. 그리고 대단히 역설적이지만, 스미스는 옥스퍼드에서의 지나친 공부로 인해 **진짜** 자신의 건강을 해쳤다. 스스로 정한 공부 습관이 너무 엄격하다 보니 1743~1744년에는 흄이 학업을 추구하다 겪었던 것과 별반 다르지 않은 일종의 신경쇠약에 걸린 것이다.[14] 스미스의 주요 관심사가 수학과 과학에서 "전 분야에 걸친 인간 본성의 연구, 좀더 특정하면 인류의 정치사"로 옮겨간 것은 바로 이 시기였던 듯싶다.[15] 그는 1746년 8월 옥스퍼드를 떠났다. 아마 전년도의 재커바이트 반란 이후 대학에 생긴 반(反)스코틀랜드 정서 때문인 듯한데, 이유야 어찌 됐건 그는 확실히 "넌더리가 나서" 그곳을 떠났다.[16]

스미스는 스넬(Snell) 장학생으로 옥스퍼드 대학에 다닌 터였다. 이는 애초부터 영국 국교회 성직자가 된 뒤 스코틀랜드로 돌아가 그 가르침을 전파하려는 뜻을 가진 스코틀랜드 청년을 지원하는 게 목적인 장학금으로 그가 베일리얼 칼리지에서 자리를 얻을 수 있었다는 뜻이다.[17] 하지만 이 자격 요건—또는 적어도 그것을 위반한 데 대한 처벌—은 스미스의 시대에 폐기됐고, 아들이 목사가 되길 바라는 어머니의 소망에도 불구하고 그에게는 그럴 의향이 조금도 엿보이지 않았다.[18] 어린 시절의 스미스가 얼마나 신앙심이 깊었는지는 결코 알 수 없다. 흄은 어릴 때 신앙심이 없어졌다고 적어도 친구들한테는 솔직하게 말한 반면, 스미스는 그 문제에 관해 항상 함구했고 옥스퍼드 시절 이전의 편지는 남아 있지 않다. 하지만 우리가 조만간 알 수 있듯 옥스퍼드 시절부터 쓰인 세련된 스미스식 필체의 첫 번째 편지에는 회의적 성향이 두드러지게 나타난다.

어떻게 보면 우리의 두 주인공의 경로가 처음 교차한 것도 바로 스미스가 옥스퍼드에 있던 이 시기였을 듯하다. 흄의 《인간 본성에 관한 논고》는 기대치보다 독자가 훨씬 적었지만, 1740년대 초에는 적어도 주의 깊은 독자 한 명을 용케 찾았는데, 다름 아닌 스미스였다. 어느 날 정통파인 베일리얼 칼리지 교수들이 예고 없이 스미스의 방에 들이닥쳤다가 놀랍게도 흄의 책을 열심히 읽고 있는 그의 모습을 목격했다는 걸 보면 스미스는 분명 그들의 의심을 살 만한 발언이나 행동을 했을 것이다. 당연히 "교단 조사관들은 그 이단적인 책을 압수하고 젊은 철학자를 심하게 질책했다".[19] 이 이야기는 너무 그럴듯해서 믿기지 않지만, 이를 입증할 만한 증언들이 있다. 1797년 〈먼슬리 리뷰(Monthly Review)〉에 등장한 최초의 보고는 스미스와 잘 알고 지냈던 수학자이자 과학자 존 레슬리(John Leslie)의 입에서 나왔다. 사실 스미스는 레슬리를 너무도 존경해서 가장 가까운 친척(사촌의 아들)이자 자신의 최종 상속인인 데이비드 더글러스(David Douglas)의 가정 교사로 고용할 정도였다.[20] 19세기 중반 들어 그 일화는 경제학자이자 《국부론》의 편집자로 "가장 확실한 소식통"에 의한 것이라고 장담했던 존 램지 매컬러(John Ramsay McCulloch)는 물론이고 글래스고의 역사 전문가로 그 도시의 사교 모임에서 스미스가 본인 입으로 직접 그 얘기를 자주 들려줬다고 말한 존 스트랭(John Strang)을 통해 다시금 회자됐다.[21] 스트랭은 또한 이 사건에서 베일리얼 교수진이 스미스를 대했던 "예의고 뭐고 없는 태도"가 목회자가 되지 말아야겠다는 확신을 그에게 심어줬다는 말도 한다.[22] 분명한 점은 이 일로 스미스가 교수들을 사랑하게 됐다거나 흄 사상에 대한 관심을 접었다거나 할 리는 없다는 것이다.

스미스가 추문에 휩싸인 그 책을 어떻게 소유하게 되었는지, 아니 어떻게 그 책에 대해 알게 되었는지도 알려져 있지 않다. 흄은 스미스가 글래스고 대학에 다니던 시기 후반부에 《인간 본성에 관한 논고》를 출간했다—그리고 스미스의 스승인 허치슨과 그에 대한 서신을 주고받았다. 따라서 스미스는 옥스퍼드에 도착하기 전 이미 그 책에 대해 알았을 가능성이 있다.[23] 어쩌면 스미스가 옥스퍼드 생활 초기에 발간된 《도덕·정치 논집》을 가장 먼저 읽고 난 다음 앞서 나온 《인간 본성에 관한 논고》를 찾아 읽었을 공산이 더 크다. 어쨌든 《도덕·정치 논집》은 《인간 본성에 관한 논고》보다 훨씬 인기가 많았으니, 흄과 그의 논집을 출간과 함께 여기저기 추천했던 (스미스와 흄의 공통된 친구인) 더니키어의 제임스 오스월드로 인해 스미스의 주목을 확실히 끌었을 수도 있다.[24] 또한 이 최초의 조우에서 스미스가 흄의 사상을 정확히 어떻게 생각했는지도 알려져 있지 않다. 니컬러스 필립슨처럼 "스미스는 옥스퍼드 체류 중 흄주의자가 되었다"고 말하는 것은 아마 지나치겠으나, 그의 견해가 이맘때쯤 몇 가지 중요한 측면에서 흄과 유사해졌다고 할 만한 강력한 증거(이상하게도 필립슨이 주의를 기울이지 않은 증거)가 있다. 바로 현존하는 스미스의 최초 저서다.[25]

옥스퍼드 시절 스미스는 《철학적 탐구를 이끄는 원리(The Principles Which Lead and Direct Philosophical Enquiries)》란 제목의 놀라운 책을 집필했는데, 이것은 세 편의 연관된 에세이로 이뤄져 있다.[26] 세 편 중 가장 길고 문체가 가장 세련된 첫 번째 에세이는 원시 사회부터 근대에 이르기까지 천문학의 역사를 검토한다. 두 번째는 고대 세계의 물리학 연구, 즉 땅·물·공기·불의 본질과 그것들 간의 관계를 고찰한다. 세 번째는 '고대 논리학과 형이상학'에 관한 것으로, 이 경우 특히 플라톤의 형상 이론(Plato's Forms)에 초점을 맞춰 우리가 사물을 어떻게 그리고 왜 분류하는지에 의문을 품는다. 이 책은 절친한 친구이자 유저(遺著) 관리자인 조지프 블랙과 제임스 허튼이 스미스 사후 5년이 지난 다음 유고 모음집 《철학적 주제들에 관한 논집(Essays on Philosophical Subjects)》의 일부로 그것을 포함시키기 전까지 공개되지 않았다. 그러나 《철학적 주제들에 관한 논집》 대부분은 스미스가 23세 이전—흄이 《인간 본성에 관한 논고》를 쓸 때보다도 훨씬 어렸다—에 완성한 것이다. 스미스는 훗날 그것을 마치 흄이 《인간 본성에 관한 논고》를 두고 그랬듯 "어린애 같은 책"이라 표현했으며 "일부는 견고하기보다 개선할 게 더 많을" 수 있겠다는 점을 인정했다.[27] 하지만

흄과 달리 스미스는 자신의 첫 번째 책을 절대 부인하지 않았다. 오히려 《철학적 탐구를 이끄는 원리》를 잘 보존했고, 자신의 사후에 남길 극소수의 미출간 저작물 중 하나가 되도록 했다. 게다가 1749년부터 1758년 사이 어느 시점엔가는 뉴턴에 관한 내용을 첫 번째 에세이에 추가했고, 아마도 죽음이 가까워올 무렵에는 다시 한번 수정하는 등 수년간 계속해서 그 책에 손을 댔다.[28]

《철학적 탐구를 이끄는 원리》는 연대기적으로뿐 아니라 소재와 논증의 차원에서도 스미스의 사상으로 들어가는 훌륭한 관문이다. 책 제목이 시사하듯 스미스의 진정한 관심은 에세이들 자체의 명목상 주제—천문학, 물리학, 논리학—보다 《인간 본성에 관한 논고》에서 흄의 관심사가 그랬듯 인간의 본성과 정신에 있었다. 스미스 역시 원동력과 역량 양쪽의 관점에서 이성의 역할을 줄곧 폄하한다. 특히 첫 번째 에세이는 우리가 과학적인 기획의 '주관적' 측면이라 부를 수 있는 것을 강조하려고 무던히 애를 쓴다. 인간이란 존재는 애초에 "충돌과 부조화 상태의 혼돈"을 설명함으로써 "상상을 잠재울 수 있다"는 희망으로 과학에 관여한다는 게 스미스의 주장이다.[29] 다시 말하면, 특이하거나 당혹스러운 현상—가령 별과 행성의 불규칙한 움직임—을 발견하면 우리 마음의 평온이 흐트러진다. 이런 현상을 이해할 수 없다는 게 질서 및 일관성의 감각에 대한 우리의 욕구를 좌절시킨다. 스미스의 시각에서 봤을 때, 과학이란 명백히 설명할 수 없는 것을 설명함으로써 우리의 혼란을 가라앉히는 하나의 방법이다. 이런 점에서 모든 과학 이론은 스미스의 표현처럼 "한낱 상상력의 발명품"이다. 그것은 자연의 비밀을 간파하거나 궁극적 실체를 우리에게 드러낸다기보다 우리를 더 기분 좋게 만든다.[30] 우리는 자연계를 발견한다기보다 마음속으로 거기에 질서를 부여한다. 여기서 스미스가 옹호하는 시각은 당연히 모든 과학적 발견물은 그 대상에 대해 결정적 발언으로 여겨질 것이라는 통념에 의구심을 제기한다. 모든 이론은—그의 말에 따르면, 스미스의 시대에 "모든 경쟁 상대를 물리치고 …… 그때까지 철학에서 수립한 가장 보편적인 제국을 획득하는 경지까지 올랐던" 뉴턴의 운동과 중력의 법칙조차도—영원히 변경될 수밖에 없다.[31] 그러니까 스미스의 관점에서 과학이란 영원히 확장 가능한 활동, 인간의 열정으로 촉발되고 상상력으로 구축되는 활동이다.

《철학적 탐구를 이끄는 원리》의 초점이 흄의 《인간 본성에 관한 논고》보다 더 좁게 맞춰져 있기는 하지만 이들 간에는 명백한 유사점이 있다. 스미스와 흄의 첫 번째 책은 둘 다 인간 이성의 위력과 범위에 관해 전적으로 회의적인 평가를 담고 있으며, 그들의 좀더 건설적인 책들에 대한 일종의 서문 역할을 한다. 게다가 《철학적 탐구를 이끄는 원리》 안에는 《인간 본성에 관한 논고》에 대한 틀림없는 암시가 있으며, 이는 스미스가 옥스퍼드 시절 흄의 책에 대해 알고 있었음을 더더욱 확인시켜준다. 가장 명확하고 길게 언급한 부분은 인과관계를 추론하고 우리 경험의 틈을 메우는 데 관습과 상상력이 차지하는 역할에 관한 흄의 주장을 교과서로 삼아 고쳐 쓴 대목이다. 이러한 논의 중에 스미스는 "관념들의 …… 연결, 아니 그것을 부르는 대로 말한다면 관념들의 연관"—《인간 본성에 관한 논고》의 초반 장들의 표제 중 하나를 거의 글자 그대로 되풀이한 것—에 대해 얘기한다.[32] 하지만 이후의 저술들에서처럼 스미스는 흄의 견해를 단순히 차용하는 게 아니라 그것을 기반으로 발전시킨다. 《인간 본성에 관한 논고》에 나오는, 관념에 대한 흄의 연관(connection) 이론은 주로 당구공의 상호 작용 같은 우리의 외부 세계에 관한 일상적 믿음을 설명하는 데 맞춰져 있지만, 스미스는 그것을 과학적 탐구를 설명하는 데로까지 확장한다. 스미스에 따르면, 프톨레마이오스(Klaudios Ptolemaeos)의 시각이 코페르니쿠스(Nicolaus Copernicus)로 대체되고 코페르니쿠스의 시각이 뉴턴으로 대체된 이유는 새로운 이론이 창공의 움직임을 설명하는 데 있어 그에 상응하는 우리 마음속 움직임의 '단절'이나 '틈'을 더 축소시켰기 때문이다. 《철학적 탐구를 이끄는 원리》가 흄의 사상에서 도움을 받았다는 사실은 현대 학자들을 통해 충분히 입증되었고, 스미스가 사망하고 난 거의 직후에 인정을 받기도 했다. 스미스의 친구이자 옛 동료인 (그리고 예전에는 그의 제자였던) 존 밀러는 스미스가 그 책이 화염에서 살아남도록 허락했다는 얘기를 듣자 "그〔스미스〕의 예시의 힘이 진정한 옛날 흄 철학에 적용되는 것을 보고 싶다"는 열망을 드러내기도 했다.[33]

《철학적 탐구를 이끄는 원리》의 주장은 또한 종교 문제와도 아주 직접적 관련이 있다. 〈철학의 기원에 관하여(Of the Origin of Philosophy)〉라는 제목의 천문학 에세이 한 대목에서 스미스는 종교가 과학보다 앞서 생겨나기는 했지만 유사한 방식과 유사한 이유로 발생했다고 말한다. 원시 시대에는 "끔찍하거나 무시무시한" 자연의 불규칙성—천둥과 번개, 일식과 월식 등—이 "공포에 가까운 경외감"을 불러일으키며 틀림없이 인간을 압도했을 것이다. 마찬가지로 무지개처럼 좀더 "아름답고 기분 좋은" 자연 세계의 불규칙성은 불가해한 "감사의 황홀경"을 초래했을 것이다. 원시인은 이런 현상을 자연의 작용에 대한 자신들의 협소한 지식 안에 놓고 생각할 수 없었기에 본능적으로 이를 "세상을 설계한 어떤 보이지 않는 존재의 지시" 탓으로 돌리려 했다.[34] 그러니까 스미스의 관점에서 보면 최초의 종교란 훗날의 과학 이론처럼 설명 불가능한 것을 설명함으로써 인간을 만족시키고자 고안한 상상의 발명품이었다. 신들이 인간을 창조한 게 아니라 그들이 인간에 의해 탄생했다는 것이다. 인간의 무지의 직접적 결과로 말이다. 스미스의 설명에 따르면 제멋대로인 신들에 대한 신앙을 양산한 것은 오로지, 아니 기본적으로 감사 같은 긍정적 감정이 아니었다. 오히려 "가장 저급하고 가장 소심한 미신"을 초래한 것은 대개 공포와 두려움의 조합이었다.[35]

결국 사회가 발전하고 삶의 극심한 불안은 없어졌다. 스미스가 추측한 역사에 따르면 증대된 안정과 여가 덕분에 인간은 자연 세계의 다양한 현상을 연결하는 하나의 사슬을 찾아냄으로써 호기심을 마음껏 충족하게 됐다. 그들은 개별 사건이나 양상을 설명하기 위해 각각의 "보이지 않는 존재"에 의지하는 것이 아니라 하나의 포괄적 설명을 추구했고, 이렇게 해서 철학이나 과학—그리고 유일신교—이 탄생했다. 스미스의 말에 따르면, 최초로 "모든 곳에 있는 존재라는 개념, 태초에 만물을 만들었고 일반 법칙에 따라 만물을 다스리는 모든 이의 하느님이라는 개념"으로 이어진 것은 바로 일관성 있는 완전체로서 세계를 설명하고자 하는 욕망이었다.[36] 스미스는 비록 이 점을 강조하지 않지만, 이러한 믿음—즉 세계는 일원적 설명을 필요로 하는 일관성 있는 완전체라는 믿음—이 옛날의 다신교적 미신과 훗날의 과학적 이론처럼 인간의 욕망으로 추진된 상상의 발명품일 뿐이라고 본다. 예를 들어 그는 최초의 철학자들은 하나의 사슬이 자연 전체를 한데 묶고 있는 게 틀림없다는 것을 "발견했다고, 아니 자신들이 발견한 것으로 상상했다"고 쓴다.[37] 다시 한번 말하지만, 질서란 세상에서 준수되는 게 아니라 우리가 우리 자신의 정신적 평안을 위해 세계에 부여한 것이다.

스미스가 자신의 논증에서 이 마지막 단계를 왜 덜 중요하게 다뤘는지는 쉽사리 알 수 있다. 다신교는 조준하기에 충분히 안전한 표적이지만, 지적인 설계자가 창조한 질서 정연한 세계라는 관념은 이신론과 기독교 양쪽에서 18세기 종교 신앙의 주요소였다. 스미스가 애초에는 당연히 《철학적 탐구를 이끄는 원리》를 발간할 작정이었다 하더라도, 개인의 공책이라는 한정된 영역에서조차 너무 대놓고 이 개념에 의구심을 던지기에는 마음이 편치 않았던 것 같다. 바로 이러한 "신중한 고려"야말로 그가 죽기 전까지 이 논집을 공개하지 않은 이유라는 신빙성 있는 의견도 사실은 있었다.[38] 물론 스미스가 내뱉은 말 중에 질서 정연한 세계나 지적인 설계자가 실재할 가능성을 배제한다는 얘기는 전혀 없다. 하지만 책 전체는 확실히 그 가치를 폄하하는 성향이 있고, 설령 신이 아니더라도 이성에서 비롯되었다고 폭넓게 추정되는 신앙에 호의적이지 않은 사회심리학적 설명을 제공한다.

기묘하게도 스미스가 《철학적 탐구를 이끄는 원리》에서 종교를 다룬 부분은 1757년에 출간했는데, 아마도 1750년대 초—스미스가 《철학적 탐구를 이끄는 원리》의 대부분을 마무리하고 몇 년이 지난 때—에 집필했을 흄의 《종교의 자연사》의 논거를 거의 소름끼칠 정도로 예측한다.[39] 이 책 역시 종교의 기원을 인간의 본성에서 찾고, 종교적 신앙의 뿌리를 이성이 아니라 희망과 공포 같은 무지와 감정의 조합에 있다고 본다. 아울러 최초의 종교는 다신교였으며 나중에 가서야 철학자들이 일반 법칙을 통해 세상을 다스리는 유일신 개념을 발전시켰다고 상정한다. 사실 두 책에는 다른 표현을 사용하긴 했지만 유사한 생각을 설명하는 유사한 구절이 무수히 많다.[40] 하지만 이 점에서 스미스가 흄에게 영향을 주었을 것 같지는 않다. 흄은 1773년까지 《철학적 탐구를 이끄는 원리》의 존재에 대해 들어보지 못했기 때문이다.[41] 물론 그들이 대화라든가 지금은 사라진 서신을 통해 이 사안을 놓고 토론했을 수는 있다. 하지만 그보다는 단순히 유사한 길을 걷는, 마음 통하는 사람들의 사례라고 하는 쪽이 더 맞을 성싶다. 그럼에도 불구하고 흄이 《종교의 자연사》를 발표하기 전 그 책에 대해 언급했을 때 이런 뚜렷한 유사성에 대해 스미스가 어떤 생각을 했을지는 궁금하다.[42]

아직 겨우 23세이던 스미스는 옥스퍼드를 떠나자마자 커콜디로 돌아와 어머니와 함께 지냈다. 청년 흄이 잠깐씩 다양한 직업—상인의 서기, 귀족의 가정 교사, 군사·외교 사절단의 개인 비서—에 몸담았던 반면, 스미스는 문필가의 삶을 향해 훨씬 더 직선적인 경로를 밟았다. 1748년 가을, 그는 흄의 이웃이자 후원자이자 친구인 헨리 홈의 부추김에 어느 정도 힘입어 에든버러에서 수사학과 순수 문학에 관한 일련의 공개강좌를 해달라는 초청을 받아들였다. 첫 강좌의 반응이 좋고 신청자도 많아 스미스는 2년 더 이 도시에서 프리랜서로 강의를 하고, 법학과 자연과학사에 관한 일련의 강의를 추가했던 듯하다.[43]

스미스가 처음으로 흄을 만난 때는 아마도 1749년 가을의 바로 이 시기였을 것이다. 흄은 빈과 토리노에서의 사절단 임무를 마친 후 그해 여름 에든버러 지역으로 돌아왔고, 그 무렵 이 도시와 나인웰스를 계속 오가며 시간을 보냈다. 유감스럽게도 둘 사이 최초의 조우가 정확히 언제, 혹은 어떤 상황에서 일어났는지에 관한 기록은 없다. 이에 대해 우리가 갖고 있는, 유일하게 동시대에 근접한 문서라고는 고고학자 조지 찰머스(George Chalmers)가 아마도 스미스 사망 직후에 쓴 듯한 일련의 메모다. 메모엔 "스미스가 처음 흄 박사와 알게 된 것은 바로 에든버러에서 강의하던 시기였다. 그들의 우정은 평생 이어졌다"고 적혀 있다—하지만 물론 여기에는 그다지 많은 정보가 들어 있지 않다.[44] 짐작하건대 스미스가 흄의 책들에 대해 잘 알고 흄의 사상에 관심이 많았다는 점을 감안하면 그는 흄을 만나고 싶어 했을 테고, 이맘때쯤 그들에게는 이미 헨리 홈과 더니키어의 제임스 오스월드를 비롯해 둘의 만남을 주선할 수 있는 공통의 친구들이 많았다. 흄이 스미스의 일부 강좌를 참관했을 수도 있다. 사실 스콧(W. R. Scott)이 개연성 있게 주장하듯 만일 그 강좌가 에든버러 철학협회에서 주관한 것이라면, 흄이 협회의 활발한 회원이고 장차 2명의 공동 서기 중 한 명이 되었던 만큼 그의 참석 가능성은 상당히 높다.[45] 이런 추측은 스미스의 에든버러 강좌가 얼마나 인기 있었는지를 상기시키는, 거의 10년 후 흄이 스미스에게 쓴 편지로 더욱 힘을 얻는다.[46] 확실히 알 수는 없지만, 그렇다면 둘이 처음 만났을 가능성이 가장 높은 시점은 흄이 스코틀랜드로 돌아오고 스미스가 첫 강좌를 맡았을 때인 1749년 가을일 듯하다.

여기서 잠시 멈춰 이 첫 만남에서 흄과 스미스가 서로에게 어떤 인상을 받았을지 생각해보자. 흄은 38세의 나이로 이미 《인간 본성에 관한 논고》를 비롯한 몇 권의 논집과 《첫 번째 탐구》를 통해 상당히 뛰어난—그리고 불경한 신조를 가진—사상가이자 작가로 명성을 얻은 뒤였다. 키가 크고 살집이 많은 그는 외모적으로 꽤 눈에 띄는 존재였다. 스미스를 만나기 직전 토리노에 있던 흄과 마주친 한 관찰자는 "그는 얼굴이 넓고 통통하며 입이 크고 …… 전신의 비만은 세련된 철학자 쪽보다는 거북을 먹는 시의원의 이미지를 전달하기에 훨씬 더 적합했다. ……지혜가 이토록 보기 흉한 복장으로 위장한 적은 과거에 결코 없었다"고 썼다.[47] 하지만 이러한 인물 묘사는 약간 가혹하다. 많은 이들은 흄의 볼품없는 외모를 오히려 매력적이라 생각했고, 그는 항상 자기 허리둘레에 관한 우스

갯소리를 먼저 꺼내곤 했다. 흄은 자신의 글쓰기에서 스코틀랜드식 어법을 없애려 무던히 노력했지만, 말을 할 때 'r'의 진동음은 "완전히 구제 불능에 교정 불가능"하다는 것을 인정했다.[48] 성격으로 말하자면 흄은 역대 철학자 중 가장 원만한 사람이었을 듯하다. 온순한 성질이 무너질 때도 있었지만 보통은 어쨌나 개방적이고 친절하고 쾌활한지 그의 저술에 분개한 사람들—스미스는 그렇지 않았지만—조차 개인적으로 만나면 무장해제되는 일이 허다했다. 그는 음식, 술, 카드 게임〔제일 좋아하는 게임은 휘스트(whist)였다〕, 그리고 무엇보다 좋은 벗들과 어울리는 것을 사랑했다. 알렉산더 칼라일은 흄을 잘 아는 다른 모든 이들처럼 그와의 대화를 "거부할 수 없이 매력적"이라 생각했고 "순수한 웃음소리와 기분 좋은 농담에서 그에 대적할 사람을 본 적이 없다"고 말했다.[49]

물론 26세의 스미스는 이제 막 경력을 시작하는 중이었고, 아직 자신의 글을 하나도 발표하지 않은 때였다.[50] 좀더 말년이 될 때까지 스미스의 외모에 관한 정보는 거의 없다. 18세기에 그처럼 유명했던 사람치고는 특이하게 한 번도 초상화를 위해 포즈를 취하지 않았다. 그러나 훗날의 묘사로 판단하건대 그는 평균 체격에 평균 신장보다 키가 약간 크고 두드러진 치아와 눈꺼풀이 두툼한 사람이었다. 목소리는 거칠었지만 옥스퍼드에서 보낸 시절 덕분에 스코틀랜드 문인들 사이에서 아주 귀하게 여기던 "대단히 순도 높은" 잉글랜드 남부의 교양 있는 영어를 구사했다.[51] 스미스의 성품은 온화하고 겸손했으며 그의 진실함은 의심의 여지가 없었다. 약간 특이한 버릇이 있긴 했다. 정신을 딴 데 팔고 혼잣말을 하며 혼자 피식 웃는 습관이 있었던 듯하다. 심지어 교회에서 예배를 볼 때조차 말이다.[52] 스미스의 행실 묘사에서 거듭 등장하는 단어는 '멍하다'였다. 가령 제임스 보스웰은 그를 "상당히 박식하고 정확하고 멍한 사람"으로 특징짓고, 두걸드 스튜어트는 그가 "익숙한 사물과 일상적인 일에는 늘 부주의하며, 멍한 표정을 자주 지었다"고 언급한다.[53] 스코틀랜드의 문필가 칼라일은 자신의 책에서 "스미스는 어쩌면 학식과 창의력에서는 데이비드[흄]에 버금가겠지만 대화적 재능에서는 그보다 한참 떨어졌다. …… 그는 내가 지금껏 어울렸던 이들 중에서 가장 멍한 사람이었다"고 여겼다.[54] (하지만 칼라일은 스미스의 1760년대 해외여행이 궁극적으로 "그런 약점을 일부 치유했다"고 인정했다.)[55]

사교적이고 매력적인 흄과 그보다 내성적이고 정신을 딴 데 팔곤 하는 스미스의 극명한 대조 때문인지 사람들은 어떻게 그들이 용케도 잘 지내게 됐는지 의아해했다. 20세기 초 흄의 전기 작가 그레이그(J. Y. T. Greig)는 그러한 대조를 긍정적으로 해석하려 노력하면서 "그들의 우정은 그들의 매우 다른 성격이 허락하는 한에서 거의 완벽한 경지에 이르렀다"고 평했다.[56] 개개인이 대조적인 성격을 가졌더라도 비슷한 취향과 세계관을 공유하고 함께 있는 걸 즐거워할 수 있다는 사실은 차치하더라도, 이러한 사실을 갖고 흄과 스미스의 차이점을 남용하지는 말아야 할 것이다. 어쨌든 흄 또한 대규모 집단보다는 "소수의 엄선한 벗들"과 함께 있는 걸 선호했고, 그 역시 일종의 미워할 수 없는 산만함을 보일 때가 있었다.[57] 예를 들어 흄은 가끔 멍하니 먼 곳을 응시하는 경우가 있었는데, 이런 습관이 훗날 장자크 루소를 불안하게 만들기도 했다. 마찬가지로 스미스가 비록 멍하기로 유명했지만 결정적으로 현실적 측면도 갖고 있었다. 그는 인기 많은 선생님—멍한 성향이 교사 역할을 하는 데 항상 극복할 수 없는 장애인 것은 아니다—이었을 뿐만 아니라 신임받는 행정가, 성실한 여행 동반 개인 교사, 능력 있는 공무원으로 알려졌다. 스미스는 또한 유난히 쉽게 친구를 사귀었다. 19세기의 스미스 전기 작가 존 레이(John Rae)

는 사실상 인생의 모든 단계마다 "그가 예외 없이 일단의 친구들에게 둘러싸여 그들과 함께 있는 데서 최고의 위안과 기쁨을 얻고 있음을 발견할 수 있다"면서 "지금까지 스미스보다 더 완벽하게 천성적으로 우정을 위해 태어난 사람은 거의 없었다"고 주장하기까지 한다.[58] 월터 배젓(Walter Bagehot)도 그 특유의 젠체하는 방식으로 똑같은 지적을 하면서 "애덤 스미스에게는 평생에 걸쳐 주변 사람을 미소 짓게 하고 그를 사랑하게 만드는 일종의 느릿느릿한 **친밀감**(bonhomie)이 있었다"고 썼다.[59]

흄과 스미스가 첫 만남에서 서로에 대해 어떤 생각을 했건, 그리고 성격의 다른 점과 비슷한 점이 무엇이건 그들은 머지않아 단짝 친구가 됐다.

1750~1754

03

싹트는 우정

스미스가 1748~1751년 에든버러에서 진행한 공개강좌는 최초로 흄과 접촉하게 했을 뿐만 아니라 그를 전도유망한 선생이자 학자로 자리매김했다. 1751년 1월 그는 자신의 모교인 글래스고 대학에서 자리를 제안받고 이를 열렬히 수락했다.[1] 처음에는 최근 사망한 전임자의 논리학 담당 교수를 맡았지만, 에든버러의 강좌 시리즈를 마무리해야 했기에 실제로 10월까지는 글래스고에서 수업을 시작하지 않았다. 그즈음 프랜시스 허치슨의 도덕철학 담당 교수 후임자 토머스 크레이기(Thomas Craigie)가 건강상의 이유로 물러날 수밖에 없게 되자, 스미스는 더 마음에 드는 과목으로 전환도 하고 약간 더 높은 소득도 얻을 기회를 덥석 잡았다. 1752년 4월부터 1764년 1월까지 스미스는 거의 12년간 글래스고 대학의 도덕철학 담당 교수직을 맡았다. 이는 이론의 여지없이 스코틀랜드 전체 학계에서 가장 명망 높은 지위였다. 한편으로는 허치슨이 거기에 부여해온 권한 때문이기도 했고, 다른 한편으로는 (적어도 일시적으로는) 글래스고가 스코틀랜드 고등 교육에서 에든버러를 앞질렀다는 사실 때문이기도 했고, 또 한편으로는 당대 커리큘럼에서 도덕철학이 갖는 본질적 중요성 때문이기도 했다.[2] 도덕철학은 인문학 교과의 마지막 해를 1년 내내 차지할 만큼 학생들의 학부 경험에서 정점 역할을 했고, 이 나라의 시민과 미래 지도자의 정신과 성격을 형성하는 데 중심적 역할을 할 것으로 기대를 모았다.[3]

스미스의 시대에는 도덕철학 과정의 일반 범위가 상당히 넓었다. 존 밀러는 스미스의 교과 과정이 4부로 구성되었다고 썼다. 자연신학, "엄밀히 말해 이른바" 윤리학, 법학 그리고 정치경제학이 그것이었다.[4] 우리는 이 과정 중 뒤쪽 세 과목의 내용에 대해 꽤 상세히 알고 있다. 2부인 윤리학은 주로 훗날 《도덕감정론》에 발표한 주제들로 구성되었다. 3부인 법학은 스미스가 출판한 것은 하나도 없지만, 그 과목에 대한 그의 강의 내용을 필기한 학생들의 공책이 최소 두 묶음, 많으면 세 묶음 정도 있다. 그리고 4부의 정치경제학은 대부분 《국부론》에 포함되었다.[5] 자연신학에 대한 첫 강의에 대해 밀러는 "신의 존재와 속성에 대한 증명, 그리고 종교가 기초하고 있는 인간 정신의 원리를 고찰했다"고 전한다.[6] 이런 강의의 내용을 상세히 안다면 분명 스미스를 이해하는 데 대단히 도움이 되겠으나, 애석하게도 밀러의 가장 기초적인 설명 말고는 없다. 스미스가 출간한 도서나 현존하는 원고 어디에도 "신의 존재와 속성에 관한 증명"의 명쾌한 고찰은 없다. 물론 스미스는 "종교가 기초하고 있는 인간 정신의 원리"를 《철학적 탐구를 이끄는 원리》에서 고찰한다. 전적으로 회의론적인 이 책의 시각을 제자들에게 설파했는지 여부는 현재로서는 단정할 수 없지만 말이다.

하지만 우리는 교과 과정 중 이 부분에 대한 스미스의 접근법을 독실한 신자들이 썩 좋아하지 않았을 거라는 점을 아주 잘 알고 있다. 오크터타이어의 존 램지는 스미스의 가르침이 "건방진 애송이들"로 하여금 "부적절한 결론—즉 어떤 특별한 계시 없이 직감으로도 인간이 신과 자신들의 이웃에게 지켜야 할 의무를 포함한 신학의 위대한 진리를 발견할 수 있다는 결론—에 이르도록" 유도했다고 보고한다.[7] 스미스는 대학에서 자신의 직책을 맡기 전 웨스트민스터 신앙 고백에 의무적으로 서명했지만, 학교에 도착하자마자 맨 처음 취한 행동 중 하나가 매일 수업을 기도로 시작하는 관습적 의무를 면제해달라고 요청한 것이었다. 그러한 요청은 거부당했지만, 스미스가 마지못해 드린 기도들이 너무나 강력하게 '자연 종교'의 냄새를 풍겼기 때문에 독실한 이들은 어쨌든 만족스럽지 못했다. 스미스는 또한 허치슨이 일요일마다 "그날에 적합한 담론"을 전하기 위해 제자들을 소집했던 의례적 관습을 없애려 애썼다.[8] 램지에 따르면 "대화할 때 매우 조심스럽다"는 이유 때문에도 그렇고 "그와 한패인 사람들"—흄과의 우정이 깊어져가는 것에 대한 명백한 암시—때문에도 그렇고, 스미스는 "신조가 건전하지 못하다"는 의혹을 널리 샀다.[9] 시간이 지나면서 스미스가 흄과 가깝다는 점이 일부 학부모 사이에서 경고음을 울리게 한 듯하다. 제네바의 유명한 내과 의사이자 드니 디드로(Denis Diderot)의 《백과전서(Encyclopédie)》에 글을 기고한 테오도르 트롱생(Théodore Tronchin)은 스미스 밑에서 공부하라고 아들을 글래스고 대학에 보냈지만, 자식을 너무도 사랑하는 만큼 아들이 흄의 위험한 신조를 택하는 걸 보느니 차라리 그를 죽이겠다고 경고했다.[10]

그럼에도 불구하고 스미스는 엄청나게 인기 많은 영향력 있는 선생이었고—밀러는 "교수로서보다 스미스 씨의 능력이 더 돋보이는 경우는 없었다"고 말했다—멀리 떨어진 러시아에서도 그의 가르침을 받기 위해 학생들을 보냈다.[11] 훗날 가장 유명세를 탄 스미스의 제자는 다름 아닌, 특별히 스미스의 강의를 듣기 위해 1759년부터 1760년까지 잠시 글래스고에 왔던 제임스 보스웰이다.[12] 1770년대에 보스웰이 새뮤얼 존슨의 문하에 들어가면서, 그리고 스미스의 〈스트러핸 씨에게 보내는 편지〉가 영향을 미침에 따라—우리가 뒤에서 알 수 있듯—눈에 띄게 태도가 냉랭해졌지만 그는 수년간 스미스를 꽤 좋아했다.[13] 스미스가 학교에 기여한 모든 공적과 관련해 대학 측에서는 1762년 그에게 법학 박사 칭호를 수여했다. 동시대인들이 이따금 그를 '스미스 박사'라고 부른 것은 이 때문이다. 스미스 본인은 이런 칭호에 관심이 없어 출판업자 윌리엄 스트러핸에게 출판물 속표지에는 "앞이나 뒤에 뭘 더 붙이지 말고 그냥 애덤 스미스로 써 달라"고 설득했다.[14] 어쨌든 스미스는 말년에 글래스고 대학 교수 시절을 "단연 가장 유익했고, 따라서 내 인생에서 가장 행복하고 명예로웠던 시기"라고 회고했다.[15]

스미스가 도덕철학 담당 교수로 옮겨가면서 글래스고 대학 논리학 담당 교수 자리에 다시 한번 결원이 생겼고, 과거 에든버러 대학 교수 임용에 실패했음에도 흄은 여기에 자신의 이름을 올렸다. 그의 임용을 밀어붙인 이들 중에는 흄의 가까운 친구이자 영향력 있는 정치인이던 콜드웰의 윌리엄 뮤어(William Mure of Caldwell)와 민토의 길버트 엘리엇(Gilbert Elliot of Minto)이 있었다. 흄은 1751년 가을 스코틀랜드 서부로 뮤어를 비롯해—아마 스미스도 포함되었을—몇몇 친구를 만나러 여행을 떠났는데, 그 자리에 흄을 채우면 어떻겠냐는 제안이 처음 나온 것은 바로 이때였던 듯싶다. 그러나 예상대로 또다시 "성직자들의 강경하고 근엄한 항의"가 일어

났고, 학계에 합류해보려는 두 번째이자 마지막 시도에서 흄은 퇴짜를 맞았다.[16] 흄의 교수직 지원에서 비롯된 소동은 현존하는 스미스의 한 서신에서도 그의 이름을 첫머리에 적도록 만들었다. 이 얘기는 최근 글래스고 대학의 의학 담당 교수로 임명된, 스미스의 동료로서 훗날 스미스와 흄의 내과 의사 역할을 맡게 될 윌리엄 컬른(William Cullen)한테 보낸 1751년 11월의 편지에 등장한다. 스미스는 편지에서 컬른에게 이렇게 말한다. "분명 동료로서는 누구보다 데이비드 흄이 낫지요. 하지만 대중이 저와 같은 의견이 아닐까봐 걱정입니다. 사회〔즉 대학〕의 이해관계 때문에 우리는 대중의 의견을 어느 정도 고려하지 않을 수 없으니까요." 그 때문에 다들 흄의 후보 지원을 "대중이 어떻게 받아들이는지 살피며" 관망 중이라고 스미스는 썼다.[17]

이러한 언급을 두고 학자들은 흄 및 그의 무신론과 관련해 스미스가 지나치게 신중했거나 심지어 소심했던 많은 사례 중 첫 번째 경우라고 판에 박힌 듯 해석한다. 가령 그레이그는 "스미스가 소심쟁이 허치슨의 발밑으로 들어간 데는 다 이유가 있었다"고 조롱한다.[18] 하지만 몇 가지 중요한 단서를 염두에 둬야 한다. 첫째, 임용 과정에서 상당히 초기에 쓴 이 편지 말고는 스미스가 흄의 지원과 관련해 취했을지 모를 행동에 대한 정보가 우리한테 하나도 없다. 이 편지의 수신자 컬른은 호의에 감사드린다는 흄 본인의 편지가 말해주듯 결국 흄을 굳건히 지지하기에 이르렀고, 존 레이는 그 과정의 초기 단계에서 스미스가 컬른과 행동을 같이한 만큼 "스미스가 흄의 임용을 추진하는 데 컬른보다 뒤처졌을 것 같지는 않다"고 미루어 짐작한다. 물론 그도 "그 점에 대해서는 우리에게 결정적 정보를 줄 만한 단서가 아무것도 남아 있지 않다"는 걸 인정하지만 말이다.[19] 둘째, 스미스는 자신의 새 친구에게뿐 아니라 대학에도 지켜야 할 의무가 있었고, 흄은 에든버러 대학에서 그랬듯 그 자리를 맡기기엔 거북한 후보였을 것이다. 스미스 자신이 18세기 스코틀랜드에서 교수로서 사는 데 따라붙는 무수히 많은 종교적 의무로 괴롭힘을 당했고, 짐작하건대 흄은 그런 것들을 수행하는 데 훨씬 덜 관심을 보였을—그리고 덜 성실했을—것이다. 끝으로, 스미스가 한 말의 첫 대목을 너무 서둘러 묵살하지 말아야 한다. 불과 2년 전 만난 흄을 동료로서 **어느 누구보다** 좋아한다는 명백한 진술은 스미스가 흄을 이미 사상가로서나 친구로서나 얼마나 높이 평가했는지에 대한 확실한 근거를 제시한다.

최종적으로는 제임스 클로(James Clow)라는 사람이 논리학 담당 교수직을 맡았다. 흄을 제치고 에든버러 대학 윤리학 담당 교수 자리를 따낸 윌리엄 클레그헌(William Cleghorn)처럼 클로도 감수성 예민한 스코틀랜드 젊은이들을 '올바른' 신조로 채워주는 데는 신임할 만했지만, 둘 중 누구도 그때껏 학술적 저작물을 발표한 적은 전혀 없는 듯하다. 흄의 전기 작가 어니스트 캠벨 모스너(Ernest Campbell Mossner)의 신랄한 언급처럼 "존경할 만한 범재(凡材)에 대한 학계의 열광이 다시 한번 승리를 거뒀고, 글래스고 대학의 클로 교수는 에든버러 대학의 클레그헌 교수만큼이나 여전히 별 볼 일 없는데, 스코틀랜드에서 가장 유명한 철학자는 단 한 번도 철학 교수 자리를 얻지 못했다".[20] 만일 반대를 무릅쓰고 흄을 지명했을 경우 그 대학이 얼마나 좋아졌을지 생각하면 놀랍기만 하다. 교수가 고작 12명인 작은 지방 대학의 학부에 세기의 대표적 철학자가 2명이나 재직한다는 건 정말 경이적인 일이었을 것이다.[21] 게다가 지금은 전설이 된 이 대학의 또 다른 인물까지 더하면 금상첨화다. 흄의 또 다른 전기 작가가 썼듯 만일 흄이 논리학 담당 교수로 뽑혔다면 글래스고 대학에는 당대의 가장 위대한 철학자(흄), 가장 위대한 경제학자(스미스), 가장 위대한 발명가

(제임스 와트)가 서로의 옆방에서 근무했을 것이다.[22]

다행히 이 기회를 놓친 직후 흄에게는 또 하나의 매력적인 전망이 생겼다. 1752년 2월 에든버러 변호사협회 도서관 관리자로 뽑힌 것이다. 이 직책은 많지 않은 월급과—그리고 이게 훨씬 더 중요한데—영국에서 가장 훌륭한 도서관 중 한 곳에 대한 접근 권한을 가져다줬다. 아울러 그의 《영국사》 작업에 아주 요긴했던 것으로 밝혀진다. 그 자리는 흄의 표현대로 겨우 "연봉 40~50기니(guinea: 영국의 옛날 화폐 단위로, 1기니는 현재의 1.05파운드에 해당—옮긴이)짜리 말단직"이기는 했지만, 그래 봬도 18세기의 유명인 여럿이 그 직책에 있었다. 요컨대 한때는 헨리 홈이, 나중에는 애덤 퍼거슨이 그 자리를 거쳤다. 그 직책을 얻자마자 흄은 "자만심과 허영심으로 곧 터져버릴 듯한" 기분이었고, 이번에는 이것이 적어도 한동안 평소의 "이신론과 무신론과 회의론의 격렬한 외침"보다 우세했다.[23] 그는 도서관에서 5년을 일했고, 알 수 없는 이유로 1757년 1월 사임했다.

이 자리를 얻고 나서 얼마 후 흄은 처음으로 집을 구입했다. 현재 에든버러의 구시가지인 론마켓(Lawnmarket)에서도 가장 오래된 지역에 있는 아파트였다. 아파트 건물인 리들스랜드(Riddle's Land)는 외관은 다소 바뀌었지만 오늘날까지 남아 있다. 이듬해에 흄은—오늘날의 로열마일(Royal Mile) 동쪽을 내려다보는—캐넌게이트(Canongate)로 이사를 가서 지금은 더 이상 남아 있지 않은, 잭스랜드(Jack's Land)라고 부르는 건물의 아파트 한 채를 구입한다. 두 차례의 런던 방문을 제외하면 그는 장차 9년을 거기서 지낸다. 흄은 이제 에든버러에 완전히 정착했고, 이를 스코틀랜드 지식인으로서 삶의 절정으로 여겼다. 〈나의 생애〉에서 흄은 도시를 "문필가의 진정한 무대"라면서 세기 중반 인구가 막 5만 명을 넘은 에든버러는 분명 스코틀랜드가 제공할 수 있는 최고의 도시라고 단언한다.[24] (글래스고의 인구는 딱 3만 명이었다. 두 도시 모두 주민이 65만 명을 상회하는 런던에 비하면 왜소해 보였다.) 세기 초에 스코틀랜드 의회가 런던으로 서둘러 떠나기는 했지만, 여전히 에든버러는 스코틀랜드의 법률적·기독교적 수도였다. 영국 전역에서 가장 국제적인 도시 중 하나였고, 풍부한 문화생활과 소설가 토비아스 스몰렛(Tobias Smollett)이 그곳을 가리켜 "천재들의 온상"이라 부르게 만든 결속력 강한 일단의 지식인 부대를 자랑했다.[25] 또한 18세기 기준으로 봐도 충격적일 만큼 더러운 곳이었다. 주민과 그들의 수많은 동물이 가파르고 좁고 눅눅한 골목의 미어터지는 중세 건물들로 꾸역꾸역 기어들었다. 저녁마다 요강을 거리로 비워냈고, 쓰레기는 다음 날 아침 청소 때까지 방치되었으며, 어디에나 자욱한 토탄과 석탄 연기가 이 도시에 '올드 리키(Auld Reekie: '묵은 연기'란 뜻의 스코틀랜드 말—옮긴이)'라는 별명을 안겨줬다. 하지만 흄에게는 이곳의 지적인 활력이 비좁음과 불결함을 보상하고도 남았다.

반면 스미스는 에든버러를 "매우 무절제한 도시"라고 생각했으며, 항상 스코틀랜드 제2의 도시 글래스고를 더 좋아했다.[26] 18세기의 글래스고는 미래의 더러운 공업 중심지와 완전 딴판이었다. 사실 방문객들은 거의 만장일치로 그곳을 아름답고 깨끗하고 넓고 잘 정리된 지역으로—간단히 말하면 에든버러의 반대라고—설명했다. 클라이드(Clyde)강 북쪽 제방에 둥지를 튼 이 도시는 대학, 상업, 성당의 지배를 받고 있었다. 스코틀랜드 계몽주의에 대한 설명은 주로 에든버러 지식인에 초점을 맞추는 경향이 있지만, 글래스고의 지식인 사회도 절대 무시할 수 없다.[27] 글래스고는 일류 대학을 중심으로 형성된 곳이고 수도가 갖는 법률적·행정적 구조를 전혀 갖추지 않아 한층 대학다운 분위기를 풍겼다. 또한 주로 북아메리카와 카리브해 쪽 영국 식민지와의 대서양 횡단 무역, 특히 담배 무역 덕분에 북적대는 상업적 기운으로도 유명했다. 경제 호황의 결과 도시는 지속적으로 팽창했고, 세기말에 가서는 인구가 에든버러를 앞질렀다. 글래스고에서 스미스의 만족감을 떨어뜨린 측면은 유난히 강경한 형태의 복음주의 장로교를 수용했다는 것이다. 스코틀랜드 동부 출신 방문객들은 이곳 시민의 "어둡고 광적인" 성격을 으레 거론하곤 했다.[28]

1750년대 초부터 흄은 에든버러에, 스미스는 글래스고에 정착함으로써 두 사람은 다음 12년의 대부분 기간 동안 이 나라의 반대편에서 기반을 잡았다. 하지만 우리가 뒤에서 살펴볼 것처럼 그들의 우정은 이러한 지리적 괴리에도 불구하고 훨씬 더 깊어졌다.

거주지와 직업의 이동에도 불구하고 흄의 문학적 결과물은 조금도 줄지 않았다. 다음으로 등장한 책은 1751년의 《도덕 원리에 관한 탐구》로, 《첫 번째 탐구》가 《인간 본성에 관한 논고》 1권을 재구성한 것처럼 《인간 본성에 관한 논고》 3권을 재구성한 것이었다. 《첫 번째 탐구》처럼 《두 번째 탐구》도 《인간 본성에 관한 논고》의 해당 내용보다 더 짧고 더 세련되고 더 명료했다. 도덕성의 토대에 관한 기본 설명은 어조와 강조점의 변화가 약간 있기는 하지만 똑같다.[29] 가령 《두 번째 탐구》는 《인간 본성에 관한 논고》보다 감정을 더 자극한다. 흄은 앞의 책에서 도덕주의자적인 표현을 의식적으로 피했었다. 허치슨에게 설명한 대로 그는 "인간 행동의 우아함과 아름다움"을 그리는 "화가"가 아니라 인간 본성의 "가장 내밀한 근원과 원리"를 탐구하는 "해부학자"로서 생각하고 집필하려 애썼다.[30] 그는 《두 번째 탐구》에서 도덕을 구성하는 요소에 대한 무미건조한 설명

에서 벗어나 그것의 매력도 일부 전달하는 방식으로 전환하면서 두 가지 역할의 결합에 더 많은 공을 들인다.[31] 이런 노력의 일환으로 이 책은 《인간 본성에 관한 논고》와 달리 주로 그리스와 로마의 고전에서 가져온 온갖 선악에 관한 풍부한 삽화 목록을 포함하고 있다.

《인간 본성에 관한 논고》 3권은 도덕에 관해 눈에 띄게 현세적인 해석을 제기했지만, 《두 번째 탐구》는 오히려 기독교적 정서를 한층 더 공격한다. 후자의 책에서 흄은 도덕성이 신의 말씀이나 의지가 아니라 인간의 감성에서 생겨난다는 자신의 핵심 주장을 반복할 뿐 아니라, 독실한 신자들이 가장 숭고한 선이라고 생각하는 많은 자질이 사실은 악이라고 주장한다. 만일 선이 그저 우리가 공통적으로 우리 자신 또는 다른 이들에게 쓸모 있거나 기분을 좋게 한다고 생각하는 특성이라면, 결국에는 이런 범주 어디에도 들어맞지 않는 모든 특성은 사실상 선하지 않은 것이다. 흄은 "독신주의, 금식, 금욕, 고행, 극기, 겸손, 침묵, 고독, 그리고 수도자들의 일련의 모든 미덕"이 여기에 해당한다고 주장한다. 이런 자질은 "어떤 종류의 목적에도 기여하지 않는다. 이 세상에서 누군가의 재산을 증대시키지도 않을뿐더러 그가 더욱 가치 있는 사회 구성원이 되게끔 하지도 않는다. 자기와 함께 있는 사람들을 즐겁게 만드는 능력도 제공하지 않을뿐더러 스스로를 기분 좋게 하는 힘도 길러주지 않는다". 오히려 그것들은 "이 모든 바람직한 목표를 거슬러 이해력을 둔화시키고, 감수성을 메마르게 하며, 상상력을 약화시키고, 성미가 나빠지게 한다". 그러므로 이런 자질은 "미신과 사이비 종교의 현란한 광채"로 판단력이 흐려지지 않은 모든 이들에 의해 악으로 간주되어야 한다는 게 그의 결론이다.[32] 흄은 또다시 종교는 불필요할 뿐 아니라 분명 치명적일 때가 많다고 주장했다. 출간 직후 그는 이 책을 "가장 마음에 드는 성과"라고 인정했으며, 그러한 편애를 마지막까지 유지했다.[33] 〈나의 생애〉에서 흄은 "(이런 문제에 대해 내가 판정을 내려서는 안 되지만) 내 소견으로는"《두 번째 탐구》가 "내가 쓴 모든 역사·철학·문학 저술 중에서 비교가 안 될 정도로 최고작이다"라고 선언한다.[34]

이듬해 흄은 또 한 편의 논집을 출간하는데, 이번 책의 제목은《정치론》이었다. 여기 담긴 에세이 대부분—12편 중 8편—은 당시 정치경제학이라 일컫던 것과 관련한 쟁점들에 정확히 초점을 맞춘다. 포괄성과《국부론》같은 논고의 철저한 세부 사항은 결여되어 있지만, 그럼에도 불구하고 이 책은 남달리 설득력 있는, 무역과 통상 정책에 관한 깊은 생각을 명료하고 소화하기 쉽게 제공한다. 논집의 관점은 놀라우리만큼 범세계적이다. 당시 대부분의 경제 소책자가 어떻게 하면 영국의 무역 이익을 증대시킬 수 있을까, 혹은—대부분의 사람들 눈에는 그게 그거였지만—어떻게 하면 프랑스의 무역 이익에 피해를 줄 수 있을까를 보여주려 애썼던 반면, 흄은 무역의 세계를 철학자와 역사가의 눈으로 바라보며 옹졸한 국가적 편견과 적대감을 끔찍이도 경멸했다. 그는 처음부터 자신의 생각이 "남다르다"거나 "상도를 벗어났다"고 독자들이 생각할 수 있다는 걸 인정하며, 실제로도 그 책은 당시 만연했던 경제적 사고를 향한 일관된 공격처럼 해석된다.[35] 흄의 많은 주장은 스미스의 역작에 담긴 논거를 앞지른다. 국부의 진정한 원천은 금은이나 무역수지 흑자가 아니라 생산적인 시민이고, 국민의 경제적 선택을 유도하거나 통제하려는 정치인에 의한 대부분의 시도는 무익하거나 분명 역효과를 낳으며, 자유 무역은 관련된 당사자 모두—도시인과 시골 사람, 부자와 빈자, 정부와 서민—에게 이익을 가져오고, 자유 시장은 국제무대에서도 상호 유익하며, 이웃 국가를 가난하게 만듦으로써 번영을 성취하는 일은 불가능하다는 것 등이다.

흄은 따라서 "유럽의 모든 국가와 다름 아닌 영국이 무역에 가해온 그 수 없이 많은 빗장과 장벽과 관세"는 "산업 억제 외에 아무런 효과가 없으며 우리나라와 이웃 국가들로부터 예술과 자연이라는 공동의 이익을 앗아간다"고 개탄한다.[36]

하지만 흄에게 **자유** 무역 증진보다 훨씬 더 컸던 것은 바로 무역 자체의 증진에 대한 관심이었다. 서구 사상에서 가장 공경할 만한 두 가지 전통인 시민적 공화주의와 기독교주의는 상업, 부, 사치를 근본적으로 타락이라고 보는 경향이 있었다. 자유 무역이 더 큰 번영을 낳는다는 주장은 이런 전통을 신봉하는 자들에게는 전망보다 위협—공공질서, 정치적 자유, 미덕, 구제에 대한 위협—으로 해석되었다. 흄은 18세기에 상당히 만연했던 이런 시각에 맞서 가난이 특별히 숭고할 것도 없고 다른 결점을 만회시켜주지도 않으며 사치 또한 그렇게 불쾌해할 게 아니라고 주장했다. 한층 넓은 철학적 측면에서 봤을 때, 이에 대한 실마리가 되는 에세이는 〈사치에 관하여(Of Luxury)〉—나중에 〈예술의 세련미에 관하여(Of Refinement in the Arts)〉로 바꿈—다. 이 글은 그때까지의 저술 중 근대의 자유주의적 무역 질서에 관한 가장 힘 있고 포괄적이며, 그러면서도 가장 간결한 변론 중 하나에 해당한다. 상업과 사치가 더욱 중요한 의무—신에 대한, 그리고 국가에 대한—로부터 사람들의 시선을 딴 데로 돌릴까봐 걱정인 이들과 정반대로 흄은 "세련미의 시대는 가장 행복한 시대인 동시에 가장 도덕적인 시대이기도 하다"고 상정한다. 그의 관점에서 상업이란 근면을 장려하고 모든 종류의 지식을 향상시키는 데 일조하며, 사람들을 더욱 사교적이고 인간적으로 만든다. 그는 "**근면, 지식, 인간미**는 서로 떼려야 뗄 수 없는 고리로 연결되어 있으며 이성뿐 아니라 경험에서 비롯된 더욱 세련되면서도 흔히 일컫는 대로 사치스러운 시대의 고유한 특성으로 여겨진다"고 힘주어 말한다. 흄은 여기서 한발 더 나아가 "국민적 자유의 가장 훌륭하고 탄탄한 기초를 이루는 중간 계급"을 창출하게 하는 한 상업은 자유주의 정부에 유리하다"고 말한다. 그런 다음 평론가들과는 아주 대조적으로 상업은 국민을 더욱 근면하고 똑똑하고 인간적으로 만듦으로써 선을 **증진하며** 공동체를 더 부유하게 할 뿐 아니라 더 자유롭고 안전하고 질서 있게 만듦으로써 그것을 **강화한다**고 역설한다. "이런 장점에는 그에 비례해 따라오는 단점도 없다"고 그는 주장한다.[37] 이 논집에서 흄이 유일하게 실질적으로 경종을 울리는 대목은 제국주의와 급속히 불어나는 공채의 결과와 관련이 있는데, 이 점에서도 그는 자신의 절친한 벗이 지적한 좀더 상세한 폐단의 흔적을 앞질렀다—여기에 대해서는 9장에서 다시 짚어볼 것이다.

《정치론》은 영국과 프랑스 전역에서 많은 독자의 사랑과 찬사를 받았다. 흄은 나중에 이 책을 지목해 "내 저서 중 첫 출판에 성공을 거둔 유일한 책"이라고 말했다.[38] 그 명성과 영향은 훗날 《국부론》에 의해 퇴색하기는 하지만, 즉각적인 영향은 아마 흄의 다른 어떤 저술보다도 컸을 것이다. 실제로 한 경제학자의 판단에 따르면, "헨리 조지(Henry George)의 《진보와 빈곤(Progress and Poverty)》 정도를 제외하고는 그보다 더 인기를 끈 저술도 없었던 것 같다".[39]

예상할 수 있겠지만, 《정치론》은 즉각 스미스의 관심을 끌었다. 글래스고에 도착하고 몇 달이 채 지나지 않은 1752년 1월, 스미스는 주로 대학 교수들과 지역의 일부 신사들 그리고 문학을 사랑하는 상인들로 이뤄진 글

래스고 문학협회(Literary Society of Glasgow)라는 단체의 창립을 도왔다.[40] 이 단체는 대학에서 회원들이 집필 중인 책이나 다른 이가 쓴 최신 출판물의 토론회를 개최할 때면 일주일에 한 차례 모였는데, 스미스는 1월 23일 세 번째 모임에서 "데이비드 흄 씨의 통상에 관한 논집 중 일부에 대한 설명"을 낭독했다.[41] 《정치론》은 스미스가 거기에 대한 설명을 내놓기 불과 1~2개월 전에 등장했는데, 타이밍이 딱 맞는 것으로 보아 출판 전 흄이 그 책에 대해 스미스와 얘기를 나눴을 것 같다.[42] 두걸드 스튜어트는 "스미스가 1752년 흄 씨의 《정치론》 출간으로 이미 본인이 연구 도중 갖기 시작한 통상 정책에 관한 자유주의적 시각에 대해 틀림없이 확신을 가졌을 것"이라고 언급하지만, 우리는 스미스가 흄의 논거들에 관해 뭐라고 말했는지는 알 수 없다.[43] 흄의 논리학 담당 교수 임용을 둘러싼 논란이 있은 바로 직후, 컬른에게 그 주제에 관한 편지를 보내고 2개월이 지나 스미스가 흄의 논집에 관한 해석을 읽었다는 점은 주목할 만하다. 스미스가 문학협회에서 개최하는 자신의 첫 번째 발표 때 흄의 책에 초점을 맞추기로 했다는 사실은 결국 그가 컬른과 함께 흄을 변호하게 됐다는 레이의 추측에 신빙성을 더해줄 수도 있다. 어쨌든 그가 방금 임용에 반대했던 어떤 사람의 인기 있는 신간에 교수진의 주의를 환기시켰다면 그것만큼 이상한 일도 없을 것이다.

또한 '앤더슨(Anderson) 노트'라고 알려진 조악한 리포트의 기록으로 판단해보건대 스미스는 글래스고 시절 꽤 초기부터 자신의 법학 강의에서 흄의 《정치론》—구체적으로는 〈이익에 관하여(Of Interest)〉라는 에세이—을 거론했던 것 같다.[44] 이후 강의에서는 스미스가 〈무역수지에 관하여(Of Balance of Trade)〉와 〈화폐에 관하여(Of Money)〉에서 흄이 개괄한 "흄의 가격 정화 흐름 메커니즘(specie-flow mechanism)"이라고 알려진 개념에 아낌없이 칭찬을 쏟았다고도 알려져 있다. 스미스는 흄이 무역수지 적자로 금과 은을 잃는 것에 대한 일반적 우려의 "어리석음"을 "매우 교묘하게" 입증했다고 분명히 밝혔다. 물가와 임금이 통화량에 따라 자동으로 조정된다는 점을 고려하면 금의 수출을 제한하려는 모든 시도는 문제를 도리어 키우고 말 것이다. 스미스도 흄이 "공공의 부가 통화에 달려 있다는 관념을 약간 검토"했던 것—아마도 흄이 《정치론》의 초판들에서 지폐 사용을 혹평했던 걸 말하는 듯하다—을 비난했지만, 학생들에게 "흄 씨의 추론은 대단히 기발하다"는 견해를 밝히기도 했다.[45] 흄의 "기발한" 논거와 그 밖의 많은 주장에 기초해 스미스는 "무슨 일이 있더라도 영국은 자유무역항이 되어야 하며 …… 자유로운 통상과 교환의 자유를 전 세계 모든 물품에 허용해야 한다"고 결론지었다.[46]

스미스는 또한 정부의 유일한 토대는 사회계약이라는, 통념에 맞서는 흄의 반론을 되풀이하면서 많은 학기를 보냈다. 비록 우리가 갖고 있는 필기 노트들에서는 이런 맥락으로 흄의 이름을 거론하지 않지만, 그가 친구의 〈원시 계약에 관하여(Of the Original Contract)〉라는 중대한 에세이에 의존했다는 건 더할 나위 없이 명확하다. 스미스는 정치적 권한이란 한순간에 내려진 의도적 합의를 통해서가 아니라 시간의 경과와 함께 점진적 및 무의식적으로 나타나는 관습이다, 국민은 자신이나 자신의 조상이 그렇게 하기로 약속했다고 믿어서가 아니라 관습과 습관 때문에 지배자에게 순종한다, 사회계약이라는 개념 전체가 사실은 영국 밖에서는 알려지지 않았으며 그럼에도 불구하고 정치적 의무는 그들의 섬에만 한정되어 있지 않다, 합의를 미래 세대에 부과해서는 안 되며 암묵적 합의라는 개념은 자신의 조국을 떠나는 것이 대부분의 국민에게 실현 가능한 선택 사항이라는 잘못된 추정을 하고 있다는 등의 견해를 포함해 흄의 모든 핵심 주장을 체계적으로 훑는다. 마지막 핵심 주장과 관련해 그는 해군에 강제 징집된 뱃사람이 단지 배에서 탈출해 바다에 뛰어들지 않았다는 이유만으로 납치에 암묵적으로 동의했다고 할 수 없다는 흄의 유명한 비유를 들면서 "매우 기발한 어떤 신사"가 한 말이라고 언급한다.[47] 한 학자가 지적했듯 "스미스는 '흄의 원시 계약에 관한 논고 참조'처럼 필기하도록 함으로써 성가신 사태를 피해갈 수 있었음에도 흄의 논거를 그냥 넘겨받았고, 청년 기록자는 그것을 상세히 받아 적었다".[48]

이상은 우리가 확보한 스미스의 법학 강의 필기 노트들에서 길게 노골적으로 흄을 언급한 내용이다. 이것 말고도 흄의 논집《인간 본성에 관한 논고》를 암시하는 부분이 열두 군데 더 나오고, 무엇보다《영국사》는 노트 전체에 산재해 있다.[49] 스미스의 법학 강좌는 다양한 정치 제도와 법 형태의 발전을 원시적 기원에서부터 스미스 자신의 시대까지 따라가는 대단히 역사적인 성격을 띠고 있었다. 강좌 대부분은 그의 유명한 '4단계' 이론을 중심으로 이뤄져 수렵·목축·농경·상업의 단계를 거치며 인류의 발전을 추적하는데, 흄의 책들에서 받은 영향이 엿보이는 곳은 거의 없다.[50] 하지만 그 내용으로 들어가면 굵직한 사안은 물론이고—유럽의 봉건 시대에서 상업 시대로의 전환을 예로 들 수 있는데, 이는 훗날《국부론》에서 지대한 역할을 하게 될 주제다—스미스가 흄의 이름을 언급하는 또 다른 시대인 엘리자베스 통치기 동안 일어난 영국의 범죄 수준 같은 작은 사안에서도 흄의 존재감이 느껴지는 부분은 부지기수로 많다.[51] 스미스는 또한 수사학과 순수 문학 강좌에서 "당파적 태도"가 없는 유일한 근대사 책으로 흄의《영국사》를 학생들에게 추천했던 것으로 보인다.[52] 요컨대 흄의 악명에도 불구하고 확실히 스미스는 그의 저술에 대한 자신의 높은 평가를 학생들에게 감추지 않았다.

우리가 확보한 흄과 스미스의 서신은 스미스가 첫 도덕철학 교수 임기를 맡기 직전인 1752년 9월에 흄이 스미스에게 쓴 한 통의 편지로 시작된다. (사실상 현존하는 두 사람의 초기 편지는 모두 흄이 쓴 것이다.) 흄이 스미스의 이전 편지가 잘못 보내는 바람에 지연됐다고 쓴 걸 보면 이것이 그들 간의 첫 서신은 아니었음을 알 수 있다. 아마도 스미스는 흄이 최근 론마켓으로 이사했다는 소식을 아직 듣지 못했던 듯하다. 그러나 어떻게 보면 현존하는 편지가 중간에 중요한 학술적 질문에 관한 대화를 시작하는 것도 적절한 것 같다. 흄은 "고백하건대 나도 예전에는 당신과 똑같은 의견이었습니다"라고 말문을 연다. "그래서 영국 역사를 시작하기에 가장 좋은 시기는 대략 헨리 7세 때가 아닌가 생각했지요." 물론 이것은 흄이 수년 전 계획했다가 변호사협회 도서관의 자료들에 의지해 그때서야 막 쓰기 시작한 《영국사》를 지칭한다. 그와 스미스는 영국사에서 어떤 시기가 가장 중요한지, 아니 근대 영국의 성격을 가장 잘 드러낼지 매우 신중하게 고민했다. 이때 스미스는 절대 왕정이 기반을 잡기 시작한 튜더(Tudor) 왕조 시대의 개막(1485) 쪽에 찬성표를 던졌다. 그러나 흄은 "그 당시 사회 문제에서 발생한 변화는 감지하기 매우 어렵고 그로부터 수년 뒤까지도 그 영향은 나타나지 않았습니다"라고 주장했다. 따라서 진정한 전환점을 스튜어트(Stuart) 왕조 시대의 개막(1603)으로 잡았다. "하원이 최초로 등장한 것은 바로 제임스(James) 왕조 치하였으며, 그 후 특권을 놓고 귀족과 대주교 사이에 갈등이 시작됐습니다. ……그런 다음에 일어난 파벌 싸움은 우리나라의 현 정세에 영향을 주면서 역사상 가장 특이하고 흥미롭고 교훈적인 시기를 형성합니다."[53]

이런 추론에 따라 흄은 제임스 1세와 그 후임자인 찰스 1세의 통치기에 관한 책으로 《영국사》를 시작했다. 이 책은 1754년 출간했는데, 최종적으로는 총 여섯 권 중 끝에서 두 번째 편이 되었다. 하지만 흄은 스튜어트 왕조 편과 명예혁명까지 이어지는 시기에 관한 또 한 권의 책을 마무리한 후 시대를 거슬러 올라가 결국에는 튜더 왕조의 역사에 대해 쓸 필요가 있겠다고 생각했다. 그 시점에서 그는 스미스의 조언대로 맨 먼저 튜더 왕조부터 시작했어야 한다는 것을 인정했다. 흄은 자신의 서적상에게 이렇게 썼다. "지금 나는 헨리 7세의 통치기에서 시작하려 합니다. 근대사는 이 시기에서 출발하는 게 적절합니다. 아메리카 대륙을 발견하고, 무역을 확대하고, 예술을 육성하고, 인쇄술을 발명하고, 종교를 개혁했습니다. 그리고 유럽의 정부들이 거의 다 바뀌었죠. 그러니 여기서 먼저 시작했더라면 좋았을 걸 그랬습니다. 다른 편들에 쏟아진 반대 의견을 예견했어야 하는데 말이죠."[54] 여기서 흄이 언급한 반대 의견이란 스튜어트 왕조의 '폭군들', 특히 찰스 1세를 다루는 그의 태도가 정도 이상으로 동정적이라는 널리 퍼진 불만이었는데, 이것이 많은 이들로 하여금 흄이 '토리당'의 역사를 쓰는 것이라고 생각하게 만들었다. 흄이 튜더 왕조 편을 기획한 의도는 무엇보다도 절대주의 통치가 사실은 휘그당 지지자들이 가장 소중히 여기는 엘리자베스 여왕 같은 몇몇 군주의 치세에 도입되었고, 스튜어트 왕조는 그저 전임자들의 발자취를 따라 왕위의 폭넓은 특권을 행사했을 뿐임을 보여주기 위함이었다. 흄의 《영국사》를 연구한 한 권위자의 표현처럼 만일 흄이 튜더 왕조부터 시작했더라면 그는 결과적으로 "휘그당의 계획을 망쳐놓았을 것이다".[55] 어찌 됐든 흄은 자신이 그 일을 매우 즐기고 있다고 스미스에게 말한다. "고백하건대 이 주제는 나한테 썩 괜찮아 보입니다. 게다가 나는 대단한 열정과 즐거움으로 그 일에 착수하고 있습니다. 내 인내심에 대해서는 의심하지 않아도 됩니다."

이 편지에서 흄은 현재 자신이 개정판을 위해 《도덕·정치 논집》을 수정하면서 "기분 전환을 하고" 있다고 덧붙이며, 그 점과 관련해 제안할 것이 있는지 스미스에게 묻는다. "무엇이든 첨삭할 게 떠오를 경우 알려주시면 고맙겠습니다. 당신한테 마지막 판본이 없을지도 모르니 한 부 보내지요." 그러곤 자신의 판단과는 정반대로 《도덕·정치 논집》 최신판에 〈사랑과 결혼에 관하여(Of Love and Marriage)〉와 〈역사 연구에 관하여(Of the Study of History)〉라는 에세이를 남겨두도록 설득당했다고 말한다. 흄은 이 글들이 "나머지에 비해 경박하다"고 여겼지만 런던에 본사를 둔 서적상 앤드루 밀러가 "최고의 전문가들이 칭찬하는 것을 하도 많이 들었다고 하기에 …… 어떤 부모는 애간장이 녹았다고 하기에 그것들을 살려뒀다".[56] (흄은 결국 모음집의 1760년 판부터 이 두 에세이를 빼버렸다.)

이듬해 5월, 흄은 이번에는 캐넌게이트의 새 거주지에서 스미스에게 다시 편지를 썼다. 흄은 스미스가 최근에 아팠다는 소식을 들은 터라 "수업의 피로감이 당신을 너무 지치게 만든 것이니 최대한 여가와 휴식이 필요합니다"라고 걱정한다. 그러곤 이렇게 말한다. "당신이 내 친구가 아니라면"—최초로 명확하게 그들의 우정을 언급했다—"내 건강 체질이 부럽겠죠. 내 전력투구는 과거에도 지금도 계속되고 있습니다. 그럼에도 불구하고 나는 완벽한 건강 상태를 유지합니다." 그는 스미스에게 《영국사》 1권을 작업 중이며 현재는 영국에서 17세기 최초의 내란 중 소집된 장기의회(Long Parliament: 찰스 1세가 1640년 소집해 1660년까지 계속된 청교도혁명 당시의 의회—옮긴이)에 대해 쓰고 있다고 말한다. 흄은 "내가 쓰고자 하는 1권의 엄청난 쪽수와 나의 꼼꼼한 집필 방식을 감안하면 대단한 진척이라고 봅니다"라고 단언한다. 여기에는 또한 앞으로의 편지에 자주 등장하게 될,

스미스에게 자신을 만나러 와달라는 흄의 간청 중 최초의 부탁도 담겨 있다. 스미스의 여름 수업이 몇 주 뒤면 끝날 것이라며 흄은 이렇게 애원한다. "운동과 휴식 모두를 위해 이곳〔다시 말해 에든버러〕에 놀러올 생각을 했으면 좋겠습니다. 전할 얘기가 많아요." 그러나 단순히 짧은 여행은 그를 만족시키기에 결코 충분치 않을 터였다. "당신이 방학 동안 이 도시에서 지내야 한다고 생각합니다. 항상 좋은 사람들이 있는 곳이에요. 그리고 내가 당신이 원하는 만큼 얼마든지 책을 공급해줄 수 있다는 것도 아실 겁니다." 이 마지막 언급은 변호사협회 도서관에서 흄의 지위를 말하는 것이고, 그 덕분에 스미스가 수도를 방문하는 동안 마음껏 도서관을 이용할 수 있다는 뜻이었다.[57]

흄은 스미스에게 쓴 편지에서 개인 신상과 자기 책에 관한 논의 말고도 종종 다른 이들이 최근 낸 책을 거론한다. 예를 들어 첫 번째 편지에서는 "고백하건대 호기심이 크게 당기지는 않네요"라고 평하면서 볼링브룩 경(Lord Henry St. John Bolingbroke)—교권 개입에 반대하는 견해로 악명 높은 또 다른 저자—의 유고집이 막 발간됐다고 적는다.[58] 1754년 2월에는 에든버러에 사는 맹인 시인 토머스 블랙록(Thomas Blacklock)의 신작 시집에 대한 관심을 촉구하기 위해 스미스에게 편지를 썼다. 흄은 생각나는 모든 이들에게 이 작품을 권유하고 있는 중인데 "특히 그 사람의 칭찬 한마디가 이 책을 세상에 추천하는 데 가장 기여할 만한 이들에게 권장하고 있다"면서, 스미스에게 이 말을 글래스고에 있는 친구와 동료들에게 전해달라고 부탁한다. 흄은 그해 겨울 스미스의 건강이 좋아졌다는 소식을 듣고 기쁨을 표현하지만, 다시 한번 자신이 원하는 만큼 그가 자주 찾아주지 않는 것을 책망한다. "우리는 이맘때쯤 당신을 이 도시에서 만났으면 했는데, 실망스럽습니다."[59]

그해 12월 흄은 변호사협회 도서관 큐레이터들과 있었던 언쟁에 관한 최신 소식을 스미스에게 전했다. 흄의 관리자 직위는 공직(公職)이었고, 적들은 그의 활동을 예의 주시하고 있었다. 6월 큐레이터들은 흄이 일을 하는 과정에서 구입한 세 권의 책이 "외설적"이고 "학술 도서관에는 있을 가치가 없"으므로 책장에서 치워야 한다고 주장했다. 더 나아가 앞으로 뭐든 구매할 때는 자신들의 승인을 얻어야 한다고 명령했다. 흄은 당연히 그 명령을 인신공격으로 받아들였고 거기에 굴복하는 것이 너무 싫었다. 하지만 자신의 자리와 거기서 수반되는 도서관에서의 특혜를 포기하는 게 망설여지기도 했다.[60] 그는 이 딜레마를 어떻게 해결했는지 스미스에게 설명했다. "나는 자리를 지켰습니다. 하지만 그 대금으로 우리의 맹인 시인 블랙록에게 연금채권을 주었지요. 이제 그 사악한 놈들은 내게 모욕을 줄 수 있는 권력을 잃었어요. 어쨌든 이 자리에 남고자 하는 나의 동기는 아주 명백합니다."[61] 다른 말로 하면, 큐레이터들은 지위를 이용해 그들이 바라는 것은 무엇이든 흄에게 강제할 수 있었다. 요컨대 돈이 아니라 책에 대한 접근성 때문에 그 자리에서 일하고 있다는 것만 확실하면 그는 자신의 평판을 그대로 유지할 수 있었다. 모스너가 지적했듯 "이 사건으로 흄은 도서관 직책을 유지하고, 스코틀랜드 문인을 육성하고, 자선 활동을 수행하며 동시에 자신의 명예도 지켰다".[62] 흄은 "당신이 내 행동을 인정해준다면 기쁘겠습니다"라고 스미스에게 말한다. "솔직히 나는 스스로에게 만족합니다."[63] 애석하게도 블랙록은 1770년대 초 제임스 비티(James Beattie)의 악의적인 흄 공격에 가담하면서 훗날 그에게 등을 돌린다.[64] 하지만 흄의 후원을 받은 이들 중에서 자신에게 먹이를 준 손을 물어뜯은 사람은 그 말고도 더 있었다.

흄과 스미스가 거기에 대해 서로 논의했다는 기록은 없지만, 1754년에는 그들 사이에 또 다른 연결 고리 같은 것이 있었다. 그해에 성공회 목사 존 더글러스(John Douglas)〔미래의 샐리스베리(Salisbury) 주교〕가 흄의 기적론을 반박하는 또 한 편의 책을 출간했는데, 이번에는 익명의 친구에게 보내는 서간문 형태를 취했다. 제목은 《기준; 혹은 이교도와 가톨릭교도의 위선을 폭로하기 위한 기적의 검토(The Criterion; or, Miracles Examined, with a View to Expose the Pretensions of Pagans and Papists)》였다. 이 특이한 글이 우리의 목적과 관계있는 이유는 더글러스가 베일리얼 칼리지 동창이자 스미스의 친구라는 사실 때문인데, 이로 인해 그 책의 익명의 수신자가 다름 아닌 스미스라고 종종 추정되었다. 이는 절대적으로 맞을 수도 있고 아닐 수도 있지만, 스미스가 적어도 더글러스가 염두에 둔 친구들 중 한 명이었을 공산은 상당히 크다.[65] 그렇다면 그 수신자가 대단히 "분별력 있고 정직하고 박식함"에도 불구하고 한편으로는 흄이 발전시킨 논거 때문에, 그리고 다른 한편으로는 "책에서 빌려온 것이 아닌 본인 고유의 반대 의견" 때문에 "기독교의 증거에 대한 부정적 의견을 …… 독단적으로 생각"했다고들 말한다는 대목에 주목할 필요가 있다. 더글러스는 스미스와 아마도 그 밖의 몇몇 친구가 "저버렸던 것으로 보이는 그 종교로" 다시 돌아오길 바라면서 400여 쪽을 할애해 신약성서의 기적들을 뒷받침하는 증거가 그 이전('이교도')이나 이후('가톨릭교도')에 기적이라고 하는 것보다 훨씬 더 많다고 주장한다.[66] 스미스는 수년간 더글러스와 친분을 유지했던 것으로 보이지만, 그가 《기준; 혹은 이교도와 가톨릭교도의 위선을 폭로하기 위한 기적의 검토》를 읽은 적이 있는지, 그 논거를 따져봤는지에 대한 증거는 없다. 그 책은 스미스의 장서 목록에도 빠져 있다.[67] 흄 역시 원래 성향이 그랬지만 더글러스의 반박에도 불구하고 계속해서 그와 친한 사이를 유지했다. 심지어 본인의 《영국사》를 1689년 이후로까지 확장해서 쓰는 작업을 고사하고 난 후에는 그렇게 할 사람으로 더글러스를 윌리엄 스트러핸에게 거론하기까지 했다.[68]

스미스가 찾아와주길 바라는 흄의 간청과 만족할 만큼 그가 자주 오지 않는 데 대한 불평은 두 사람이 이 시기에 얼마나 자주 만났냐는 질문을 제기하게끔 한다. 애석하게도 이 질문에는 조금도 정확하게 답할 수가 없다. 스미스는 확실히 흄이 글래스고로 여행을 간 것보다는 훨씬 더 자주 에든버러를 방문했다. 처음에는 여행하는 데 13시간 넘게 걸렸겠지만, 1750년대에 도로 사정이 나아진 뒤로는 아침에 출발해서 정오면 에든버러에 닿을 수 있었다. 존 레이는 이렇게 썼다. "글래스고에 거주하는 동안 스미스는 에든버러에 사는 옛 친구들과 친밀한 관계를 계속 유지했다. 그는 장거리 버스를 타고 그들을 보러가는 데 돈을 낭비하곤 했다. ……그는 연속으로 많은 방학 중 대부분을 그들과 어울려 보냈다. 그리고 그들과 함께 당시 스코틀랜드에 널리 퍼져 있던 문학적·과학적·사회적 개발 프로젝트 중 일부를 증진시키는 데 적극 참여했다."[69] 스미스가 자주 에든버러에서 지냈다는 생각에 신빙성을 더해주는 동시대 이야기는 알렉산더 칼라일의 자서전에서도 찾을 수 있다. 칼라일은 1750년대 초의 에든버러에 대해 쓰면서 "한 시간 뒤에 만나자는 통보를 하고 데이비드 흄, 애덤 스미스, 애덤 퍼거슨, 엘리뱅크 경〔Baron of Elibank: 경제학자 패트릭 머레이(Patrick Murray)를 말함—옮긴이〕, 〔휴〕 블레어 박사와 〔존(John)〕 자딘(Jardine) 박사를 모을 수 있었으니 참 좋은 때였다"고 아쉬운 듯 회상한다. 그는 또한 저녁 식사 후 그들이 선술집에 모일 때면, 흄의 가정부 페기 어빈

(Peggy Irvine)이 잠도 못 자고 기다리지 않게 제발 아파트 열쇠 좀 가져가라고 흄에게 당부하곤 했다고 기록했다. "그녀의 말로는 시골에서 친한 친구들이 올라오면 그가 새벽 1시 넘어서까지 절대 귀가하지 않았기 때문이다."[70]

레이가 시사하듯 우리는 또한 스미스가 여러 사교 단체와 협회의 모임에 참가하기 위해 정기적으로 에든버러를 찾았다는 사실도 알고 있다. 필시 이 단체 중 가장 유명하고 영향력 있는 곳은 1754년 5월 창립해 에든버러의 문화 및 지적 생활과 사실상 스코틀랜드 계몽운동 전반에 걸쳐 지속적으로 핵심 역할을 한 선택협회(Select Society)일 것이다.[71] 최초의 발상은 화가인 앨런 램지한테서 나왔지만, 그 기획이 결실을 맺는 데는 스미스를 비롯한 그의 많은 친구가 지대한 역할을 했다. 이 단체는 변호사협회 도서관에서 열리는 매주 수요일의 저녁 모임에 학계, 법조계, 종교계의 선도적 인물은 물론 엄선한 귀족 및 신사들을 끌어들였다. 흄과 스미스는 모두 자신들의 제자이자 훗날 영국 대법관이 된 21세의 알렉산더 웨더번(Alexander Wedderburn)을 포함한 13명과 함께 창립 회원이었다.[72] 곧이어 그들과 합류한 많은 사람 중에는 휴 블레어, 애덤 퍼거슨, 헨리 홈(당시에는 케임스 경), 존 홈(흄의 형이 아니라 극작가), 윌리엄 로버트슨 등이 있었다.

첫 모임에서 단체의 성격과 목적을 회원들에게 설명하는 일은 스미스가 맡았다.[73] 형식은 매 모임마다 한 회원이 토론을 주도한 후, 다음 주 모임의 주제를 제안하는 것이었다. "계시 종교와 관련되었거나 재커바이트주의가 분출할 기회를 주는 경우가 아니라면" 모든 게 좋은 주제였다.[74] 스미스는 6월 19일의 두 번째 모임에서 사회를 맡았고(다음 모임을 위해 "옥수수 수출에 대한 특혜는 농업뿐 아니라 무역과 제조업에도 득이 될 것인가?"라는 질문을 제기했다), 흄은 그해 12월 4일에 맡았다("국민성의 차이는 주로 기후의 성격이 달라서인가, 아니면 도덕적·정치적 이유 때문인가?"라는 질문을 제기했다).[75] 흄과 스미스는 의사 진행자로서 자신의 차례가 아니면 논쟁에 많이 가담하는 걸 자제했지만 둘 다 참석은 자주 했다. 흄은 또한 제1총무로 뽑혔는데, 이 자리에 여러 차례 재선출됐다. 나아가 선택협회는 1755년 일종의 실용적 사고를 가진 분파인 스코틀랜드 예술·과학·제조업·농업 진흥을 위한 에든버러 협회(Edinburgh Society of Encouraging Arts, Sciences, Manufacturing, and Agriculture in Scotland)를 만들었다. 이 협회의 회원이기도 한 흄과 스미스는 둘 다 취향에 관한 최고의 논문에 시상하는 순수 문학·비평 위원회 위원으로 위촉되었는데, 이 상은 《취향에 관한 논고(Essay on Taste)》를 쓴 애버딘 대학의 도덕철학 교수 알렉산더 제라드(Alexander Gerard)에게 돌아갔다.[76]

시간이 흐르면서 협회는 눈에 띄게 덜 '선택'적으로 변하기 시작했고, 결국에는 회원 수가 100명을 훌쩍 넘어갈 정도로 커졌다. 스스로의 성공에 발목을 잡힌 협회는 1760년대 초 완전히 무기력하게 무너졌다. 그렇지만 한동안 선택협회는 정치·경제부터 문학·예술·예절·관습에 이르는 주제를 놓고 수백 건의 수준 높은 토론회를 개최한 경이로운 조직이었다. 거기서 펼쳐지는 지식의 향연은 여기저기서 찬사를 받았다. 창립 후 1년이 채 안 됐을 때 흄은 램지에게 협회가 "국가적 관심사로까지 성장했습니다. 젊었든 늙었든, 귀족 출신이든 천한 출신이든, 재치가 있든 따분하든, 평신도든 목회자든 온 세상 사람이 우리 협회에서 한 자리 얻길 열망하고 있어요. ……런던의 하원도 에든버러의 선택협회만큼 보편적인 호기심의 대상이지는 않습니다"라고 썼다.[77] 또 한 명의 창립 회원인 칼라일은 에든버러 엘리트의 능력과 특성을 발전시킨 협회의 공을 인정했다.

"이른바 충돌을 통해 모든 개개인이 서로의 생각을 교류하게끔 한 것도, 에든버러의 문필가를 다른 곳 사람들보다 덜 트집 잡고 덜 현학적이게끔 만든 것도 바로 그 특별한 모임이었다."[78] 칼라일이 "다른 곳"을 '런던'으로 대체했다 해도 아마 문제는 없었을 것이다.

1750년대 중반이 되자 무신론에 대한 평판이 흄을 따라다니기 시작했고, 다음 몇 년간 그는 문필가들의 또 다른 공동 기획—〈에든버러 리뷰(Edinburgh Review)〉 창간—에서 배제되었을 뿐 아니라 훨씬 더 세간의 이목을 끄는 기관으로부터 그를 축출하려는 시도에 부딪힌다. 바로 스코틀랜드 국교회였다.

1754~1759

04

역사가와 교회

흄의 마지막 주요 저술 기획은 방대한 《영국사》였다. 이 책은 최종적으로 여섯 권에 최신판으로는 약 130만 개 단어, 3000여 쪽에 달한다. 어떤 의미에서 흄은 책을 거꾸로—한 평론가의 말대로 마치 마녀들이 주문을 외기라도 한 것처럼—집필했다.[1] 앞에서 살펴봤듯 그는 스튜어트 왕조 시대(1603~1689)에 관한 두 권의 책에서 출발했고, 이를 1754년과 1756년에 출간했다.[2] 그다음에 튜더 왕조 시대(1485~1603)에 관한 책을 두 권 더 썼는데, 이것들은 모두 1759년에 나왔다. 그리고 율리우스 카이사르의 침략부터 1485년 헨리 7세 즉위까지 오랜 시기를 총망라하는 두 권의 책을 더 발표하면서 1761년에 마무리됐다. 1권이 처음 나왔을 때는 혹평을 받은 반면, 흄이 마지막 권을 마친 뒤 내놓은 전집은 곧 영국에서 가장 인기 있는 역사책이 되었다. 그것은 수십 년간 '표준' 영국사 역할을 했고, 19세기 말까지 100쇄를 넘게 찍었다. 많은 나라에서 번역 및 요약하고 다른 저자들이 이를 개작했다. 그중 한 버전의 속표지는 이 책을 "가족용으로 개정했다. 어린이들에게 유익하고 기독교도들에게도 나무랄 데 없이 과감하게 생략하고 고쳤다"고 장담한다.[3] 흄은 그 책으로 벌어들인 원고료가 그때까지 영국에 알려진 어떤 액수보다도 훨씬 커서 자신을 "단지 재정적 자립뿐 아니라 엄청난 부자"로 만들었다고 썼다.[4] 그 시대를 통틀어 가장 탁월한 감식가들도 박수 대열에 가세했다. 볼테르는 "아마도 지금까지 모든 언어로 쓰인 책 중 최고일 이《영국사》의 명성에 무슨 말을 더 보탤 수 있을까"라고 술회했으며, 에드워드 기번은 흄을 스코틀랜드의 타키투스(Tacitus: 로마의 역사가—옮긴이)라고 불렀다.[5]

《영국사》가 가져다준 대중적 명성과 물질적 보상은 흄이 기대하지도 추구하지도 않았던 게 아니다. 그는 이 책에 착수하면서 "영국 문단에서 역사만큼 많이 비어 있는 분야도 없다. 문체, 판단력, 중립성, 주의 등 모든 것이 우리나라 역사가들한테는 부족하다"고 인식했다.[6] 그러나 초기에《인간 본성에 관한 논고》에서《도덕·정치 논집》으로 넘어갔던 때와 마찬가지로 흄은 역사서 집필에 투신하면서 **단지** 명성과 재산만을 추구한 게 아니며, 자신이 철학을 버리고 있다고 생각하지도 않았다. 오히려 과거《인간 본성에 관한 논고》 때 개괄적으로 그려봤던 기획—'실험적 방법'을 사용해 인간 본성의 과학을 발전시키겠다는 기획—은 사실 역사 연구를 **필요**로 했다. 인간 본성의 모든 양상에 대한 통제된 실험이 불가능한 이상, 우리가 유일하게 의지할 것은 "인간의 삶에 대한 면밀한 관찰을 통해 이 학문과 관련한 실험을 수집하고 그것이 세상의 보편적인 과정에서 발생한다는 걸 받아들이는 것"이라고 흄은 서문에 적었다.[7] 물론 역사는 이러한 관찰을 얻을 수 있는 최대의 저장고를 제공하며, 따라서 없어서는 안 될 원천이다. 흄이 다른 책에서 쓴 것처럼 역사는 전 "인류가 태초부터 우리의 앞을 이른바 분열 행진하며 지나가는 것을" 볼 수 있게 해주며

"……인간의 짧은 수명과 심지어 우리 시대에 벌어지는 일에 대해서도 제한적인 우리의 지식을 고려했을 때, 우리는 이런 발명이 없다면 영원히 지식에 있어 어린 아이 수준일 것임을 알아야 한다".[8]

흄은 "역사가의 첫 번째 자질은 진실성과 공정성이며 그다음이 재미"라고 믿었다.[9] 《영국사》를 쓴 지 2세기 반이 지나서도 여전히 아주 재밌게 읽히고 있으므로 그는 확실히 이 중 두 번째 목표는 성취한 셈이다. 이 책은 매우 길고 범위가 너무도 방대해 이야기는 한달음에 상당히 빠르게 질주한다. 흄은 "근대 일부 편찬자들의 장황하고 따분한 문체보다 고대 역사가들의 간결한 방식을 나의 본보기로 더 많이 제시해왔다"고 썼다.[10] 그는 특정 사건의 서술과 광범위한 사회적·정치적·경제적·종교적·지적 발전의 고찰 사이에서 멋지게 균형을 유지한다. 왕, 주교, 장군은 물론이고 철학자, 작가, 과학자에 관한 풍부한 성격 묘사가 매 권마다 가득하다. 그리고 흄은 이런 인물들의 행동과 신념을 재단하는 일도 서슴지 않는다. 가치 중립적 관찰자인 척하지 않는 것이다. 하지만 쉽사리 재단하는 일은 한사코 거부한다. 그는 역사 속 위대한 주인공에게 공감하고 그들의 동기를 파헤치는 데 달인이며, 이야기의 중요한 시점에서는 종종 가던 길을 멈추고 양측이 주장하는 당면 문제에 대해 최강의 논거를 독자들에게 제시하며 일종의 세트피스(set-piece) 토론을 제공한다. 한 유명한 흄 학자가 관찰한 것처럼 흄이 《영국사》 전체에 걸쳐 맡고 있는 역할은 "모든 진영의 소식을 전달하는 사람, 독점적인 주장에 의혹을 품는 사람, 제도를 불신하는 사람, 그리고 다양한 시각에서 가능한 진실을 찾으며 어떤 경우에도 배타적이고 절대적인 진실은 추구하지 않겠다고 결심한 사람"이다.[11]

좋은 역사가에 대한 자신의 첫 번째 기준인 "진실성과 공정성"에 본인이 맞았는지에 대해 흄은 그렇다고 확신했다. 그는 한 친구에게 이렇게 말했다. "왕과 의회는 비난과 칭찬을 왔다 갔다 할 이유가 너무나 많기 때문에 그 두 가지가 저술 속에 매우 동등하게 혼재해 있는데, 이것이 판단과 증거의 결과가 아닌 애착으로 통할까봐 사실은 걱정이다."[12] 동시대인들은 정당에 대한 편견이 없다는 흄의 주장에 동조하지 않았다. 특히 첫 번째 스튜어트 편은 단지 제임스와 찰스의 권력 장악을 충분히 맹렬하게 비난하지 않았다는 이유만으로 '토리당'의 소책자로 여겨졌다. 그러나 신성한 왕권 개념에 대한 흄의 조롱이라든가, 교회에 대한 비판이라든가, 통상과 자유 무역에 대한 칭송이라든가, 혹은 명예혁명과 거기서 생겨난 견제와 균형의 헌법에 대한 옹호를 토리당 지지자들이라고 딱히 마음에 들어 했던 것은 아니다. 궁극적으로 비평가들이 반대한 주된 이유는 흄이 만족스러울 만큼 열렬한 휘그당 지지자가 아니라는 점이었다. 본인이 맨 먼저 수긍했겠지만, 흄은 당파성이 결여되어 있었다. 그는 "양당의 과격분자들한테 욕을 먹는다 해도 불쾌하지 않다"고 했다.[13]

이 책 전반에서 길잡이를 이루는 중심 주제가 있다면, 그것은 문명의 축복이다. 흄은 《정치론》에서처럼 근대 세계의 우월성에 찬성하고 고대 영광의 추락이라는 통념에 반대하는 확고한 태도를 취한다. 흄에게 대부분의 영국사는—사실상 대부분의 **인류**사는—무질서와 억압과 가난과 종속의 이야기였다. 따라서 그는 지나간 시대를 낭만화하고 "과거를 현재보다 칭송하는" 추세를 전적으로 터무니없는 것으로 보았다.[14] 아마도 이런 견해에 대한 가장 다채로운 표현은 말년의 한 사적인 서신에 등장할 것이다. 그는 "내 생각에 미개발국은 정부·민간·군사·종교뿐 아니라 도덕성에서도 문명국보다 열등하며, 그들의 모든 생활 방식은 극도로 혐오스럽고 형편없다"고 썼다. 그는 "지난 세기의 태동기에 영국은 지극히 미개발국으로 여겨졌고" 엄청난 숭배를 받는 엘리자베스 여왕 재위 중에는 대백작의 성(城)조차 "지하 감옥이나 다름없었다. 연기를 내보낼 굴뚝도 없고, 바깥 공기를 차단할 유리 창문도 없고, 군데군데 희미한 촛불에 하인과 신하의 꾀죄죄한 아이들이 정강이가 부러지고 서로 부딪히는 걸 좀처럼 막을 길이 없었다. 음식이라고는 연중 9개월 동안 소금에 절인 쇠고기와 양고기가 전부이고 어떤 종류의 채소도 없었다. 불도 거의 없고, 이렇게 매우 가난한 이들뿐이었다"고 주장한다.[15] 그렇긴 해도 흄은 발전이 필연적이라고는 추호도 믿지 않았다. 사실 《영국사》에서 명시한 목적 중 하나는 문명사회의 출현에서 "흔히 지혜와 선견지명이라는 소량의 구성 요소와 함께 한꺼번에 일어나는 우연의 혼합물"을 밝혀내는 것이었다.[16] 흄은 의도치 않은 결과라는 개념을 스미스가 훗날 《국부론》에서 그러는 것과 흡사하게 반복적이고 중요한 자신의 모티프 중 하나로 만들었다.[17]

아주 흥미롭게도 흄의 이야기 속에 나타난 역사적 우연의 대표적 사례는 대단히 중차대한 몇몇 시점에서 예기치 않게 유익한 역할을 한 종교의 형태로 등장한다. 흄은 여지없이 여섯 권 전체에 걸쳐 구교와 신교를 막론하고 기성 종교가 자행한 여러 해악을 생생하게 묘사한다. 그가 볼 때 온갖 교회와 종파는 실로 막대한 박해·핍박·무질서·파벌 싸움·충돌·전쟁의 원인이었고, 영국의 17세기 내란들—1권과 2권의 소재—이 그 증거물 제1호였다. 흄 자신도 돌이켜보면 이 책을 집필하는 동안 약간은 "어떤 면에서", 즉 "종교에 대한 지나치게 솔직하고 숨김없고 직설적인 화법에서 무분별"했던 것 같다고 시인한다.[18] 하지만 그는 자신의 다른 어떤 책보다도 《영국사》에서 기성 종교와 심지어 종교적 광신에서 생겨나는 진정한 (대부분 의도적이지는 않다 하더라도) 실질적 혜택을 찾으려 애쓴다. 가령 영국 역사 초기에 사회를 결집시킨 것은 흔히 가톨릭교회였다. 흄은 거의 마지못해 이렇게 쓴다. "고위 성직자와 일반 성직자의 영향이 대중에게 아주 유익할 때가 종종 있었다는 점은 인정해야 할 것이다. 설령 그 시대의 종교가 허울뿐인 미신이나 다름없다 해도, 그것은 국민에게 큰 영향력을 행사하는 일단의 사람들을 한데 규합하는 역할을 했고, 파벌 싸움과 귀족의 독자적 권력으로 인해 공동체가 붕괴되는 것을 막았다."[19] 이 시대의 교회는 또한 예술을 후원하는 역할을 했고 "귀중한 고대 문학을 절멸로부터" 보존하는 막중한 기능을 수행했다.[20]

훨씬 더 놀랍게도 흄은 튜더와 스튜어트 왕조 시대에 종교적 광신이 시민적 자유라는 명분을 더욱 고취시키는 데 일조했다고 주장한다. 그는 "왕권이 지나치게 확장되어 나라 곳곳에 너무나 확고하게 자리 잡았기 때문에 그 시대의 공화주의자들은 종교적 동기에 자극받지 않았더라면 거기에 맞서는 저항을 포기했을 것이며, 이러한 동기가 인간의 어떤 장애물로도 꺾이지 않을 용기를 북돋웠다"고 설명한다.[21] 다시 말해, 군주들이 더 많은 권력을 권좌로 흡수하던 때에 그들에게 기꺼이 맞섰던 유일한 집단은 한낱 왕이나 여왕이 발휘할 수 있는 어떤 힘보다도 하느님의 심판을 훨씬 더 두려워한 광적인 청교도였다는 것이다. 이런 이유 때문에 그렇지 않았다면 절대적이었을 엘리자베스 여왕의 통치 아래서 "오직 청교도만이 소중한 자유의 불꽃을 피우고 지켰다. 그리고 영국인이 헌법상의 전면적 자유를 얻은 것은 바로 지극히 하찮아 보이는 교리에 우스꽝스럽기 그지없는 습관을 가진 이 종파 덕분이었다".[22] 이는 철저하게 현실적인 흄의 세계관 중 하나임은 말할 것도 없고 어떤 저자가 내세웠다 하더라도 놀라운 주장이다. 종교적 광신이 없었다면 질서 잡힌 영국의 자유 체제를 실현하지 못했을 것이라는 얘기다. 이는 "흄의 인생 중 궁극의 역설"로 알려져왔다. "그가 혐오하는 광신도 중 다수가 가장 무모한 월권행위를 작정하고, 닥치는 대로 역경을 떠안고(그러려고 한 것은 아니지만), 영국의 헌법을 파괴한다—그렇게 해서 법치가 탄생한다."[23] 물론 '스튜어트 편'에서 꽤 자세히 보여주듯 청교도가 살리려고 애썼던 그 "소중한 자유의 불꽃"은 결국 17세기에 10년간 대화재로 타올랐고, 그렇게 재가 되고 나서야 견제와 균형의 헌법이 등장했다.

《영국사》 1권을 발간하고 한 달 정도 지나 흄은 책의 평판에 대해 묻는 편지를 스미스에게 보냈다. 그는 "부디 내게 말해주기 바랍니다. 기탄없이 얘기해주세요"라고 촉구한다. "당신과 함께 있는〔즉 글래스고에 있는〕 감식가들 사이에서는 내 역사서가 얼마나 성과를 거뒀는지요……? 내가 감히 짐작해보건대 검토해볼 가치가 있는 책으로 여기고 장점이 단점을 압도한다고 얘기하는지요?" 그러곤 책이 에든버러에서는 잘 팔렸지만 중요한 런던 시장에서는 얼마나 잘되고 있는지 아직 소식을 듣지 못했다고 말한다. 요컨대 책에 스며 있다고 알려진 토리당 편향에 대한 격렬한 반응이 조만간 닥쳐올 터였다. 흄은 초판의 부수를 감안했을 때 수정할 기회가 곧 오지 않으리라는 걸 알았지만, 그럼에도 불구하고 "어떤 경우라도 나는 가르침을 쌓길 원하고, 당신은 현재 한가하므로(내 말은 수업 시간에 가르치는 것 말고는 아무것도 하고 있지 않다는 뜻입니다. 그건 곧 당신이 비교적 한가하다는 얘기죠) 회답을 부탁합니다"라고 강하게 청했다.[24] 비록 흄에게 보낸 모든 초기 편지처럼 스미스의 답장은 현재 사라지고 없지만, 몇 주 뒤 보낸 흄의 다음 편지에서 찰스 1세 통치 아래 의회가 지녔던 청교도적 '편향'과 '아일랜드 대학살'—1641년 잉글랜드에 맞서 아일랜드에서 일어난 반란으로, 흄은 "어떤 나라에서조차 본 적도, 들은 적도 없는 가장 악랄한

〔잔혹〕 행위"라고 표현했다—에 대해 스미스가 개진한 몇 가지 논평에 답하는 것으로 보아 스미스가 실제로 그 책에 대한 견해를 밝혔음을 알 수 있다.[25]

흄은 또한 이 편지에서 글래스고 문학협회와 관련한 오해를 정리하려 애쓴다. 흄은 1753년 이 협회에 가입했고, 글래스고에 거주하지 않는 회원으로서 불참 시에는 해마다 논문을 보내기로 되어 있었다. 흄은 그해에 그렇게 하지 않았는데, 이번에는 사실 그것이 스미스의 과실이었다고 말한다. "협회에 내 안부를 전해주십시오. 그리고 내가 의무를 실행하지 않고, 이번에 연례 논문을 보내지 않은 책임은 당신한테 있다고 해줄 것을 간청합니다. 일주일 전에 미리 알려줬더라면 제출할 수 있었을 텐데 말이죠. 영연방이나 후원자 제도의 역사에 관한 몇 편의 논문을 기꺼이 보냈을 겁니다. 하지만 지금은 뭐든 내가 손을 쓸 방도가 없네요."[26] 이즈음 스미스는 흄의 글래스고 대리인 역할을 하고 있었던 듯하다.

1755년 스코틀랜드 문필가들은 또 하나의 공동 프로젝트인 〈에든버러 리뷰〉를 창간했다. 선택협회 내부의 동인(同人)들이 작업하고 주로 알렉산더 웨더번이 편집한 〈에든버러 리뷰〉는 스코틀랜드 신간 저서의 평론에 초점을 맞춘 반(半)연간 정기간행물로 계획됐다. 하지만 한 학자가 썼듯 기고가들은 궁극적으로 한층 원대한 목표를 염두에 두고 있었다. 국제 문단에서 스코틀랜드의 입지를 선포하고 발전시킴으로써 "다름 아닌 국가 차원의 계몽을 부추기려는" 것이었다.[27] 스미스는 그 프로젝트의 선봉에 섰다. 잡지 창간의 일원이었을 뿐만 아니라 처음 두 호에는 기고를 하기도 했다—잡지는 단 2호로 종간했다.[28] 창간호에서 그는 새뮤얼 존슨의 근간 사전에 관해 "그러나"와 "유머"가 나오는 횟수에 초점을 맞춘 비평을 썼다. 두 번째 호에서는 〈에든버러 리뷰〉가 범위를 확대해 잉글랜드와 유럽의 저술을 포함할 것과 그 과정에서 18세기 중엽 유럽의 지식 현황에 대한 폭넓은 개요를 제공할 것을 편집진에게 촉구하는 공개서한을 썼다.[29] 그는 고려해야 할 유형의 저술 사례로 장자크 루소의《인간 불평등 기원론(Discours sur l'origine et les fondements de l'inégalité parmi les hommes)》에 대한 찬반 비평을 들었다.[30] 비교적 짧고 익명으로 유포되긴 했지만 가끔씩 내놓는 이런 글들이 스미스의 초창기 발간물이었다. 흄은 스코틀랜드를 대표하는 문인으로서 입지와 거의 모든 〈에든버러 리뷰〉 기고가와의 친분에도 불구하고 프로젝트 합류 요청을 받지 않았고, 잡지는 그가 최근 발간한 스튜어트 왕조의 역사도 완전히 모르는 척 지나갔다.[31] 하지만 흄에 대한 배제는 당시 에든버러 지식인들의 분위기를 고려하면 별로 놀랍지 않다. 그를 배제했음에도 잡지는 신학적 내용에 대한 대중의 항의 때문에 2호만에 종간됐고, 마침 그때 흄은 스코틀랜드 국교회로부터 제명될 가능성에 직면했으므로 독실한 신자들에게 그의 이름은 확실히 경고음으로 작용했을 것이다.[32]

흄은 1750년대 중반 대중을 겨냥해 자신의 회의주의적 가치관을 포격하며 15년을 보냈다.《인간 본성에 관한 논고》같은 몇몇 책에서는 다소 신중한 근거로 무신론을 완화했는가 하면《첫 번째 탐구》같은 다른 책에서는 좀더 노골적이었지만, 그의 저술의 일반적 경향은 이제 명명백백했다. 이따금 흄은 동시대인들이 자기가 한 말에 엄청나게 격분하는 것을 보고 진심으로 놀랐다. 한 번은 그가 "많은 책을 써왔고, 그것들 전체를 통틀어 비난받을 만한 문제를 다룬 것은 몇 쪽밖에 되지 않건만 나는 그것 때문에 욕을 먹고 갈기갈기 물어뜯겼다"고 불만을 토로했다. 흄의 대화 상대 중 한 명은 그를 보면 위조죄로 유죄 판결을 받은, 자신이 아는 어떤 공증인이 떠오른다고 대꾸하면서 "아무한테도 피해를 주지 않는 글 수천 장을 써왔건만 단 한 줄 때문에 교수형을 당해야 하는 그의 사건과 관련한 어려움을 개탄했다". 흄은 이런 응수에 "내가 들어본 말 중 최고다. 빌어먹게도 폐부를 찌르지만 훌륭한 건 사실"이라고 자신의 생각을 표명했다.[33] 그러나 좀더 솔직해졌을 때나 자신을 의식하는 순간에는 흄도 자신이 무슨 일을 하고 있는지 아주 잘 알았다. 제명 논란 직전 그는 한 친구에게 "희미한 이신론 냄새"만 풍겨도 책의 판매 부수는 흔히 올라간다면서 "그것이 불러일으키는 소란이 일반적으로 호기심을 자극하고 수요를 재촉하기" 때문인데 "책이 욕을 많이 먹으면 그만큼 많은 사람이 읽는다"고 시인했다. 그는 3대 백작, 즉 섀프츠베리, 볼테르, 몽테스키외(Montesquieu)를 포함한 수많은 저자도 "분명 이런 식의 제멋대로의 행위 덕분에 엄청나게 명성을 키운 것"이라 쓰고는 "내가 누리는 얼마 안 되는 명성도 일부는 그런 성격을 띠는 아주 강력한 시도들 덕택"이라고 인정한다.[34]

흄이 글로 퍼부은 공격의 누적 효과는 결국 신도들이 감당하기에 너무 컸고, 1750년대 중반 스코틀랜드 교회 내의 회중교회파는 그를 제명하기 위해 일치단결하기 시작했다. 캠페인을 조직한 것은 조지 앤더슨(George Anderson)이란 이름의 전직 군목이었는데, 그에 대해 흄은 "신앙심 깊고, 악독하고, 독실하고, 성질내고, 자비롭고, 가차 없고, 온순하고, 성가시게 굴고, 기독교도이고, 비인간적이고, 중재를 잘하고, 격분하는 앤더슨"이라고 묘사했다.[35] 사태가 처음 악화한 것은 1755년 장로교 총회 회기 중이었다. 총회가 시작되자마자 고발에 앞장선 또 한 명의 주역 제임스 보너(James Bonar)는 흄이 여섯 가지 저속한 견해를 지지했다는 소책자를 발간했다. 각각의 근거는 흄의 저술에서 인용한 일련의 문구로 예시되어 있었다. 이단 내용은 다음과 같았다.

1. 선과 악의 모든 구분은 상상일 뿐이다.
2. 정의는 공공의 이익에 기여하는 것 이상 아무런 근거가 없다.
3. 간음은 매우 합법적이나 때로는 편리하지 않다.
4. 종교와 성직자는 인류에 해가 되며 항상 미신이나 광신의 정점에 이른다는 걸 알게 될 것이다.
5. 기독교주의가 신의 계시라는 증거는 없다.
6. 기독교의 모든 유형 중 가톨릭교가 최상이며, 그로부터의 개혁은 단지 광인과 열성분자의 업적이었다.[36]

이것은 전과 기록치고는 나쁘지 않았다. 두 번째와 다섯 번째 근거는 딱 맞고, 네 번째 근거도 "항상"이 약간 강하기는 해도 대체로 타당하다. 하지만 여섯 번째 근거는 덜 타당하다. 흄은 휘그당과 토리당에 그랬듯 가톨릭교의 미신과 청교도의 광신 사이에서 꽤 공평하게 비판을 배분했다. 첫 번째 근거의 "상상"은 비록 흄이 선악의 구분을 이성이나 어떤 초월적 원인이라기보다는 감정에 기초한, 순전히 인간이 지어낸 생각이라고 여긴 게 사실이긴 하나 썩 맞는 말은 아니다. 세 번째 근거에 대해서라면, 흄은 간음의 '합법성'이 다분히 맥락에 달려 있다고 생각했던 듯하다. 가령 정조가 규범이었던 영국보다 귀족의 문란한 생활을 널리 받아들였던—심지어 기대하기까지 했던—18세기 프랑스에서 간음은 덜 문제시됐다.[37] 흄은 이런 주제에 관한 자신의 견해를 이렇게 굵은 글자체로 적시하면 대부분의 동시대인이 자신을 저주하게 되리라는 걸 알았다. 2년 후에는 본인의 입으로 이런 농담을 했다. "다시는 역사에 대해 안 쓸 것 같습니다. 대신 주기도문과 십계명, 단 하나의 교리문답〔즉 영국 국교회의 교리문답〕을 대놓고 공격하며 자살과 간음을 권장하렵니다. 주님이 부디 저를 데려가실 때까지 끊임없이 그러겠나이다."[38]

그러나 신도들이 흄의 견해를 얼마나 못마땅하게 여겼든 이 모든 것은 분명 이상한 일이었다. 고발자들은 흄 스스로 회원 자격이 있다고 주장하지도 않는 협회에서 그를 쫓아내겠다고 위협하는 데 따른 아이러니를 알아채지 못했던 듯하다. (공식적으로 흄이 세례를 포기하겠다고 선언한 적은 없지만 그가 더 이상 자신을 스코틀랜드 국교도로 여기지 않는다는 점은 관계자 모두에게 확실해 보였다.) 회중교회파가 겨냥한 진짜 목표는 흄 본인이라기보다 교회 정치에서 그들의 주요 경쟁자인 온건파 목사 중 그의 친구들—누구보다도 휴 블레어, 윌리엄 로버트슨, 알렉산더 칼라일, 존 자딘, 존 홈 등—이었다. 가령 보너는 "당신들 중 일부"—즉 이름을 밝히지 않은 총회 내부의 몇몇 목사—가 "신성한 구세주를 협잡꾼으로, 구세주의 종교를 정교하게 꾸며낸 이야기라고 표현하는 사람과 가장 친하게" 지낸다고 질책하면서 흄에 대한 고발을 마무리했다.[39] 사실 제명이 더 진척되었다면 흄이 입을 실질적 손실은 온건파와의 친분뿐이었을 것이다. 18세기 스코틀랜드에서 제명에는 아무런 민사상 처벌이 따르지 않았고, 틀림없이 유럽 전역의 계몽사회에서는 흄을 순교자로 둔갑시켰을 것이다. 그러면 안 그래도 높았던 그의 명성과 책의 인기에 보탬이 되었을 것이다.

하지만 온건파와 흄의 친분에 대한 위협은 현실이자 중요했다. 이들은 그의 가장 절친한 에든버러 친구 중 일부였고, 이미 종교 문제에 대한 의견 차이로 약간은 불편한 사이였다. 흄은 몇 년 뒤 스코틀랜드에서 가장 크고 권위 있는 교회인 세인트자일스(St. Giles) 대성당의 목사 블레어에게 그 얘기를 꺼냈다. "영광스럽게도 당신과 함께 있을 때면 언제나 …… 저는 대화가 공통된 문학이나 추론의 주제로 흘러갈 때는 언제나 즐겁기도 하고 많이 배웠다는 생각을 하며 당신과 헤어졌습니다. 하지만 당신이 이런 대화를 당신의 직업 쪽 주제로 돌릴 때에는, 비록 당신의 의도가 제게 아주 우호적이라는 데는 추호의 의심도 없었지만 솔직히 전혀 동일한 만족을 얻지 못했습니다. 저는 피곤해지고, 당신은 화가 나기 십상이었죠." 그러더니 흄은 한 가지 제안을 한다. "따라서 앞으로 운이 좋아 당신과 마주치게 되면 항상 우리 사이에 이런 화제는 삼갔으면 합니다. 저는 이런 주제에 관해서는 오래전 모든 연구를 끝냈고, 그 누구도 저를 가르칠 수 없습니다."[40] 만약 흄이 공식적으로 질책을 당하고 제명되었다면, 그들이 서로의 의견 차이를 그냥 인정하는 것이 훨씬 더 어렵다는 게 증명되었을 것이다. 제명된 흄과 친밀한 관계를 유지하면 교회 내부에서 온건파의 입지는 위험에 빠졌을 것이며, 야심가들이 제명을 제기할 때 흄을 계속 방어하기가 거의 불가능하다는 점도 그들은 알았을 것이다. 그러나 온건파는 이 싸움에서 이겼다. 총회는 흄에 대한 고발을 유예하고, 대신 "이 나라에서 근래 출판한 몇몇 책이 노골적으로 인정했으며 우리 사이에서도 익히 잘 알려져 있는 …… **이단과 부도덕**의 유행"에 대한 공포를 드러내는 일반적인 결의안을 통과시켰다.[41]

회중교회파는 1756년 총회에서 흄의 저술에 대한 종교 재판을 재개하려 했지만 아무런 효과가 없었다. 자신을 조준할 것으로 예상되는 1757년의 총회가 열리기 전 흄은 스미스에게 이런 편지를 썼다. "최근 우리나라 성직자들이 빠져든 가공할 광기와 어리석은 행동에 대해 들어보셨습니까?" 그러곤 "다음 총회는 나한테 매우 엄숙하게 제명 선고를 내릴 것 같습니다"라고 말하면서도 천하태평으로 "나는 그것이 조금도 중요한 문제라고 보지 않습니다. 당신의 생각은 어떻습니까?"라고 분명히 말한다.[42] 흄에겐 다행스럽게도 이 특별한 예언은 실현되지 않았다.

제명 위협으로 흄이 계속해서 자기 생각을 서슴없이 말하는 것을 단념하리라고 기대했다면 고발자들은 틀림없이 아주 실망했을 것이다. 1757년 흄은 《네 편의 논문(Four Dissertations)》이란 제목의 모음집을 출간했는데, 그중 백미는 《종교의 자연사》였다. 이 책에는 또한 《인간 본성에 관한 논고》 2권—감정 편—의 요약과 에세이 두 편이 포함되었는데, 하나는 왜 우리가 비극을 보면서 즐거움을 얻는가에 관한 것이고 다른 하나는 취향을 측정하는 기준을 어떻게 찾아낼지에 관한 것이었다. 후자는 자살의 부도덕성과 영혼의 불멸성에 의문을 제기하는 두 편의 에세이를 맨 끝에 대체한 것이었다. 흄은 병석에서 마지막 순간에 《자연 종교에 관한 대화》와 더불어 사후에 그것들을 출간할 기회를 다시 찾게 되었지만—아마 스미스도 포함되었을—친구들의 간곡한 만류로 이 두 글을 전부 싣지 않기로 결심했다.[43] 정확히 무슨 이유로 흄이 그 논고들을 접도록 설득당했는지는 알 수 없다. 1772년 그는 자신의 출판 발행인에게 그것들을 보낸 직후 "후회막급"했던 일을 회상하며, 그 글들에 대해서는 "대단히 신중하게 자제했다"고 분명히 밝혔다.[44] 하지만 그 책의 나머지 내용은 결단코 그다지 신중하지 않았다. 《종교의 자연사》는 어쩌면 흄의 모든 발간물과 미발간물 중에서 기독교에 대해 가장 노골적으로 적대적일 듯싶다. 마지막 장의 대담한 선언을 보자. "사실상 세상에 만연해온 종교의 교리들을 검토해보라. 당신은 그것들이 결코 병적인 인간들의 꿈이 아니라고는 확신하지 못할 것이다. 아니면 그것들을 진지하고 긍정적이고 독단적이며 이성의 이름으로 스스로를 위엄 있게 만드는 존재의 확언이라기보다 인간의 형상을 한 원숭이들의 기발한 장난질로 여길 것이다."[45] 이렇게 해서 불경죄라는 비난에 대한 흄의 대응은 또다시 비난을 사기 시작했다.

《종교의 자연사》는 스미스의 《철학적 탐구를 이끄는 원리》처럼 인간 본성의 다양한 요소가 합쳐져 어떻게 종교적 신앙과 헌신을 만들어내는지 검토한다. 흄 역시 그 과정에 대해 철저하게 자연주의적인—그리고 철저하게 기분을 상하게 만드는—설명, 이를테면 주로 공포·겁·무지 같은 인간의 약점을 중심으로 설명을 제공한다. 흄은 인간이 자신을 둘러싼 세상에 대한 통제력을 얻고자 하는 희망으로 보이지 않는 지적이고 전지전능한 존재라는 생각에 의존한다는 점에서 스미스와 같은 의견이지만, 사실은 종교가 인간의 공포와 불안을 **증폭시키는** 경향이 있다고 주장한다. 일단 신이 연루되고 나면 우리는 자연 세계의 재난—폭풍, 가뭄, 홍수 등—뿐 아니라 결국에는 막강하고 언제 변덕을 부릴지 모르는 존재를 달래는 것과 인간 영혼의 나라와 영원한 형벌의 가능성까지 걱정해야 한다. 흄은 또한 가장 초기의 종교는 다신교였고 유일신 개념은 비교적 나중에야 나타났음을 상정한다는 점에서도 스미스와 의견을 같이하지만, 스미스와 달리 다신교와 일신교를 포괄적으로 비교함으로써 후자를 대단히 훼손시키는 지경까지 나아간다. 사실 책의 후반부 거의 전체를 다신교가 더욱 관대하고 실질적인 ("수도자 같은" 것과 상반되는) 선(善)에도 도움을 주며 더욱 합리적이고 더욱 믿을 만한 경향이 있다는 것을 입증하는 데 할애한다.

책의 끝에서 두 번째 장에는 〈대중적 종교가 도덕에 미치는 악영향〉이라는 꽤 직설적인 제목이 붙어 있다. 흄은 종교의 종류를 막론하고 대부분의 열혈 신도는 "선과 선량한 도덕이 아니라 …… 경박한 신봉과 과도한 열정과 뜨거운 황홀감 혹은 신비스럽고 모호한 견해에 대한 믿음으로 신의 은총을 추구하는" 경향이 있다고 주장한다.[46] 그 이유는 일상의 도덕적 행위—우리 자신과 타인에게 유용하고 기분 좋게 만드는 일을 하는 것—가 그들에게 충분히 고상하거나 순수해 보이지 않고 현세적 관심사로부터 충분히 동떨어져 있는 것처럼 보이지 않기 때문이라고 말한다. 전형적으로 독실한 개인은 일상의 도덕을 **넘어서** 자신의 타고난 성향을 **숨기는** 데까지 나아가고자 한다. 그렇게 하면 특별한 신의 은총을 얻을 수 있다는 희망에서다. 그러나 바로 이런 노력이 공감의 정상적인 작동을 방해함으로써 진정한 도덕을 뒤엎곤 한다. 열혈 신도의 마음속에서 타인의 감정 따위는 하느님의 의지와 상대가 안 된다. 흄은 "가장 큰 범죄가 많은 경우 미신적인 신앙 및 헌신과 양립할 수 있다고 알려진 것도 이 때문이다. 종교적 실천과 관련한 어떤 사람의 열정과 엄격함에서 비롯된 도덕에 찬성해 확실한 추론을 끌어내는 것은 마땅히 안전하지 않다고 여겨지는 것도 이 때문"이라고 쓴다. 실제로 "가장 극악무도한 범죄는 상당히 미신적인 공포를 양산하고 종교적 열정을 증대시키는 경향이 있어왔다"고 그는 역설한다. 왜냐하면 이런 범죄의 가해자는 자신의 죄를 어떻게든 속죄할 필요성을 느끼는 반면, "마음이 고요하고 행복한" 동안에는 "이 거짓 신성의 유령이 결코 모습을 드러내지 않기" 때문이다.[47] 이는 종교의 유해한 영향에 관한 한 그의 전집 어디에서도 찾아볼 수 없는 가장 직설적이고 강경한 반론일 것이다.

흄은 런던의 서적상으로부터 《네 편의 논문》 몇 부를 받자마자 스미스에게 "부디 이 부족한 책을 받아주십시오"라고 청하면서 "글래스고행 첫 마차로" 한 부를 보내겠다고 약속한다. 그리고 스미스가 원고 상태로 모든 글을 읽긴 했지만 "종교의 자연사 부분은 신중함이라는 관점에서 약간 수정했음을 알게 될 것"이라고 적는다. (그 책의 훨씬 덜 신중한 버전은 도대체 어땠을지 우리는 추측만 할 수 있을 뿐이다.)[48] 흄은 왜인지 이유는 설명할 수 없지만 "이 책이 나를 향한 시끄러운 항의를 그다지 증폭시킬 것 같지는 않다"고 낙관적으로 예측한다.[49] 물론 늘 있던 항의는 즉각적으로 일어났고, 이번 경우 주도적인 발언은 유명한 영국 국교회 목사인 윌리엄 워버튼(William Warburton)과 리처드 허드(Richard Hurd)라는 두 친구한테서 나왔다. 이들은 나중에 각각 글로스터(Gloucester)와 우스터(Worcester)의 대주교가 되는 인물이다.[50] 흄은 〈나의 생애〉에서 그들의 소책자는 "워버튼 학파의 특징인 온통 꽉 막힌 건방짐과 교만과 천박함"으로 가득한데, "그 책이 없었으면 내 작품에 대한 반응도 그저 그랬을 것이니만큼 내게는 약간의 위안을 주었다"고 평했다.[51]

《네 편의 논문》을 발간한 뒤 흄은 다음엔 어느 방향으로 펜을 들어야 할지 확신이 서지 않아 스미스에게 조언을 구했다. "내가 지금 약간 나태해져서 다음 기획을 결정 못하고 있습니다. 《영국사》에서 과거로 거슬러 올라갈까요, 아니면 앞으로 나아갈까요?" 흄은 이즈음 스튜어트 왕조 편 두 권을 마무리한 터였고, 과거로 돌아가 튜더 왕조에 대해 쓸지 1689년 이후로 나아갈지 고민하는 중이었다. 그는 이렇게 회고한다. "당신이 나한테 얘기했던 것 같습니다. 내가 시대를 거슬러 올라가는 쪽에 더 찬성한다고 말이죠. 전자가 더 인기 있는 소재일 테지만 런던에 정착하지 않고

서는 사실 충분한 확인 자료를 못 찾을까 걱정입니다. 그리고 솔직히 말해서 그러기가 약간 망설여집니다. 내가 보기에 나는 여기〔즉 에든버러〕에 아주 잘 자리를 잡았고, 내 나이에는 거주지를 바꾸고 싶지 않은 법이니까요."[52] 이 편지를 썼을 때 흄은 겨우 46세였다. "내 나이에는" 이사하고 싶지 않다는 그의 망설임은 18세기 유럽에서 수명이 얼마나 짧았는지를 새삼 상기시켜준다. 우리가 알고 있듯 흄은 결국에는 정말로 스미스의 조언에 따라 튜더 왕조 시대를 붙잡고 씨름을 벌였다. 그는 다른 친구에게 자신이 "빈둥거리는 데 지쳤고 온갖 훌륭한 책을 자주 정독하고 나니(이것도 곧 끝날 것 같은데) 독서만 하는 것은 좀 나른한 일로 느껴져서" 이 책들을 쓰기 시작했다고 말했다.[53] 스미스에게 쓴 편지에서 제기한 또 다른 문제와 관련해 흄은 다음 5년간 에든버러에 계속 머물렀지만 끝까지 정착하지는 않았다. 그는—이 시점에서 스미스가 틀림없이 예상했듯—좀더 자주 방문해주지 않는 것에 대한 책망으로 편지를 끝맺는다. "이번 겨울에 우리는 왜 당신을 보지 못한 겁니까?"[54]

스미스가 흄의 바람만큼 자주 글래스고를 떠나 여행하길 주저하자 흄은 아예 에든버러로 이사하라고 그를 설득할 수 있을지 알아보기로 결심했다. 1758년 흄과 그곳의 몇몇 친구는 스미스가 에든버러 대학의 자연법과 국법—근본적으로는 법철학—담당 교수 자리를 맡도록 설득하기 위한 계획을 꾸몄다. 스미스가 현재 그 자리에 있는 조지 애버크롬비(George Abercromby)를 매수해야 할 테지만, 애버크롬비는 자신의 직업적 의무에 눈에 띄게 소홀했고 흄은 그 자리를 비교적 쉽게 얻을 수 있을 거라고 확신했다. 이 직책은 스코틀랜드 전역에서 가장 기부를 많이 받는 자리 중 하나이기도 했으므로 이직은 결과적으로 스미스에게 재정적으로 요긴할 터였다. "그렇다면 유일한 진짜 난관은 당신입니다." 흄은 6월 8일 편지에서 스미스를 꾸짖는다. "그러니 어쩌면 이것이 우리가 당신을 이 도시로 데려올 유일한 기회라는 걸 부디 생각해보시기 바랍니다." 법학에 대한 스미스의 지속적인 관심과 에든버러 문필가들과 지내고 싶어 할 것이라고 여겨지는 그의 욕구—그는 "당신이 우리와의 친교를 중시하다니 우리로선 기분이 좋답니다"라고 쓴다—를 감안할 때 흄은 드디어 친구와 영원히 같이 살게 될 거라는 큰 기대에 부풀었다. 흄의 에든버러 대학 교수 임용 시도를 주저앉힌 신도들의 반대에 부딪히지는 않을까 걱정하지 않도록 그는 스미스를 안심시킨다. "이단에 맞서 으르렁대는 모든 작자의 더러운 입을 밀턴 경이 그의 손가락으로 막을 수 있습니다."[55] (밀턴은 영향력 있는 판사이자 문필가들의 후원자로서 스미스도 개인적으로 아는 사람이었다.) 언제나 그렇듯 우리에게는 스미스의 답장이 없지만, 스미스가 글래스고에 남은 것으로 보아 계획은 분명 물거품으로 돌아간 듯하다. 흄의 계획은 또다시 좌절됐다.

그해 하반기에는 정작 흄 본인이 에든버러를 떠났고, 9월에는 《영국사》 튜더 왕조 편의 인쇄 교정본을 보러 런던으로 향했다. 다음 해 여름에 돌아오기는 했지만 말이다. 거의 10년 전 마지막으로 스코틀랜드를 떠났을 때 흄은 아직 상대적으로 알려져 있지 않았지만, 이젠 영국 전체에서 매우 중요한 문필가 중 한 명이었다. 따라서 이번 런던 여행은 그가 스코틀랜드 지식인 사회를 벗어나 그 시대의 다른 명사들과 사귈 최초의—결코 마지막은 아니었다—기회였다. 그는 벤저민 프랭클린(Benjamin Franklin)과 매우 잘 지냈고, 에드먼드 버크(Edmund Burke)와는 그보다 덜 친했으며, 새뮤얼 존슨하고는 전혀 잘 지내지 못했다. 빈둥거리는 데 지쳤고 독서만 하는 것은 몹시 나른한 일이라 생각한다고 말했음에도 불구하고, 그의 저술 경력은 사실상 이때 긴장을 풀고 쉬는 중이었다. 그는

1761년 《영국사》의 마지막 두 권을 마쳤지만, 그 후 《자연 종교에 관한 대화》의 사후 출간 때까지 여기저기에 간헐적으로 에세이나 소논문만 쓰곤 했다. 반면 스미스의 출판 경력은 마침내 본격적으로 시동을 걸고 있었다.

1759  05

도덕 감정의 이론화

흄의 경력 초반부는 대략 모든 기준으로 봐도 다작이었던 반면, 스미스는 한층 더 심사숙고하는 저자였다. 그가 발표한 책은 단 두 권뿐이었고, 그나마도 한 권은 출판을 서두르지 않으려 했다. 《도덕감정론》과 《국부론》은 각각 35세와 52세 때 출간했다. 스미스는 훗날 "저는 천천히, 아주 느릿느릿 작업하는 사람입니다. 어지간히 만족할 때까지 최소 여섯 번은 썼다가 통째로 버렸다가를 반복합니다"라고 인정했다.[1] 그는 언뜻 수월해 보이는 흄의 장광설이 조금은 부러운 듯 적기도 했다. 두걸드 스튜어트에 따르면 "스미스 씨는 죽기 직전 본인이 엄청난 습작을 했음에도 불구하고 처음만큼이나 느리고 아주 힘들게 집필했다고 내게 말했다. 아울러 흄 씨는 이런 면에서 너무나 손쉽게 해내는 사람인지라 그의 《영국사》 마지막 권들은 사소한 몇 군데만 고치고 원고를 인쇄에 넘겼을 정도다".[2]

스미스는 글래스고 대학 도덕철학 담당 교수를 7년간 역임하고 난 뒤인 1759년에야 마침내 자신의 데뷔작을 인쇄에 넘길 준비를 마쳤다. 그는 앤드루 밀러를 자신의 서적상으로, 윌리엄 스트러핸을 발행인으로 정했는데, 두 사람 모두 흄의 대부분의 저작물에서 동일한 역할을 맡아온 터였다. 밀러와 스트러핸은 둘 다 런던에 기반을 둔 스코틀랜드인으로 출판계의 거두였다. 협력 작업을 할 때가 많았던 그 두 사람이—밀러의 제자이자 1767년 밀러가 은퇴한 뒤 후임자였던 토머스 카델(Thomas Cadell)과 함께—맡았던 저자를 꼽자면 흄과 스미스를 비롯해 윌리엄 블랙스톤, 애덤 퍼거슨, 헨리 필딩(Henry Fielding), 에드워드 기번, 새뮤얼 존슨, 케임스 경, 토머스 리드, 윌리엄 로버트슨이 있었다.[3] 존슨은 밀러와 스트러핸에게 "문학의 가치를 높였다"며 칭찬했고, 흄과 스미스는 분명 그들의 공로로 혜택을 본 이들에 속했다.[4]

흄의 데뷔작과 완전히 반대로 《도덕감정론》은 출간 즉시 인기를 끌었다. 지적이고 시사하는 바가 많으면서도 《인간 본성에 관한 논고》보다 덜 난해하고 흄의 대부분의 다른 책들보다 대놓고 도발하는 면이 덜했던 이 책은 유럽 문단 전체에서 열렬한 독자층을 형성했다. 훗날 그 명성이 《국부론》에 밀리면서 19세기의 대부분과 20세기에는 거의 잊힐 정도가 되었지만, 스미스 살아생전에는 전혀 그렇지 않았다. 스미스의 위대한 두 번째 책은 17년이 지날 때까지 모습을 드러내지 않았고, 따라서 대부분의 인생에 걸쳐 그에게 중요한 문인으로서 평판을 확보해준 것은 바로 《도덕감정론》이었다. 실제로 스미스 자신도 항상 이 책이 《국부론》보다 "훨씬 뛰어나다"고 여긴 것으로 알려졌다.[5]

《도덕감정론》은 스미스가 흄의 《두 번째 탐구》의 원제에서 빌려온 '도덕

의 원리'라고 부르는 것에 관한 연구다.[6] 사실상 연구 전체—스미스가 계속 이어가는 질문, 제시하는 대답, 그리고 그가 사용하는 사례조차—는 영락없이 흄의 영향을 받은 것처럼 보인다. 그러나 놀랍게도 흄의 이름은 본문 어느 곳에도 절대 언급되지 않는다. 스미스가 친구의 무신론적 평판과 관련한 불편함 때문에 흄의 이름을 거론하지 않으려 했다는 말도 있지만, 이런 설명은 그다지 설득력이 없다.[7] 무엇보다 스미스는 흄의 《두 번째 탐구》뿐 아니라 흄이 익명으로 출판한 《인간 본성에 관한 논고》에 나오는 도덕 이론과 관련한 이전 발간물도 활용하는데, 18세기에는 어떤 책에 실제 저자의 이름이 없을 경우 그 저자를 공개적으로 거론하는 것은 실례로 여겼다.[8] 게다가 이때 흄은 《인간 본성에 관한 논고》의 출간을 오랫동안 후회해온 터였으므로 스미스는 아마 그 주제와 관련해 흄이 느꼈을 기분을 잘 알고 있었을 것이다. 이런 한두 가지 이유 때문에 스미스는 한편으론 흄을 위해 이름 언급을 피했을지도 모른다. 하지만 스미스는 그보다 훨씬 더 과감하게 책 전반에 걸쳐 흄을 여러 차례 분명히 언급한다. 한 대목에서는 흄을 "엄청난 사고의 깊이를 지극히 우아한 표현과 연결하고, 난해하기 짝이 없는 주제를 완벽하게 명료하면서도 활기 넘치는 수사로 다루는 탁월하고 행복한 재능을 소유한 순수하고 유쾌한 철학자"라고 극찬했다.[9] 위대한 무신론자에 대한 암시라든가 흄과의 유사성을 경계의 눈초리로 살피던 독실한 기독교인 독자라면 이를 놓쳤을 리가 없다. 스미스가 흄의 이름을 기피한 데 대한 좀더 그럴듯한 설명은 자신의 책과 그 타깃 독자층에 대한 스미스의 이해에서 찾을 수 있다. 스미스가 인용을 자제한 것은 비단 흄의 이름만은 아니다. 그는 본문에서 활용한 철학자 중 어느 누구의 신원도 좀처럼 드러내지 않는다. 난해해 보이는 논쟁보다 독자의 일상 경험에 호소하고 가능한 한 광범위한 독자층이 자신의 책

에 접근하길 원했기 때문이라는 게 가장 그럴듯한 이유일 것이다.[10]

스미스가 보기에 자신의 견해 이전의 모든 도덕 이론은 잘못되었다기보다 지나치게 한쪽으로 치우친 나머지 옳고 그름의 기초를 우리의 도덕적 삶의 단일한 특성에만 두려 했다.[11] 그는 흄의 이론이 가장 정확하고 가장 앞섰지만 그럼에도 불구하고 다소 환원주의적이거나 미완성이라고 여겼다.[12] 따라서 좀더 포괄적인 그림, 즉 우리의 도덕적 삶의 복잡성을 온전하게 제대로 보여줄 그림을 제공하기 위해 흄의 시각을 수정 및 확장하고자 했다. 이번 장은 대부분 스미스가 흄의 견해로부터 갈라져나오거나 그것을 수정한 지점에 초점을 맞춘다. 이러한 지점이 그가 가장 직접적으로 흄을 활용하는 곳이기 때문이다. 하지만 그들 이론의 유사성이 차이점보다는 훨씬 더 크고 근본적이라는 사실을 처음부터 강조해야겠다.[13]

우선 스미스는 도덕을 모든 유형의 신성하거나 신비스럽거나 내세적인 권한에 기초한 현상이 아니라 대단히 실용적이고 인간적인 현상으로 바라본다는 점에서 흄과 의견을 같이한다. 그들의 견해에 따르면, 옳고 그름의 구분이란 하느님의 의지로부터 나오는 게 아니며 우주의 구조에 어떤 식으로 명시되어 있지도 않다. 대신 그것은 우리 인간에게서 생겨난다. 스미스가 썼듯이 "우리의 도덕적 자질에 잘 맞는 것은 적절하고, 옳고, 행동에도 적합하다. 그렇지 않은 것은 틀렸고, 부적절하고, 부적합하다. ……옳다, 그르다, 적절하다, 부적합하다, 바로 이런 말들은 …… 그런 자질에 맞는지 안 맞는지를 의미할 뿐이다".[14] 뒤에서 살펴보겠지만, 스미스는 섭리이신 하느님에 대한 믿음이 도덕 행동을 촉진한다고 주장한다는 점에서 흄과 다르면서도, 옳고 그름이 사실은 하느님의 섭리에 의해 곧바로 구축된다고 주장하지 않는 부분은 흄과 같다.

또한 스미스는 그의 책 제목이 명확히 드러내듯 도덕은 이성이 아닌 감정에서 발생한다고 상정한다는 점에서 흄을 따른다. 그러나 흄은 도덕적 합리주의가 틀렸음을 밝히는 데 많은 공을 들인 반면, 근본적으로 스미스는 그것이 이미 흄과 프랜시스 허치슨의 노력으로 철저하게 해체됐음을 당연하게 받아들인다. 따라서 스미스는 합리주의적 관점을 오히려 거침없이 떨쳐버리고 "옳고 그름에 대한 최초의 인식이 이성에서 비롯될 수 있다고 가정하는 것은 완전히 터무니없고 이해하기 어렵다"고 쓴다.[15] 흄과 허치슨을 갈라놓는 주요 쟁점에 대해 스미스는 스승보다는 친구 편에 선다. 그의 견해에 따르면 도덕성은 하느님이 부여한 타고난 도덕 감각이 아닌 공감 작용에서 나온다.[16] 흄과 마찬가지로 스미스에게 도덕 감정이란 시간이 흐르면서 획득하고 발전시키는 것이지 인간 본성에 직접 명시된 것이 아니다.

좀더 나아가서, 스미스는 우리가 개인적 편견과 잘못된 정보를 교정하는 적절한 시각을 채택할 때 느끼는 감정으로 옳고 그름이 구축된다는 흄의 생각에 동의한다. 다시 말해 그들은 "옳다고 느껴지는" 모든 것이 항상 옳은 것은 아니라고 말한다. 격렬한 분노로 적을 죽이고 싶은 느낌이 든다고 해서 내가 그런 행위를 하는 게 옳은 것은 아니다. 흄은 어떤 행위나 성격적 특성을 정확하게 판단하기 위해서는 그가 "일반적 관점" 또는 "보편적 관점"이라고 부르는 것을 채택함으로써 우리 자신의 상황과 이해관계를 극복해야 한다고 주장한다. 즉 어떤 사람의 행위와 성격적 특성이 우리 자신뿐 아니라 "우리가 고찰하는 그 사람과 교류하는 모든 이들"에게 미치는 영향도 고려해야 한다는 것이다.[17] 마찬가지로 스미스는 적절한 도덕적 판단에는 관련된 모든 상황을 알고 있으면서도 주어진 상황과 관계있는 모든 개인과는 "특별한 연관성이 없는" 공정한 관찰자의 시각을 채택할 필요가 있다고 주장한다.[18] 《도덕감정론》에서 스미스의 핵심 주장은 공정한 관찰자의 감정이 궁극적인 도덕 기준을 설정한다는 것이다. 이런 관찰자의 승인을 얻은 행위와 성격적 특성이라면 도덕적으로 옳고, 그 또는 그녀의 승인을 얻지 못한 것은 도덕적으로 그르다.

흄의 일반적 관점과 스미스의 공정한 관찰자는 유사한 목적을 갖고 있으며 각각의 도덕 이론에서도 유사한 역할을 한다. 사실 흄은 이따금 일반적 관점이라는 개념을 "신중한 관찰자"나 "모든 관찰자" 또는 "모든 방관자"의 관점과 연결하기도 한다.[19] 스미스는 공정한 관찰자의 내면화된 목소리가 어떻게 우리로 하여금 우리 **자신의** 행위와 성격에 관한 판단을 형성하게 하고 그럼으로써 어떻게 양심의 기초를 형성하는지에 흄보다 더 중점을 두지만, 옳고 그름을 결정하는 기초적 메커니즘은 두 사람이 모두 똑같다. 바로 도덕은 객관적 감정에 달려 있다는 것이다.[20] 사실 그들은 이러한 요점을 분명히 하기 위해 같은 비유를 사용하고, 도덕적 관점의 객관성을 인간의 뇌가 멀리 있는 물체를 볼 때 자연스럽게 거리를 조정하는 방식과 비교한다. 우리가 멀리 있는 산이 사실은 창문에서 보이는 것보다 훨씬 더 크다는 걸 아는 것처럼, 주어진 행위나 성격적 특성을 그것이 내게 개인적으로 미치는 영향과 상관없이 그 자체로 고려할 때 그것이 유익한지 해로운지 유쾌한지 불쾌한지 알 수 있다.[21]

스미스 도덕 이론의 구조와 토대는 흄의 이론과 아주 흡사하지만, 그가 친구의 견해와 다르거나 그것을 수정한 중요한 주제가 네 가지 있다. 공감, 효용성, 정의 그리고 종교가 바로 그것이다.

스미스와 흄의 첫 번째이자 가장 근본적인 차이는 공감의 본질에 관한 것

이다.[22] 그러나 언제나 그렇듯 두 사람의 출발점은 상당히 유사하다. 우선 흄과 스미스는 둘 다 단순한 고통이나 슬픔만이 아닌 모든 감정에 대한 일종의 '동류의식'을 나타내는 좀더 확장된 의미로서 '공감(sympathy)'이란 용어를 사용한다. 따라서 흄과 스미스에게 공감은 연민이나 동정보다 넓은 개념이다. 그것은 우리가 일반적으로 '감정이입(empathy)'이라고 지칭하는 것에 더 가깝다. 이 단어는 흄보다는 스미스의 공감 개념에 좀더 잘 들어맞지만 말이다. 그들은 또한 이런 자질을 인간 본성의 근본 특성으로 여긴다는 점에서도 생각이 같다. 모든 행위와 감정은 궁극적으로 자기애로 설명하거나 요약할 수 있다는, 토머스 홉스 및 버나드 맨더빌과 종종 결부되는 시각은 그들에게 전혀 해당하지 않는다. 흄은 "우리가 어떤 다른 감정에 의해 행동하게 되더라도 …… 그 모든 것의 정수나 그것들을 불러일으키는 원리는 공감"이라고 선언하며, 스미스는 이러한 자질을 너무나 중시해서 《도덕감정론》의 1장 전체를 공감 연구에 할애한다.[23]

그러나 이런 자질에 대한 그들의 이해는 상당히 다르다. 흄의 설명에 따르면, 공감은 그야말로 한 사람의 감정을 다른 사람에게 전달하며, 극명하게 상황에 달려 있다. 예를 들어, 오랫동안 기다렸던 승진을 한 당신의 기쁨을 바라보면 나 자신도 행복감을 느끼거나, 사랑하는 이의 예기치 않은 죽음에 맞닥뜨린 당신의 비애를 보면 나도 비슷한 슬픔을 느낀다. 흄은 이것을 수동적이고 거의 기계적인 과정이라고 말한다. "유쾌한 표정이 내 마음에 합리적 자족감과 평온을 불어넣는 것과 마찬가지로 화나거나 슬픈 얼굴은 갑작스럽게 내 사기를 꺾는" 식이라는 얘기다.[24] 그는 또한 공감이 사람들 사이에 감정을 전달하는 방식을 진동하는 현(string, 絃)들이 상호 움직임을 전달하는 방식—역시 자연적이고 완전히 비자발적인 작동—에 비유한다.[25] 흄은 사실 몇몇 대목에서는 공감을 일종의 감정

적 '전염(contagion)'이라고까지 표현한다.[26]

스미스는 공감을 타인의 상황에 대한 훨씬 더 온전하고 적극적인 투사로 이해한다. 그는 웃는 얼굴이 보는 이를 즐겁게 하거나 슬픈 표정이 그걸 목격한 이에게 우울한 느낌을 창출할 때—물론 흄이 사용했던 바로 그 사례다—처럼 흄이 말하는 단순하고 직접적인 방식으로 작동하는 것으로 보일 때도 있다는 데 동의한다.[27] 하지만 그는 우리가 상상을 통해 우리 자신을 타인의 상황에 놓고 생각할 때까지는 진정으로 그들의 감정에 들어갈 수 없다고 말한다. 보통 단순한 표정 관찰만으로는 불충분하다. 이것은 스미스가 '비사회적 감정(unsocial passions)'이라고 부르는 것에서 특히 확연하다. 가령 우리는 화난 사람을 본다고 해서 자동으로 화를 느끼지는 않는다. 오히려 "그의 상황을 피부로 느끼기" 위해서는 무엇이 그 사람의 화를 유발했는지 알아야 한다.[28] 다른 사람의 기쁨이나 슬픔조차도 보통은 그 사람의 상황에 대한 이해에 달려 있다는 게 스미스의 주장이다. 똑같은 고통스러운 모습을 보이는 2명의 개인을 상상해보자. 그런데 첫 번째 사람의 신음은 종이에 벤 상처로 유발된 것인 반면, 두 번째 사람의 한탄은 사랑하는 이의 죽음에서 기인한다. 확실히 전자보다는 후자에 공감할 가능성이 훨씬 높을 것이다. 따라서 스미스는 공감이 "감정을 목격했다고 생기는 게 아니라 그것을 불러일으키는 상황을 아는 데서 발생한다"고 결론 맺는다.[29] 스미스의 관점은 타인의 상황에 대한 상상력 풍부한 투사를 포함하고 있어 흄의 '전염'론과 대조적으로 공감의 '투사(projection)'론이라고 유용하게 설명되곤 한다.[30]

공감의 '투사'론이 '전염'론보다 우월하다는 점을 입증하는 게 실은 《도덕감정론》 1장이 떠안은 가장 큰 부담이다. 이런 설정은 스미스가 그 주제에 부여한 중요성을 시사한다.[31] 스미스는 분명 이 장에서 의식적으로 흄을 활용한다. 책의 두 번째 문단, 즉 "우리는 〔다른 사람들이〕 어떻게 영향을 받는지에 대한 관념은 전혀 없지만 우리 자신이 비슷한 상황이라면 어떻게 느낄지 상상함으로써"라고 논하는 곳에서 "우리의 상상이 복제하는 것은 바로 타인이 아닌 우리 자신의 감각 인상뿐"이라고 쓴다.[32] 《인간 본성에 관한 논고》나 《첫 번째 탐구》의 독자라면 누구나 알 테지만 이 표현—'관념'과 '인상'을 구분하고 상상을 수단으로 후자를 '복제하는 것'—은 명백히 흄적이다. 그러나 스미스가 이렇게 흄의 용어를 사용하는 이유는 수동적이고 반은 기계적으로 작동하는 흄의 공감 개념이 일상생활의 수많은 친숙한 경험을 충분히 설명하지 못한다는 걸 보여주기 위해서이며, 자신의 개념이 어떻게 좀더 온전하고 정확하게 이를 설명하는지 입증하려 한다.

스미스는 공감 자질에 대한 흄의 해석보다 자신의 해석이 더 잘 다룰 수 있는 공감적 상호 작용의 네 가지 사례를 들면서 이 장을 마무리한다. 스미스는 무례하게 행동하는 어떤 개인이 정작 본인은 자기가 유발하고 있는 불쾌함을 의식하지 못함에도 그를 대신해 우리가 민망해할 때가 있다고 적는다. 우리는 정신이 나가버린 누군가를, 설령 그녀가 완벽하게 자족하는 것처럼 보인다 해도 안됐다고 생각한다. 우리는 끔찍한 병을 앓는 아기에 대해, 설령 그 순간 아이가 큰 고통을 느끼지 않는다 해도 가슴 아파한다. 그리고 우리는 죽은 이들에 대해서도 안타까움을 느낄 수 있다—물론 뭔가를 느끼기엔 그들은 더 이상 곁에 없다. 이 모든 사례에서 우리는 다른 이를 대신해 그들이 느끼지 않거나 느낄 수 없는 감정을 느낀다. 흄이었다면 공감의 '전염'론을 사용해 이런 경험을 설명하는 게 어렵다는 사실을 알았을 것이다. 감정은 다른 개인들 안에 실재하지 않아 우리가 '포착'할 수 없기 때문이다. 반면 스미스의 '투사'론은 이것을 쉽게 설명한다. 요컨대 그냥 우리 자신을 이 개인들의 상황에 투사하면 된다. 여기서 또다시 스미스는 의도적으로 흄을 동원하는 게 분명하다. 《인간 본성에 관한 논고》의 본문에서 첫 번째 사례를 그대로 가져왔으니 말이다. 흄은 "어리석은 짓을 하는 사람의 행동을 눈앞에서 보면 우리는 얼굴을 붉힌다. ……정작 본인은 아무런 수치심도 느끼지 않고 자신의 어리석은 짓을 조금도 의식하지 않는 것 같다 하더라도"라고 썼는데, 스미스는 "다른 사람의 무례함과 몰염치를 보면 정작 당사자는 자기 행동의 부적절함을 전혀 모르는 것 같다 하더라도 우리는 얼굴을 붉힌다"라고 쓴다.[33] 그러나 흄은 이것을 "꽤 놀랄 만한" 공감 사례로 간주해 해명하려 애쓰는 반면, 스미스는 그걸 비교적 명확하다고 여긴다.

스미스는 자신이 흄의 공감론을 개선했다는 데 대단히 큰 의의를 둔다. 개선을 통해 이런 경험을 더 제대로 설명할 수 있게 되었을 뿐 아니라 한층 풍부한 도덕 이론을 만들어낼 수 있었기 때문이다. 흄과 스미스는 둘 다 공감을 모든 도덕적 판단의 출발점으로 보지만, 역시 스미스의 설명이 더욱 복잡하고 이론의 여지없이 좀더 정교하다. 흄의 도덕 판단 개념은 확고하게 외부자 혹은 관찰자의 시각에 뿌리내리고 있다. 즉 행동이나 성격적 특성을 고려할 때 관련된 모든 이들의 감정에 공감하고 난 다음 거기에 따른 판단을 내림으로써 그 효과—유익하든 유해하든, 또는 유쾌하든 불쾌하든—를 주시한다는 것이다. 이런 종류의 판단은 《도덕감정론》 2부에서 스미스가 다루는 '장점과 단점'이라 일컫는 것과 대략 일치한다. 스미스가 사용하는 용어로서 장점과 단점은 주어진 행동이 "목표로 삼았거나 창출하는 경향이 있는 유익하거나 유해한 효과의 본질"과 관련이 있다.[34] 그러나 스미스에게 장점과 단점은 도덕적 판단의 후반부(second half)를 구성할 뿐이다. 스미스가 1부에서 다루는 초반부(first half)는 그가

"적정성과 부적정성"이라고 부르는 것에 초점을 맞추며, 주어진 행위를 "불러일으키는 원인이나 대상"과 관련이 있다.[35] 다시 말해, 스미스는 완벽한 도덕적 판단을 하려면 행위의 **결과**뿐 아니라 **동기**를 포함하는, 행위가 발생한 **상황**에 대한 고려가 필요하다고 말한다. 가령 자선 단체 기부의 도덕적 미덕을 평가할 때 우리는 그 돈이 얼마나 많은 도움이 되느냐는 물론이고 기부자의 상황과 동기에도 관심을 갖는다. 그 기부금이 그녀의 소득에서 상당한 비중을 차지하는가, 아니면 어마어마한 재산 중 극히 일부일 뿐인가? 그녀의 마음이 순수하게 불행한 사람들의 고통 때문에 움직인 것인가, 아니면 그냥 세금 우대를 기대하는가?

스미스의 공감 '투사'론은 흄의 '전염'론과 달리 이런 식의 맥락과 동기에 관한 판단을 가능케 한다. 스미스에 따르면, 우리가 타인의 감정을 그게 어떤 것이건 단순히 기계적으로 '포착'하는 게 아니라 대신 상상력을 동원해 우리 자신을 그들의 상황에 투사한다고 할 때, 주어진 상황에서 그들의 감정이 옳은지 여부를 판단할 여지가 있다. 다시 한번 말하지만, 누군가가 행복·슬픔 또는 분노를 느끼고 있거나 그가 자신의 감정에 따라 어떻게 행동하는지뿐 아니라 그의 행복·슬픔 또는 분노가 **정당한지**도 중요하다. 스미스의 한층 복잡한 공감 개념이 그의 도덕 이론에서 중추 역할을 하는 것도 이 때문이다. 스미스에 따르면 우리는 "행위자의 심정과 동기에 대한 직접적 공감"을 통해 어떤 행위의 **적정성**을 판단하고, "굳이 말하자면 그 행위에 영향을 받는 사람의 고마움에 대한 간접적 공감"을 통해 그 행위의 **장점**을 판단한다.[36] 바꿔 말해서, 도덕적 판단에는 흄의 이론에서와 같은 외부적 시각 또는 관찰자의 시각뿐 아니라 주어진 상황과 관련된 모든 개인의 시각을 적극적으로 차용할 필요가 있다. 흄과 스미스는 둘 다 공감을 각자의 도덕 이론의 핵심에 놓지만, 스미스의 한층 풍부한 공감 개념이 그에 상응하는 한층 풍부한 도덕 이론을 가능케 한다.

《도덕감정론》에서 스미스가 가장 확실하고 상세하게 흄을 끌어들이는 대목은 흄의 시각에서 효용성의 역할과 관련이 있다. 이는 주로 4부에 등장하는데, 이 부분의 많은 내용은 흄을 겨냥하고 있다. 스미스는 물리적 사물의 아름다움은 우리의 인식에서 대부분 효용성을 이끌어낸다는 "어떤 기발하고 유쾌한 철학자"—물론 그의 절친한 친구—의 주장을 거론하면서 책의 4부를 시작한다.[37] 흄은 가령 잘 지은 집의 아름다움에 우리가 감탄하는 것은 주인이 그것으로부터 틀림없이 얻을 거라고 짐작되는 만족과 편리함의 느낌에 공감하기 때문이라고 주장한다. 그는 "어떤 사물이건 그 소유자에게 즐거움을 창출하는 경향이 있으면 항상 아름답다고 여겨진다"고 쓴다.[38] 스미스는 효용성의 출현이 사물에 아름다움을 부여하는 것은 너무나 당연하다고 간주한다. 그리고 그것이 **왜** 그러한지에 관한 흄의 설명을 전적으로 수용하면서도 재빨리 추가적인 요점을 보태는 단계로 넘어간다. 그는 이 요점을 "내가 아는 한 아직 누구도 알아차리지 못했다"며 자랑스러워한다. 스미스의 통찰은 "모든 예술 작품 제작의 적합성"이나 "즐거운 설계"가 종종 "그것이 지향했던 목표 자체보다 더욱 가치 있게 여겨진다"는 것이다.[39] 바꿔 말하면, 우리는 종종 목적과 수단을 혼동해 어떤 사물이 실제로 줄 수 있는 즐거움—편리함이나 효율성의 **발현**—보다는 그 즐거움을 창출할 사물의 '적합성'을 훨씬 더 중시한다.

몇몇 '사소한' 사례로 출발한 스미스는 어떤 사람이 거실에 들어갔는

데 의자들이 죄다 삐뚤어지게 놓여 있는 것을 발견한다면 짜증이 나서 제대로 정리하기 시작할 것이라고 쓴다. 하지만 그가 '제대로' 정리된 상태를 애초에 선호했던 이유는 단지 그게 더 편하기 때문인데, "그는 이 편안함을 얻기 위해 그것이 없을 때 겪었을 모든 불편보다 더 큰 수고를 자진해서 감수한다. 어떤 일도 그가 노동을 마치고 〔의자들 중〕 그 하나 위에 자기 몸을 앉히는 일보다 더 쉽지는 않기 때문이다". 그러니까 이 사람이 진정으로 원한 것은 편안함이나 편리함 그 자체라기보다는 "그것을 증진시키는 물건의 정리"였다. 마찬가지로 "시계에 호기심이 많은" 어떤 사람은 하루에 2분 느려지는 시계를 경멸할 것이다. 이 시계가 올바른 기능—그녀가 지각하지 않도록 해주는 것—을 더 정확한 시계만큼 잘 수행할 것이라는 사실에도 불구하고 말이다. 그녀가 가치를 두는 것은 더 나은 시계의 실제적 편리함이라기보다는 "기계의 완벽성" 그 자체라고 스미스는 말한다.[40]

우리가 목적과 수단을 이런 식으로 혼동하는 것은 비단 사소한 경우에 국한되지 않는다. 스미스는 우리가 사적·공적 생활 양쪽에서 "가장 심각하고 중요한 것을 추구"할 때도 같은 오류를 범하는 경우가 있다고 얘기한다.[41] 사실은 경제, 특히 문명의 전 과정을 움직이는 부와 권력의 추구도 같은 범주에 들어간다고 그는 말한다. 대부분의 사람이 이런 것을 얻으려고 분투하는 이유는 우리가 본능적으로 부자와 권력자의 생활 방식—웅장한 궁전, 호화로운 마차, 많은 하인—에 공감하고 이것들이 틀림없이 그들을 지극히 만족스럽게 만들어줄 것이라 추정하기 때문이라는 것이다.[42] 하지만 조금만 생각해보면 사실은 그렇지 않다는 것을, "권력과 부"는 진정한 행복을 보장해주는 데 거의 도움이 되지 않고 사실상 그러한 것을 소유한 사람이 "예전과 다름없이, 그리고 어떤 때는 예전보다 더 많이 불안, 공포, 슬픔, 질병, 위험, 죽음에 노출되도록" 만든다는 것을 쉽게 이해할 수 있을 것이다.[43] 그러나 우리는 부와 권력이 가져다줄 듯한 즐거움을 얻겠다는 희망으로 그것들을 소유함으로써 우리가 지금까지 피해갈 수 있었을 훨씬 더 많은 고생과 걱정거리를 자진해서 겪는다. 우리는 목적(진정한 행복)과 수단(부와 권력)을 혼동할 뿐 아니라 부지불식간에 수단을 위해 목적을 희생시킨다. 이렇게 해서 스미스는 효용성의 아름다움에 관한 흄의 주장을 토대로 궁극적으로는 흄적이지 않은 견해를 밝히며, 흄이 그토록 노골적으로 찬양했던 상업 사회의 주요 문제점을 환기시킨다.[44]

4부의 두 번째 단락에서, 스미스는 효용성이 주택과 시계 같은 물리적 대상에 부여하는 아름다움에서 인간의 행위와 성격적 특성에 부여하는 아름다움으로 눈을 돌린다. 물론 이는 스미스가 바로 다음에 관찰하는 것처럼 흄의 도덕 이론에서 핵심적 특징이었다. "효용성이 왜 즐거움을 주는지 처음 설명했던 기발하고 유쾌한 그 똑같은 저자는 같은 사고방식에 갇힌 나머지 선에 대한 우리의 승인을 전부 효용성의 발현에서 비롯되는 이런 종류의 아름다움에 대한 인식으로 분석할 정도였다." 스미스는 그런 다음 우리 자신이나 타인에게 쓸모 있거나 마음에 드는 자질을 우리가 자연스럽게 승인한다—아울러 그럼으로써 도덕적이라고 여긴다—는 흄의 핵심 주장을 요약한다. 스미스는 하나의 합의점을 갖고 이 견해에 대한 비판을 시작한다. 즉 유용한 자질은 보통 승인되는 반면 유해한 자질은 통상 거부당한다는 것이다. 하지만 그는 흄과 대조적으로 "승인과 거부의 최초 혹은 주요한 근원은 이런 유용성이나 유해성의 시각이 아니다"라는 주장으로 넘어간다. 다시 말해, 스미스가 볼 때 우리는 유용한 행위와 성격적 특성을 승인하기는 하지만 적어도 처음에는 그것들의 효용성 **때문에**

거부한다. 승인의 느낌이 "효용성의 고려로 인해 증대 및 촉진될" 수 있다는 건 그도 수긍하지만, 이런 느낌은 그와 같은 고려하고는 "원래 근본적으로 다르다"고 단언한다.[45]

스미스는 이런 점에 대해 두 가지 논거를 제시한다. 첫째, 그는 "선에 대한 승인이란 것이 우리가 편리하고 제대로 지은 건물을 승인할 때와 같은 종류의 감정일 리 없는 듯하고, 우리가 어떤 사람을 칭찬할 때의 이유가 서랍장을 칭찬할 때와 별반 다르지 않은 듯하다"고 쓴다.[46] 즉 만일 우리가 도덕적 행위와 성격적 특성을 오로지 효용성에 근거해 승인한다면 그것들이 왜 그토록 우리에게 **중요한지**, 도덕적 고려가 왜 그토록 우리를 **움직이는지** 알기 힘들 것이다.[47] 아무리 쓸모 있고 아름답다 한들 서랍장에 기꺼이 목숨을 걸 사람은 없을 것이다. 흄의 이론에 대한 이런 비판은 흄도 예상했고 실제로 본인 역시 미리 논박하려 했던 내용이기도 하다. 흄의 답변은 간단히 말해서, 우리가 유용한 사물을 보며 얻는 즐거움은 도덕적 행위나 성격적 특성을 관찰하는 데서 얻는 즐거움과는 경험적 사실에 의거해 질적으로 다르다는 것이다.[48] 하지만 흄은 이번에도 또다시 이 사실을 설명하려 애쓰면서 "이런 느낌의 차이에는 우리가 도저히 설명할 수 없는 뭔가가 있다"고 쓴다. 반면 스미스는 훨씬 더 쉽게 설명해낸다.[49] 스미스의 견해에 따르면, 아무튼 우리가 무생물을 평가하는 심리적 과정은 행위나 성격적 특성을 평가하는 과정과는 근본적으로 다르다. 우리는 서랍장 주인에게는 공감해도 서랍장 자체에는 공감할 수 없다. 하지만 행위자 개개인과 그 행위의 대상 양측의 상황에 우리 자신을 투사할 수 있고 실제로도 그렇게 하며 이를 통해 우리는 행위의 장점뿐 아니라 그것의 적정성에 관해서도 판단을 내릴 수 있다.

이는 효용성이 왜 도덕적 승인의 최초 혹은 주요한 근원이 아닌지에 관한 스미스의 두 번째 논거로 이어진다. 즉 도덕적 판단은 효용성에 대한 고려로는 자극할 수 없는, 흄 같은 철학자는 간과하는 경향이 있지만 우리의 일상적 상호 작용에서는 중차대한 역할을 하는 적정성의 감각과 연관이 있다는 것이다.[50] 분명 누구보다도 흄을 떠올렸을 스미스는 이렇게 쓴다. "철학자는 인간미가 왜 승인받는지 또는 잔인함이 왜 규탄받는지 연구할 때 잔인함이건 인간미건 특정 행위의 개념을 언제나 아주 확고하고 뚜렷하게 머릿속에 그려놓고 시작하는 것은 아니다. 오히려 그런 자질의 일반 명칭이 그에게 시사하는 모호하고 불확실한 관념에 보통은 만족한다." 스미스의 주장에 따르면 "사색하고 추측하는 것을 업으로 하는 사람들"이 성격적 특성을 이렇게 추상적으로 고려할 때, 이런 특성이 사회에 미치는 영향은 대개 그들의 눈에 즉각적으로 들어오며, 그들은 으레 이런 영향이 도덕적 평가의 궁극적이고 적절한 근거라고 결론 내린다. 그러나 우리가 실생활에서 행위를 관찰할 때는 이런 유형의 행동이 사회 전체에 미치는 보편적 영향뿐 아니라 행위자 개인의 상황 및 동기, 그리고 이런 행위가 특정 개인에 미치는 구체적 영향을 자연스럽게 고려한다고 그는 주장한다.[51] 다시 말해, 우리의 즉각적이고 일상적인 도덕적 판단은 추상적 일반론보다는 구체적 세부 사항에 더 초점을 맞춘다. 우리는 자선이나 용감한 행위—가령, 불타는 건물에서 어린이를 구하는 것—를 목격할 때 그것을 승인하기에 앞서 잠시 멈추고 이런 종류의 행위가 사회에 미치는 효용성을 돌아보지는 않는다. 스미스는 추상적인 효용성 고려가 이렇게 좀더 즉각적으로 내리는 우리의 도덕적 판단을 재강화할 수 있다는 점은 인정하지만, 항상 일종의 뒷생각으로 관여한다고 주장한다. 우리의 판단에서 최초 혹은 주요한 결정 요인이 아니라는 것이다.[52] 여기서 흄에 대한 스미스의 비판은 정확히 흄 본인이 다른 이들을 향해 겨누는 유형의 비판이다. 흄은 이런 사안을 지나치게 이성적이거나 추상적으로 사고하며—지나치게 철학자처럼—그리하여 일상생활에서 당장 눈앞에 보이는 현상을 간과하고 있다고 스미스는 말한다.[53]

흄의 도덕 이론에 대한 스미스의 해석이 적어도 효용성이라는 측면에서 봤을 때 다소 지나치게 단순화됐다는 점은 인정해야겠다. 흄의 핵심 주장은 선이 우리 자신이나 다른 사람에게 **유용한** 자질일 뿐 아니라 즉시 **기분 좋게** 느끼도록 해주는 자질이라는 점을 상기하라. 스미스는 이 방정식의 두 번째 부분을 간과하는 경향이 있으며, 그래서 흄을 실제보다 더 도덕적 공리주의자로 보이게끔 만든다.[54] 이런 오류는 자신의 가장 절친한 친구의 도덕 이론에 대한 이해가 어쩌면 그토록 한쪽으로 치우칠 수 있었을까 하는 의문을 사실상 제기하지만, 스미스의 비평의 큰 줄기에는 영향을 주지 않는다. 스미스를 위해 공정하게 말하자면, 이런 오독은 흄이 자초한 것이나 다름없다. 흄은 《두 번째 탐구》의 대부분—현대의 비평판에서 두 번째 단락부터 여섯 번째 단락까지 총 51쪽—을 "유용한" 미덕의 논의에 대해 쓰고, 이후 비교적 짧은 두 단락—13쪽으로 이뤄진 일곱 번째와 여덟 번째 단락—만을 "기분 좋게 느끼도록 하는" 미덕에 할애한다. 그는 또한 요점을 부각시키기 위해 효용성이 "도덕의 주요 부분을 이루는 토대"라고 썼을 때처럼 자신의 논거를 강력하고 과장되게 내세우고 싶어 한다.[55] 흄은 도덕적 공리주의자로 너무 쉽게 해석되기 때문에 이런 오역은 오늘날까지도 많은 학자 사이에서 끈질기게 지속되고 있을 정도다. 그러나 스미스가 인쇄에 넘기기 전 흄이 그런 오류를 바로잡지 않은 것으로 보아 그는 출간할 때까지 《도덕감정론》을 읽지 않은 것 같다.[56] 사상가로서 흄에 대한 스미스의 존경과 둘의 개인적 친분을 고려하면 이는 적잖이 놀랍다. 어쩌면 이것은 자신의 출판 경력을 시작하면서 심지어 친구로부터도 지적인 독립성을 확보하고 싶었던 스미스의 욕심을 시사하는 듯하다.

이와 밀접하게 연관된 것으로 스미스가 흄으로부터 벗어나는 또 다른 주제는 정의의 토대다.[57] 여기서도 역시 그들은 비슷한 전제에서 출발한다. 플라톤부터 현재에 이르는 철학자들은 정의를 흔히 광의의 개념으로 생각해 형평성이나 정당한 몫 같은 개념과 동일시한 반면, 흄과 스미스는 이 용어를 확연하게 협의의 완전히 부정적 의미로 사용한다. 두 사람에게 정의라는 미덕은 타인의 생명이나 자유나 재산에 해를 끼치지 않는 데 불과한 (혹은 다름 아닌) 것을 수반한다.[58] 흄과 스미스는 또한 정의가 사회의 존속 그 자체를 위해 절대적으로 필요한 한 가지 미덕이라는 데 동의한다. 흄은 다른 돌들이 지지해주지 않으면 "각각의 개별적인 돌은 자연히 땅에 떨어져버릴 아치형 천장 건설"과 정의 사이의 유사성을 밝힌다. 바꿔 말해, 정의의 규칙을 고수하는 것은 사회 구조를 유지하는 데 필요하다는 것이다.[59] 스미스도 마찬가지로 만일 제거할 경우 "인간 사회라는 거대한 구조물"이 "원자들로 산산이 부서지게" 될 "전체 구조를 지탱하는 가장 큰 기둥"으로 정의를 묘사한다.[60] 끝으로 흄과 스미스는 둘 다 미덕 중 유일하게 엄격한 규칙 체계를 통해 정의를 시행하는 것이 최상이라고 주장한다. 가령 용감하게, 관대하게, 혹은 온건하게 행동하는 방법에 대해 정확한 지침을 세우는 것은 불가능하지만 타인의 생명, 자유, 재산을 존중하기 위한 지침은 가능할 뿐만 아니라 필요하기도 하다.[61]

하지만 정의의 **내용**과 그것이 사회에 필수불가결하다는 생각에 관한 의견 일치에도 불구하고, 흄과 스미스는 이런 미덕이 어디에서 생겨나는지에 관해서는 아주 다른 시각을 갖고 있다. 흄은《인간 본성에 관한 논고》와《두 번째 탐구》두 책에서 정의라는 미덕은 전적으로 그 효용성에 기초한다고 상세히 얘기한다. 우리는 공공의 이익에 대한 공감 때문에 정의로운 행위를 승인한다. 악명 높게도《인간 본성에 관한 논고》에서 흄이 정의를 '인위적' 미덕이라고 부른 것도 이 때문이다. 즉 재산권을 존중하는 규칙은 우리가 제도와 사회 질서의 유지에 그것이 얼마나 필요한지 깨달으면서 발전시킨 인간의 관습이다. 스미스의 견해는 결정적으로 두 가지 측면에서 흄과 다르다. 우선, 스미스는 우리의 정의 감각이 효용성에 관한 고찰이 아니라 분노의 감정에서 나온다고 주장한다. 불의의 행위—가령 선량한 사람을 살해하거나 그녀가 평생 저축한 돈을 절도한 행위—를 목격할 때 우리는 희생자와 공감하며 그녀를 대신한 우리의 분노는 그 범죄자를 처벌하고 싶게 만든다. 판단을 내리기 위해 차분히 앉아 이러한 행동이 사회에 미칠 장기적 영향에 대해 생각할 필요는 없다. 노여움이나 분노의 느낌은 "처벌의 효용성에 대한 모든 심사숙고에 선행해" 우리 안에서 저절로 생겨난다.[62] 다시 말해, 스미스에게 정의란 인위적이 아닌 자연 발생적 미덕인 것이다. 두 번째로 스미스는 우리가 부당한 행동을 목격했을 때 거부하는 것은 흄의 주장대로 주로 엄연한 사회의 이익에 대한 공감에서 생겨나는 게 아니라 손해를 본 당사자에 대한 공감에서 비롯된다고 주장한다. 그는 이렇게 쓴다. "한 사람이 다치거나 사망하면 우리는 사회의 전반적 관심사에 대한 걱정보다는 상해를 입은 바로 그 개인에 대한 염려 때문에 그에게 가해진 나쁜 행위를 처벌할 것을 요구한다."[63]

다시 한번 스미스는 정의의 규칙이 전체 사회에 유용하고 실제로 없어서는 안 된다는 흄의 생각에 동의하지만, 우리의 승인을 끌어내는 것은 정의의 효용성이 아니라고 주장한다. 그는 이 점에 관해 간접적으로 자신의 친구를 언급하면서 "정의의 법칙을 웬만큼 감시하지 않으면 사회가 존속할 수 없으므로 …… 이러한 필요성에 대한 고려는 정의의 법칙을 어긴 자들을 처벌해 그것을 집행하도록 승인하는 근거로 여겨져왔다"고 쓴다.[64] 하지만 스미스는 이런 식의 추상적 고려가 우리로 하여금 실제로 불의를 거부하도록 촉구하지는 않는다고 말한다. 결국에는 "모든 사람, 심지어 가장 우둔하고 생각이 없는 이들마저도 사기·배신·불의를 혐오하고 그것이 처벌받는 걸 보며 기뻐한다. 하지만 아무리 사회의 존속에 정의가 필요하다는 게 명확해 보여도 그 필요성에 관해 생각해보는 사람은 거의 없다".[65] 여기서 다시 한번 스미스는 흄의 전형적인 논의 방식에 맞서면서 흄의 견해가 이성적이고 추상적인 사고에는 지나치게 많은 영향을 부여하고 일상생활 속에서 우리를 움직이는 감정에는 충분히 그러지 않고 있음을 보여준다. 사실 스미스는 정의라는 주제에 관한 한 흄은 "충분히 흄적이지 않다"고 비판한 것으로 알려져왔다.[66]

《도덕감정론》에서 종교에 대한 스미스의 태도는 모호함과 양면성 사이의 스펙트럼 어딘가에 위치하지만, 그것 자체가 종교는 모조리 유해하다는 흄의 주장으로부터 놀랄 만큼 벗어났다는 증거다. 우선 스미스는 책 전체에 걸쳐 하느님과 섭리적 질서라는 개념을 주기적으로 거론한다. 그를 열렬한 이신론자로 해석하는 이들에게는 이런 언급이 주된 증거로 여겨지지만, 몇 가지 주의할 사항이 있다. 첫째, 스미스가 위험을 무릅쓰고 종교적 영역으로 들어갈 경우는 글이 애매하거나 불분명할 때가 많다. 한 학

자가 관찰했듯 섭리의 하느님에 대한 그의 언급에는 종종 "에둘러 말하기, 간접 화법, 그리고 '~인 듯하다(seem)'는 동사의 잦은 사용이 따라붙는다".[67] 더욱이 이런 언급을 할 때는 독자적인 도덕 이론에 대한 보충 설명이나 부록이 등장한다. 흔히 알려진 것처럼 스미스 이론의 기본 틀—그 틀에 따르면 도덕은 인간의 감정에서 발전하며 옳고 그름의 궁극적 기준은 공정한 관찰자의 감정에 의해 결정된다—은 아무런 종교적 전제나 신의 뜻에도 의존하지 않는다.[68] 끝으로 스미스는 그렇지 않으면 설명할 길이 없는 존재를 설명하는 "만물의 창조주"(신에 대해 그가 특히 잘 쓰는 말)를 좀처럼 거론하지 않는다. 오히려 하느님과 내세에 대한 믿음을 설명하기 위해 우리의 감정적이고 지적인 필요성 같은 현세적 요소를 거듭해서 들먹인다. 또 다른 해설자의 논평처럼 "《도덕감정론》의 모든 신학적 구절을 살펴보면 대부분은 아니라도 많은 구절에서 그가 사실은 인간 본성의 이론을 제기하고 있다는 두드러진 특징이 드러난다".[69]

그럼에도 불구하고 스미스는 종교적 충동을 보통은 상당히 공감하는 관점에서 기술한다. 《종교의 자연사》에 나타난 흄의 논거—그리고 어느 정도는 《철학적 탐구를 이끄는 원리》의 논거—로부터 현저하게 벗어난 그는 종교적 신앙과 희망은 우리가 지닌 최악이 아닌 최상의 것에서 나올 때가 많다고 주장한다. 스미스는 "나약함에 의해, 인간 본성의 희망과 공포뿐 아니라 그 안에 들어 있는 가장 숭고하고 선량한 원칙에 의해, 선에 대한 사랑에 의해, 그리고 악덕과 불의를 향한 혐오에 의해 우리는 내세에 대한 믿음으로 인도받는다"고 쓴다.[70] (그러나 여전히 그는 이런 믿음이 부분적으로 인간의 나약함과 공포에 의해 유발된다고 생각한다는 점에 유의하라.) 게다가 스미스는 종교적 신념에는 중요한 현실적 이익이 있다고 주장한다. 그것은 예를 들어 이 지구상에서 잘못을 저질렀거나 부당하게 심판받은 사람들에게 희망과 위로를 제공할 뿐만 아니라 죽음의 문턱에서도 위안을 준다.[71] 그는 또한 흄과는 확연히 대조적으로 종교는 도덕성을 약화시키는 게 아니라 보증해주는 경향이 있다고 말한다. 스미스가 보기에 종교란 옳고 그름의 궁극적 근원도 아니고 도덕 행위의 전제 조건도 아니지만, 흔히 사람들의 도덕규범 준수를 강화한다. 어쨌든 만일 사람들이 이런 규칙을 "복종하는 자들에겐 마침내 보상하고 자신의 의무를 위반하는 자들을 벌할 신의 명령이며 법"이라고 여긴다면 그들의 사회가 형성해온 "도덕성의 일반 규칙"을 존중하고 준수할 가능성—그것들을 신성하다고 여길 가능성—이 더 크다.[72] 달리 표현하면, 스미스는 종교를 도덕의 토대도, 그것을 받치는 기둥도 아닌 지지대로 본다. 요컨대 종교는 외부로부터 지원을 제공한다.

하느님과 사후 세계에 대한 믿음이 도덕 강화에 일조한다는 스미스의 견해는 그가 근본적으로 신앙심이 깊다는 증거로 종종 거론된다. 가령 19세기의 저명한 해설자 헨리 브루엄 경(Lord Henry Brougham)은 "근엄한 종교 숭배자들은 〔스미스의〕 신앙 결핍을 불평해왔는데, 이는 주로 오래되고 절친한 친구 흄 씨의 죽음에 관한 편지 때문"—즉 〈스트러핸 씨에게 보내는 편지〉—이라고 쓴 다음, 스미스는 분명 "자신의 친구를 종교가 도덕성에 강하고 유익한 영향을 끼친다는 규칙의 예외로 간주했다. 왜냐하면 그는 종교의 교리가 …… 비정상적이거나 타락하지 않을 때면 언제나 '세상 사람들은 종교인의 행위가 마땅히 청렴하다는 것을 2배로 신뢰할 것'이라는 견해를 가장 강력하게 진술해왔기 때문이다. ……분명 존슨 박사도 종교에 대해 이보다 더 강력한 증언을, 무신론에 대해 이보다 더 심한 비난을 바랄 수는 없을 것"이라고 주장한다.[73] 하지만 이 추론은 그다지 설득력이 없다. 첫 번째로, 그리고 가장 당연하게도, 하느님과 사후 세계에 대한 믿음은 도덕성 강화에 일조한다는 생각이 종교에 유익한 영향을 미친다는 말인데 반드시 그렇지만은 않다. 더욱이 이 점에 대한 스미스의 주장은 가끔 제기되곤 했던 것만큼 명확하지 않다. 가령 브루엄이 인용하는 문장은 성격상 흄적이라고밖에 설명할 수 없는 많은 단서로 둘러싸여 있다. 스미스는 "종교의 자연적 원리가 파벌 싸움과 어떤 쓸모없는 패거리의 당파적 열성으로 더럽혀지지 않는다면 언제나, 종교가 요구하는 첫 번째 도리가 도덕의 모든 의무를 이행하는 것이라면 언제나, 사람들에게 천박한 예식을 정의와 자선의 행위가 아닌 좀더 즉각적인 종교의 의무로 여기라고 가르치지 않으며 제물과 예식과 헛된 애원을 통해 사기와 배신과 폭력을 놓고 하느님과 협상할 수 있다고 믿도록 가르치지 않는다면 언제나"라고 쓴다—그러고 나면, 아울러 그러고 난 다음에야 비로소 "세상 사람들은 …… 마땅히 종교인의 행위가 청렴하다는 것을 2배로 신뢰할 것"이라고 그는 주장한다.[74] 흄 본인도 이 주장에 반대하지는 않았을 것이다. 다만 이런 필요조건이 동시에 전부 충족되는 일은 거의 없다고 지적할 것이다. 사실 여기 있는 스미스의 문장 일부는 독실한 신도들이 일상의 도덕 행위를 통해서가 아니라 "천박한 예식이나 무분별한 열성이나 황홀한 법열(法悅)이나 불가사의하고 터무니없는 견해에 대한 믿음을 통해" 하느님의 은혜를 구하는 경향이 있다는 흄의 주장을 떠올리게 한다.[75] 이어서 스미스는 다음 장에서 다시 한번 흄적인 방식으로 "잘못된 종교 관념은 우리의 〔도덕〕 감정을 아주 심하게 왜곡할 수 있는 거의 유일한 원인"이라고 쓴다.[76] 스미스는 하느님과 사후 세계에 대한 믿음이 흔히 도덕성을 뒷받침한다고 주장하지만 언제나 그렇다고는 명확히 결론 내리지는 않는다. 나중에 스미스의 수정판들이 초판의 종교에 대한 논거 일부를 완화하는 결과를 낳았다—이 책 맺음말에서 좀더 탐구할 요점—

는 점도 주목할 만하다.

1759년 봄 스미스가 《도덕감정론》을 출간했을 때 흄은 런던에서 《영국사》 튜더 왕조 편들의 인쇄 교정본을 보고 있었다. 물론 스미스는 그에게 책 한 부를 보냈고, 거기에 대한 흄의 답장은 철학 역사상 아주 매력적인 편지 중 하나로 평가해야 할 것이다.[77] 편지는 흄이 "기분 좋은 당신의 《도덕감정론》 선물"에 감사한다는 것 그리고 스미스와 알렉산더 웨더번이 "최근 무의식에 관한 아주 훌륭한 논고를 쓴 아일랜드 신사"—2년 전 《숭고와 미의 근원을 찾아서(A Philosophical Enquiry into the Origin of Our Ideas of the Sublime and Beautiful)》를 출간한 에드먼드 버크—를 비롯해 많은 고위급 정치가와 영향력 있는 귀족에게 책을 증정했다고 전하는 것으로 시작한다. 〔흄은 스미스에게 보낸 다음 편지에서 버크가 "당신의 책을 굉장히 재미있어했다"고 썼다. 이런 평가는 버크가 이 책에 관해 〈애뉴얼 레지스터(Annual Register)〉에 실은 리뷰와 몇 달 뒤 스미스에게 쓴 첫 번째 편지로 충분히 확인할 수 있다.〕[78] 흄이 언급한 모든 수취인은 책에 관해 입소문을 내고 어쩌면 저자의 출세를 돕는 데도 중요한 사람들이었다. 흄은 "당신에게 편지 쓰는 일을 미뤄왔습니다"라고 쓴 뒤 이렇게 말한다. "당신에게 책의 성공에 대해 어느 정도 얘기할 수 있을 때까지, 그것이 최종적으로 망각의 늪에 떨어질지 아니면 불멸의 신전에 등재될지의 확률을 예측할 수 있을 때까지 말입니다. 발간한 지 몇 주밖에 안 됐지만 벌써 아주 강력한 징후가 나타나고 있어 조심스럽지만 책의 운명을 거의 점쳐볼 수 있을 것 같습니다. 간단히 말하면 이렇습니다."

흄은 이렇게 스미스의 관심을 있는 대로 자극한 다음 스미스가 기다렸을 소식은 뒤로 미룬 채 계속해서 딴 얘기를 한다. 우선 동료 스콧(Scot)이 "어리석고 무례한 방문"을 하는 바람에 맥이 툭 끊겼고, 그 때문에 얘기는 글래스고 대학의 교회사 교수 자리가 날지도 모른다는 쪽으로 흘러간다. 그러고 나서 흄은 스미스가 "우리 친구 〔애덤〕 퍼거슨을 염두에 두기를" 바란다. 이어서 스코틀랜드 작가들이 펴낸 근간들의 장점과 단점을 상세히 짚는다. 윌리엄 윌키(William Wilkie)의 서사시 《에피고니어드(Epigoniad)》를 언급한 뒤에는 이렇게 쓴다. "당신이 이따금 리뷰들을 찾아볼 거라고 확신하는데"—스미스가 《도덕감정론》의 평가를 초조하게 기다리고 있었음을 고려할 때 신중한 가정이다—"〈비평 리뷰(Critical Review)〉에서 그 시에 대한 서간문 한 편을 보게 될 겁니다. 그런데 저자가 누구인지 당신이 알아맞히면 좋겠네요. 어디 한 번 그 사람을 찾아내서 문체를 알아보는 당신의 능력이 어떤지 보여주시기 바랍니다." (그 익명 편지의 저자는 흄 자신이었다.) 그는 케임스 경의 《역사 법칙 책자(Historical Law Tracts)》의 반응이 좋지 않을까봐 걱정하기도 한다. "형이상학과 스코틀랜드 법을 한데 모아 맘에 드는 작품을 만드느니 차라리 약쑥과 알로에를 섞어 괜찮은 소스를 만드는 쪽을 생각하는 편이 낫겠네요."

그러더니 흄은 잠시 정신을 차린다. "하지만 당신의 책과 이 도시에서의 성공 이야기로 다시 돌아가야겠네요—자꾸만 끊기는 이 고질병을 어찌해야 할까요, 나 스스로 그러지 말자고 그토록 다짐했건만. 그런데 여기서 다시 한번 불현듯 떠오른 것이 있습니다." 이번에 얘기가 중단된 것은 어떤 문인의 방문 때문이었는데, 이로 인해 흄은 클로드아드리앵 엘베시우스(Claude-Adrien Helvetius)와 볼테르의 신간을 거론한다. 특히 《캉디드(Candide)》를 칭찬하는데, 그는 이 책이 "활기와 무신론으로 가득 차 있고, 라이프니츠 체제"—즉 우리가 있는 세계가 존재할 수 있는 세계 중 최고라는, 《변신론(Theodicy)》에 나오는 라이프니츠의 논거—의 "비판을 빙자한 그야말로 신의 섭리에 대한 풍자소설"이라고 말한다. 《캉디드》의 무신론이 스미스에게 매력적으로 비춰질 거라고 흄이 추정하는 듯한 대목에 주목할 만하다.[79]

흄은 친구에게 계속 장난을 친다. "하지만 이 모든 게 내 책과 무슨 상관인데? 당신은 말하겠죠—친애하는 스미스 씨, 인내심을 가지세요. 마음을 진정하고, 스스로 직업으로서뿐 아니라 실제로도 철학자의 면모를 보이세요. 사람들의 흔한 판단이 갖는 공허함, 경솔함, 부질없음을 생각하세요. 어떤 주제에서든, 지금껏 저속한 자들의 이해 범위를 넘어선 철학적 주제에서는 더더군다나 인간이 이성으로 규제되는 일이 얼마나 적었습니까. ……사실 일반 대중의 인정만큼 강력하게 거짓이라고 추정할 수 있는 것도 없지요." 마침내 그는 본론으로 들어간다. "그러니 이 모든 것에 비춰 당신이 충분히 최악의 상황에 대비했다고 가정하고, 나는 당신의 책이 굉장히 운이 안 좋았다는 우울한 소식을 말하는 쪽으로 옮겨가야겠습니다. 왜냐하면 대중이 이 책에 우레와 같은 박수를 칠 태세인 것 같거든요. 어리석은 사람들이 애타게 그 책을 찾고 있단 말입니다. 그리고 지식인 패거리도 벌써 아주 요란하게 칭찬하기 시작했지요." 흄은 몇몇 대주교가 그 책에 큰 존경심을 표했다고 알리면서 "이런 미신의 수호자들이 그 책을 그렇게 높이 칭송한다면 진정한 철학자들은 그걸 어찌 생각할지 당신은 결론 내릴 수 있겠지요"라고 장난을 친다. 온갖 친구와 영향력 있는 인물들로부터 이어진 칭찬을 들려주면서 흄은 두 사람의 서적상인 앤드루 밀러가 "벌써 초판의 3분의 2가 팔렸고 이제는 성공을 확신한다고 너무나 기뻐서 떠벌리고 있습니다. 자신에게 들어오는 수익으로만 책의 가치를 매기다니 이 작자가 얼마나 형편없는 놈인지 알 겁니다. 그렇게 보면 그것이 매우 좋은 책일 거라는 생각이 드네요"라고 적는다.

흄이 스미스의 성공에 기뻐하는 기미가 확실히 느껴지는데, 20년 전 그가 자기 데뷔작의 평판에서 맛봤던 실망을 떠올리면 한층 더 관대해 보인다. 확실히 그는 스미스의 책이 비슷한 운명을 맞지 않도록 자기 몫을 다하고 싶어 했다. 흄은 자신의 문학적 운명에 대한 묘한 암시로 편지를 끝맺는다. "오직 진실만이 나에게서 가져가버릴 수 있었을, 그리고 필시 내가 엄청나게 배가시켰을 그토록 많은 굴욕적인 경험에 대한 보상으로 악을 선으로 갚고 스코틀랜드의 모든 신도들이 존 녹스와 종교 개혁에 대한 나의 설명"—물론《영국사》의 튜더 왕조 편을 가리킨다—"때문에 나를 욕한다고 말함으로써 나의 허영심을 부추겼으니 당신이 충분히 선한 기독교도임을 나는 의심하지 않습니다." 다음 편지에서 흄은 그다지 관대하다고 할 수는 없지만 사실은 자신의《영국사》를 둘러싼 소란 때문에 스미스의 책이 이득을 봤는지도 모른다고 넌지시 말한다. 그는 "광신도들이 이 마지막 편 때문에 그렇게 많이들 들고 일어난 걸까요?"라고 묻는다. "로버트슨의 책"—즉 윌리엄 로버트슨의 신간《스코틀랜드사(History of Scotland)》—"은 큰 장점이 있지요. 하지만 나에 대한 적대감으로 인해 그가 이익을 얻은 게 눈에 보입니다. 당신의 경우도 마찬가지였다고 생각합니다."[80] 누가 봐도 퉁명스러운 이 단 한 줄은 현존하는 기록 중 자기보다 젊은 친구의 즉각적인 성공을 흄이 약간 부러워했을지도 모른다는 유일한 단서다.

흄이 스미스의 대의명분을 높이려 노력한 것은 개인적 차원만은 아니었

다. 그는 더 많은 관심을 불러일으키기 위해 1759년 5월 〈비평 리뷰〉에 익명으로 《도덕감정론》에 대한 리뷰를 썼다.[81] 리뷰 내내 흄은 칭찬을 쏟아붓는다. 그는 "선천적으로 천재에게 수반되는 대담함"으로 스미스가 어떻게 이론화를 시도했는지 기술한다. 또한 "독창성과 (감히 이렇게 말해도 좋다면) 그의 추론의 견고함은 분명 잠자던 대중의 흥미를 깨울 것이며 그에게 우호적인 평판을 가져다줄 것"이라고 예측한다. 그리고 원리의 명확성, 논증의 힘과 활력, 아울러 "이 대단히 독창적인 저자"의 문체에 대해—처음 몇 문단에서 한꺼번에—말한다.[82] 맺음말에서 흄은 "진실을 확인할 수 있는 훌륭한 시험대는 오직 시간뿐"이라고 역설하면서 스미스 이론의 궁극적 타당성에 대해서는 언급하기를 거부한다. 그러면서도 "저자의 천재성이 가진 활력과 힘"은 물론 "생기 넘치고 명쾌하고 당당하고 꾸밈없는 문체"를 극찬하며 "철학을 깊이 있게 파고들면서도 여전히 세상물정에 밝은 사람처럼 얘기한다"고 말한다.[83]

동시에 흄은 자신과 스미스 사이에 있는 약간의 철학적 차이를 미묘하게 암시한다. 당시 관례대로 흄의 리뷰는 비평적 분석보다는 요약 및 많은 인용으로 구성되었으나, 얼마 되지 않는 논평이 사실상 그의 견해에 대한 실마리를 제공한다. 그는 자신의 생각—추상적 추론이 아닌 "사실과 경험"에 근거한 사고, 공감의 중심적 역할 등—과 일치하는 스미스 도덕 이론의 기본 특징을 서술할 때는 소리 높여 찬성한다. 공감이 인간 본성의 중심적 요소라는 데 대해서는 "분명 웬만한 고집이 없고서는 반박할 수 없다"고 말한다. 그러나 두 사람이 갈리는 좀더 구체적인 지점에 대해서는 다소 얼버무린다. 스미스의 공감 '투사'론에 이르면 흄은 스미스가 이런 식으로 공감을 "설명하려고 애쓴다"면서 스미스의 설명은 "매우 자연스럽고 그럴 법하지만 그것을 받아들일지 여부는 우리 저자의 이론에 크게 중요하지 않다"고 신중하게 쓴다. 마찬가지로 흄은 스미스가 바로 이런 식의 공감을 통해 모든 종류의 도덕적 승인과 거부를 "설명하고 싶어 한다"고 쓴 뒤 "**만일** 그의 첫 번째 사실이나 첫 번째 상정〔즉 공감은 인간 본성의 일부라는 것〕이 분명하고 반박의 여지가 없는 것처럼 그의 연역도 간단하고 설득력 있다면 우리는 이 주제를 시도한 모든 필자보다 감히 그를 우선시해도 좋을 것"이라고 말한다.[84] 스미스의 천재성을 극찬하는 순간에도, 그러니까, 조용히 자신과의 의견 차이를 표명한 것이다.

리뷰에는 또한 흄 특유의 농담조가 많이 섞여 있다. 그는 효용성이 도덕적 승인을 끌어내는 데 이차적 역할밖에 하지 않는다는 스미스의 주장을 요약하고 나서, 스미스가 "공적 효용성 고찰을 토대로 도덕 체계의 대부분을 창안한 흄 씨의 정서에 반하는 확실한 증거를 대거 추가한다"고 주장한다. 그리고 이 점에 관해 상세히 덧붙이기에는 지면이 모자라지만 "저자 본인에게 문의하실 독자들은 철학이란 명백하고 결정적인 것은 좀처럼 제공하지 않는다는 사실을 알게 될 것"이라고 말한다.[85] 물론 흄이 스미스에 의해 자신의 견해가 결정적으로 "반박당했다"고 정말로 생각했는지는 의심스럽다. 세계관의 공통분모가 커서뿐만이 아니라, 앞에서 살펴봤듯 흄의 도덕 이론과 견주는 과정에서 스미스가 그것의 효용성 의존도를 과장하면서 다소 왜곡—흄은 이런 왜곡을 리뷰에서 조용히 바로잡는다—했기 때문이다.[86] 그러나 데이비드 레이너(David Raynor)가 지적했듯 "그의 적들이 그가 '반박당하는' 것을 확인하려고 〔스미스의 책을〕 사볼 거라는 생각으로 흄이 '방향을 전환하고' 있다는 것을 그다지 힘들이지 않고도 상상할 수 있다".[87]

흄의 어조는 맺음말에서도 두드러지게 농담조여서, 스미스가 "종교 교리에 맞춰 어디서나 유지하는 엄격한 견해"를 칭찬한다. 그는 일부 "과학을 가장한 자들"이 다르게 말할지는 몰라도 "궁극적으로 철학자를 종교 애호가와 떼어놓기"란 불가능하다고 선언한다. 사실 **진정한** 철학자라면 의도적으로 자신의 탐구 주제를 기독교적 신념을 절대 위협하지 않는 것에 한정할 것이다. "무신앙이나 무신론으로 이어지는 …… 모든 소재는 무시하고 경멸하며 거부할 게 틀림없다." 다행히 그는 "우리의 저자는 어디서든 그런 근본적 사실을 감지하고 있는 듯하다"면서, 그럼으로써 "모든 오류는 아니더라도, 인간 본성이 이를 완벽하게 피하기는 불가능하므로, 최소한 위험하거나 치명적인 모든 오류"의 우려는 없도록 했다고 단언한다.[88] 분명 독실한 신자를 가장한 이런 장광설은 이 방면에 스미스가 신중하다는 데 대한 격려의 눈짓인 동시에 어쩌면 독실한 신도들의 질책을 모면하고자 하는 스미스의 노력을 뒷받침하려는 시도일지도 모른다. 흄은 《인간 본성에 관한 논고》에서는 정확히 상반된 주장의 정당함을 입증한 적이 있다. "철학 논쟁에서 어떤 가설을 종교와 도덕에 미치는 위험한 영향을 구실로 반박하는 것만큼 흔하면서도 비난받아 마땅한 추론 방법은 없다. 어떤 견해든 우리를 부조리하게 이끈다면 그것은 잘못된 견해다. 하지만 그것이 위험한 영향을 주었기 때문에 잘못된 견해라고는 할 수 없다."[89] 어쨌든 스미스는 첫 책의 출판으로 사생활에서 그랬듯 저술에서도 종교 및 종교인과 관련해 흄보다 훨씬 더 신중하다는 것을 확인시켰다.

《도덕감정론》의 출판을 축하하는 글에서 흄은 책에 나온 스미스의 논거에 대해 가졌을 의구심을 드러내는 걸 정중히 자제했지만, 몇 달 뒤 스코

틀랜드로 돌아오기 직전 두 사람이 의견을 달리하는 한 가지 쟁점을 논의하기 위해 스미스에게 또다시 편지를 보냈다. 그는 "당신이 신판을 준비하고 있다는 말을 들었는데, 이의 제기를 피하려면 조금 추가하고 변경하는 게 어떨까 싶습니다"라고 쓴다. "내가 자유롭게 한 가지 제안을 할 텐데, 만일 그게 중요해 보인다면 당신이 염두에 뒀으면 좋겠습니다." 흥미롭게도 흄은 도덕과 정의에서 효용성이 갖는 역할과 관련해 스미스가 자신의 도덕 이론을 가장 노골적이고 대대적으로 비판한 부분을 언급하는 대신 훨씬 더 근본적인 쟁점으로 돌입한다. 흄의 의문은 공감의 본질에 대한 것이다. "모든 종류의 공감은 반드시 기분을 좋아지게 만든다는 점을 좀더 자세하고 온전하게 증명했다면 좋았을 겁니다. 이것이 당신의 체계에서 경첩 역할을 함에도 당신은 그 문제를 피상적으로만 언급했죠." 책의 2장에서 스미스는 상호 공감이 본질적으로 즐거운 것임을 입증했었다. 우리는 감정적 일치의 느낌—다른 사람과 똑같은 감정을 가졌다는 느낌—과 이러한 종류의 "동류의식"에 수반되는 승인의 감각을 당연히 즐긴다는 것이다. 그러나 흄은 자신의 공감 '전염'론에 의거해 "유쾌한 공감뿐 아니라 불쾌한 공감도 있다"면서 이는 "공감의 감정이 주된 감정의 반사 이미지이기" 때문이고, 따라서 "공감은 틀림없이 자질의 형태를 취할 것이며, 그럴 때는 고통스러울 것"이라고 주장한다. 다시 말하면, 우리는 고통받고 있는 사람에게 공감할 때 즐거움보다 고통을 느낀다. 흄은 만일 정말로 우리가 모든 공감의 상황에서 즐거움을 느낀다면 "병원이 무도회보다 즐거운 장소가 될 것"이라고 말한다.[90]

흄은 이것을 스미스 체계의 바로 그 '경첩'에 내장되어 있는 심각한 문제로 생각했던 모양인데, 당사자인 스미스는 아주 가볍고 쉽게 해결할 수 있는 사안으로 여겼다. 실제로도 《도덕감정론》 2판에서 그냥 각주 하나를 추가해 그 문제를 다뤘다. "나는 항상 기분 좋은 승인의 감정 토대를 공감에 두었으므로, 모든 불쾌한 공감을 인정하는 것은 내 체계와 모순된다는 반론이 있었다. 내 대답은 승인의 감정에는 두 가지 주목할 사항이 있다는 것이다. 첫째는 관찰자의 공감적 감정이며, 둘째는 관찰자 내부에 있는 이 공감의 감정과 주 당사자의 내부에 있던 원래 감정의 완벽한 일치를 목격하는 데서 생겨나는 정서다. 사실 승인의 감정은 이 후자의 정서에 있는데, 언제나 유쾌하고 즐겁다. 전자는 원래 감정의 성격에 따라 유쾌할 수도 있고 불쾌할 수도 있는데, 그것은 원래 감정의 특성을 항상 어느 정도 보유하게 마련이다."[91] 간단히 말해, 스미스는 설령 공유한 감정 자체가 불쾌하더라도 우리는 감정의 조화에서 즐거움을 얻을 수 있다고 주장한다. 가령 사랑하는 이의 죽음에 대한 슬픔을 공유할 때조차 우리는 누군가 다른 사람과 같은 생각을 갖고 있다는 바로 그 사실에 감사할 수 있다.

고통스러운 정서를 경험할 때 공감이 우리에게 종종 위안이 되는 것은 솔직히 사실이다—보통 상주들이 문상객 앞에서 위로를 얻는 것도 이 때문이다. 스미스가 썼듯 이런 상황에서 공감은 "그 당시 받아들일 수 있는 유쾌한 감정"만을 마음속에 암시함으로써 슬픔을 완화한다". 바로 "공감의 …… 다정함"이다.[92] 스미스의 설명은 여기에 딱 들어맞는 듯하며, 흄의 공감 '전염'론이 이 현상을 어떻게 설명할지는 알 수 없다. 그러나 그 반대—우리는 고통스러운 감정을 경험하고 있는 **다른** 누군가와 공감하는 데서 즐거움을 얻는다—가 사실일 경우는 확실히 더 적다. 이것이 흄이 제기한 반론의 핵심이었던 듯하다. 우리는 단지 환자나 상주와 공감하기 위해 병원과 영안실에서 시간을 보내려 하지는 않는다는 것이다. 하지만 스미스는 이런 유형의 상황에서도 상호 공감의 즐거움이 공감을 불러일으키는 정서의 고통을 넘어설 만큼 충분히 클 때가 많다고 굳게 생각했다. "우리는 성공한 이들을 축하할 뿐 아니라 고통받는 이들을 위로한다. 그리고 우리가 온갖 마음속 감정에 대해 완전히 공감할 수 있는 사람과의 대화에서 발견하는 즐거움은 그 상황을 목격한 우리에게 영향을 미치는 슬픔의 고통을 보상하고도 남는 것 같다."[93] 어쨌든 스미스는 흄의 우려에 대한 자신의 답변에 확실히 만족했다. 그는 길버트 엘리엇에게 보낸 편지에 흄이 제기한 반론에 대한 답변의 초안을 동봉하며 "제가 그를 완전히 당황시킨〔즉 반박한〕 것 같습니다"라고 밝힌다.[94]

전체적으로 《도덕감정론》에 대한 흄의 반응—칭찬, 비평적 참여, 무조건적 지지—은 완전히 흄이 친구들과 주고받는 상호 작용의 특징 그대로였다. 스미스는 자신의 첫 책에서 (익명이긴 했지만) 흄을 핵심 대화 상대로 만듦으로써 그에게 궁극의 찬사를 보냈고, 흄은 책이 나오자 스미스의 기운을 북돋우고 책의 홍보를 돕고, 그가 생각을 다듬도록 권장함으로써 그러한 호의를 되갚았다. 철학적 우정에서 이 이상 더 무엇을 바랄 수 있겠는가?

1759~1766  06

프랑스의 환대

흄이 《도덕감정론》의 출판과 평판에 관해 스미스에게 쓴 익살스러운 편지에는 예기치 않은 서곡도 포함되어 있었다. 재무장관으로서 향후 아메리카 식민지에 운명적 영향을 끼치게 될 차(茶)와 기타 상품에 대한 일련의 세금을 밀어붙인 휘그당의 최고 정치가 찰스 타운센드(Charles Townshend)로부터 제안을 받은 것이다.[1] 흄은 타운센드가 스미스의 책에 너무나 매료된 나머지 당시 이튼(Eton) 칼리지에 재학 중이던 양아들 버클로 공작〔Duke of Buccleuch: 스코틀랜드의 귀족 헨리 스콧(Henry Scott)을 말함—옮긴이〕의 개인 교사로 여행에 동행해주길 바란다며 "〔스미스가〕 그 일을 수락할 만한 가치가 있도록 하는 데 최선을 다할 것"이라 약속했다고 전한다. 흄은 스미스와 함께 공부하도록 버클로를 글래스고로 보내는 것이 최선책임을 설득하기 위해 타운센드를 찾아가려 했다. "그가 당신이 교수직을 포기하도록 할 어떤 조건을 제시할 수 있을 거라고 기대하지 않았기 때문"이다. 흄은 타운센드가 "결단력이 좀 부족한 사람으로 통한다"—실은 변덕 때문에 '풍향계'란 별명이 붙기도 했다—는 것을 스미스에게 상기시키고 "이런 웃자고 하는 말에 크게 유념할 필요는 없을 듯하다"고 말한다.[2] 그러나 이번에는 타운센드가 자신의 약속을 지켰고, 스미스도 결국 교수직을 포기할 의사가 있는 것으로 드러났다. 그해 여름 타운센드는 글래스고로 스미스를 찾아왔고, 두 사람은 버클로가 정규 학교 교육을 마칠 동안 다음 몇 년간은 스미스가 대학 일을 계속하고 그 후에 버클로의 유럽 여행에 동행하기로 합의했다.[3] 스미스의 미래상은 갑작스레 급격한 변화를 맞았다.

흄 본인에게도 영국해협을 건너 이동할 기회가 곧 열리게 되지만, 그는 일단은 아직 《영국사》에 몰두하고 있었다. 그가 스미스에게 보낸 다음 편지는 "친애하는 스미스 씨에게. 내 책〔즉 튜더 왕조 편〕은 말할 것도 없고 당신의 책에도 그렇게 열중하지 마세요. 자신들도 화풀이 방법을 모르고 있지만, 나를 향한 휘그당원들의 분노가 다시 시작됐다고 합니다. 그들이 나에 대한 모든 사실을 인정할 수밖에 없기 때문이겠죠"라고 말한다. 흄은 그들의 혹평이 말도 안 된다고 생각했지만 아무런 대응도 하지 않겠다고 약속했다. 그리고 "만일 내 과거의 글들로 내가 재커바이트가 아니라는 사실을 충분히 밝혀내지 못한다면, 2절판으로 된 열 권의 책으로도 절대 입증하지 못할 것"이라고 쓴다. 그는 앤드루 밀러와 계속 작업하기로 계약서에 서명했다면서 다시 한번 과거로 거슬러 올라가 로마제국의 영국 침략부터 헨리 7세 즉위까지의 시기를 다룰 것이라고 말한다. 이 두 권은 흄의 마지막 대규모 저술 프로젝트이자 선급 계약을 맺은 유일한 책이었다. 그는 "지금까지 해왔던 대로 미친 듯이 전력투구해 스스로 지치게 만들지 않으면서 한가롭게 이번 작업을 하는" 것이 자신의 계획이라고 스미스에게 말한다. "이 책에 착수하는 이유는 나태함을 막기 위한 방

책이기 때문입니다. 돈으로 말하자면 나한테 충분히 있고, 명성으로 말하자면 아무리 이 책이 잘 나온다 해도 이미 쓴 것들로 족할 테니 말입니다. 그렇지 않다 해도 이제는 더 잘 쓸 것 같지도 않고요."[4] 과연 그는 단 1년 반 만에 이 책의 초고를 완성했다.

흄은 다음에 어떤 주제와 씨름할지에 대해서는 더 이상 스미스의 조언이 필요 없었지만, 장차 수년간 둘의 편지를 채울 한 가지 질문에 관해서는 진지하게 조언을 구했다. 바로 어디에 살지에 관한 것이었다. 흄은 "여기〔즉 런던〕에 머물면서 책을 쓸지, 아니면 스코틀랜드로 돌아간 다음 원고에 대해 상의할 때만 이곳에 올지 확신이 안 섭니다. 양쪽 다 몇 가지 끌리는 게 있어서요"라고 쓴다. 스코틀랜드는 그에게 한편으로 런던보다 물가가 싼 데다 "주된 교우 관계가 있는 장소"였다. 다른 한편으로 스코틀랜드는 "내게 너무 좁은 곳이고 내가 가끔 친구들한테 피해를 준다는 게 치욕적인" 곳이었다. 다시 말해 흄은 고국에서 종종 맞닥뜨렸던 종교적 편협성이 자신은 물론이고 스미스 같은 측근들에게 영향을 미치는 게 걱정스러웠다. 그는 "부디 빠른 시일 내에 당신의 판단이 무엇인지 써서 내게 보내주세요"라고 간청한다.[5] 스미스가 썼을지도 모를 답장은 현재 사라지고 없지만, 그해 여름 결국 흄은 잭스랜드에 있는 자신의 아파트로 돌아갔다.

알렉산더 칼라일은 9월에 흄과 스미스가 둘 다 에든버러에 있는 윌리엄 로버트슨의 집 만찬에 참석했다고 기록한다. 만찬에 초대받은 많은 이들 중에는 벤저민 프랭클린도 있었다.[6] 프랭클린은 아들과 스코틀랜드를 유람 중이었는데, 이번 여행을 "내 인생의 한 부분에서 경험해본 가장 밀도 높은 행복의 6주"로 여겼다. 사실 프랭클린은 "그곳에서 목격한 엄청나게 많은 수의 유쾌하고 유익한 협회들이 내 기억에 너무나 좋은 인상을 남겼고, 어떤 다른 곳도 그렇게까지 나를 강력한 연결 고리로 끌어당기지 않았기에 아무래도 나는 여생을 보낼 나라로 스코틀랜드를 선택하게 될 것 같다"고 공언했다.[7] 흄은 그해 초 런던에 있는 동안 프랭클린을 만난 적이 있고, 스미스는 프랭클린이 에든버러를 떠나 글래스고를 거쳐갈 때 다시 만났으며 어쩌면 자신의 집에 머물게 했을지도 모른다.[8] 그런데 그들의 인연은 거기서 끝나지 않았다. 흄과 프랭클린은 수년간 드문드문 서신을 교환했고, 스미스는 늘 그랬듯 프랭클린과 편지를 주고받았을 것 같지 않지만 그에게 "기억해달라"고 몇 차례 부탁하기는 했다.[9] 프랭클린은 1771년 두 번째 스코틀랜드 여행 중 거의 한 달간을 흄의 집에 머물렀고, 1770년대 중반 흄이 런던에 있는 동안에는 스미스와 시간을 보냈다. 1760년대 초 프랭클린이 2년간 아메리카로 돌아가기로 했을 때 흄은 편지를 써서 "당신이 곧 서반구를 떠날 작정이라니 매우 유감"이라면서 "아메리카는 금, 은, 설탕, 담배, 인디고(indigo: 청색 염료용 식물—옮긴이) 등 좋은 물건을 우리에게 많이 보내줬습니다. 그러나 당신은 최초의 철학자요, 사실상 우리가 아메리카에 빚진 최초의 위대한 문필가입니다. 당신을 지키지 못한 것은 바로 우리의 불찰입니다. 여기선 우리가 지혜는 금보다 귀하다는 솔로몬의 말에 수긍하지 않는다는 게 명백합니다. 왜냐하면 우리는 한 번 손 댄 금은 1온스(ounce: 28.35그램. 아주 적은 양을 말함—옮긴이)라도 절대 돌려주지 않으려 하기 때문입니다"라고 말했다.[10] 프랭클린은 "모든 재화의 가치는 …… 수요량의 다양한 비율에서 생겨난다는 것을 알고 있지요"라며, 영국인에게 "지혜가 충분히" 있음을 감안하면 "당신 나라 국민이 다른 게 아니라 현재 가진 재화를 바란다고 해서 지탄해서는 안 될 것입니다. 저라도 만일 어떤 재화가 있다면 희소성 때문에 더 나은 시장이 될 만한 곳으로 틀림없이 그걸 가져갈 것입니다"라고 친절하

게 답장했다.[11]

흄은 1761년 6월《영국사》의 마지막 두 권에 관한 연구도 더 하고, 수정 작업도 하고, 완성본을 출간하기 위해 런던으로 또다시 돌아갔다. 마침 스미스도 그해 가을 두 달간 대학 업무 때문에 그 도시에 머물 계획—그곳 여행은 처음—이었다. 흄이 자기가 어디서 묵을지 알리고 재회의 가능성에 기쁨을 표하고자 가는 도중 스미스에게 편지를 쓴 것으로 보아 확실히 흄은 이 계획을 알고 있었을 것이다. 그는 "도착하자마자 제발 당신의 소식을 듣게 해주세요"라고 간청한다.[12] 비록 거의 다음 2년간 그들 사이에 오간 편지가 더 이상 남아 있지 않지만, 그들이 런던에서 얼마간의 시간을 진짜로 함께 보냈다는 간접적인 증거가 있다. 바로 흄과 스미스 그리고 1746년 브르타뉴(Bretagne) 출장 때 흄과 함께 근무했던 유망한 군인(훗날 장군이 된다) 로버트 클러크(Robert Clerk) 사이의 대화로 이뤄진 애덤 퍼거슨의 원고다.[13] 그 대화는 1761년 가을 런던에서 있었다. 실제로 있었다면 말이다. 그 대화가 역사적으로 얼마나 정확한지는 특히 수십 년 후에 그 얘길 썼다는 점을 감안할 때 알 길이 없다. 애석하게도, 흄과 스미스는 이 글에서 서로 몇 마디 이상 나누지 않는다. 대신 그들은 번갈아가며 클러크와 대화한다.[14]

대부분의 대사는 대화할 때 호전적인 것으로 유명했고 막연하게 흄과 스미스의 도덕 이론을 혹평하는 퍼거슨의 견해에 의존한 클러크의 말로 이뤄져 있다.[15] 이 글은 철학적 가치가 미심쩍긴 해도 분명 재치 있는 순간도 있다. 클러크는 "당신은 자신만의 주의를 확립하기보다는 다른 사람들의 교리를 무너뜨리려 합니다"라는, 이제는 케케묵은 혐의로 흄을 도발하면서 대화의 포문을 연다. 거기에 대해 흄은 이렇게 응수한다. "죄송합니다만, 너무나 나쁜 평판을 받은 나머지 체계 정립은 자제하기로 결심했던 그 완벽한 《인간 본성에 관한 논고》로 내가 설명하지 않았던가요〔?〕" 잠시 후 클러크는 흄이 이른바 도덕성을 효용성으로 축소시킨 부분에 대해 받아친다. "선한 옥수수밭보다 더 유용한 게 있을까요〔?〕 수확량이 많다고는 말해도 선량한 밭이 있다고는 아무도 말하지 않습니다." 토론이 좀더 진행된 후 스미스가 "만면에 미소를 띠고 뭔가를 혼자 중얼거리며" 전형적인 모습으로 방에 들어온다. 그는 은근히 《도덕감정론》에 대한 클러크의 칭찬을 노리면서 자신이 "모든 난관을 헤치고 〔그〕 이론을 완전하게 만들었다"고 의견을 밝힌다. 순간, 그 선한 군인은 이런 평결로 그를 망연자실하게 만든다. "나한테 당신 책은 완전히 헛소리투성이입니다."[16]

런던에 있는 동안 스미스는 새뮤얼 존슨과도 어떻게 하다 보니 첫 만남에서 옥신각신하게 됐는데, 아마 존슨이 그의 면전에서 흄을 욕했기 때문인 듯하다. 이는 위대한 무신론자와 관련된 일이라면 위대한 도덕주의자가 버릇처럼 한 행동이었다. 역사학자 피터 게이(Peter Gay)가 지적했듯 흄에 관해 쓴 존슨의 논평은 "거의 두려움의 기미조차 보이는 비철학적 혐오"를 드러낸다.[17] 그 일화와 관련한 어떤 설명에 따르면 존슨은 스미스가 흄을 칭찬한 것을 비난하며 그를 거짓말쟁이라 불렀고, 동시에 스미스는 존슨한테 개새끼라고 대꾸했다고 전한다.[18]

초기 영국사에 관한 책을 출간하고 약 한 달이 지난 뒤, 흄은 서둘러 에

든버러로 돌아왔다. 그는 다음 몇 년간 이따금 명예혁명부터 하노버 왕조의 승계(1689~1714)까지 쓸지, 아니면 동시대에 한층 근접한 시기까지 밀고 나갈지 고민하면서 안 그래도 방대한 책을 좀더 확장해볼 생각을 했지만 진지하게 작업에 돌입하지는 않았다. 그는 어떤 사람에게 쓴 편지에서 이렇게 말했다. "사실 집필에 관한 한 지금 나는 완전히 게으른데, 그 나태한 상태에 대단히 만족하고 있어요. 친구들은 내가 그 상태로 오래가지 못할 거라며 책 읽고 대화하는 것 말고는 아무 일도 하지 않는 게 지겨워질 거라고 합니다만, 저는 악마의 유혹 같은 어떤 글쓰기의 충동도 거부하기로 결심했고, 책장 위의 육중한 뭉치들은 물론이고 거울 속 내 살덩어리를 볼 때 정말이지 나 스스로가 너무나 부끄러워 어느 쪽이든 더 비대해지지 않도록 할 생각입니다."[19]

1762년 흄은 론마켓으로 돌아와 리들스랜드의 옛 집과 거의 정반대편에 있는 제임스스커트(James's Court)의 한 아파트를 구입했다. 그는 남은 생애 동안 이 아파트를 계속 소유했고, 프랑스에 가 있는 동안에는 휴 블레어에게, 뉴타운으로 이사했을 때는 제임스 보스웰에게 빌려줬다. 캐슬힐(Castle Hill)의 높은 지대에 위치한 아파트는 이 도시와 포스만 맞은편의 파이프(Fife) 언덕까지 보이는 멋진 전망을 갖고 있었다. 애석하게도 그 건물은 19세기 중엽 화재로 소실된 후 빅토리아 스타일로 재건축됐다. 물론 전망은 여전히 아름다웠다. 흄은 새집이 "조금 비싸다"고 생각했지만 자신이 "대단히 잘 지낼" 거라는 확신이 들어 기뻤다.[20] 늘 그렇듯 누나 캐서린과 가정부 페기 어빈이 합류했다. 이 무렵 그는 오십 줄에 접어들었고 에든버러에 영원히 정착할 생각으로 "아주 예쁜 작은 집을 사서 그것을 수리하고, 취향에 맞는 가구로 꾸몄다. ……그리고 여생을 계속 이어갈 발판으로서 집 안의 모든 것을 정비했다".[21]

도시의 지적인 활력은 빠르게 명맥을 이어갔다. 선택협회는 사양길로 접어들었지만 애덤 퍼거슨은 1762년 1월 포커 클럽(Poker Club)—그는 1745년 반란 이후 의회가 금지해온 스코틀랜드 민병대 도입 문제가 '촉진'되길 바라며 이런 이름을 붙였다—안에 일종의 대체 조직을 만들었다.[22] 흄과 스미스는 둘 다 창립 회원이었고, 매주 가벼운 오찬이나 셰리주(sherry: 식전에 마시는 백포도주—옮긴이) 또는 클라레(claret: 프랑스 보르도산 적포도주—옮긴이)를 함께 먹고 마시면서 다양한 정치적 주제를 놓고 활발한 논쟁을 벌이는 선술집 모임에 자주 참석했다. 선택협회에서 그랬듯 그들은 자신의 의견을 자주 개진하지는 않았지만 조직이 제공하는 유쾌한 토론을 즐겼다. 하지만 사실 흄은 그 클럽에서 일종의 직위를 갖고 있었다. "그런 종류의 직책이 필요할 경우를 대비해" 앤드루 크로스비(Andrew Crosbie)라는 이름의 형사 변호사를 장남 삼아 조직의 "암살범(Assassin)"으로 지명하자 **플러스**와 **마이너스**로 아무런 유혈 사태가 일어나지 않도록 다정한 흄을 "그의 승인 없이는 아무것도 실행할 수 없는 평가자(Assessor)로 추가" 임명한 것이다.[23] 프랑스 사회의 최상류층에서 환대를 받고 2년 뒤, 흄은 퍼거슨에게 "나는 진심으로 포커 클럽의 꾸밈없이 거친 측면이 …… 그토록 많은 순한 측면을 바로잡고, 지위를 얻길 …… 종종 바란다"고 시인했다.[24] 그러나 이 "꾸밈없이 거친 측면"이 모든 이들에게 매력적이었던 것은 아니다. 비회원인 제임스 보스웰은 자신의 학술지에서 이렇게 불평했다. "이른바 **포커 클럽**은 …… 예의범절을 파괴하기 위해 할 수 있다면 모든 짓을 불사하고 있다. 그들은 계급과 외부 상황에 따르는 존중을 모조리 철폐하고 일종의 문학적 야만인처럼 살 것이다."[25] 그들의 첫 만남 이후 거의 15년이 지난 1763년 2월, 마침내 우리는 스미스가 흄에게 보낸 서신 중 현존하는 가장 오래된 편지를 만난다. 하지만 그들의 우정에 대해 던지는 실마리라는 관점에서 보면 지극히 실망스럽다. 고작 에든버러에서 시간을 보낼 계획이며 "당신의 책들을 매우 잘 알고 있고, 그래서 저자에게 소개받기를 간절히 바라는" 헨리 허버트(Henry Herbert)라는 글래스고 대학 학생을 간단히 소개하는 편지일 뿐이기 때문이다. (적어도 이는 스미스가 흄의 글이 불경하다는 악명에도 불구하고 제자들에게 읽기를 권장했다는 생각에 한층 신빙성을 더해준다.) 이 편지를 보면 스미스는 자신을 보러 와달라는 흄의 거듭되는 간청을 받아치는 습관이 있었던 것 같다. 그는 "당신은 오래전부터 글래스고를 방문하겠다는 약속을 해왔고, 저는 허버트 씨에게 〔돌아올 때〕 당신을 모셔올 수 있도록 최선을 다하겠다는 약조를 받아냈습니다"라고 쓴다. "당신은 내 모든 요청을 거부해왔지만, 이번에는 그러지 않았으면 합니다. 원컨대 당신을 만나는 것이 제게 가장 큰 즐거움이라는 건 굳이 말씀드리지 않아도 되겠지요."[26]

몇 주 뒤 흄은 "장래가 매우 촉망되는 젊은이"—그는 훗날 훌륭한 무소속 국회의원이 된다—로 보이는 허버트를 소개해줘서 고맙다며 스미스의 요청을 받아들이겠다고 약조하는 답장을 썼다. "오는 5월에 마차를 마련해놨는데, 이로써 내게 여기저기 돌아다닐 자유가 생길 겁니다. 그리고 글래스고가 가장 먼저 착수할 여행지 중 하나가 되리라고 확신해도 좋습니다." 〔우리는 이맘때쯤 흄이 노스요크셔(North Yorkshire)로 여행을 떠났다는 사실은 알고 있지만, 그 일정에 글래스고를 포함시켰는지는 확실하지 않다.〕 그는 스미스에게 이렇게 경고한다. "나는 아주 엄격하게 당신이 여가를 어떻게 사용해왔는지 설명하라고 요구할 작정이니, 거기에 맞춰 준비를 했으면 합니다. 만약 일과 휴식의 균형이 깨졌다면 무사하지 못할 겁니다." 흄은 글래스고를 방문하겠다고 맹세하는 와중에도 스미스에게 에든버러로 오길 강력히 촉구한다. "이곳에 있는 당신 친구들 역시 내가 돌아올 때 틀림없이 당신을 동반할 거라 기대할 겁니다. 당신을 만난 게 굉장히 오래된 것 같네요."[27]

그해 8월 흄은 다시 예기치 않은 소식이 담긴 편지를 스미스에게 보냈다. 신임 프랑스 주재 영국 대사로 임명된 허트포드 경〔Lord Hertford: 프랜시스 시모어 콘웨이(Francis Seymour Conway)를 말함—옮긴이〕이 개인 비서로 파리에 함께 가자고 정식 요청한 것이다.[28] 이러한 요청이 놀라웠던 것은 단지 흄이 그런 쪽 일에 거의 경험이 없고 반(反)스코틀랜드 감정이 들끓던 시기에 스코틀랜드인이었기 때문만은 아니다. 흄은 허트포드를 만나본 적도 없고, 더욱이 허트포드는 신앙심 깊기로 유명했기 때문이다. 흄은 "언뜻 들었을 때 매우 솔깃하긴 했지만, 제안을 수락하기까지 많이 망설였습니다. 게다가 내 나이에"—그는 52세였다—"새로운 무대에 진입하고 운좋게도 후보자 명단에 오른다는 게 말이 안 된다고 생각했지요"라고 말했다. "하지만 어떤 면에서 나는 모든 문학적인 일을 접었고 미래의 삶을 완전히 여가 활동에 넘기기로 결심했으니, 이런 여행보다 더 나은 소일거리도 없을 거라는 생각이 들었습니다." 물론 파리에 흄의 팬을 자처한 이들이 많다는 사실은 어디에서도 언급하지 않았다. 그해 초 엘리뱅크 경이 "아직까지 어떤 작가도 현재 당신이 파리에서 거머쥔 정도의 명성을 살아생전에 얻은 적은 없습니다"라고 흄에게 알려준 터였다.[29] 그해 2월, 7년 전쟁이 끝남에 따라 흄은 더 이상 그런 유혹을 거부할 명분이 없었다. 그는 뛰어들기로 마음먹었다고 스미스에게 말했다. 흄은 바로 다음 날 떠날 예정이었다. 편지는 계속된다. "준비하느라 좀 바쁘기는 하지만 나의 좋은 친구여, 당신에게 작별 인사도 없이 이렇게 갑자기 움직이는 이유를 알리지도 않고 떠날 수는 없었습니다. 빠른 시일 내에 이 나라〔즉 스코틀랜드〕에 다시 올 거라고 크게 기대하지는 않아요. 그것이 불가능하지 않길 바라기는 하지만, 우리는 외국에서 만날 수도 있고, 그렇게 되면 나는 더없이 행복할 겁니다."[30] 흄은 이 고대하던 만남이 몇 달 안에 성사될 거라고는 상상도 못했다.

흄은 파리로 가는 길에 런던을 경유했는데, 거기서 스미스에게 정치판의 최신 뉴스를 전하는 편지를 쓰며—런던을 여행하는 스코틀랜드인은 보통 고향에 있는 친구들에게 최근 사건에 관한 최신 정보를 알려줄 거라는 기대를 받곤 했다—자신의 상황에 관해서도 좀더 자세히 얘기했다. 그는 에든버러를 떠나기를 망설였지만 런던에 도착하자마자 자신의 직업이 기대 이상으로 훨씬 더 좋다는 사실을 알게 됐다고 말한다. 숙식 여건도 편안할 것 같고, 재정 상태도 훨씬 더 좋아질 터였다. 그리고 허트포드 경은 "대단한 신앙심"에도 불구하고 나무랄 데 없는 성격을 가진 사람이었다. 사실 흄은 허트포드가 "나를 끌어내리려는 반대 의견이 무수히 많았을 것임에도 눈감아줬다"는 걸 감안할 때 그의 비서로 근무함으로써 "더 많은 영예"를 얻을 것이라고 적었다. 그러나 이 모든 순조로운 상황도 흄 자신의 선택이 과연 현명한 것인지 완전히 이해시키지는 못했다. "솔직히 말할까요? 나는 편안함과 여유, 은퇴 생활과 독립을 잃어버린 게 아쉽습니다. 과거를 생각할 때마다 한숨이 나오고, 미래로 시선을 돌릴 때마다 망설여집니다." 이런 감정이 그가 스코틀랜드에 계속 머물렀어야 했다는 신호인지, 아니면 그저 "일시적인 혐오와 무기력의 영향 때문이니 사람들과 어울리고 여가를 즐기고 건강 상태가 나아지면 곧 사라질 것인지"라는 질문에 대답을 얻으려면 "인내심을 갖고 기다려야 할" 거라고 흄은 말한다.[31]

흄이 빛의 도시(파리를 가리킴—옮긴이)를 향해 가고 있는 동안, 흄을 스미스와 재회시킬 운명의 바퀴들이 그가 모르는 사이 시동을 걸고 있었다. 10월 말 찰스 타운센드는 자기 양아들—이제 17세가 된 버클로 공작—의 여행 동반 개인 교사가 되어달라고 스미스에게 재차 요청하는 편지를 보냈다.[32] 스미스가 지체 없이 그 제안을 수락한 것으로 보아 그는 두둑한 월급, 평생 연금, 유럽 대륙에서 한동안 지낼 기회라는 가능성을 물리칠 수 없었던 듯하다. 더욱이 흄이 바로 그 주에 프랑스에 도착할 거라는 사실이 틀림없이 또 하나의 동기로 작용했을 것이다. 2월 중순, 두 사람은 파리에서 재회한다.

흄이 파리에서 받은 환대는 오늘날까지도 도무지 믿을 수가 없다. 왕족, 귀족, 관료, 사교계 여왕, 문인 등 한자리한다는 인물은 모두가 흄을 만나 격찬하고, 무엇보다 그와 함께 있다는 것을 남들에게 보이려 몰려드는 통에 자기들 발에 걸려 넘어질 지경이었다. 몇 달간 체류한 뒤, 흄은 윌리엄 로버트슨에게 소식을 전했다. "나는 암브로시아(ambrosia: 그리스·로마 신화에서 먹으면 늙지 않고 죽지도 않는다는 신들의 음식—옮긴이)만 먹고, 넥타(nectar: 그리스·로마 신화에 나오는 신들의 음료—옮긴이)만 마시고, 향내만 맡고, 꽃잎만 밟으며 지내고 있습니다. 내가 만난 모든 신사, 그리고 그보다 훨씬 많은 숙녀들은 내게 길고 공들인 칭찬을 늘어놓지 않으면 가장 필수적인 의무를 소홀히 하기라도 하는 것인 양 생각하더군요."[33] 게다가 어니스트 캠벨 모스너가 썼듯 "파리에 불었던 흄 유행의 가장 놀라운 특징은 일시적이 아니라 그가 머문 26개월간 줄곧 지속됐다는 점이다".[34] 흄이 무신론 때문에 수십 년간 비난과 경멸을 받아왔던 스코틀랜드와 달라도 너무 달랐다. 진한 스코틀랜드 사투리에 끊기기 일쑤인 프랑스어로 얘기하는, 어딘가 어색하고 상당히 뚱뚱한 52세의 철학자가 예의 바른 파리 사회의 총아가 된 것은 그야말로 놀라운 일로 보였다. 사실 이 모든 특이한 구석—아울러 그것들이 드러내는 그의 세련되고 도시적인 글쓰기와의 대비—이 흄을 한층 더 사랑받게 만들었다. 그의 파리 경험은 훗날 모피 모자에 소박한 지혜를 지닌 벤저민 프랭클린의 경험과 다르지 않았다. 태도가 촌스러울수록 그들은 더 인기를 끌었다.

10월 프랑스에 도착하자마자 흄이 고국에 보낸 첫 번째 메시지의 수신자는 스미스였다. 요컨대 우리가 프랑스에서 흄이 받은 놀라운 환대에 관한 첫 설명을 볼 수 있는 것도 바로 이 편지에서다. 그는 스미스에게 그 나라에 머문 지 일주일도 채 안 됐지만 이미 "주체할 수 없는 허영심을 가진 자들만이 꿈꾸거나 기대했을 법한 가장 특별한 영예를 가는 곳마다 경험"했다고 말한다. 이 점에 대해 그는 "프랑스의 공작과 장교와 외국 대사 따위의 찬사는 내게 쓸모없습니다. ……나는 숙녀들이 해주는 칭찬 말고는 어떤 종류의 아첨에도 흥미가 없거든요"라고 말한다. 흄은 대표적인 계몽사상가들은 아직 아무도 만나지 못했다면서 "하지만 모든 사람이 자진해서 내가 〔그들〕로부터 높은 칭송을 받는다고 얘기해주더군요"라고 적는다. 그러나 이런 영웅 숭배에 우쭐해지지 않았다고 힘주어 말하기도 한다. "나의 친애하는 벗이여, 당신은 이 모든 게 나를 매우 행복하게 만들지 않느냐고 물어볼 거라는 것 압니다." 그의 대답은 어땠을까? "아뇨. 거의, 아니 전혀 차이를 못 느낍니다. 이것이 고국의 친구들에게 쓰는 첫 번째 편지이기 때문에 당신에게 이런 상호 작용을 아주 짧게 요약해 설명하면서 나 스스로 즐기고 있는 겁니다. (그리고 당신도 즐거웠기를 바랍니다.) 하지만 …… 이 모든 외적인 허영보다는 함께 지내는 가족의"—허트포드 일가의—"지극히 인정 많은 태도와 성격으로부터 틀림없이 내적인 행복을 더 많이 얻고 있습니다." 그는 왕궁이 위치한 퐁텐블로(Fontainebleau)에서 편지를 썼는데, 거기서 보낸 이틀간 "같은 기간 동안 어떤 사람이 겪었을 것보다 더 많은 아침에 시달렸습니다. (이런 표현이 딱 맞습니다.) 건강 상태가 좋기만 하다면 내 인생에서 다시는 거치고 싶지 않습니다"라고 말한다. 아마도 자기가 불평만 잔뜩 늘어놓고 있다는 걸 깨달았는지 흄은 하던 이야기를 멈춘다. "하지만 바보짓은 여기까지만. 당신의 우정으로 당신이 나를 용서해줄 거라고"—아마도 자신의 허영을 의미하는 듯하다—"그리고 당신의 재량으로 당신이 비밀을 지켜줄 거라고 내가 믿고 있다는 걸 아실 겁니다." 제정신을 차린 흄은 "처음으로 내 손에 펜을 쥐어준 주제"로 전환한다. 즉 돌바크 남작〔Baron d'Holbach: 독일계 프랑스 철학자 폴 앙리 디트리히(Paul Henri Dietrich)를 말함—옮긴이〕이 《도덕감정론》의 프랑스어 번역 작업을 진두지휘하고 있다는 소식을 전하고, 스미스에게 번역본을 위해 변경하고 싶은 내용이 있는지 묻는다.[35]

12월에 스미스는 정확히 얼마나 될지는 모르겠지만 가까운 미래에 프랑스에서 흄과 합류할 거라는 소식을 전하며 기쁜 마음으로 답장을 썼다. 스미스는 4월 자신의 수업이 끝날 때까지 여행을 미뤘으면 했지만 버클로가 그리 오랫동안 여행을 연기할 수 있을지 확실치 않았다. (나중에 밝혀지지만 그는 학기 중간에 대학을 떠날 수밖에 없었다.) 그는 또한 돌바크에게 감사의 말을 전하고, 그 밖에 "영광스럽게도 나에 대해 알고 있는 프랑스의 천재들"에게 존경을 표한다. 그런 다음 화제를 파리에서 흄의 평판으로 옮기는데, 친한 친구의 편파적 시각으로 봤을 때 그것은 "조금도 내 기대를 벗어나지 않습니다"라고 말한다. 그러면서 흄의 희생으로 자신도 약간 즐거웠다고 털어놓는다. "비밀을 지켜달라는 당신의 부탁에도 불구하고 우리의 여성 친구 몇몇에게 제 맘대로 당신의 편지를 일부 보여줬습니다. 아첨을 경험하고는 당신이 기분 좋지 않은 척하는 대목에서 우리 모두 한바탕 웃었답니다. 이 세상에서 겸손이 어떤 보상을 받는지는 당신도 알 겁니다."[36] 실은 불과 일주일 후 흄 본인도 "나의 겸손함이 큰 타격을 입고 있으며 이 사람들 사이에 있다가는 결국 완전히 죽임을 당할 것 같습니다"라고 엘리뱅크 경에게 말했다.[37]

이런 면에서 최고의 가해자 중 한 명은 콩티 왕자〔Prince de Conti: 루이 프랑수아 드 부르봉(Louis François de Bourbon)을 말함—옮긴이〕의 미망인이자 파리 최고의 살롱 중 한 곳을 운영하던 부플레르(Boufflers) 백작 부인이었다. 38세로 흄보다 열네 살 젊은 부플레르는 엘리트 인맥과 매력적인 사교술 그리고 매혹적인 외모 외에도 문학과 철학과 예술에 깊은 조예를 갖고 있었다. 흄이 프랑스에 도착하기 전 그녀는 이제까지 철학자들이 받아본 것 중 가장 달콤하면서도 어깨를 으쓱하게 하는 편지들로 그에게 수년간 구애를 해온 터였다. 흄의 《영국사》를 읽고 "인류를 위해 이 근대사를 쓰려고 왕림한 감정 없는 천사의 작품이 제 눈앞에 있다는 생각이 들었어요. ……당신의 펜에서 나오는 모든 것은 당신이 완벽한 철학자요, 정치가요, 천재적 역사가요, 계몽된 정치사상가요, 진정한 애국자임을 보여줍니다"라고 자신의 심정을 토로했다.[38] 마침내 그 둘이 직접 만났을 때—백작 부인이 홍역에서 회복한 후—흄은 부플레르의 마법에 사로잡혔고, 그녀와 미친 듯한 사랑에 빠졌다는 소문을 낳았다. 그러나 흄은 그녀의 결혼 및 콩티 왕자와의 관계를 고려했을 때, 애정 어린 우정의 범위를 넘어 더 나아가기에는 꺼려진다고 최종적으로 결론지었다. 자신의 독립에 부여한 엄청난 가치도 망설임에 한몫했는데, 자신이 대단한 여인의 정부가 되자면 필연적으로 타협해야 할 부분이었다. 두 사람은 그럼에도 불구하고 서로에게 계속 몰두했고, 흄이 죽기 직전 침상에서 쓴 편지 중 한 통에는 백작 부인의 주소가 적혀 있었다.[39]

또한 흄은 프랑스의 대표적 문필가 중에서도 마음 맞는 벗들을 찾았는데 "내가 가장 좋아하는 인품과 대화 능력을"가진 인물을 꼽자면 장 르롱 달랑베르(Jean le Rond d'Alembert), 뷔퐁 백작(Comte de Buffon), 드니 디드로, 클로드아드리앵 엘베시우스 등이 있었다.[40] 〔흄은 볼테르를 한 번도 만나지 못했는데, 그가 오래전 스위스 국경 지역의 페르니(Ferney)로 도피해 있었기 때문이다. 그리고 몽테스키외는 1755년에 사망하고 없었다.〕 종교 문제에 관한 한 깊을 대로 깊은 흄의 회의주의는 더욱 급진적인 계몽사상가들의 전투적 무신론에 비하면 왜소해 보였다. 실제로 그중 몇몇이 "이런 세부 사항의 측면에서 나의 협소한 사고방식을 비웃곤 했다"고 흄은 훗날 회상했다.[41] 흄은 하루아침에 자신이 종교의 굴레를 완전히 떨쳐내지 못했다는 놀림을 받고 있다는 걸 깨닫고 진짜로 깜짝 놀랐을 것이다. 동료 자유사상가인 에드워드 기번은 "흄의 회의론을 비웃고, 독단론자들의 편협함으로 무신론의 원리를 설교하고, 조롱과 경멸을 하며 모든 신자에게 저주를 퍼붓는" 계몽사상가들의 "참을 수 없는 광기"를 개탄했다.[42] 흄 방식의 무신론과 좀더 급진적인 프랑스 사상가들의 무신론의 차이는 파리에 있는 돌바크의 집 만찬에서 일어난, 지금은 유명해진 한 일화에서 선명하게 드러난다. 흄이 자기는 철두철미한 무신론자가 있다고 믿지 않으며 그런 사람은 실제로 한 명도 만나보지 못했다고 하자, 돌바크는 그에게 식탁 주변에 있는 사람들의 수를 세보라고 한다—18명이었다. 그러고는 "나쁘지 않네요. 한 번에 15명을 당신에게 보여드릴 수 있으니 말입니다. 나머지 3명은 아직 결심하지 않았답니다"라고 비꼬며 말했다.[43] 상상하건대 흄은 그중 이

3명이 가장 분별 있는 사람들이라고 여겼을 것이다.

그러는 사이 스미스는 개인 교사 일을 시작하기 위해 1764년 1월 글래스고 대학의 교수 자리를 사임했다. 그 뒤를 이어 도덕철학 담당 교수 자리를 맡은 사람은 아마도 스미스 자신의 바람과는 배치됐겠지만 뛰어난 '상식' 철학자이자 매우 유력한 흄 철학 비평가 중 한 명인 토머스 리드였다.[44] 허치슨에서 스미스를 거쳐 리드까지 그 자리를 정말 18세기의 걸출한 인물들이 꿰찬 셈이다.[45] 스미스와 그의 새로운 제자는 1월 런던에서 만나 2월 영국해협을 건넜다. 그들이 파리에 도착한 것은 2월 13일이었다. 그들은 유럽 대륙을 여행하며 총 2년 6개월이 약간 넘는 시간을 보내게 될 터였다. 훗날 버클로는 둘이 함께 보낸 시간을 "조금의 이견이나 냉담함 없이" 지냈다고 회상했고, 스미스 역시 "언제나 그때를 즐거움과 감사의 마음을 가지고 얘기했다".[46] 두 사람은 스미스의 여생 내내 가까운 관계를 유지한다.

스미스의 첫 번째 파리 체류는 상당히 짧았다—약 10일이었다. 그와 버클로는 당연히 흄과 같이 지냈고, 흄은 당시 에펠탑 부근의 센(Seine)강 좌안(左岸)에 위치한 상류층의 포부르생제르맹(Faubourg Saint-Germain)에 거주하고 있었다. 판단을 내릴 만한 기록은 거의 남아 있지 않지만, 흄은 분명 스미스와 청년 공작 버클로를 파리에 있는 자신의 친구와 추종자들에게 소개했을 것이다. 그런 다음 스미스와 버클로는 툴루즈(Toulouse)로 갔고, 거기서 18개월을 보냈다. 당시 툴루즈는 프랑스의 '두 번째 도시'로서 영국 방문객들이 선호하는 행선지였다. 대학, 고등법원(parlement), 과학 및 예술 협회 따위는 있으나 파리에 넘쳐나는 소란스러움이 없는 그곳은 젊은 귀족을 교육하기에 이상적인 장소로 보였다. 스미스는 파리를 떠난 뒤에도 어떤 점에서는 흄과 계속 연결되어 있었다. 중요한 친구이자 툴루즈의 안내자 중 한 명이 흄의 사촌인 샤를 콜베르(Charles Colbert) 대수도원장이었기 때문이다. 〔콜베르는 목회자가 되자마자 자신의 성(姓)인 커스버트(Cuthbert)를 프랑스식으로 바꿨다.〕 그들을 만나자마자 콜베르는 흄에게 스미스를 예찬하는 편지를 쓰며 스미스가 흄이 장담한 대로라고 공언했다.[47] 또한 스미스는 그곳에 머무는 동안 버클로와 함께 흄의 저술에 관해 토론했는데, 공작이 "당신의 거의 모든 책을 여러 번 반복해서 읽었는데, 내가 그에게서 주의 깊게 받아들이려는 더욱 건전한 교리가 없다면, 그가 위험천만하게도 당신의 사악한 교리를 채택할 것 같아 걱정입니다. 당신은 그가 얼마나 많이 나아졌는지 알 겁니다" 하며 흄을 놀리기도 했다.[48]

툴루즈에서 스미스는 적어도 그의 기준으로는 꽤 자주 흄에게 편지를 썼다. 우리한테는 1764년 7~11월에 쓴 세 통, 그리고 1765년에 쓴 두 통이 있다. 하지만 이 편지들은 대부분 상당히 짧고, 주로 흄의 영향력을 이용해 남프랑스의 고관들에게 스미스와 버클로를 소개시켜달라고 요청하는 내용이다. 그중 첫 번째 편지에서 스미스는 지금까지 "거의 우리만큼이나 이곳을 모르는 대수도원장님〔콜베르〕의 도움을 받아왔는데" 그들 스스로 헤쳐 나갔어야 했다고 한탄한다. "사실 우리가 이룬 진전은 지지부진합니다. 공작은 프랑스인 친구를 한 명도 사귀지 못했죠." 스미스는 이런 현지 인맥의 부족 때문에 자신의 시간을 채우는 것도 어렵다고 흄에게 말한다. "제가 글래스고에서 영위했던 삶은 현재 이곳에서 보내는 삶과 비교하면 쾌락적이고 방탕했더군요. 시간을 죽이기 위해 책 한 권을 쓰기 시작했습니다. 제가 얼마나 할 일이 없는지 믿어질 겁니다."[49] 확신할 수는 없지만, 여기서 내비친 책은 《국부론》일 가능성이 있다—스미스의 현존하는 서신 중 이 책을 최초로 언급한 부분이다.[50]

스미스의 간청에 대한 응답으로 흄은 그달 말 그들의 보르도(Bordeaux) 방문에 맞춰 보르도 총독 리슐리외(Richelieu) 공작에게 소개하는 편지 한 통을 보내줬다. 그 결과 스미스는 다음 편지에서 그들이 "최고의 예우와 관심으로" 대접을 받았다며 고맙다고 전한다. 그는 버클로가 "프랑스인들과 친해지기" 시작했다면서 "우리가 함께 지낼 나머지 시간을 평화롭고 만족스러울 뿐 아니라 흥겹고 즐겁게 보낼 거란 생각에 뿌듯하다"고 말한다.[51] 그들의 보르도 여행에는 콜베르뿐 아니라 영국 국회의원 아이작 바레(Isaac Barré)도 동행했다. 바레가 흄에게 보낸 편지에서 우리는 약간 비판적인 스미스의 발언을 엿볼 수 있다. "당신이 프랑스 왕궁의 델리스(délices: 별미 또는 열락)로 부드러워졌고, 북쪽의 풍토에 있을 때 두드러졌던 예의 다소 신경질적인 문체를 쓰지 않는다는 생각에서는 스미스도 나와 의견이 같더군요."[52] 추측건대 이는 흄의 철학이나 역사 저술이 아니라 편지를 지칭하는 것이리라. 전자의 글은 전혀 집필하지 않고 있었기 때문이다.

1765년 가을 스미스는 버클로 및 그해 초 합류한 공작의 남동생과 함께 툴루즈를 떠났다. 첫 기착지는 제네바로 그들은 그곳에서 두 달을 머물렀다. 스미스는 그 지역에서 가장 유명한 인물인 볼테르를 대여섯 차례 만날 기회가 있었는데, 둘은 꽤 잘 지냈던 것 같다. 스미스와 그가 보살펴야 하는 일행은 그 후 파리로 돌아갔고, 이번에는 10개월이라는 훨씬 긴 기간 동안 체류했다. 스미스는 이 도시에서 흄과 재회하고 싶은 마음이 굴뚝같았지만 과연 그랬는지는 알 수 없다. 스미스가 도착할 즈음 흄은 막 떠나야 했기 때문이다.[53]

1765년 8월 흄의 고용주 허트포드 경이 아일랜드 주지사로 임명됐다. 허트포드는 흄을 계속 비서로 두고 싶었지만 그의 무신론과 스코틀랜드 출신이라는 점에 대한 종래의 아우성이 이번에는 너무 거셌다. 흄은 완전히 실망하지는 않았다. 더블린으로 옮겨간다는 발상이 즐겁지 않았고, 자기 형님에게 "나는 권력과 위신에 대한 …… 큰 야심이 한 번도 없었습니다. 게다가 그나마 조금 있던 것마저 진심으로 치유됐고요. 내 나이로 보나 성향으로 보나 이 세상에서 난롯가와 한 권의 책이 최고라고 생각합니다"라고 썼다.[54] 흄은 9월 5일 편지로 스미스에게 변화된 상황을 알렸다. "최근 이상하게 혼란스러웠습니다. 하지만 그것 말고는 어떤 혁명도 나를 크게 위협한다거나 일순간 불안감을 주지 않았고, 모든 상황이 아주 행복하게도 내 바람대로 끝났습니다." 그는 허트포드의 근무지 이동과 관련한 세부 사항과 그를 따라 아일랜드로 가길 망설이는 자신의 심경을 얘기하고, 허트포드가 새 일자리 대신 연간 400파운드의 평생 연금을 자신에게 보장해줬다고 전한다. "내가 생각하기에 이보다 더 많을 수는 없습니다. 이제 내게는 부와 자유가 생겼습니다. 예전에 나는 자유가 있다는 걸로 자족했었죠. 늘어나는 세월이 허락하는 한 자유와 부가 모두 있으니 분명 자족하게 될 겁니다." 그리고 더 이상의 일자리 제안은 모두 거절하리라고 약속한다. "세상사에 뛰어들어 전력을 다해 이익을 움켜쥐지는 않으렵니다. 나의 철학에 당신도 분명 찬성하겠지요."[55]

이 시기에 흄을 진짜로 성가시게 만든 문제는 비서직 임무가 끝나면 어디에 정착할 것인가였다. 이제 그에게는 자신한테 가장 잘 맞는 장소라면 어디고 선택할 자유와 재정적 안정이 있었지만 선호하는 곳을 확정하지 못했다. 1년 전 파리를 떠나야 할지도 모른다고 생각했을 때는 툴루즈를 후보지로 고려했지만, 스미스가 오래 있던 곳인 만큼 그 선택지는 확실히 매력이 덜했다.[56] 그가 스미스에게 보낸 편지에는 가장 그럴듯한 선택지, 즉 파리와 런던과 에든버러의 장단점이 나열되어 있다. "파리는 유럽에서 제일 맘에 드는 도시이고, 나와 가장 잘 맞습니다. 하지만 외국이에요. 런던은 우리나라 수도지만, 나는 즐거웠던 적이 그다지 없네요. 이곳에는 문학에 대한 경의가 없습니다. 스코틀랜드인을 싫어하고, 미신과 무지가 하루하루 득세하고 있지요. 에든버러는 많은 단점과 많은 매력이 있습니다."[57] 지난 1759년 7월 스미스에게 이미 말했듯 흄이 에든버러를 반대하는 주된 이유는 종교적 '편협성'이고, 주된 매력은 그곳에 친구가 많다는 것이었다. 하지만 확실히 이때 그는 계속 파리에 매력을 느끼고 있었다. 그가 휴 블레어에게 말했듯 영국인한테는 "극심한 어리석음과 기독교주의와 무지라는 병이 빠르게 도지고 있는 반면 …… 파리에서는 문학으로 이름을 얻은 사람은 곧바로 관심과 주목을 받는다".[58] 흄은 어떤 도시를 선택할지 "무척 난감"하지만, 런던의 비서직을 마무리하면 "지금 드는 생각은 오는 9월 5일 오전에 프랑스로 돌아가는 것"이라고 스미스에게 말한다. "여기서 나는 많은 제안을 수락하라는 압력에 시달리고 있습니다. 그런 제안은 쾌적한 생활에는 도움이 되겠지만, 왕자와 장관과 귀부인들의 삶에 관여하게 됨으로써 내 독립은 침해당하겠지요. 부디 당신의 판단을 알려주세요." 그는 "요 3개월간 매일같이 당신을 찾았습니다"라고 언급하면서 이제 런던으로 떠나기 전 스미스를 볼 가능성이 희박하다는 데 심심한 유감을 표하면서 편지를 끝맺는다.[59]

스미스 역시 1~2년 내로 개인 교사 일이 끝날 것이므로 향후 거주지를 어디로 정할지의 문제에 곧 봉착할 터였고, 그 또한 자신이 좋아하는 곳이면 어디든 정착할 자금이 있었다. 프랑스에 영구적으로 체류할지도 모른다고 흄이 넌지시 알리자 평소답지 않게 신속하고 신랄한 답장이 스미스로부터 도착했다. "당신이 지금 상태에 대단히 만족한다는 얘기를 들으니 이보다 기쁠 수가 없군요. 하지만 파리에 정착하겠다는 당신의 생각은 잘못됐다고 봅니다." 그가 제시하는 이유의 목록에는 스미스의 프랑스 상류 사회에 대한 근본적인 불신이 뚜렷하게 드러난다. "자고로 사람은 외국에서는 항상 난민 신세이며, 그 나라가 자부하는 인류애와 예절에도 불구하고 …… 그들의 진심 어린 우정이란 자국 사람들의 우정보다 훨씬 의지할 게 못됩니다. 그들은 너무나 큰 사회에 살고 있고 너무나 다양한 대상에게 애정을 남발하는 나머지 개개인에게 쏟을 수 있는 몫은 지극히 작을 뿐입니다." 그뿐만 아니라 그는 흄이 귀족들로부터 받은 제안도 보기와는 다르다고 말한다. "당신이 자기들과 지내길 바라는 위대한 왕자와 귀부인이 당신에 대한 애정 때문에 진심으로 그런 제안을 하는 거라고는 생각하지 마세요. 자기들 집에 유명인을 들임으로써 허영심을 채우려는 것 말고는 아무 의미가 없으니까요."

대신 스미스는 런던 정착을 설득하기 위해 열을 올리면서 반스코틀랜드적 편견과 종교적 편협성에 대한 흄의 우려를 누그러뜨리려 한다. 전자에 대해서는 "스코틀랜드인에 대한 증오는 현재만 해도 국민 중 가장 멍청한 이들 말고는 그 누구에게도 남아 있지 않으며 너무나도 터무니없기 때문에 열두 달 후면 그 멍청한 이들 사이에서조차 줄어들 게 뻔합니다"라고 말한다. 스미스는 "이신론 때문에 당신을 반대하는 항의"가 어느 정도 있을 수는 있다고 인정하면서도, 이 역시 그를 제명하려는 스코틀랜드 교회의 시도가 실패로 돌아가고 난 직후 에든버러에서 그랬듯 그곳에서도 흄의 온화한 존재감으로 인해 삽시간에 흩어질 거라고 확신한다. 물론 스미스가 흄의 런던 정착에 그토록 "엄청난 관심"을 가진 이유는 본인도 결국 그곳에 자리 잡을 가능성이 높다고 생각했기 때문이다. 그렇기에 스미스는 둘이서 남은 나날을 함께 보낼 탐나는 제안을 제시한다. "가끔씩은 프랑스에 있는 우리 친구들을 만나고, 가끔씩은 스코틀랜드에 있는 우리 친구들을 만나러 함께 여행을 떠나는 겁니다. 하지만 우리의 평상시 거주지는 런던이 되도록 해야죠."[60] 그러나 둘이 언제나 함께 지내려던 그 밖의 모든 계획과 마찬가지로 그 일은 실현되지 못했다.

흄이 장자크 루소를 안내하기 위해 영국해협을 건너고—다음 장의 주제—런던의 허트포드 비서 일을 정리하기 위해 떠나야 했던 시기 이전에 스미스가 흄을 보러 때맞춰 파리로 돌아갔는지는 알 수 없다. 우리는 흄이 1766년 1월 4일 파리를 떠났다는 것은 알지만, 스미스의 도착 날짜는 불확실하다. 그해 12월이나 1월의 어느 때쯤 그 도시에 도착했을 듯하지만, 증거는 여러 방향의 가능성을 시사한다.[61] 어찌 됐건 스미스와 그의 제자들은 흄이 체류 중 마지막 몇 개월을 보냈던 콜롱비에(Colombier) 거리의 호텔 뒤 파르크 르와얄(Hotel du Parc Royal)에 서둘러 자리를 잡았다. 스미스는 심지어 흄의 하인까지 고용했는데, 그를 "이견 없이 내 인생에서 만나본 최고"의 하인으로 여겼다.[62]

흄이 스미스를 파리의 엘리트 사회에 소개한 것이 1764년 2월 스미스가 그 도시에 처음 들렀던 때인지, 아니면 그다음 해인 1765년 12월부터 1766년 1월 사이 10개월 동안인지는 모르겠지만, 스미스는 지난 2년간 흄과 친구로 지냈던 디드로, 달랑베르, 엘베시우스, 돌바크를 비롯한 많은 계몽사상가를 알게 됐다. 그는 또한 프랑수아 케네(Francois Quesnay), 안 로베르 자크 튀르고(Anne Robert Jacques Turgot), 미라보 후작(Marquis de Mirabeau) 같은 선구적인 **경제이론가**를 많이 찾아냈는데, 이는 정치경제학에 대한 그의 관심이 증대되고 있음을 시사하는 것이기도 하다. 스미스가 파리에서 흄이 끌었던 남다른 인기를 그대로 답습하고 싶어 했을 리는 없지만, 이 지식인들은 그를 열렬히 환영했다. 정신을 딴 데 쏟는 모습과 형편없는 프랑스어 실력에도 불구하고 스미스는 《도덕감정론》의 저자로서 명성과 광범위한 지식 그리고 당연하지만 흄과의 우정 덕분에 거의 모든 이들로부터 호감을 얻고 존경을 받았다. 스미스는 그들의 존경에 화답했고, 두걸드 스튜어트에 따르면 "그는 그중 일부를 그 뒤로도 계속 친구로 여겼다".[63] 스미스가 계몽사상가들의 오만한 무신론을 어떻게 평가했는지는 오늘날까지 전해지지 않는다. 오크터타이어의 존 램지는 스미스가 대륙에서 보낸 시기에 "당시 무신론의 포도밭에서 신성하지 않은 업종에 종사하고 있던 볼테르 및 그 밖의 프랑스 철학자들과 알게 됐다. 그는 당시 나라 안팎에서 최고로 인기 있던 데이비드 흄 씨의 친한 친구라는 점에서 그들로부터 적지 않은 환영을 받았다"고 쓴다. 하지만 램지는 "그들의 주장과 열정적인 웅변술이 스미스 박사의 뇌리에 어떤 인상을 새겼는지 정확히 알려졌을 리 없다. 이 시기 이전에도 이후에도, 그의 종교적 신념은 한 번도 제대로 확인된 적이 없기 때문이다"라고 해석한다.[64]

부플레르 백작 부인 역시 스미스가 흄과 얼마나 가까운지 알고는 그를 따뜻하게 맞아줬다. 아마도 그녀는 둘의 만남에 고무되어 《도덕감정론》을 읽기 시작했던 듯하며, 5월에는 자신이 그때까지 읽은 내용으로는 대단히 만족스럽다고 흄에게 알렸다.[65] 몇 년 후 부플레르가 몸소 그 책을 프랑스어로 번역해볼까 고려했다고 알려진 것을 보면, 책의 나머지 내용

역시 그녀를 만족시켰음에 틀림없다.[66] 그런데 이때 흄은 가장 친한 친구가 사회적 처신이 부족한 데 대해 사과할 필요를 느꼈고, 여기서 자신의 덜 매력적인 측면을 드러낸다. 흄은 백작 부인에게 쓴 편지에서 "내 친구 스미스를 보호해준" 데 감사를 표하고 그가 "진정한 장점을 가진 사람"이라 장담하면서도 "주로 책상머리에 앉아서 지내는 은둔자적 삶을 살아서인지 세속적인 사람으로서 그의 인상과 외모는 망가진 듯하다"고 인정한다.[67] 그렇긴 하지만 본인도 백작 부인에게 보낸 최초의 편지에서 스스로에 대해 똑같은 사과를 한 적이 있다. 그는 이렇게 언급했었다. "저는 책과 연구 속에서 녹이 슬었습니다. 인생에서 활동적인 상황에는 거의 참여하지 않았고, 즐거운 상황에도 별로 많이 관여하지 않았지요. 그리고 보통 사람들하고 어울리기보다는 상류 사회에 더 익숙합니다." 어쩌면 흄의 불안감은 특별히 친구의 처신 때문이라기보다 "프랑스 궁전에서 교육받고 뭐든지 우아하고 정중한 것에 익숙한" 부플레르 같은 "귀한 …… 부인"과 스코틀랜드 촌뜨기가 같이 어울린다는 생각 때문에 비롯됐던 듯하다.[68] 분명 흄과 부플레르 부인처럼 깊지는 않았지만 스미스 역시 파리에 머무르는 동안 잠깐의 연애 사건이 있었을 거라는 암시가 있다.[69] 스미스는 평생에 걸쳐 연애 관계의 가능성에 대한 소문이 이따금 있기는 했지만, 그중 어느 것도 상당 수준까지 진전되지 않았다. 전기 작가 이언 심슨 로스(Ian Simpson Ross)가 쓴 것처럼 "스미스의 성생활이라는 화제에 관해 전기 작가가 할 수 있는 일이라고는 고작 (성적 에너지를—옮긴이) 승화(sublimation, 昇華)시키는 역사에 각주 하나를 보태는 정도라는 게 유감스럽다".[70]

스미스의 파리 시절은 그의 인생에서 사교 활동이 가장 활발한 시기 중 하나였지만, 확실히 그는 더 많은 시간을 흄과 같이 보낼 수 없어 아쉬워

했다. 3월에 그는 "파리에서 많은 이들이 당신을 찾고 있으며, 만나는 사람마다 당신이 언제 돌아오느냐고 묻습니다"라고 흄에게 확인시키는 편지를 썼다. 물론 그는 재빨리 다음과 같이 권고했다. "하지만 제발 이 나라에 정착할 생각일랑 마시고, 우리 둘 다 남은 생은 바다 건너 같은 땅에서 보내십시다. 하지만 그러기 전에 파리에 오세요. 함께 향후 인생 계획을 세워봅시다."[71] 흄이 최종적으로 파리를 정착지로 선택할까 분명 걱정했던 그는 6개월 뒤 그들의 서적상인 앤드루 밀러에게 보내는 편지에서 그러한 권고를 반복한다. "저는 이곳에서 아주 행복하긴 하지만, 옛 친구들과 재회하고 싶은 마음이 굴뚝같습니다. 그리고 제가 언젠가 정말 바다 건너 당신들이 있는 땅에 도착한다면, 다시는 그 바다를 건너지 않을 생각입니다. 저 같은 냉철한 사고방식을 흄에게 권유해주세요. 그가 여기서 여생을 보내러 올 작정이라고 말한다면 생각이 모자라서 그런 거라고 얘기 좀 해주세요."[72] 스미스의 바람은 일부만 실현된다. 흄은 프랑스로 절대 돌아가지 않았고, 따라서 두 사람은 진짜로 영국해협의 같은 쪽 땅에서 여생을 보냈다. 그러나 둘이 함께 지낸 시간은 결국 비교적 짧은 막간이 되고 말았다.

그해 가을 스미스의 파리 시절은 다소 갑작스럽고 비극적인 종말을 맞기에 이른다. 툴루즈에서 그들과 합류했던 버클로 공작의 남동생이 10월에 열병에 걸려 사망하고, 곧이어 스미스는 공작과 함께 런던으로 서둘러 돌아간 것이다. 하지만 여기서 우리는 그해 초 흄이 프랑스를 떠난 시점으로 되돌아가야 한다. 왜냐하면 스미스가 파리에 있는 동안, 흄은 잉글랜드의 엄청난 소용돌이 한가운데 있었기 때문이다.

1766~1767

07

괴짜 철학자와의 싸움

1760년대 프랑스 대중의 관심을 차지한 인물로 흄에 대적할 만한 몇 안 되는 철학자들 중 한 명—사실은 몇 안 되는 **사람들** 중 한 명—은 장자크 루소였다. 열렬한 팬을 그토록 많이 거느린 저자는 나이를 불문하고 진짜 드물었다. 이 두 문호의 관계가 극적으로 틀어진 것은 유럽 지식인 공화국 내부에서는 세기를 통틀어 가장 많이 입에 오르내린 사건 중 하나였다. 흄-루소 사건은 지금도 종종 회자되는 이야기지만, 그 기본적 개요를 다시 한번 소개할 필요는 있을 것 같다. 단지 유명인, 천재, 배신이라는 뿌리칠 수 없이 매력적인 조합이어서가 아니라 그것이 흄과 스미스의 우정에 던지는 실마리 때문이다.[1]

자칭 '제네바 시민'은 1751년 출판과 동시에 유럽 전역을 단번에 사로잡은, 통념을 뒤집은 책 《학문예술론(Discourse on the Sciences and Arts)》으로 처음 대중의 관심을 받았다. 책의 반응에 대한 드니 디드로의 기록은 칭찬을 쏟아낸다. "그것은 고공 행진 중이다. 이렇게까지 성공한 책은 전례가 없다."[2] 루소는 이 책에 이어 근대 문명과 '발전'이라는 개념 전체를 전면적으로 공격한 《인간 불평등 기원론》(1755), 제어 불능의 베스트셀러 로맨스 소설 《신(新)엘로이즈(Julie, ou la Nouvelle Héloïse)》(1761), 모든 기존 국가의 정통성에 의문을 제기한 정치학 논문 《사회계약론(Du Contrat Social ou Principes du Droit Politique)》(1762), 그리고 교육 또는 자녀 양육에 관한 걸작 《에밀(Émile)》(1762)을 내놓았다. 특히 마지막 두 저작은 루소를 궁극적으로 흄의 품에 안기게 하는 운명의 바퀴를 구동시켰다. 종교적으로 이단적인 사상 때문에 이 책들은 파리와 제네바 양쪽에서 금서가 되어 불태워졌다. 루소에게는 체포 영장이 발부됐다. 게다가 루소에게 원한을 갖게 된 영향력 있는 사람은 비단 정치계 및 기독교의 권위자들만은 아니었다. 루소는 경력 초기엔 파리의 많은 계몽사상가들과 친분을 유지했지만, 1750년대 말에 가서는 거의 모두와 소원해져 있었다. 루소의 사상이 그들의 견해와 너무 어긋난 탓도 있지만, 편집증에 가까운 극도의 예민함 때문에 누구와도 오랫동안 가깝게 지내기 힘든 이유도 있었다.

체포 영장이 발부된 후 루소는 스위스 북부로 도망쳤다. 그때 마침 부플레르 백작 부인이 루소가 처한 곤경을 흄한테 얘기하며, 이 제네바인에게 유럽 대륙에서의 실제적이고 가상적인 박해로부터 피신할 은신처를 영국에 구해달라고 촉구했다. 흄은 기꺼이 도우려 했지만, 영국인을 혐오하고 그들의 언어를 몰랐던 루소는 정중하게 제안을 거절했다.[3] 몇 년 뒤 루소를 향한 적대감은 다시 끓어올랐고, 모티에(Môtiers)에 있는 그의 집에 성난 군중이 돌을 던지는 사건으로 최고조에 달했다. 이런 새로운 곤경을 전해 들은 흄은 다시금 도와주겠다고 제안했다. 사상 때문에 박해받는 데는 일가견이 있던 흄은 파리의 계몽사상가들로부터 루소에 관해 들은 말이 무엇이건 핍박받는 철학자를 돕기로 결심했다. 이번에는 두 사람 모두 아는 친구들로부터 엄청난 압력을 받은 끝에 루소도 수락했다. 그는 이렇게 말했다. "동시대인 중에서 가장 유명한 사람, 선함이 명예를 넘어서는 그에게 기꺼이 빚을 져보도록 하겠습니다."[4]

확실히 두 사람은 대조의 완벽한 사례였다. 외모부터 시작해보자. 흄은 키가 크고 비만인 편인 데 반해, 루소는 키가 작고 말랐다. 흄은 커다랗고 통통한 얼굴에 가끔 멍한 시선으로 바라보곤 했지만, 루소는 섬세한 이목구비에 꿰뚫어보는 눈을 가졌다. 그들의 기질은 오히려 비슷한 구석이 훨씬 드물었다. 흄은 일반적으로 조용하고 침착한 반면, 루소는 정열적이고 짜증을 잘 냈다. 흄은 세상에 대체로 편안함을 느꼈지만, 루소는 세상을 자신을 향한 음모와 공모로 가득 찬 적대적인 곳으로 보았다. 흄은 파리 상류 사회를 누비는 것을 즐겼지만, 루소는 반대로 그곳을 노골적인 공포의 대상으로 여겼다. 흄은 도시 생활을 선호했지만, 루소는 전원과 숲과 산을 좋아했다. 흄이 사반세기 넘게 스미스와 최고의 친구로 지낸 반면, 루소에게 지속적인 우정이란 거의 불가능했던 것 같다. [《고백(The Confessions)》의 "나는 우정을 위해 태어났다"는 주장보다 철학사에서 더 의심스러운 진술은 거의 없다.][5]

두 사람의 철학도 마찬가지였다. 흄의 근대적·자유주의적·상업적 질서에 대한 전면적 옹호와 그런 질서에 대한 루소의 맹공격은 팽팽하게 맞섰다.[6] 흄은 문명·품위·상업이 뒤이어 근면·지식·인간미라는 떼려야 뗄 수 없는 고리를 탄생시켰다고 심지어 스미스보다 더 강력하게 믿은 반면, 루소는 그것들이 고작 불평등·종속·부패를 초래했을 뿐이라고 주장했다.[7] 흄이 온건하고 현실적이었던 반면, 루소는 급진적이었다—기존 질서에 대한 비판뿐 아니라 그걸 해결하는 방식으로 제시한 다양한 처방에서도 루소는 과격했다. 둘 다 이른바 이성의 시대에 이성을 비판한 이들이었지만, 여기서조차 그들의 관심사는 완전히 갈라졌다. 흄은 이성이 우리 자신 또는 우리를 둘러싼 세계에 관해 확실하게 말해줄 수 있는 게 거의 없다는 점을 '단지' 강조한 반면, 루소는 이성을 자기 주변에 온통 가득 찬 도덕적·사회적·정치적 불행의 주된 원인으로 보았다. 흄의 이성 비판은 일종의 회의주의적 경험론에서 절정에 이르렀고, 루소의 그것은 새로운 "정직의 종교(religion of sincerity)"에서 정점을 찍었다.[8] 루소의 내밀한 종교적 신앙은 파악하기 힘들지만, 그는 신의 미덕에 대한 경배와 불멸의 영혼에 대한 확고한 믿음을 자주 천명해 계몽사상가들로부터 멸시를 받곤 했다.

루소는 나중에 인정했듯 스튜어트 왕조사(번역본) 말고는 흄의 저술을 한 권도 읽은 적이 없지만, 그것들이 자신의 글과 어떻게 다른지에 대해서는 어느 정도 꽤 정확하게 감을 잡을 수 있었다.[9] 루소는 흄이 "나보다 더 진리를 사랑한 적이 없다고 감히 나는 생각한다. 나는 가끔씩 연구에 열정을 바쳐왔는데, 그는 그저 자신의 지혜와 천재성에만 열정을 쏟아왔다"고 공언했다.[10] 역시 이런 차이가 흄에게도 영향을 주었는지 그는 루소의 글이 "내게는 존경스럽게 보인다. 수사법 문제에 관해서는 특히 그렇다. 그리고 그는 프랑스어에 활력을 주는데, 만일 내가 크게 착각한 게 아니라면, 다른 어떤 문체도 이 수준에까지 도달한 적은 거의 없는 것 같다. 하지만 그의 적들이 이 천재성의 위압적 힘과 일면 과도한 장식이 항상 뒤섞여 있다고 항의한다면 그를 지지하는 사람들도 모두 그 혐의를 부인하기는 어렵겠다"고 언급했다.[11] 두 사람을 가르는 엄청난 지적 간극을 감안했을 때 그들이 상호 교환한 25통의 편지에서 실질적인 철학적 쟁점에 대한 논의를 철저하게 삼갔다는 것—물론 흄이 스미스와 주고받은 서신과 확연히 대비된다—도 아마 놀랍지 않을 것이다. 하지만 궁극적으로 둘 사이의 단절이 불가피하도록 만든 것은 그들의 지적 차이가 아니라 상반된 성격이었다.

1765년 12월 중순 루소는 파리에서 흄과 합류했고, 호기심 많은 군중은 유명한 망명자의 얼굴을 잠깐이라도 볼 기회를 얻기 위해 다투었다. 자신이 그 도시의 일류 유명 인사였던 흄은 다음과 같이 썼다. "그를 좋아하는 이 나라의 열의를 표현하거나 상상하기는 불가능하다. ……누구나 원하는 만큼 고대 그리스에 관해 이야기할 수 있다. 하지만 어떤 나라도 이 정도로 천재를 좋아한 적은 없다. 그리고 어떤 사람도 루소만큼 많은 관심을 끈 적은 없다. 볼테르와 그 밖에 모든 이들도 루소 앞에서는 빛을 잃는다. ……길가의 흔한 새나 다름없는 그의 강아지조차도 세상에서 유명세와 평판을 누린다." 그로서는 믿기 어려운 루소의 인기는 제쳐두고, 흄은 루소의 겸손하고 상냥한 태도에 즉시 매료됐다. 파리의 모든 친구가 어떻게 그를 그렇게 안 좋게 생각할 수 있는지 의아할 정도였다. 루소를 직접 만나고 일주일도 채 지나지 않아 흄은 이미 그를 과감하게 "내 친구"라고 불렀다.[12] 그러나 출발하기 전날 밤, 돌바크 남작은 흄에게 루소를 완전히 잘못 봤다고 경고했다. "친애하는 나의 흄 씨, 당신에게 알랑대는 희망과 환상을 깨뜨리게 되어 유감입니다만, 당신은 진짜 얼마 지나지 않아 고통스럽게도 진실을 깨달을 것입니다. 당신은 이 남자를 잘 모르고 있어요. 솔직히 말하면, 당신은 은혜를 원수로 갚을 위인을 품어주고 있는 겁니다."[13] 당시 흄은 돌바크의 경고를 묵살했지만, 그 안에 진실이 있었음을 깨닫고 후회하기까지는 오래 걸리지 않았다.

흄과 그의 '제자'—흄이 가끔 루소를 불렀던 호칭—는 1월 4일, 파리를 떠났다. 런던으로 가는 길에 여관이 만실이라 두 철학자가 어쩔 수 없이 방 하나를 같이 써야 하는 날이 있었는데, 루소는 한밤중에 흄이 프랑스어로 "내가 장자크 루소를 잡았다"고 몇 번이나 크게 외치는 것을 들었다—아니, 들었다고 생각했다.[14] 일행 중 제3의 멤버이던 장자크 드 뤼즈(Jean-Jacques De Luze)는 밤새 푹 잤다. 의심 많은 루소는 이미 자신을 향한 흄의 불길해 보이는 의도의 징후를 감지하기 시작한 터였다. 그러나 도버(Dover) 땅에 발을 딛자마자 루소는 고마움을 주체 못한 나머지 의심은 벗어던지고 감정을 분출하며 흄을 끌어안았다. 루소에게는 전형적인 행동이었지만 차분한 스코틀랜드인으로서는 틀림없이 어안이 벙벙했을 것이다. "나는 그의 목을 감고 와락 안겼다"고 훗날 루소는 회고했다. "나는 아무 말 없이 그를 꽉 껴안았고, 말이 필요 없는 입맞춤과 눈물로 그의 얼굴을 덮었다."[15]

1월 13일 흄과 루소는 런던에 도착했다. 거기서 루소는 특히 높은 모피 모자와 그가 걸친 외국풍 보라색 카프탄(caftan) 때문에 다시 한번 공개적인 구경거리가 됐는데, 후자는 소변보는 게 힘든 그의 건강 상태 때문에 입은 것이었다. 그가 사랑해 마지않는 파리에서 스타였던 흄은 거의 삽시간에 자신이 경멸하는 도시에서 자기보다 훨씬 더 유명한 철학자의 보호자로 전락해 있었다. 루소와 몇 주를 같이 보낸 지금, 그는 둘의 가치관이 엄청나게 다르다는 것을 그 어느 때보다 확신했다. 흄은 한 지인에게 루소는 "과연 매우 합리적이고 놀랍도록 독창적인 사람이지만 우리의 견해는 절대 같지 않습니다. 그는 성경에 대한 동경이 있고, 실은 자신만의 방식이긴 하나 기독교인이나 다름없습니다"라고 말했다.[16] 흄은 꿋꿋하게 루소에 대해 긍정적 시각을 유지하려 애썼지만, 그럼에도 불구하고 조금

흔들리기 시작한 터였다. 그는 이맘때 스미스에게 쓴 한 편지에서 루소가 "매우 맘에 들지"만 한편으로는 "변덕이 약간 심하다"고 했다.[17] 몇 주 뒤에는 루소가 "온화하고 상냥하고 겸손하고 다정하고 사심이 없다"고 생각했지만, 선견지명인지 "자신의 가장 친한 친구들에게 근거 없는 의심을 품는 경향이 있는" 것 같고 "그의 활발한 상상력이 그런 의심을 푸는 데 돌입하면 키메라(chimera: 사자 머리에 염소 몸통에 뱀 꼬리가 있는 그리스 신화의 괴물. 여기서는 '망상'을 뜻함—옮긴이)를 꾸며내 자기를 극단까지 밀어붙입니다. 이런 성격은 본 적이 없어요. 하지만 그러지 않고서는 그와 몇몇 훌륭한 인물, 한때 친했던 그들 사이에 생긴 극도의 적개심을 설명할 길이 없네요"라고 적기도 했다. 그럼에도 불구하고 한치 앞을 내다보지 못한 흄은 이렇게 쓴다. "나 같으면 다툴 위험 없이 그와 함께 평생을 보낼 수도 있을 거라고 생각합니다."[18]

루소가 도시의 군중과 소란을 피하고 싶어 했으므로 흄은 그에게 전원의 은신처를 찾아주는 일에 착수했다. 루소가 계속 퇴짜를 놓는 바람에 거듭 실패한 끝에 흄은 마침내 스태퍼드셔(Staffordshire)의 목가적이고 외딴 언덕들 사이에 있는 우튼(Wootton)에 집 하나를 겨우 얻었다. 이즈음 흄은 자신의 손님에게 진절머리가 나기 시작했고, 그를 보내게 되어 안심한 터였다. 이제는 루소가 조금 민감한 것 이상이라는 사실을 깨달을 만큼 충분히 많은 시간을 보냈고, 루소를 "옷은 물론 피부까지 빼앗긴 채 예상치 못한 사나운 풍우와 싸워야 하는 상황에 노출된 …… 사람 같다"—루소의 전기 작가 중 한 명이 "정말 정확하다"고 인정한 평가—고 묘사했다.[19] 루소는 그들이 처음 만난 날로부터 거의 3개월이 지난 3월 19일에 떠났고, 다시는 흄을 보지 못했다.

상대적으로 고립된 우튼에서 오랜 동반자이자 내연의 처인 테레즈 르 바쇠르(Thérèse le Vasseur)의 꼬드김에 빠진 루소는 계속해서 편집증적 의심을 품다가 급기야 자신을 음해하려는 복잡한 국제적 음모를 감지하기에 이르렀는데, 그 선두에 선 인물이 다름 아닌 데이비드 흄이었다. 루소는 6월 23일 편지로 그 혐의를 흄에게 조준했고, 이어 7월 10일에는—흄의 요구에 응해 쓴—끝도 없는 장문의 편지로 정교한 음모의 전말을 제시했다. 신중하게 공들여 쓴 빽빽한 38쪽의 필사본 서한에서 그는 다음과 같이 주장했다. 흄의 모든 친절—루소를 보호하고, 그를 영국에 데려오고, 그가 거주할 적당한 장소를 이리저리 물색하고, 그에게 국왕 조지 3세의 연금을 확보해줬다—은 그저 루소에 대한 통제권을 장악하고 그가 신세를 지게끔 하려는 수작이었다. 흄은 프랑스에서 루소의 적들과 어울렸다. 흄은 그를 소재로 한 가벼운 농담을 부추겼고, 그것이 파리와 런던을 떠돌다 결국 언론에 유출됐다. 〔호레이스 월폴(Horace Walpole)이 쓴 〈프러시아 왕의 편지(King of Prussia letter)〉를 말함: 월폴이 프러시아 왕이 루소에게 보낸 편지인 것처럼 가장해 루소를 조롱한 글로, 런던의 한 신문에 게재되면서 세간에 화제를 불러일으켰음—옮긴이.〕 흄은 영국 언론이 호의적이지 않은 시각으로 그를 묘사하도록 만들었다. 그를 염탐하려고 우편물을 뜯어봤다. 그리고 무엇보다도 저주스러운 것은 그를 불안하게 만드는 흄의 빤히 쳐다보는 눈초리였다. 이 모든 계략에서 흄이 추구한 궁극적 목적은 루소—그의 몇 안 되는 진정한 문학적·철학적 경쟁자 중 한 명—가 영국에 파묻혀 잊히는 동안 본인의 이미지가 좋아지도록 상황을 처리하는 것인 듯했다. 루소는 이런 혐의를 입증하기 위해 자신의 육감 말고는 아무런 증거도 제시하지 않았고,

언제나 그렇듯 그 육감이 틀림없이 맞다고 확신했다. 흄의 은혜를 원수로 갚을 독사가 공격을 해온 것이다.

예상대로 이 편지는 평상시 같으면 냉정을 잃지 않았을 흄에게 좌절과 분노를 한꺼번에 유발했다. 그는 그 편지를 "완벽한 광란"으로 여겼다.[20] 루소가 내건 혐의는 근본적으로 터무니없었지만 흄은 유럽에서 가장 강력한 펜을 휘두르는—그리고 그 펜을 현재 자신의 회고록 집필에 사용 중인—이 유명 작가가 자신이 평생을 바쳐 얻어낸, 정직과 곧은 인품이라는 평판을 허물어뜨리는 데 성공할까봐 초조했다. 저술 경력 초기부터 흄은 자신의 책에 대한 비판에 대응하는 것을 삼가기로 결심했고 평소 이를 지켰다. 하지만 이번에는 완전히 다른 문제라고 생각했다. 그는 "역사가 또는 철학자로서 내 문체나 능력에 이의를 제기하는 것은 별일이 아니다. 내 책들이 스스로 답해야 할 문제이거나 방어할 가치가 없으니까"라고 주장했고, 그렇기 때문에 "이런 문제로 나를 공격한 50명의 저자들에게 나는 최소한의 반응도 전혀 하지 않았다. 하지만 이번은 경우가 다르다. 여기서 비난은 내 도덕성과 행실에 돌을 던졌다".[21] 흄은 루소의 다음 행보를 경계하며 여론이라는 법정에 들고 갈 잠재적 증거로 그들의 서신을 모으기 시작했다.

공감과 조언을 구하기 위해 흄은 소수의 사람들에게 자칭 "이 멍청한 사건"에 대해 얘기했다.[22] 그는 우선 파리에 있는 친구들에게 의지했다. 아마도 루소의 변덕스러운 성격을 너무나 정확히 알고 있는 사람들이기 때문이었을 것이다. 계몽사상가들이—그리고 그들을 통해서 스미스가—루소의 비난을 처음 알게 된 것은 흄이 루소의 두 번째이자 더욱 긴 편지 공격을 받기 전인 6월 27일과 7월 1일 돌바크에게 보낸 편지(지금은 사라졌다)를 통해서였다.[23] 너무 순진하게도 흄은 예상하지 못했지만, 이 편지들은 영국해협 양안에서 수많은 가십과 논쟁을 도발하기에 충분했다. 그는 "그냥 한 사람한테만 얘기하면 되었다"고 했다. 왜냐하면 "이야기는 삽시간에 런던 전역으로 들불처럼 번졌기" 때문이다.[24] 그가 나중에 말했듯 "영국 왕이 만일 프랑스 왕에게 전쟁을 선포했다 해도 이만큼 갑작스레 대화의 주제가 되지는 못했을 것이다".[25]

흄의 친구들은 신속히 흄의 편으로 결집했고, 스미스는 그가 몹시도 필요로 하는 지지와 조언을 가장 먼저 해준 친구 중 한 명이었다. 물론 스미스는 흄의 곤경에 공감했지만, 갈등과 관련한 어떤 것도 발표해서는 안 된다고 그에게 주장했다. 그는 7월 6일 파리에서 편지를 썼다. "저는 루소가 당신만큼이나 엄청난 악당이며, 이곳의 모든 사람이 그렇다고 생각할 만큼 악질이라고 전적으로 확신합니다. 하지만 그가 당신에게 저지른 엄청난 무례에 관해 세상에 뭔가를 내놓을 생각일랑 하지 마시길 간절히 청합니다. ……대중 앞에 이 위선적인 현학자의 가면을 벗기려 애쓰다 보면 당신의 삶 전체의 평온이 침해당할 위험이 있습니다. 혼자 내버려두면 그는 당신에게 불안감을 주지 못할 겁니다. 그에 맞서 글을 쓰는 게 바로 그가 원하는 행동이라는 걸 믿으셔도 좋습니다. 그는 영국에서 잊힐 위험에 처해 있고, 유명한 상대를 도발함으로써 자신의 존재감이 부각되길 기대하고 있습니다." 아울러 스미스는 "한 스코틀랜드인에게 굴욕감을 안기고 싶어 하는 …… 교회, 휘그당, 재커바이트, 〔그리고〕 모든 지혜로운 잉글랜드 국민"이 아주 신속하게 그 잘못을 흄에게 정확히 전가하려 할 때는 그에게 유리한 증거를 확보하는 것만으로는 충분치 않다고 상기시킨다.[26] 이 냉철한 충고는 흄의 초기 전기 작가 중 한 명이 썼듯 "사리분별의 모범"이었다.[27] 흄이 아무리 도리에 어긋남이 없었다 해도 사소한 개인적 갈등의 세부 내용을 공개하는 것은 꼴사나운 일일 터였다. 사회적 논란에 대한 스미스의 깊고 지속적인 반감이 이 경우 그에게 올바른 직감을 선사한 셈이다.

파리에 있는 흄의 친구들은 갈등의 세부 내용을 알게 되자 흄이 어떻게 해야 할지를 놓고 토론을 벌였다. 처음에는 스미스의 편지에서 알 수 있듯 일제히 거기에 대해 아무것도 발표하지 말아야 한다는 데 뜻을 모았다. 하지만 흄이 루소가 보낸 일련의 서신을 늘어놓으며 달랑베르에게 보낸 7월 15일의 급보로 인해 마음이 바뀌었다.[28] 마침 흄의 편지는 쥘리 드 레스피나스(Julie de Lespinasse)의 살롱에 친구들이 대거 모여 있던 7월 21일에 때맞춰 도착했고, 달랑베르는 사람들에게 그것을 소리 내어 읽어 주었다. 활발한 토론 끝에 그들은 싸움이 저절로 수그러들지 않을 시점에 접어들었으니 흄이 대중 앞에 실상을 전해야 한다고 결론지었다—달랑베르에 따르면 만장일치였다.[29] 달랑베르는 또한 흄에게 보낸 편지에서 자신과 스미스가 "당신과 당신의 사건에 대해 많은 얘기를 나눴"고 흄의 요청대로 스미스에게 7월 15일의 편지를 보여줬다고 썼다.[30] 공개하라는 권유가 만장일치였다는 달랑베르의 주장과 더불어 스미스의 이름을 이렇게 언급하는 바람에 흄이 갈등의 전말을 공개해야 한다는 계몽사상가들의 의견에 결국 스미스도 동조한 것으로 알려졌으나 이는 사실무근인 듯하다.[31] 어쨌든 달랑베르는 스미스가 레스피나스의 살롱에서 도출한 결론에 동의했다고는 확실히 말하지 않았고, 최근 스미스를 만나 그 사건에 대해 이야기를 나눴다고만 했다. 한편 부플레르 백작 부인은 며칠 뒤 스미스를 만났고, 발표를 고려할 경우 "그저 분노로 한창 끓어올랐을 때 오판한" 것이라는 자신의 생각에 그(스미스)도 동의했다는 전갈을 흄에게 그 즉시 전했다.[32] 마찬가지로 11월에는 앤드루 밀러가 스미스는 "당신이 공개할 만한 가치가 없는 일이라고 생각하더라"고 흄에게 말했다.[33]

스미스와 부플레르의 지속적인 반대를 무릅쓰고 흄은 그들의 갈등에 대한 간단한 설명과 함께 루소 관련 서신으로 이뤄진 소책자를 완성했고, 그것을 재량껏 출간해도 좋다는 허락과 함께 달랑베르에게 보냈다. 그러고 나서 흄은 스미스에게 편지를 썼다. 공개할 필요가 없길 바라는 희망과 더불어 공개가 불가피한 것으로 밝혀질 거라는 공포 모두를 드러낸 편지였다. 그는 "이 사건에서 나의 처신은 내게 커다란 영광을 가져다줄 겁니다"라고 당당하게 말한다. 반면 루소의 행동은 "그와 그의 글들을 한꺼번에 영원히 매장시킬 것입니다. 이것들은 본래 가졌던 가치보다 훨씬 과분한 칭송을 받아왔고, 따라서 그의 인격이 추락할 경우 그것들도 당연히 그 가치 밑으로 추락할 것이기 때문이지요". 루소의 인격에 대한 평가에서 흄은 당연하게도 꽤 부정적으로 변했다. "그가 순전히 악인일지, 아니면 순전히 미치광이일지, 아니면 둘 다일지는 미묘한 문제 아니겠습니까? 둘 다라는 게 내 의견입니다. 하지만 내게는 악인이 그의 인격을 가장 지배하는 것으로 보입니다." 흄은 또한 스미스에게 달랑베르에게 보낸 소책자에 관한 의견을 구하고—"제발, 거기에 내 이름을 걸 만한지 책에 대한 당신의 판단을 말해주십시오"—달랑베르가 스스로를 "파리 지역의 특성에 맞추기 위해 적절하다고 생각되는 부분을 첨삭할 수 있는 완벽한 전문가"로 여겨야 한다는 말을 전해달라고 스미스에게 부탁한다.[34]

대중이 이미 너무 몰두해 있고 일어난 사실들이 흄의 정당성을 아무런 의심 없이 입증할 만하다고 확신한 달랑베르는 그해 10월 《흄과 루소 사이의 논란에 대한 간략한 설명(Exposé succinct de la contestation qui s'est élevée entre M. Hume et M. Rousseau)》을 발간했고, 영어 번역본은 《흄 씨와 루소 씨 사이의 논란에 관한 간단하고 진심 어린 설명(A Concise and Genuine Account of the Dispute between Mr. Hume and Mr. Rousseau)》이란 제목으로 11월 런던에서 나왔다.[35] 흄은 자신이 "내 평생 이보다 더 마지못해 무언가를 허락한 적이 없었다"고 주장하고는 자신 없는 듯 다음과 같이 덧붙였다. "정확히 말해서 그 출판은 나의 행위가 아니라 내가 내 친구들에게 주었고 내가 그들에게 주는 게 당연했던 자유재량권의 결과로 나타난 그들의 행위로 여겨졌으면 한다. 이 경우 판단을 내리기엔 내가 너무 멀리 떨어져 있었기 때문이다." 스미스, 부플레르와 그 밖의 친구들이 한 충고는 편할 대로 간과한 그는 "나와 같은 견해를 가진 사람을 단 한 명만 발견했더라도 나는 꿋꿋이 거부했을 것이다"라고 우겼다.[36]

루소는 결국 1년을 조금 넘기고 나서 대부분의 짐(테레즈는 빼고, 라고 흄은 약간 잔인하게 비꼬아 말했다)을 놔두고 새 주소도 남기지 않은 채 우튼에서 도망쳤다.[37] 목숨 자체가 위태롭다고 확신한 루소는 도버로 향했고, 거기서 영국해협을 건널 때 자신을 호위해줄 경호원을 애타게 요청했다. 그리고 영국에서의 '억류'로부터 탈출할 수만 있다면 회고록을 불태우고 다시는 흄을 욕하지 않겠다고 다짐했다. 마침내 칼레(Calais)에 도착한 그는 한동안 노르망디(Normandie)에 머물렀고, 보라색 카프탄을 버리고 변장의 수단으로 '르누(Renou)'라는 이름을 사용했다. 이 시점에서 흄은 루소가 "오랫동안 미친 것 같았는데, 이제는 분명하게 미쳤다"고 확신했다.[38]

유럽 문단의 나머지 사람들처럼 스미스도 논란의 결과에 지속적인 관심을 가졌고, 1767년 6월에는 흄에게 편지를 써서 냉소적으로 이렇게 물었다. "루소는 어찌 됐답니까? 대영제국에서는 본인이 계속해서 충분히 박해받지 못하니까 해외로 갔나요?"[39] 흄의 다음 소식에 루소에 대한 언급이 담겨 있지 않자 스미스는 9월의 또 다른 편지에서 집요하게 물고 늘어졌다. "영국을 떠나기 전과 후에 루소가 어떻게 됐는지 실상을 알았으면 합니다. 제가 그 일에 관해서는 당신이 한 얘기를 절대 누구한테도 옮기지 않을 거라는 건 완전히 믿으셔도 되고요."[40] 흄은 10월 8일 이 "괴짜 철학자"의 "마지막 이상한 위업"에 대한 장황한 설명으로 응답했고, 스미스에게 "비밀로 할 필요가 전혀 없습니다. 그것들 대부분이 꽤 공개됐고, 그 괴상하고 정의 내리기 힘든 생물체의 행동을 관찰하고픈 호기심이 있는 사람 모두에게 잘 알려져 있거든요"라고 확언했다. 그 후 10월 17일 편지에서는 몇 가지 수정 사항을 추가했다.[41] 자신의 명예에는 누가 되겠지만 흄은 루소가 프랑스로 돌아가는 길에 당한 무관심과 경멸을 즐기는 듯했다. "루소가 자기에 대한 평판에 굴욕감을 느낀 데는 이유가 있습니다. ……아무도 그의 소식을 묻지 않고, 아무도 그를 찾아오지 않고, 아무도 그에 대해 얘기하지 않고, 모두가 그를 방치하고 소홀히 하는 데 합의했던 거죠. 그것은 그때까지 어떤 인간에게, 적어도 어떤 문필가에게 일어난 일보다 더 갑작스러운 운명의 변화였을 겁니다." 자신의 입장에서 쓴 이야기를 출간한 뒤에도 루소의 회고록을 몇 차례나 언급한 것을 보면, 흄은 확실히 그것에 대한 우려를 떨쳐내지 못했던 것 같다. 그는 회고록의 존재 자체가 "내가 그의 편지를 공개한 정당한 이유이며, 당신과 심지어 나 자신까지 가끔 탓하고 항상 후회하게끔 만든 조치에 대한 변명"이라고 끊임없이 주장했다.[42]

정작 루소의 《고백》은 그와 흄이 둘 다 죽고 나서야 발간됐고, 루소가 처음 흄을 만났을 때까지 삶에 대한 이야기만 담겨 있지 둘의 갈등은 전혀 거론하지 않았다.[43] 로버트 자레츠키와 존 스콧이 그들의 싸움에 대한 탁월한 설명에서 쓴 것처럼 흄은 "유명인들의 이름을 열거하는 데 사로잡힌 책에서 거의 무명으로" 남아 있었다.[44] 흄의 모든 두려움은 부질없는 것이었다. 흄 역시 〈나의 생애〉에서 루소에 대한 언급을 배제한다. 두 사람 모두 그 일화 전체를 잊고 싶어 했던 것 같다.

루소한테는 언제나 열렬한 지지자들이 있었지만, 18세기 이후 그 싸움의 관찰자들은 대부분 주된 책임이 정확히 그에게 있다고 당연하게 결론지었다. 흄은 루소가 위급할 때 무리해가며 그를 도왔고, 루소가 던진 터무니없는 비난을 받을 만한 일은 거의, 아니 전혀 하지도 않았다. 그러나 불화의 여파로 흄도 한창때 같지는 않았다. 루소의 회고록에 대한 강박증, 그리고 루소가 우튼에서 도주한 뒤로 겪은 온갖 역경에 신나 하는 듯한 모습은 평상시의 '좋은 사람 데이비드' 이미지와 달랐다. 무엇보다 둘의 서신을 출판한 것은 적어도 돌이켜 생각해보면 쓸데없고 어쩌면 약간은 악의적으로 보인다. "신문에 자신들의 작은 가십거리까지 모조리 발표"하는 지식인들의 경향을 혐오했던 스미스가 그 불화의 세부 사항을 널리 알리지 말라고 흄을 설득한 것은 확실히 옳은 판단이었던 것 같다.[45] 흄이 써놓은 것을 출판하지 말라고 스미스가 경고한 일은 이번이 마지막은 아니었다. 하지만 다음 것은 남부끄러운 내용을 공개한 게 아니라 철학사의 걸작이 될 터였다.

1767~1775  08

치명적인 물 공포증

루소 사건의 소란이 가라앉기 시작한 뒤, 1766년 9월 흄은 "철학적 칩거에 들어갈" 목적으로 에든버러에 돌아왔다.[1] 부플레르 백작 부인 등이 파리로 오라고 권유했지만 흄은 완강했다. "내 집 난롯가에서 내 책들에 둘러싸여 나 자신을 찾고 존경스러우면서도 기분 좋은 벗들과 대화하다 보니 탐구에 대한 예전의 열정이 …… 너무 오랜 시간 중단했기 때문인지 더욱 격렬하게 나를 사로잡았습니다. 그리고 저는 현재 상태로도 너무나 바빠서 다른 걸 할 의지가 전혀 없습니다."[2] 그러나 얼마 지나지 않아 그는 또 다른 공직 수행 때문에 런던으로 가야 했다. 허트포드 경은 최근 더블린에서 돌아와 의전부(儀典部)의 수장으로 지명된 상태였고, 그의 형제인 헨리 시모어 콘웨이(Henry Seymour Conway) 장군은 북국무부(State for the Northern Department)—스코틀랜드, 북유럽 국가들 및 러시아와의 외교를 다루는 부처—장관에 올라 있었다. 그 두 사람이 흄을 부처의 차관으로 추천하자, 흄은 허트포드가 그에게 베풀어준 모든 것을 감안해 수락하지 않으면 안 된다고 느꼈다. 그는 이렇게 해서 1767년 2월 다시 한번 런던을 향해 떠났고, 스스로 한탄했듯 "하찮은 정치가로 타락한 철학자"가 되었다.[3] 그러나 일은 고되지 않았고 그가 좋아하는 소일거리를 추구할 충분한 여가도 있었다. 그가 휴 블레어에게 말했듯이 말이다. "책읽기와 어슬렁거리며 산책하기와 빈둥빈둥 놀기와 깜박 졸기, 나는 이것을 사유라 부르며 이것이 나의 최고 행복이다."[4]

스미스로 말할 것 같으면, 1766년 11월부터 1767년 5월까지 개인 교사 임무를 마무리하고 《도덕감정론》 3판의 인쇄 교정본을 보기 위해 영국으로 돌아오자마자 런던에서 6개월을 보냈다. 흄은 2월 20일 런던에 도착했으므로 이 도시에서 둘의 체류는 약 3개월이 겹쳤다. 거기에 대한 기록이 사실상 없긴 하지만, 둘이 이 시기의 일부를 함께 보냈다는 것은 확신할 수 있다. (흄이 2월 24일 애덤 퍼거슨에게 보낸 편지에서 "스미스를 만나지 못했습니다. 내가 서둘러 판단했어요"라고 적은 걸 보면 그들은 적어도 흄이 도착하고 나흘 뒤까지는 만나지 못했음을 분명 알 수 있다.)[5] 이 시기에 흄과 스미스를 모두 대접했던 사교계 여왕 메리 코크 부인(Lady Mary Coke)은 자신의 일기에 전형적인 스미스 사건을 기록했다. 그녀는 스미스가 "지금껏 만나본 사람 중 가장 멍하다"고 평하면서, 어느 날 아침 "아침 식사를 하던 중 대화에 빠져든 스미스 씨가 버터 바른 빵 한 쪽을 집어 그것을 돌돌 말고 또 말더니 찻주전자 안에 넣고 그 위에 물을 부었다. 그는 잠시 후 그것을 컵에 따르고 맛을 보더니 이제까지 마셔본 것 중 최악의 차라고 말했다"는 일화를 언급한다.[6]

스미스는 1767년 5월 커콜디로 돌아가 이제는 연세가 지긋해진 어머니 및 사촌 재닛 더글러스(Janet Douglas)와 살았다. 훗날 그가 묘사한 바에 따르면, 그는 거기서 다음 6년을 "매우 조용하게 거의 완벽한 은둔 생활을 하며" 지냈다.[7] 그는 최소한 글래스고 대학의 교수 시절부터 《국부론》의 초점이 될 주제들에 관해 생각해왔지만, 이제야 그 책을 본격적으로 파기 시작했다. 스미스는 버클로에게 토지 경영에 대해 조언한 것 말고는 커콜디에서 보낸 이 시기 동안 연구와 글쓰기에 방해되는 것은 가능한 한 피하려 노력했다. 이 시기의 편지는 그가 직면한 난관과 진전 속도가 느린 것에 대한 언급으로 가득 차 있다. 가령 옥수수 가격에 관한 논문을 보내줘서 고맙다며 헤일즈 경〔Lord Hailes: 스코틀랜드의 변호사이자 역사학자 데이비드 달림플(David Dalrymple)을 말함—옮긴이〕에게 쓴 편지에서 스미스는 "현재 상황에서 정확히 말하자면 저는 할 일이 없음에도 불구하고 제 연구 계획 때문에 여가 시간이 거의 없고, 페넬로페의 베짜기(web of penelope: 오디세우스의 아내 페넬로페가 전쟁터에 나간 남편을 기다리며 구혼자들의 압력을 지연시키고자 낮에 짠 베를 밤에 다시 풀었다는 일화로, 여기서는 해도 해도 끝나지 않는 일을 가리킴—옮긴이)처럼 일이 진행되어 끝날 가능성이 좀처럼 보이지 않을 정도입니다"라고 쓴다.[8] 마찬가지로 오랜 친구인 윌리엄 펄트니(William Pulteney)에게 보낸 편지에서도 그는 "놀지 않고 한 가지를 지나치게 오래 생각하는 통에 건강이 나빠져서 …… 초래되는 중단"을 불평한다.[9] 스미스는 장시간의 산책과 퍼스만에서 하는 잠깐의 수영으로 이런 건강 악화를 막으려 노력했다. 전해오는 얘기에 따르면, 어느 날 아침 여전히 실내복을 입고 몽상에 빠진 그가 던퍼믈린(Dunfermline)까지 15마일을 걸었는데, 어떤 교회에서 종소리가 울리고 나서야 다시 현실로 돌아왔다고 한다.[10]

커콜디에 도착하고 약 한 달 뒤, 스미스는 흄에게 어떻게 시간을 보내고 있는지 알렸다. "여기서 제가 하는 일은 지난 한 달가량 아주 깊게 몰두해온 연구입니다." 그는 연구를 하다 휴식이 필요할 때 "제 취미는 바닷가를 따라 걷는 길고 외로운 산책입니다. 제가 시간을 쓰는 방식에 대해 당신이 뭐라 하셔도 좋아요. 하지만 저 자신은 지극히 행복하고 편안하고 만족합니다. 어쩌면 제 평생 이보다 더 좋았던 적은 없는 것 같습니다"라고 말한다. 하지만 고독에 대한 사랑도 도시의 소식을 묻는 것을 막지는 못했다. "가끔씩 편지를 주시고 런던에서 친구들이 어떻게들 지내는지 알려주신다면 제게 큰 위안이 될 것입니다."[11]

흄은 며칠 뒤 답장을 보내 "당신이 들어본 가장 이상한 이야기"라며 한 가지 일화를 전했다. 얼마 전 그가 런던에 있는 몇몇 친구와 저녁 식사를 했는데, 일행 중에 성공회 주교 존 오스월드(John Oswald)가 있었다. 만찬 후 모두가 왁자지껄 떠들고 있을 때, 흄은 자신의 후원자 허트포드 경 때문에 "심히 혹사당해"왔다고 농담을 던졌다. "나는 항상 그의 주지사 임기 중 그 덕분에 주교가 됐으면 하고 기대했는데, 정말 속상하고 실망스럽게도 그는 제게 주교 집무실 2개를 주더라고요." 농담을 제대로 알아듣지 못한 오스월드는 "아무런 이유도 없이 지금껏 내가 본 것 중에서 가장 길길이 뛰고, 품위 없고, 편협한 분노를 터뜨렸습니다. 그러곤 내가 세상에서 가장 무례하다고 말하더군요. 만일 자신이 사제복을 입지 않았다면 내가 감히, 절대 자기를 그렇게 취급할 엄두를 내지 않았을 거라고, 겁쟁이가 아니고서는 어느 누구도 그런 식으로 성직자를 다루지 않을 거라면서 말입니다." 흄은 평상시의 냉철함을 유지한 채 용서를 구하며 이런 말로 오스월드를 안심시켰다. "농담은 조금도 당신을 겨냥한 게 아니라 전적으로 저 자신을 향한 것이었습니다. 마치 제가 주교가 될 정도의 기대를 해도 된다는 것처럼요." 그럼에도 오스월드는 진정하지 않았고, 흄은 어쩔 수 없이 일행에게 작별 인사를 고했다. 그를 가장 슬프게 한 일은 그 성직자의 형제이자 흄의 아주 오래되고 친한 런던 친구 중 한 명인 더니키어의 제임스 오스월드가 그 이후 그에게 말을 걸지 않았다는 것이다. 하지만 흄은 농담조로 편지를 마친다. "친애하는 스미스, 당신과 내가 언젠가 이와 같은 식으로 싸우지 않을 거라고 확신한다면 나는 당신에게 이렇게 말할 겁니다. 애정 어린 진실한 당신의 벗, D. H."[12]

댈키스 하우스(Dalkeith House)—미들로디언(Midlothian)에 있는, 최근 결혼한 버클로 공작의 자택으로 스미스는 그해 가을 약 2개월간 이곳에 머물렀다—에서 편지를 쓴 스미스는 적절한 공감을 표시하며 흄의 얘기에 응답했다. "지난번 당신의 편지를 받고 끓어올랐던 분노를 쉽사리 말로 표현하지 못하겠네요. 주교〔즉 존 오스월드〕는 형편없는 작자인데, 분에 맞지 않는 승진으로 한층 더 그렇게 된 것 같습니다. ……당신 편지를 받은 후 그가 커콜디에 와서 불가피하게 만나야 했는데, 그런 일이 없었다면 예의 바르게 대했겠지만 그러지 못하겠더군요."[13] 흄은 스미스의 "바로 그 성직자를 향한 우정 어린 분노"에 감사하는 짧은 편지를 단숨에 휘갈겼다.[14]

1769년 8월 흄은 마침내 거의 영구적으로 에든버러로 돌아왔다. 도착 직후 그는 스미스를 이 도시로 부르기 위해 편지를 썼다. 제임스스커트에 있는 흄의 집은 북향이었고, 맑은 날에는 포스만 건너편의 커콜디까지 볼 수 있었다. "당신이 보이는 곳에 오게 되어 기쁩니다"라고 흄은 친구에게 말했다. "그리고 우리 집 창문에서 커콜디의 전망을 볼 수 있어 기쁩니다. 하지만 나는 아울러 당신과 이야기를 주고받을 수 있는 거리에 있길 바라기 때문에 그 목적에 부합하는 대책을 함께 세워보면 좋겠습니다. 나는 치명적인 물 공포증이 있어서 우리 사이에 놓인 저 거대한 만(灣)을 바

라보면 공포심과 일종의 공수병이 생깁니다." 포스만의 양안을 연결하는 다리가 아직 없던 때라 커콜디와 에든버러 사이를 오가는 것은 날씨가 좋으면 비교적 짧은 항해였지만, 흄은 자신보다는 스미스 쪽에서 여행을 오라고 제안했다. "당신이 필시 집에만 있는 데서 느끼는 것만큼이나 나는 …… 여행에 신물이 났습니다. 그러니 당신이 이쪽으로 와서 이 고독 속에서 나와 함께 며칠을 보내는 게 어떨까요." (흄은 만을 건널 때마다 습관적으로 뱃멀미를 해서 여행하지 않는 쪽을 선호하기도 했다.)[15] 흄은 스미스의 최근 연구 및 집필 상황도 따라잡기를 고대했다. "당신이 연구해온 내용도 궁금하고, 칩거하는 동안 당신 스스로 채택해온 방법론에 대해서도 철저하게 설명을 들을 작정입니다. 사유 중 많은 부분, 특히 불운하게도 나와 다른 부분에서 잘못된 게 있을 거라고 확신합니다." 그리고 불행히도 그들을 갈라놓는 것이 물 말고는 없기 때문에 둘의 만남에서 절충 지대는 찾을 수 없다고 농담을 던진다. "인치키스섬(Island of Inch-Keith)—포스만 중간에 있는 작은 섬—에는 주거지가 없군요. 그렇지만 않았다면 그곳에서 나와 만나 논쟁의 모든 요점에 완전히 합의할 때까지 둘 중 누구도 그 장소를 떠나지 말아야 한다고 당신한테 요구할 텐데 말입니다." 흄은 며칠간 도시를 떠나 있을 예정인데, 스미스에게 자신이 돌아오면 "이 도전을 대담하게 수락하는 내용을 담은 당신의 편지를 발견하길 고대합니다"라고 말한다.[16] 늘 그렇듯 스미스가 이때 그의 제안을 받아들였는지에 관한 기록은 없다. 사실상 다음 4년간 스미스는 대부분 자신의 연구에 파묻혀 커콜디를 떠나지 않았다.

스미스의 꿈쩍하기 싫어하는 습성도 분명 흄이 그 방면에서 그에게 주는 압력을 막지는 못했다. 흄의 이 시기 편지는 스미스에게 에든버러로 자신을 보러 오라는 간청과 더불어 그다지 자주, 또는 흄이 바라는 만큼 오래 방문하지 않는 것에 대한 책망으로 가득 차 있다. "친애하는 스미스여, 듣자하니 하루나 이틀 …… 이상 여기 있지 않을 거라던데, 이게 무슨 뜻인지요?"(1770년 2월). "우리를 보러 도대체 언제 온다는 겁니까?"(1770년 2월). "흄 씨는 스미스 씨를 한 번도 만나지 못해 매우 언짢습니다. 내일 저녁 식사 약속을 그에게 상기시키고 싶습니다만."(1772년 6월). "이번 여름에 우리가 당신을 다시 보긴 하는 건지요?"(1772년 6월). "제발 이번 겨울에 와서 우리와 같이 지내시지요."(1772년 11월). "Surge et inhumanae senium depone Camenae."—"자리에서 일어나 비사교적인 뮤즈의 불평을 버려라"로 번역할 수 있는, 호레이스의 《서간(Epistles)》에서 따온 인용구.(1773년 2월). "당신을 곧 만났으면 좋겠네요."(1773년 4월).[17]

하지만 흄은 언제나 스미스를 위해 방을 준비해뒀고, 스미스는 가끔씩 에든버러에 와서 그와 함께 겨울 휴가를 보냈다—매년이었는지 아니면 그냥 가끔이었는지는 알 수 없다. 1771년 흄은 누나 캐서린의 병환 때문에 이런 초대를 할 수 없었는데, 그렇다고 해서 스미스의 그런 변명 성향을 흄이 꾸짖지 않을 리 없었다. "내 가족의 불상사가 없었더라면 당신이 크리스마스쯤에 나와 함께 있겠다고 한 약속을 지키지 않은 것에 대해 분명히 진작에 이의를 제기했어야 했는데 말입니다. ……하지만 그 시간이 〔캐서린을〕 예전의 건강 상태로 되돌려주기를 소망하고, 그렇게 됐을 때 당신과 함께 있을 시간이 생기길 기원하렵니다. 당신의 건강 상태를 갖고 변명한대도 난 듣지 않겠습니다. 그것은 그저 게으름과 고독에 대한 사랑이 꾸며낸 속임수에 지나지 않는다고 생각하니까요. 사실, 나의 친애하는 스미스, 만일 당신이 이런 종류의 통증에 계속 귀를 기울인다면 당신 스스로 인간 사회로부터 완전히 배제될 것이고, 그건 당신과 사회 모두에 크나큰 손실이지요."[18]

흄도 에든버러를 떠나길 망설인 것은 매한가지였다. 그는 도착하고 두 달 내로 몸도 마음도 정착해버려서 파리나 런던은 더 이상 조금도 생각나지 않았고 "혹시라도 건강이나 여흥을 위해 잉글랜드 북부로 유람할 때를 제외하면" 다시 트위드강을 건널 가능성은 희박할 거라고 기록했다.[19] 영국 정치에 대한 비관론이 부상하고 있었음에도 불구하고 이 시기의 편지는 그의 기분이 아주 좋았음을 보여준다. 더 이상 긴급한 업무가 없던 그는 대부분 책을 읽고 친구들과 어울리며 하고 싶은 대로 시간을 보냈다. 소설가 헨리 매켄지는 흄이 "먹는 것을 좋아했고, 친구들에게 멋진 만찬을 대접하는 것은 더욱더 좋아했으며, 매우 현명한 방법으로 훌륭한 만찬을 준비했다"고 회상했다. "그에게는 주택에 거주한 이래 함께 지내온 나이 든 요리사, 아니 가정부가 있었다. 프랑스에 있을 때 …… 그는 자기가 좋아하는 몇몇 요리의 가장 특별한 조리법을 얻었는데 …… 나이 든 가정부가 그 몇몇 요리의 완벽한 대가가 되도록 만들었고, 친구 애덤 스미스의 노동 분업 원칙에 따라 가정부의 탁월함을 그 몇몇 품목에 한정하고는 그녀에게 이런 지식을 심어준 데 만족했다."[20] 하지만 시간이 지나면 지날수록 흄은 몸소 요리를 하는 것으로 기분을 전환했다. 그는 좌중을 기쁘게 하는 여왕수프(soup à la Reine)와 양머리수프 요리법은 물론이고 "소고기양배추(매력적인 요리)와 오래된 클라레(Claret)로 조리한 양고기 요리는 나를 능가할 자가 없다"고 자부했다.[21] 친구들은 그가 제공하는 식사에 감탄했지만, 함께 어울리는 것을 훨씬 더 소중히 여겼다. 알렉산더 칼라일은 "형편이 나아짐에 따라 흄 씨는 살림 규모를 키웠고, 구운 닭고기와 다진 쇠고기 그리고 펀치(punch: 물, 과일즙, 향료에 포도주 등의 술을 넣어 만든 음료—옮긴이) 한 병 대신 우아한 정찬과 가벼운 저녁 식사에 최고급 클라레를 곁들여 내놓았다. 그중에서도 최고는 그와 나누는 정말 유익하고 즐거운 대화였다. 평신도건 목회자건 가장 박식하고 마음에 드는 사람들만 모았기 때문이다"고 썼다.[22]

스코틀랜드로 돌아오자마자 흄은 제임스스커트에 있는 자신의 집이 여전히 "매우 생기 있고 우아하기까지 하지만, 남은 인생 동안 빠져보리라 작정한 요리라는 학문에서 내 엄청난 재능을 보여주기에는 너무 작다"고 생각했다.[23] 에든버러는 몇 년 전 뉴타운 개발에 들어갔고, 그는 1770년 가을 세인트앤드루(St. Andrew) 광장 남서쪽 모퉁이에 있는 부지를 구입해 주택 신축을 감독하기 시작했다.[24] 18세기식 교외 개념에 해당하는 뉴타운은 이제는 올드타운이 된 지역의 비좁고 불결한 생활에서 벗어나 깨끗하고 널찍한 주거용 피신처를 제공했다. 흄은 여행 경험이 풍부한 어느 대령에게 "우리 뉴타운을 먼저 볼 때까지는 런던에 정착할 생각일랑 마세요. 뉴타운은 당신이 세계 어떤 곳에서 봤던 것도 초월합니다"라고 주장했다.[25]

흄의 뉴타운 이주에 얽힌 재미있는 일화가 두 가지 있다. 집을 짓는 동안 뉴타운과 올드타운을 연결하는 노스브리지(North Bridge)가 아직 개통되지 않았으므로 흄은 당시 양쪽 지역을 갈라놓은 습지를 가로질러 다닐 수밖에 없었다. 이야기는 이렇다. 어느 날 흄은 좁은 길에서 미끄러져 습지로 떨어졌는데 빠져나올 수가 없었다. 다행히 일단의 목소리 크고 거친 여자들의 주의를 끌 수 있었다. 하지만 여자들은 그가 "사악한 불신자 데이비드 흄"이라는 걸 알아봤고, 진지하게 주기도문을 반복하기 전에는 도와주지 않겠다고 했다. 흄은 재빨리 응했고, 여자들은 약속대로 철학자를 구조해주었다. 이 이야기의 출처에 따르면, 흄은 "에든버러의 거친 여자들이야말로 그가 지금껏 만나본 신학자 중 가장 예리하다고 공언하면서 마구 깔깔대며 그 일화를 얘기하곤 했다".[26] 두 번째 이야기도 그의 무신앙에 대한 평판과 관련이 있다. 1771년 5월 새로운 집으로 이사했는데, 워낙 도시 변두리에 있는지라 아직 도로명도 붙이지 않은 상태였다. 전해지는 얘기에 따르면, 어느 날 흄과 매우 친한 낸시 오드(Nancy Ord)라는 젊은 여성—그는 이 여성에게 청혼할 생각까지 했던 것 같다—이 벽에다 분필로 짓궂게 "세인트데이비드 스트리트(St. David Street)"라고 적었다고 한다. 흄의 가정부 페기 어빈이 화를 냈지만 흄은 그녀를 이렇게 안심시켰다. "예전에는 더 훌륭한 많은 사람이 성자가 됐었거든요."[27] 그 길은 오늘날까지 그 이름을 갖고 있다.

새집으로 이사하고 난 가을에 흄은 거의 한 달간 벤저민 프랭클린을 재워줬다. 프랭클린은 에든버러에 도착하자마자 "저는 한 여관에서 비참하게 묵었는데, 이 훌륭한 기독교인 데이비드 흄이 복음 말씀에 따라 **나그네를 환대했고**, 지금 저는 뉴타운에 있는 그의 집에서 그와 더불어 지극히 행복하게 지내고 있습니다"라는 편지를 윌리엄 스트러핸에게 썼다.[28] 두 사람은 저녁마다 지식인들과 만찬을 하며 몇 주를 보냈는데, 스미스가 그들과 합류하기 위해 커콜디에서 이곳을 다녀갔는지에 대한 기록은 물론 없다. 프랭클린이 떠나고 몇 달 뒤 흄은 "당신의 형제인 이곳〔에든버러〕의 모든 철학자들의 행복을 비는 마음이 진심으로 당신과 함께하기를"이라고 쓴 편지를 보냈다. 편지에서 흄은 또한 그 시대의 당파성과 그것이 자신의 평판에 미친 영향을 떠올리기도 한다. "문학의 여정을 시작하면서 나는 모든 기독교인, 모든 휘그당 지지자, 모든 토리당 지지자가 내 적이 될 거라고 예상했습니다. 하지만 모든 잉글랜드인, 아일랜드인, 웨일스인까지 내게 적대적이라는 사실은 힘이 드네요. 스코틀랜드인도 마찬가지로 그다지 내 편이 되지는 못합니다. 자신의 나라에서 선지자가 된 사람은 없으니까요. ……정의에 대해서는 아메리카에 호소해야겠다는 상상을 하고 있습니다."[29]

흄이 집필을 그만두기로 완전히 결심했기 때문에 그의 평판은 순전히 이미 완성한 책들에 달려 있었다. 그는 오랫동안 《영국사》의 1689년 이후 확장판을 내자는 출판인들의 압력을 받아왔다. 가끔 재미삼아 그래볼까 하는 생각도 들었지만 절대 오래가지 않았다. 프랑스를 떠난 직후 아직 루소와 함께하던 시기에 그는 잠시 그 문제에 대해 스미스와 상의한 적이 있다. 흄은 확실히 원하는 논문은 다 손에 넣을 수 있었고 앤드루 밀러가 "원고료는 달라는 대로" 주겠다고 했지만, 전망은 덜 솔깃해 보였다. "누가 이익을 보겠습니까? 무엇 때문에 빈둥거림과 한가로운 산책과 사람들과의 교제를 포기하고 또다시 어리석고 당파적인 군중의 도가니에 나 자신을 노출시켜야 합니까? 아직은 아무 일도 안 하는 게 지겹지 않습니다. ……머지않아 너무 늙어서 그렇게 많은 노동을 감당할 수도 없을 테고요."[30] 우리는 스미스의 답장은 갖고 있지 않지만, 이 주제에 관한 그의 견해는 잘 알고 있다. 그해 말 밀러는 흄에게 《영국사》를 추가로 내자고 설득하려 애썼고, 스미스의 "생각도 같습니다. ……이 나라에서 혁명 이후의 역사는 이미 인쇄된 책 중에서 본 적이 없고" 런던에 있는 자료들을 기초로 한다면 수월하게 쓸 수 있을 텐데 "그는 그 자료들을 당신이 즉각 입수할 수 있을 거라 확신하며 …… 따라서 〔에든버러에서〕 당신이 구할 수 있는 원고를 정독한 후 여기서〔런던에서〕 기초 작업을 하셔야 할 것입니다. ……가장 신중한 당신 친구의 의견을 알려드리는 것이 제 임무라 생각하며, 스미스를 …… 그런 친구로 여겨도 될 거라고 봅니다"라고 썼다.[31]

하지만 흄은 결국은 자신이 이러한 간청을 거절하기로 결심한 네 가지 합당한 이유를 윌리엄 스트러핸에게 댔다. "나는 너무 늙었고, 너무 뚱뚱하고, 너무 게으르고, 너무 부자입니다."[32]

그럼에도 불구하고 흄은 지적인 방면에서 오랫동안 아무것도 하지 않을 사람이 아니었다. 최신 철학책과 역사책 정보를 따라잡는 것은 말할 것도 없고, 끊임없이 자신의 저작물을 손봤다. 말년 내내 그가 스트러핸에게 보낸 편지 중에는 그에 관해 지시하는 내용이 많다. 흄은 이런 수정이 머리를 식히는 즐거운 작업일 뿐이라고 우겼지만, 그도 분명 자신에 대한 미래의 평판에 유의했을 것이다. "쓸데없는 소일거리라는 걸 잘 압니다. 그럼에도 불구하고 현시대보다 후대가 나를 좀더 정당하게 평가해 줄 거라고 생각하면 즐겁습니다. 현시대의 참정권도 사실 내게 그만큼 큰 자부심을 주지는 못할 겁니다."[33] 자신의 철학책이 더 잘 팔리고 역사책은 기대에 못 미친다는 사실을 그도 알고 있었는데, 이와 관련해 그는 "이는 종교적 편견보다 당파적 편견이 영국에 더 만연하다는 사실을 입증합니다"라고 말했다.[34]

새로운 책을 쓰는 대신 흄은 스미스를 부드럽게 독려하고, 관련 뉴스를 전달하고, 가끔은 스미스에게 필요한 책을 구해줌으로써 그의 《국부론》 작업에 용기를 북돋우려 애썼다. 1772년 6월 그는 에어 은행(Ayr Bank)의 파산으로 촉발된 최신 경제 위기 정보를 알려주는 편지—같은 화제를 다룬 세 통 중 첫 번째 편지—에서 "이 사건들이 당신의 이론에 어떻게든 영향을 줄까요? 아니면 일부 장을 수정하게 만들까요?"라고 묻는다. 그리고 은행의 도산 및 관대한 대출 정책에 관한 견해를 제시한다. "전반적으로 보건대 우리의 터무니없고 근거 없는 신용에 내려진 견제가 장기적으로는 유리하다는 게 입증되리라고 봅니다. 그것이 사람들을 더욱 탄탄하고 덜 낙천적인 계획으로 몰리게 하고, 그와 동시에 상인과 제조업자에게 절약을 하게끔 할 것이기 때문이지요. 당신 생각은 어떤지요? 이것은 당신의 사유가 먹고살 양식입니다."[35] 공교롭게도 이 위기의 역사·원인·교훈은 스미스의 책에 진짜 포함되었고, 그 역시 에어 은행 파산이 사실상 장기적으로는 유익한 것으로 밝혀질 거라고 결론지었다. 만일 은행이 성공했다 하더라도 "〔영국의 자본〕 대부분을 신중하고 수익성 있는 프로젝트에서 경솔하고 수익성 떨어지는 프로젝트로 이동시키기만 했을 것이기" 때문이다.[36]

자신들의 토론을 편지로만 한정시키는 게 성에 차지 않았던 흄은 그해 11월 다시 한번 스미스에게 에든버러로 이사 오라고 설득했다. 이번 제안이 솔깃한 이유는 대학에서의 일자리 전망이 아니라 세인트데이비드 스트리트에 있는 흄의 집에서 그리 멀지 않은 뉴타운에 나온 "쾌적한 방이 5개 있고 그중 3개는 꽤 크며" 주변을 둘러싼 언덕과 포스만의 전망을 가진, "게다가 내 생각에는 동쪽으로 커콜디까지 보이는" 아파트였다. "당신을 위해 아파트를 보여드릴까요?"라고 흄은 묻는다. "당신 자신을 위한 결정을 내릴 만큼 결심이 섰는지요?"[37] 스미스는 지금은 없는 편지에서 다시 한번 제안을 거절했던 모양이다—아마도 도시로 이사를 가면 《국부론》 작업에 방해가 되기 때문이거나 곧 책을 출판하러 런던에 가야 했기 때문이었을 듯싶다. 일주일 뒤에 쓴 흄의 다음 편지가 이렇게 책망하는 것으로 시작되는 걸 보면 말이다. "내가 당신의 이유에 동의해야겠지요. 만일 내가 당신의 결심을 믿을 수 있다면 말입니다. 크리스마스 즈음 몇 주 이곳에 오시지요. 방탕한 생활도 좀 하셔야 합니다. 그리고 나서 커콜디로 돌아가세요. 가을 전에 책을 끝내고 런던에 가도록 하세요. 인쇄가 끝나면 이 도시에 돌아와 정착하시고요. 이곳이야말로 당신의 학구적이고 독립적인 분위기에는 런던보다 훨씬 더 제격입니다. 이 계획을 충실히 실천하세요. 그러면 내가 당신을 용서할 테니."[38] 유감스럽게도 스미스의 신중한 작업 습관은 흄의 계획을 다시 한번 좌절시켰다. 스미스가 마침내 탈고를 하고 런던에서 책을 인쇄할 무렵 흄의 불치병이 불거졌고, 흄이 죽고 1년이 넘도록 스미스는 에든버러에 정착하지 않았다.

필시 스미스가 쓰고 있는 《국부론》의 진전—혹은 진전이 없는 것—이 갈수록 염려됐던 흄은 1773년 4월 편지에서 이렇게 물었다. "바쁘셨습니까? 그런데 허물어지고 있는 쪽인가요, 아니면 차곡차곡 쌓아가고 있는 쪽인가요?"[39] 사실 스미스는 드디어 책을 마무리하고 출판하기 위해 일주일 내로 런던으로 떠날 작정이었다. 스미스는 출발할 때 자신의 건강을 너무나 염려한 나머지 에든버러에 들러 임종 시에 대비한 준비를 했고, 흄을 유저(遺著) 관리자로 지명했다. 스미스는 자신이 런던으로 가져갈 《국부론》 관련 논문들 말고는 "데카르트 시대까지 연이어 유행했던 천문학 체계의 역사를 다룬 대작의 일부 원고를 제외하면 출판할 만한 게 하나도 없다"고 흄에게 말한다. 분명 이는 《철학적 탐구를 이끄는 원리》 1부를 가리키는 것으로, 2장에서 설명한 바 있다. 스미스는 "그것을 청소년을 겨냥한 도서의 일부로 출판할 수 있을지 여부는 전적으로 당신의 판단에 맡깁니다"라고 말한다. 아울러 그 밖의 논문 일체—일부 묶여 있지 않은 논문과 "얇은 2절판 책 18권"—는 "검토 없이 파기하셔도 좋습니다"라고 언급한다. 만일 스미스의 건강이 《국부론》을 더 이상 출간할 수 없을 지경까지 나빠진다면 그는 인쇄 교정본을 볼 수 있도록 흄에게 원고를

보낼 작정이었다.[40] 이렇게 준비를 마무리하고 자신의 문학적 평판에 대한 걱정을 내려놓은 스미스는 런던을 향해 떠났고, 거기서 다음 3년을 머물렀다.

런던에 있으면서 스미스는 파리 체류 때 즐겼던, 사회적으로 한층 활발한 생활 방식을 재개했다. 그는 '새뮤얼 존슨 클럽'으로 더 많이 알려진 문학 클럽의 회원으로 선출됐는데, 물론 존슨 및 그의 제자들과 끊임없이 부딪혔다. 존슨은 스미스가 "자신이 만나본 이들 중 가장 따분한" 사람이라는 속내를 밝혔고, 제임스 보스웰은 "런던에 있는 내 옛날 교수님이 백위그(bag-wig: 18세기 유럽 남성들 사이에 유행한 일명 주머니 가발—옮긴이)를 쓴 공인된 무신론자라는 걸 알게 되다니 …… 이상하다"고 생각했다.[41] 스미스로서는 존슨의 가식을 도저히 이해할 수 없었다. "이 작자가 남녀가 동석한 자리 한가운데서 갑자기 벌떡 일어나는 걸 본 적이 있습니다. 그러곤 아무런 예고 없이 의자 뒤에 무릎을 꿇고 주기도문을 되풀이하더니 다시 테이블에 앉더군요. 그 해괴한 짓거리를 몇 차례나, 아마도 저녁에 대여섯 번은 했던 것 같습니다. 이건 위선도 아니고 광기죠."[42] 스미스는 그의 오랜 팬인 에드먼드 버크와 문학 클럽의 또 다른 신입 회원 에드워드 기번—보스웰이 조롱했듯 스미스의 "무신론자 형제"—과는 훨씬 잘 지냈다.[43] 아울러 1775년 3월까지 런던에서 지낸 벤저민 프랭클린과도 다시 만났는데, 그와는 《국부론》의 여러 장에 대해 토론했을 것이다.[44]

불행히도 상대적으로 말하자면 흄과 스미스는 이 기간 동안 연락이 끊겼다. 1773년 4월 스미스가 런던을 향해 출발했을 때부터 1776년 겨울 동안에는 흄이 스미스에게 보낸 편지 한 통과 스미스가 흄에게 보낸 또 다른 한 통만 있을 뿐이고, 두 사람 모두 둘 사이의 의사소통 부족을 언급한다. 흄의 1774년 2월 편지는 "당신의 의향과 결심을 내게 한 번도 알리지 않다니 잘못하셨습니다. 뭔가 정해진 게 있다면 말이죠"라는 말로 시작된다.[45] 스미스는 1775년 5월 짧은 편지를 보내 사과한다. 아니, 사과하지 않았다는 편이 맞겠다. "제가 그런 종류의 공손함을 완벽하게 극복한 지 얼마 안 됐다면, 당신에게 편지를 쓰는 게 분명 부끄러웠을 것입니다. 그런고로 당신이 저만큼이나 사과를, 제 말은 그러니까 사과를 하고 사과를 받는 것 둘 다를 싫어하신다는 걸 당연히 아는 저는 너무나도 오랫동안 당신에게 편지 쓰는 일을 게을리한 데 대해 사과하는 척하지 않으렵니다. 제 오랜 침묵이 가장 살갑고 가장 고마운 당신에 대한 기억이 행여나 부족해서 비롯된 것이 아님은 당신에게 굳이 말씀드릴 필요도 없겠지요."[46] 다른 한편으로 두 사람은 계속해서 상대방의 활동에 관심을 보였고, 지속적으로 서로의 안녕을 염려했으며, 각자의 도시에서 아는 친구들을 통해 최근 소식을 듣고 있었다.[47]

이제 런던에 사는 사람은 흄이 아니라 스미스였으므로, 흄은 자신이 북국무부 차관으로 근무하는 동안 그랬듯 그가 도시의 소식을 전해주길 바랐다. 스미스가 다수의 뛰어난 문필가 및 정치가와 자주 마주쳤다는 것을 감안하면 그는 이런 역할을 수행할 좋은 입지에 있었지만 분명 그의 취향은 아니었다. 1774년 2월 편지에서 흄은 그해 1월 추밀원(Privy Council: 국왕을 위한 정치 문제 자문단—옮긴이)의 벤저민 프랭클린 조사 건을 캐묻는다. 프랭클린은 매사추세츠 주지사 토머스 허친슨(Thomas Hutchinson)으로부터 온 편지들을 보스턴에 은밀히 돌려보낸 혐의로 기소되었는데, 편지에서 허친슨은 식민지 주민을 향한 무력 사용을 공개 지지했다. "세상에, 프랭클린이 한 행동과 관련해 들려오는 이 이상한 이야기들은 다 뭡니까?"라고 흄은 묻는다. "물론 나는 그가 매우 당파적인 사람이라는 걸 항상 알고 있었고, 광신을 뺀다면 모든 감정 중에서도 당파성이 도덕적으로 가장 파괴적이라고 생각하지만, 그가 일반적으로 단정하는 것처럼 심각한 죄를 지었다고는 도무지 믿고 싶지 않네요."[48] (의식적이건 무의식적이건 스미스는 《도덕감정론》 6판에서 이 주장을 되풀이했다. "도덕 감정을 타락시키는 모든 원인 중에서 …… 당파성과 광신은 언제나 단연코 주된 요소였다.")[49]

흄은 이런 질문에 대한 답장이 오지 않으리라는 걸 틀림없이 예상했겠지만, 스미스가 자기와 같이 살기 위해 에든버러로 돌아올 거라는 희망은 완전히 버리지 않았다. 당시 에든버러 대학 도덕철학 교수였던 애덤 퍼거슨은 여행 동반 개인 교사를 맡아 잠시 대학을 떠날 계획이었는데, 그 여행이 끝나면 자기 자리로 복귀하기를 희망했다. 시의회는 이 생각에 반대했고, 흄은 스미스에게 "그가 돌아오자마자 물러나도록 대타로서든 후임자로서든 〔퍼거슨의〕 수업을 맡는 데" 그(스미스)가 동의한다면 "가장 큰 문제는 제거되는 것"이라고 제안했다.[50] 스미스가 가까이에서 교직을 갖도록 하는 것은 비록 임시방편일지라도 흄이 보기에 분명 옳은 방향으로 가는 하나의 단계였지만, 이번에도 그의 노력은 수포로 돌아갔다.

스미스는 1775년 5월 마침내 친구를 위한 친절을 실천하고자 분발해서 펜을 들었다. 흄에게 박물학자이며 "신앙심이 누구보다 깊은 사람임에도 불구하고 제네바에서, 아니 사실은 전 세계에서 매우 훌륭하고 인정 많은 사람 중 한 명"이라고 몸소 묘사한 샤를 보네(Charles Bonnet)라는 인물을 추천한 것이다. 그는 또한 "이곳〔런던〕에 있는 당신 친구들은 전부 비티에게 보내는 프리스틀리의 대답"—즉 제임스 비티를 비롯해 흄 철학을 비판한 대표적인 비평가 몇몇을 포함하는 '상식(common sense)' 학파에 대한 조지프 프리스틀리(Joseph Priestley)의 신간 비평서 《리드의 질문, 비티의 논고 및 오스월드의 상식에 대한 호소 고찰(An Examination of Reid's Inquiry, Beattie's Essay, and Oswald's Appeal to Common Sense)》—"에 온통 정신이 팔려 있습니다"라고 말한다.[51] 스미스와 그의 런던 친구들은 비티가 반박문을 발표하고, 그럼으로써 재미있는 논쟁이 계속되길 바랐지만, 비티는 그러지 말라는 조언을 들었다.

또한 스미스의 편지에는 흄을 분명 엄청나게 기쁘게 만들었을, 즉석에서 나왔을 법한 언급도 포함되어 있다. "이달 말이나 다음 달 초에 제 책을 인쇄소로 보내려 합니다."[52] 다음 2월까지 흄은 아직 책이 출간됐다는 소식을 듣지 못했고, 그래서 약간 놀란 마음으로 스미스에게 편지를 쓸 수밖에 없었다. "나도 당신만큼이나 편지 쓰는 일에 게으릅니다. 하지만 당신에 대한 걱정 때문에 쓰게 되네요. 어쨌든 당신의 책은 오래전에 인쇄됐는데도 불구하고 아직 그다지 많이 알려지지 않았습니다. 이유가 뭔지요?" 흄은 버클로 공작을 통해 스미스가 "아메리카 사태에 매우 열의를 보인다"—물론 이것은 그즈음 일어난 영국과 식민지 간의 갈등을 의미한다—는 소식을 들은 터였지만, "당신이 만일 아메리카의 운명이 결정될 때까지 기다리는 거라면 오래 걸릴 수도 있습니다"라고 경고한다. 흄은 "일반적으로 상상하는 것만큼 그 문제는 중요하지 않습니다"라고 자신의 견해를 제시하면서도 "만일 내가 틀렸다면 당신을 만나거나 당신의 책을 읽고 아마도 내 오류를 수정하겠지요"라고 유쾌하게 받아들인다.[53] 뒤에서 살펴보겠지만, 그러한 갈등은 결과적으로 《국부론》에서 핵심 역할을 한다.

예상했겠지만 흄의 또 다른 질문은 책 출간 이후 스미스의 계획에 관한 것이다. "다른 사람들이 그러던데, 이번 봄에는 우리와 해결을 볼 작정이라면서요. 하지만 우리는 더 이상 소식을 듣지 못했네요. 이유가 뭔가요? 우리 집의 당신 방은 언제나 비어 있습니다. 난 언제나 집에 있고요. 당신이 이곳에 도착할 날을 고대합니다." 하지만 이번에 흄의 간청은 특별한 절박함을 띠었다. "나는 예전에도 건강 상태가 그저 그랬고 지금도 그렇고 아마 앞으로도 그럴 겁니다. 요전 날 몸무게를 쟀는데 5스톤(stone: 1스톤은 6.35킬로그램—옮긴이)이 빠졌더군요. 당신이 한참 더 오래 미룬다면, 어쩌면 나는 완전히 사라져버릴지도 모릅니다."[54] 하지만 흄은 걱정할 필요가 없었다. 두 달 안에 그는 스미스의 두 번째 걸작 출간을 축하하기 위해 다시 편지를 썼고, 그로부터 한 달 안에 드디어 그를 만났기 때문이다.

1776  09

국부의 탐구

흄과 스미스의 우정에서 마지막 해는 다사다난했다. 1776년 스미스는 자신의 명성이 중단될 책을 출간했다. 흄과 《자연 종교에 관한 대화》의 운명을 놓고 충돌한 것이다. 흄의 건강은 급속도로 나빠졌고, 많은 이들이 주시하던 죽음으로 막을 내렸다. 그리고 스미스는 독실한 신자들의 끝없는 분노를 도발할 흄의 최후에 관한 문제작을 집필했다. 이 모든 사건을 얘기하자면 각각 한 장(章)씩은 필요할 것이다.

스미스가 자신의 두 책이 가진 상대적 장점에 대해 어떻게 생각했는지 몰라도 좀더 큰 영향을 미친 쪽은 두 번째 책이었다. 《국부론》의 중요성과 영향력에 바치는 과장된 찬사는 거의 셀 수 없을 만큼 다양하지만 몇몇 대표적 사례로도 충분할 것이다. 스미스 사망 직후 그의 전기 작가 두걸드 스튜어트는 그것을 "의심할 바 없이 …… 입법부의 일반 원칙에 관해 이제까지 발간된 가장 종합적이고 완벽한 저술"이라고 불렀다.[1] 19세기 역사가 헨리 토머스 버클(Henry Thomas Buckle)은 "최종 결과를 봤을 때

〔그것은〕 아마도 지금까지 쓰인 가장 중요한 책일 것이다"라고 공언했다.[2] 가장 최근만 해도 대표적인 학자들은 그것을 "스코틀랜드 계몽주의 지식인 문화에서 제일 위대하고 영원히 남을 기념비", "계몽주의가 인문과학에 이바지한 업적 중 최고의 영향을 준 것", "사상의 역사에서 매우 주목할 만한 저술 중 한 편"이라고 일컬었다.[3] 한 베스트셀러 작가는 "스미스의 《국부론》은 실질적으로, 현저하게, 거의 즉각적으로 인간의 삶과 사상의 질을 향상시키기 시작한 뉴턴의 《자연철학의 수학적 원리(Principia)》와 다윈의 《종의 기원》 사이에 놓일 한 권의 책일 것이다"라고 주장한다.[4]

이 책의 위력과 명성에 대해서는 거의 의문의 여지가 없으나 이런 특별한 찬사가 가져온 의도치 않은 한 가지 결과가 있었으니, 그것은 정치경제학 분야에서 스미스보다 앞선 인물들—물론 흄도 포함해서—의 공로를 축소시키는 역할을 한다는 점이다.[5]

스미스가 흄을 어느 정도 끌어들였는지 살펴보자면 첫 번째보다 두 번째 책이 더 어렵다.[6] 《도덕감정론》에서는 흄의 이름을 한 번도 언급하지 않는 반면, 그의 영향을 도처에서 감지할 수 있다. 사실 스미스가 도덕 이론을 수립하고 제시하는 데 흄이 주요한—유일하지 않은 것은 분명하지만—대화 상대였다는 데는 의문의 여지가 없다. 또한 스미스가 정치경제학에 관한 견해를 발전시키는 데도 흄이 중추적 역할을 담당했음을 시사하는 증거는 많다. 《국부론》에서 스미스는 흄의 이름을 다섯 차례 인용하고, 다른 글에서는 《영국사》에서 문단 4개를 통째로 옮겨오며 그 책의 저자를 "단연코 이 시대의 가장 걸출한 철학자이자 역사가"라고 불렀다.[7]

다음 단락에서 논의할 5개의 확실한 인용문 중 하나는 어쩌면 책 전체의 핵심일 문단에 등장한다. 요컨대 오랫동안 이자율은 주로 금과 은의 유통량에 달려 있다고 여겨졌지만 "언뜻 보기에 너무나도 그럴싸해 보이는 이 통념은 흄 씨에 의해 완전히 드러났으므로 더 이상 말할 필요는 없을 것 같다"고 스미스는 적는다.[8] (그러면서도 책의 장황한 형식에 맞게 스미스는 그 요점을 몇 쪽에 걸쳐 좀더 상술한다.)

두걸드 스튜어트는 정치·경제에 대한 스미스의 견해가 스승인 프랜시스 허치슨과 어릴 적 친구인 더니키어의 제임스 오스월드를 비롯한 그 밖의 인물들에 의해 깊이 형성되었다고 인정하면서도 "스미스 씨에게는 자신의 강좌"—스미스의 글래스고 대학 정치경제학 강좌로서 《국부론》은 부분적으로 여기에 기초했다—"이전에 등장한 다른 어떤 책보다도 흄 씨의 《정치론》이 확실히 더 유용했다"고 판단한다.[9] 현대의 어떤 학자는 흄의 《정치론》이 "스미스에게 심오한 영향력을 행사"했으며 "그것 없이 《국부론》은 거의 상상할 수 없다"는 데 동의한다.[10] 그리고 이런 문제와 관련해 스미스의 사상에 영향을 준 것은 비단 《정치론》만은 아니었다. 흄 또한 《영국사》에서 통상과 무역 정책을 폭넓게 논의했으며—어니스트 캠벨 모스너는 그것을 "자본주의 사회를 설명하고 옹호한 최초의 인기 있는 역사책"이라고 불렀다—실제로 스미스는 그의 논고가 아니라 바로 이 책에서 흄을 여러 차례 인용했다.[11]

하지만 《도덕감정론》과 비교하면 《국부론》에는 스미스가 확실하게 친구의 견해를 발전시키거나 거기에 이의를 제기하는 단락이 사실상 더 적다. 게다가 책의 핵심 주제 중 일부는 흄의 저술에서 거의 건드리지도 않은 것들이다. 무엇보다도 생산성에서 노동 분업이 차지하는 중심적 역할과 관련한 스미스의 주장이 특히 그렇다.[12] 이런 이유로 저명한 경제학자제이컵 바이너(Jacob Viner)는 "《국부론》에는 스미스가 흄의 업적으로부터 이득을 취했다는 조짐이 거의 없다"고 주장하기까지 한다.[13] 이런 평가는 지나치게 심한 것 같다. 《국부론》처럼 방대하고 꼼꼼한 책에 유일한 핵심 대화 상대라든가 단일한 영향의 원천을 대기는 불가능하지만, 흄의 영향은 분명히 중차대했을 것이다. 설령 그것이 저술의 특정 단락이 아니라, 무역 및 정치·경제를 바라보는 흄의 일반적 태도에서 더 많이 온 것이라 해도 말이다. 우리가 만일 항상 골치를 썩이는 지적 영향력이라는 문제에 연연하지 않고 그것을 제쳐둔다면, 스미스의 책에 나오는 중심 논거들이 흄이 몇 십 년 전 발표한 책에도 등장한다는 점은 부인할 수 없는 사실이다.

《국부론》에서 가장 중요한 구절을 딱 하나 꼽으라고 하면 그에 합당한 후보는 3권의 클라이맥스에 나오는 주장일 것이다. "상업과 제조업은 점차 질서와 선치(善治)를 가져왔고, 그와 더불어 예전에는 이웃 국가들과 거의 끊임없는 교전 상태 속에서 상위 계급에 노예처럼 종속되어 살았던 국민에게 개인의 자유와 안보를 가져다줬다. 이는 상업과 제조업이 미친 모든 영향 중 가장 덜 알려졌음에도 불구하고 제일 중요하다."[14] 이 구절의 의미는 뻔하다. 이는 스미스가 상업이 주는 이득 중에서 가장 중요하다고 여기는 것과 관련해 그의 전집 가운데서도 가장 명백하고 단정적인 진술이기 때문이다. 다시 한번 말하지만, 그는 개인의 자유와 안보의 증진이 상업의 **모든** 영향 중 **단연코** 가장 중요하다고 주장한다. 그리고 이런 핵심 요점에 대해 자신이 흄에게 빚지고 있다는 것을 지나치다 싶을 정도로 인정한다. 자유와 안보의 증진이 "가장 덜 알려진" 상업의 영향이라고 쓴 직후 스미스는 이렇게 말한다. "흄 씨는 내가 아는 한 지금까지 거기에 주목해온 유일한 저자다."[15]

이런 주장을 평가하기에 앞서 한발 물러나 스미스가 그런 발언을 하게 된 맥락을 들여다보면 유익할 것이다. 3권 대부분은 어떻게 그리고 무슨 이유로 수세기 동안 유럽 전역에 만연했던 봉건 질서가 마침내 자유주의적이고 상업적인 질서에 자리를 내줬는지—즉 어떻게 위계, 종속, 국내 갈등에 지배당하던 세상이 법치가 지배하고 국민이 상대적 자유와 안보를 누리는 세상으로 바뀌었는지—기술하는 역사적 설명에 할애된다. 어떻게 봉건 영주들이 하찮은 사치품을 위해 자신의 어마어마한 권력을 허비했는지에 관한 스미스의 설명은 유명한 이야기가 되었다. 로마제국 몰락 이후 유럽 전역의 대지주는 자신들의 통제력을 거의 완벽하게 행사할 수 있는 방대한 토지를 소유했다. 왕의 권한은 지방 차원에서 그들에게 도전할 만큼 충분히 강하지 않았기 때문이다. 이런 사회에는 사치품과 제조품이 상대적으로 부족했으므로 영주들에게는 수천 명의 농노를 '유지하기' 위한 것 말고는 부의 필요성이 거의 없었는데, 결과적으로 이 농노들은 자신의 생존·숙소·보호를 오롯이 파트론(patron: 《플루타르코스 영웅전》에 나오는 파트론이란 인물의 행실에서 유래한 것으로, 주변의 가난하고 불우한 평민을 돌봐 높은 신망을 얻은 귀족을 가리킴—옮긴이)에게 의지했다. "대지주는 일종의 소국의 군주였고, 소작인은 신하였다. 지주는 소작인의 판사였고 어떤 면에서는 평시의 입법자요, 전시의 지도자였다. 그들은 자기 재량에 따라 흔하게는 이웃 지역에 대항해, 가끔은 자신의 군주에 대항해 전쟁을 일으켰다."[16] 스미스는 독자들의 관심을 강력하게 농노 개인의 자유가 거의 전무했다는 쪽으로 집중시킨다. 그들은 영주의 침해로부터 벗어난 사유 재산을 가질 수 없었고, 토지와 함께 매매되었으므로 자유롭게 이동할 수 없었고, 보통은 자기 자신의 직업도 선택할 수 없었고, 결혼하려면 통상 영주의 승인을 얻어야 했다. 종합하면 그들은 노예나 다름없었다.[17]

스미스는 왕들이 수세기 동안 영주의 권력을 제한하려 고군분투했음에도 불구하고 성공하지 못했다면서 "그러나 봉건 제도의 모든 폭력도 결코 가져오지 못했을 결과를 조용히 부지불식간에 대외 무역과 제조업 활동이 점진적으로 초래했다"고 쓴다. 일단 통상이 확대되고 사치품 도입이 가능해지자, 영주들에게는 마침내 농노를 유지하는 것 말고 자신의 부를 사용할 대상이 생겼다. 이런 제품은 오직 자신한테만 돈을 쓸 방법을 알려줬고, 그들은 탐욕과 허영심 때문에 곧바로 이 방법을 채택했다. 이렇게 해서 "그들은 어쩌면 다이아몬드 버클 한 쌍이나 시시하고 쓸모없는 어떤 물건과 유지비, 또는 같은 얘기지만 연간 1000명을 간수하는 데 드는 비용을 맞바꿨고, 이와 더불어 그것이 그들에게 줄 수 있었던 모든 영향력과 권한도 맞바꿨다".[18] 다른 말로 하면, 영주들이 일단 상당액의 재산을 사치품에 쓰기 시작하자 더 이상 딸린 식구들을 유지할 형편이 못되었다. 그리고 농노를 해산하고 나자 "대지주들은 더 이상 법적 집행에 자주 끼어들거나 국가의 평화를 교란시킬 수 없었다. 그들은 굶주림과 생필품의 시대에 야곱의 팥죽(mess of pottage) 때문에 에서(Esau)가 그랬던 것과 달리 풍요로움의 농간으로 성인들의 진지한 추구보다는 어린애들의 장난감에 더 적합할 자질구레한 장신구와 싸구려 보석 때문에 생득권을 팔아넘기고 도시의 여느 흔한 주민이나 장사꾼처럼 별것 아닌 존재가 됐다".

스미스에 따르면, 당시 봉건 영주의 몰락은 그가 "일반적인 정부(regular government)"라고 부르는 것, 즉 실질적으로 국가 전역에 명령을 강행하고 법을 집행할 수 있을 만큼 충분히 강력한 정부를 확립할 수 있는 왕권의 어마어마한 증대—튜더 왕조 치하의 영국에서 일어났듯—라는 결과를 초래했다.[19] 이는 결과적으로 서민의 개인적 자유의 폭발적 증대로 이어졌다. 스미스는 법치로 다스리는 상업적 사회에서는 부자가 큰 구매력은 가질 수 있어도 그들의 부가 타인에 대한 직접적 권한으로 이어지지는 않는다고 주장한다. 모든 사람은 다른 모든 이들과 시장 관계에 있으며, 보통은 다수의 잠재적 구매자와 판매자 그리고 고용주가 존재하기 때문이다.[20] 물론 부자는 다른 많은 사람을 고용하거나 그들이 생산하는 제품을 구입함으로써 **간접적으로** 그들을 뒷받침하는 일이 잦지만, 스미스는 이런 간접적인 뒷받침으로는 사람들을 마음대로 부리기에 충분치 않다고 주장한다. 가령 고용인은 일자리를 유지하고자 고용주를 즐겁게 하려고 노력할 수는 있겠지만, 자신의 권리를 그들에게 넘긴다거나 전쟁에 따라나설 가능성은 지극히 낮다. 그러니까 스미스가 말하는 이야기의 결말은, 반복해서 말하자면, 상업이 "질서와 선치, 그와 더불어 예전에는 이웃 국가들과 그의 끊임없는 교전 상태 속에서 상위 계급에 노예처럼 종속되어 살았던 …… 개인의 자유와 안보"를 가져다주는 데 일조했다는 것이다.

이야기가 극적이고 강한 탓도 있지만 그 기본적 개요가 흄한테서 고스란히 도용한 것이라는 점 때문에 이것이 스미스의 가장 유명한 책에서도 가장 유명한 단락 중 하나가 됐다는 게 놀라우면서도 약간 흥미롭다. 비슷한 설명이 《정치론》(아주 간단하게)과 《영국사》의 몇몇 권(훨씬 더 자세히)에 모두 나온다.[21] 흄 역시 유럽사 대부분에서 봉건 영주를 심지어 성직자보다도 더 자유와 안보의 주적(主敵)으로 묘사한다. 아울러 그 역시 "과거 남작들이 사치품 중독으로 어마어마한 재산을 탕진한" 뒤로 "그들이 보유한 것은 고객이 장사꾼에게 갖는, 그리고 시민 정부에는 절대 위험할 리 없는 적당한 영향력뿐이었다"고 주장한다.[22] 흄은 영주의 몰락을 "정부의 비밀 혁명"이라고 부른다. 스미스는 그것을 "대중의 행복에 가장 중요한 혁명"이라고 부른다.[23] 물론 스미스는 이야기를 훨씬 더 상세하게 들려주며, 그것이 갖는 교훈을 한층 전반적인 자신의 논거에서 흄이 그랬던 것보다 훨씬 더 중심이 되게 만들었다. 아울러 그 이야기를 다른 문맥에도 적용해 중세 유럽 성직자들의 세속적 권력 몰락, 고대 아테네 및 로마 귀족의 몰락, 상업 국가의 공공 부채 증가에 대해서도 거의 동일한 설명을 한다.[24] 그럼에도 불구하고 이 지극히 중요한 주장의 핵심은 흄에게서 곧바로 빌려온 것처럼 보인다—아마도 앞에서 인용한, 지나친 인정의 이유를 설명하듯 말이다.

상업이 "질서와 선치, 그와 더불어 개인의 자유와 안보를" 증진시키는 방식에 "주목한 유일한 저자"가 흄이었다는 스미스의 주장은 어쩌면 전적으로 타당하지는 않을 듯하다. 존 로크부터 몽테스키외에 이르기까지 다른 뛰어난 철학자들 또한 상업 증대를 자유 및 안보의 증진과 연결 지었다. 스미스가 지적하는 특정 메커니즘—사치품이 봉건 영주를 몰락시킨 경위—에 관해서는 흄이 훨씬 더 우선권을 차지할 만하지만, 이것조차도 《국부론》 출간 이전에 그들의 친구인 윌리엄 로버트슨과 존 밀러를 포함해 다른 이들이 유사한 논지를 제시한 적이 있다.[25] 그런가 하면 스미스도 최소한 1763년—로버트슨과 밀러의 책보다 몇 년 앞서—과 어쩌면 훨씬 더 이전에 제자들에게 비슷한 시각으로 같은 얘기를 한 적이 있을 것이다.[26] 따라서 이 점에서 흄이 독보적이라는 스미스의 주장은 그 책의 이 부분과 관련한 초기 출처를 표시한 것인지도 모른다.[27] 어쨌든 이 구절은 상업의 사회적·정치적 이득과 관련한 스미스의 중심 논거가 흄한테서 영감을 받은 것임을 말해준다.

《국부론》의 가장 유명한 측면, 즉 스미스의 자유 무역 옹호론 역시 흄이 영감은 주지는 않았더라도 최소한 그가 예측했던 내용이다. 이 책에서 스미스가 격론의 대상으로 삼은 주적은 흄의 《정치론》에 나오는 대상과 똑같다. 바로 우리가 오늘날 중상주의(mercantilism)라고 부르는, 당대에 군림하던 경제적 시각—이걸 이론이라고 부르기에는 무리가 있을 것이다—이다.[28] 대부분의 정치인, 대부분의 상인, 그리고 18세기에 상업적 주제에 관해 글을 쓴 대부분의 저자는 금과 은이 국력의 핵심 원천이고, 따라서 국가는 이 귀금속을 가능한 한 많이 축적하도록 무역수지 왜곡을 위해 할 수 있는 일이라면 무엇이든 해야 한다고 생각했다. 스미스가 설명하듯 이런 가정에 근거해 "국가들은 모든 이웃 국가를 거지로 만드는 데 자기의 이익이 달려 있다고 배웠다. 각국은 모든 무역 상대국의 번영을 불편한 시선으로 바라봤고, 그들의 이득을 자기의 손실로 여기게 됐다".[29] 상업은 다른 수단에 의한 일종의 전쟁으로 간주됐고, 이 전쟁의 핵심 무기는 정부의 경제 개입에서 나왔다. 바로 수입 관세, 수출 포상금, 국내 산업을 보호하거나 자극하고자 고안한 독점 합법화와 무역 금지였다.

《국부론》에서 스미스의 주요 목표 중 하나는 이런 시각과 그것이 기초하고 있는 오류 및 편견과의 싸움이었다. 그가 **국가들**(복수)의 부의 원천을 탐구하는 데 착수했다는 바로 그 사실은 그의 전반적 사고방식이 중상주의와 얼마나 심각하게 다른지를 보여준다. 스미스에게 무역은 제로섬 게임이 아니다. 프랑스의 이익이 반드시 영국의 손실일 필요는 없다. 오히려 두 나라 모두 상대국과 무역함으로써 이득을 얻을 수 있다. 그가 봤을 때, 무역은 언제나 제로섬 경쟁이라는 통념은 상인들의 사적 이익에 의해 강화되긴 하지만 주로 어린애 같은 "국가적 편견과 적대감"에서 나온다.[30] 흄은 역시 《정치론》에서 이와 비슷한 범세계적 시각을 채택했고, 1758년에 덧붙인 〈무역의 질투에 관하여(Of the Jealousy of Trade)〉라는 제목의 에세이에서 그 요점을 강조했다. 국가가 "이웃 국가의 발전을 의심의 눈초리로 바라보고 모든 무역 국가를 경쟁자로 여기게" 만드는 "편협하고 악의에 찬 견해"에 반대했던 흄은 스미스가 훗날 강조하듯 무역 동반국이 번영하도록 함으로써 손해를 입기보다는 도움을 받는다고 주장한다. 결국에는 무역 동반국이 번영하면 당신들 나라의 제품을 살 수단을 갖게 되고 당신들 나라는 그들의 발명품과 발전을 통해 이익을 얻을 수 있다. 이런 이유로 흄은 인간으로서뿐 아니라 영국 국민으로서 독일, 에스파냐, 이탈리아 그리고 "심지어 프랑스"의 번영을 위해서도 기도하겠다(!)고 천명하며 신랄하게 논고를 끝맺는다.[31]

전체 제목이 시사하듯 〈국가들의 부의 본질과 원인에 관한 고찰(An Inquiry into the Nature and Causes of the Wealth of Nations)〉은 부의 **본질**은 물론 **원인**과도 관계가 있으며, 스미스는 그 두 가지 측면에서 중상주의자들이 틀렸음을 ―흄이 자신의 논집에서 했던 것처럼― 입증하려 한다. 부의 본질과 관련해 중상주의자들은 부의 **표식**인 금과 은을 부 자체와 혼동하곤 했다. 하지만 스미스는 실제 부가 귀금속이 아니라 구입할 수 있는 재화와 용역의 풍부함에 있다고 본다. 그는 "부가 화폐나 금과 은에 있지 않고, 화폐로 구입하는 재화에 있다는 것을 진지하게 입증하려고 착수하는 것은 너무 우스운 일일 것이다"라고 쓴다.[32] 흄은 화폐가 교환의 수단에 지나지 않는다고 주장한 적이 있었다. "절대 그것은 무역을 원활하게 굴러가도록 하는 바퀴가 아니다. 바퀴의 움직임을 더욱 부드럽고 용이하게 만드는 기름이다. 우리가 왕국 하나만을 고려한다면 화폐량이 더 많고 더 적은 것은 전혀 중요하지 않다는 게 분명한 사실이다. 소비재의 가격은 언제나 화폐량에 비례하며, 해리(Harry) 7세 시대의 크라운(crown: 영국의 옛 화폐—옮긴이)은 현재 1파운드와 같은 효과를 갖기 때문이다."[33] 오늘날에는 이런 요점이 많은 사람에게 분명해 보이지만, 그리고 흄이 그걸 최초로 주장한 사람은 아니지만, 한 경제사상사 연구자는 "흄 이전의 어느 누구도 그런 생각을 이만큼 명확하게 또는 이만큼 간결하게 서술한 적이 없었다"고 논평한다.[34]

부의 원인과 관련해 스미스는 번영의 주요 원천은 중상주의자들이 주장하는 것처럼 유리한 무역수지가 아니라 노동 분업이라고 주장한다. 그리고 노동 분업이 시장의 범위에 의해 제한된다는 걸 고려하면 국가 내부는 물론 국가들 간의 자유 무역은 모두의 번영을 증진시키는 데 일조한다. 여기서 다시 한번 흄은 대체적으로 비슷한 주장을 펼친 바 있다. 흄이 노동 분업에 주목하지 않은 것은 사실이지만, 그 역시 번영은 주로 생산적인 시민 계급에서 나오며 일반적인 자유 무역 정책이 그 목표에 이르는 가장 확실한 수단이라고 말했다. 이러한 견해는 《정치론》—특히 〈무역수지에 관하여〉와 〈무역의 질투에 관하여〉—뿐 아니라 《영국사》 전체에 걸쳐, 특히 튜더 왕조 편에서 뚜렷이 나타난다.[35] 마찬가지로 최근 발견한 1758년 원고에서 흄은 옥수수(즉 곡물)의 자유 무역을 옹호하고, 많은 이들에게 멸시받아온 곡물 무역 중개상, 곧 옥수수 딜러(dealer)의 효용성을 설득하기 위해—스미스의 더욱 상세한 곡물법(corn law) 반론에 거의 20년 앞서—열을 올린다.[36]

물론 흄도, 스미스도 자유 무역 절대론자는 아니었다. 둘 다 적어도 국가 방위를 위한 정부의 조치, 사법 행정, 특정 공공사업 마련의 필요성을 인식했다.[37] 사실상 둘 다 질서와 공명정대한 규칙을 시행할 만큼 충분히 강력한 정부의 필요성을 강조했다. 이런 정부의 부재가 바로 봉건 시대를 그렇게 개탄할 지경으로 만든 터였다. 그러나 흄과 스미스는 정치인이 국가 번영을 증진하기 위해 경제에 개입할 때, 그들의 조치는 보통 쓸모없거나 반드시 역효과를 낳는다고 주장했다.

최초로 중상주의에 반론을 제기하고 자유 무역을 옹호하는 데 선명한 태도를 취한 책 중 하나로서 《정치론》은 확실히 《국부론》의 초석을 놓는 데 일조했다. 그렇긴 하지만 흄은 아마도 자유 무역의 가치에 대한 스미스의 믿음에 직접적으로 영감을 주지는 않았을 성싶다. 사실 두걸드 스튜어트는 스미스가 그 점에서 자신의 독창성을 주장하고 싶어 했으며, 일찍이 1751년 겨울—흄이 《정치론》을 발간하기 약 1년 전—의 에든버러 대학 공개강좌 때 정부의 불필요한 경제 개입에 대해 반론을 펼쳤다고 말한다.[38] 스미스의 자유 무역 옹호론이 흄의 것보다 훨씬 더 상세하고 체계적이라는 것 또한 의심의 여지가 없다. 사실 오늘날까지도 그것은 지금껏 제기되어온 이런 모든 논거 중에서 가장 종합적인 논거로 여전히 남아 있다. 그럼에도 불구하고 《국부론》의 가장 중요한 주장(상업이 자유와 안보를 증진시키는 데 일조한 경위에 관한 것)과 가장 유명한 주장(자유 무역의 이득에 관한 것) 모두를 흄의 초기 저서들에서도 발견할 수 있다는 사실은 놀랍다.

하지만 늘 그렇듯 스미스는 중요한 측면에서 친구의 견해로부터 갈라져 나오기도 했다. 그들과 동시대 사람 중 한 명인 자연과학자 존 플레이페어(John Playfair)는 이렇게 논평했다. 《국부론》에서 스미스는 "수없이 많은 경우 데이비드 흄의 견해를 바로잡는데, 그걸 언급한다고 해서 그 자신

의 사려 깊음과 친구를 향한 존경심에 금이 간 적은 없다".[39] 플레이페어는 이런 "수없이 많은 경우"가 뭔지는 특정하지 않았지만, 스미스가 현저하게 흄과 달라진 한 부분은 그가 훨씬 더 상업과 상업 사회의 잠재적 문제점을 인정할 준비가 되어 있었다는 것이다. 앞에서 살펴봤듯 흄은 많은 종교사상가 및 시민공화주의자들과는 확연히 다르게 상업이 번영뿐 아니라 미덕·자유·예절·지식·행복을 증진시키는 데도 일조하며, 이런 중요한 장점에는 "그에 비례한 단점이 수반되지" 않는다고 주장했다.[40] 스코틀랜드 계몽주의에 대한 한 선구적 학자는 "이것은 가장 회의주의적이지 않은 흄의 모습이다. 그에게는 애덤 스미스 및 그 밖의 대표적인 모든 스코틀랜드 계몽주의 사상가들이 상업 문명의 전반적 장점에 관해 갖고 있던 의심과 불안감이 전혀 없었다. 문명의 진보는 모든 면에서 발전이었다"고 쓴다.[41]

하지만 흄에게 의심이나 불안감이 **전혀** 없었다는 건 약간 과장이다. 흄은 사실 당시 상업 사회의 두 가지 핵심 특성, 즉 제국주의적 성향과 급증하는 공공 부채에 대한 주의를 촉구했다. 그가 보기에 영국과 기타 유럽 국가의 공공 부채는 대개 식민지 모험의 빚을 갚느라 생긴 것이므로 이러한 문제는 밀접한 관련이 있었다. 《정치론》의 마지막 문단에서 흄은 "점령지 확장을 추구하다가는 틀림없이 자유주의 정부 전체가 파멸할 것이다"라고 불길하게 말하는데, 이 〈공공 부채에 관하여(Of Public Credit)〉는 분명 전집 중에서 가장 어두운 에세이일 것이다. 흄은 공공 부채 누적과 관련한 관행이 "논쟁의 여지없이 파국을 초래할 것으로 보인다"면서 이는 "가난, 무능, 외세 의존"으로 이어질 것이며, 궁극적으로는 "국가가 공공 부채를 파괴하든가 공공 부채가 국가를 파괴하든가 할 것이다"라고 쓴다.[42] 스미스는 훨씬 더 상세하긴 하지만 두 가지 논점 모두에서 흄을 떠오르게 한다. 식민지에 관한 충격적인 장(章)은 《국부론》에서 가장 긴 편에 속하며, 또한 스미스는 제국주의적 정복의 대가에 대한 경고로 자신의 책을 마무리한다.[43] 그 역시 공공 부채 누적의 끔찍한 미래상을 그리면서 "현재에도 숨통을 조이고 있고 결국에 가서는 아마 유럽 대국들(great nations) 전체를 궤멸시킬 막대한 공공 부채 증대는 꽤 한결같이 존재했다"고 쓴다.[44] 이 주제에 대한 스미스의 논의는 사실 흄의 논지를 분량을 늘려 정교하게 쓴 것처럼 읽힌다.[45]

하지만 스미스에게 이런 문제는 순전히 빙산의 일각일 뿐이었다. 스미스 학자들—저자 자신을 포함해—이 항상 즐겨 지적하듯 그는 오늘날 "자본주의의 창시자"로 널리 추앙받는 인물에게서 예상할 수 있는 것 이상으로 훨씬 더 많이 상업 사회의 문제점을 강조했다.[46] 그 문제점 중 가장 심각한 것 하나를 《도덕감정론》에서 이미 표면화시킨 적이 있는데, 스미스는 거기서 상업 사회에서는 순간의 만족감을 제공할 뿐인 하찮은 물리적 재화를 추구하느라 사람들이 거의 끝없는 노동과 불안에 시달린다고 적었다.[47] (이런 취지의 가장 강력한 진술 중 하나가 4부에 등장하는데, 이것이 주로 흄을 겨냥하고 있다는 점을 상기하라.) 흄은 행복의 핵심 구성 요소는 행위이며, 이런 이유로 사람들이 "영구적인 직업에 갇혀 있는" 상업 사회에서 그들은 자기 노동의 결실뿐 아니라 "직업 자체"를 "보상으로 누린다"고 주장했다.[48] 스미스는 완전히 반대로 "행복은 마음의 평정과 즐거움에 있다"고 주장하면서, 노동은 "수고이자 고역"이며 "그 사람의 편안함, 자유, 행복의 일부를 버리는" 것을 요구한다고—《국부론》에서조차— 역설한다.[49] 아울러 "그 모든 수고, 그 모든 불안, 〔부와 명성을〕 좇느라 겪어야 하는 그 모든 굴욕, 그리고 그럴수록 더욱더 중요해지지만 얻는 게 있는 만큼 영원히 빼앗기는 그 모든 여가, 그 모든 편안함, 그 모든 걱정 없는 안도감"

에 대해 얘기한다.[50] 그리고 스미스가 봤을 때 지속적인 부의 추구는 상업 사회의 일부 요소 정도가 아니라 바로 그것을 움직이는 엔진이다. "자신의 상황을 더욱 향상시키려는 모든 사람의 획일적이고 지속적이고 연속적인 노력은 개인적 사치뿐 아니라 사회적·국가적 사치가 발생하는 근본 원리〔이다〕."[51] 그렇다면 스미스에게 국가의 부란 흄과는 판이하게도 행복의 진정한 본질과 원천에 대한 엄청난 자기기만에 의해서만 가능해진다.[52]

스미스는 또한 《국부론》에서 상업 사회의 많은 문제점을 강조한다. 중상주의 비판과 밀접한 관련이 있는 문제점 중 하나는 공공의 이익과 배치되게 결탁하는 상인들의 성향에 관한 것이다. 스미스의 논평은 부유하고 힘 있는 상인들의 악행에 있는 대로 비난을 퍼붓는다. 그들을 향한 스미스의 태도는 "혹평과 거의 병적인 의심"으로 알려졌다.[53] 예를 들면 그들의 "주제넘은 질투", "야비한 탐욕", "이해관계에 따른 궤변"에 대해 언급하고, 그들이 "자신의 터무니없고 강압적인 독점을 뒷받침하기 위해 의회로부터 갈취"해온 법이 "드라콘의 법(laws of Dracon: 아테네의 입법자 드라콘이 공포한 성문법으로, 형벌이 가혹해서 피로 쓰인 법이라 부름—옮긴이)처럼 …… 모두 피로 쓰였다 해도" 좋을 정도라고 선언한다.[54] 흄 역시 중상주의를 비판하기는 하지만 상인들을 칭송할 때는 보통 요란하다. 가령 그들은 멀리 떨어진 지방을 한데 연결하는 데 일조하고, 그리하여 "좋은 일자리의 교류가 최대한 그리고 복잡하게 이뤄지도록" 하므로 "가장 유용한 인간 종족 중 하나"라고 기술한다.[55] 사실 상인 계급에 대한 흄의 갈채는 너무나 열광적이라 한 학자는 "어째서 흄이 아니라 스미스가 자유 시장 자본주의의 전형적 인물이 된 것인지" 의아해할 정도다.[56]

스미스가 우려한 가장 중요한 것 중 하나는 노동 분업이 노동자에게 미치는 악영향에 관한 것이다. 스미스는 노동 분업을 경제 성장의 주요 동인으로 여기면서도, 한 개인이 인생 대부분을 핀의 18번째 부분을 만드는 것 같은 단일 업무로만 보낼 경우 두뇌를 사용할 기회가 없고, 그러다 보면 "인간이라는 생물체로서 최대한 어리석고 무식해질" 위험에 빠질 수 있다고 말한다. 노동자에 대한 이런 묘사는 그의 책 중 어느 구절보다도 직설적이고 가혹하다. "그의 무기력한 머리는 어떤 합리적 대화도 즐기거나 할 수 없도록 만들 뿐 아니라 어떤 관대하고 우아하고 다정한 정서도 품을 수 없게끔 한다. ……한결같이 정체된 그의 삶은 …… 신체 활동마저 타락시키고 그가 훈련받은 것 외에는 다른 어떤 일자리에서도 열의와 인내를 갖고 자신의 장점을 발휘할 수 없게끔 만든다. 자신의 특별한 업무에서 그의 솜씨는 이런 식으로 지적이고 사회적이고 의욕적인 장점을 희생해 얻은 것처럼 보인다."[57] 흄은 노동 분업을 거의 강조하지 않는 반면, 사실상 상업 사회가 전반적으로 역효과를 낸다고 주장한다. "지식"과 "인간미"의 함양은 결국 (그가 상업과 세련됨에서 비롯된다고 말하는) "떼려야 뗄 수 없는 사슬(chain)"에서 2개의 핵심 연결 고리이다. 그는 또한 이 사슬의 세 번째 연결 고리인 "근면"이 사람들을 신체적으로나 정신적으로도 더 강인하게 만들기 때문에 사치품이 사람들의 의욕을 약화시키지는 않을 것이라고 주장하기도 한다.[58] 이런 점에서 스미스의 가치관은 흄보다 훨씬 덜 장밋빛이기는 해도 위의 인용구가 시사하는 것만큼 암울하지 않았다. 그는 "이것은 정부가 예방을 위해 힘쓰지 않는다면 발전하고 문명화한 모든 사회의 가난한 노동자, 즉 국민 대다수가 반드시 빠지게 되어 있는 단계다"라고 논평하면서 노동 분업이 미치는 영향에 대한 가혹한 설명을 끝낸다.[59] 이 마지막 문장이 핵심이다. 스미스는 특별히 빈곤층 자녀를 겨냥한 국가 지원 의무 교육을 통해 정부가 이 문제를 사전에 차단할 수 있다고 역설한다.[60] 따라서 노동 분업으로 인해 초래된 정신적 손상은 스미스의 큰 걱정거리 중 하나이긴 하지만, 가차 없는 표현이 보여주듯 이런 위험을 그는 대부분 피할 수 있다고 생각한다.

이보다 훨씬 더 피해가기 힘든 상업 사회의 또 다른 중요한 문제가 있으니, 그것은 바로 막대한 경제적 불평등을 초래하는 경향이다.[61] 사실 스미스는 "재산이 많은 곳은 어디나 불평등이 크다. 한 명의 엄청난 부자를 위해 적어도 500명의 빈자가 있어야 하며, 소수의 부는 다수의 극빈을 상정한다"고 주장한다.[62] 《국부론》 초고의 일부는 한층 더 신랄하다. 스미스는 거기서 "대규모 사회의 노동 생산물과 관련해 공정하고 균등한 분배란 절대 존재하지 않는다"고 선언한다. 왜냐하면 "노동량이 가장 많은 자들이 가장 적게 얻"고 "가난한 노동자들은 …… 이른바 사회의 모든 구조를 어깨에 짊어지기" 때문이다.[63] 스미스가 봤을 때 상업 사회의 불평등은 농노들이 봉건주의 아래서 직면했던 식으로 개인의 온전한 종속을 초래하지는 않지만, 사람들의 공감을 왜곡하는 역할을 함으로써 엄청난 부자들을 존경 및 모방하고 가난한 이들을 방치하고 경멸하기까지 하는 사태를 초래한다(《도덕감정론》).[64] 결과적으로 노동자는 가난이라는 물질적 부족뿐 아니라 존재의 상실감, 심지어 거기에 종종 수반되는 수치심에 시달린다. 게다가 스미스는 부자들이 사실상 몹시 존경할 만한 위인은 아니기 쉽기 때문에 그들에 대한 존경심은 특히 문제가 된다고 말한다. 오히려 정반대로 사회의 "상류층"에 "악행과 우행", "건방짐과 허영심", "아첨과 거짓말", "오만한 야심과 과시적 탐욕"이 퍼져 있다고 기술한다.[65] 《도덕감정론》 6판에 "부유한 자들과 권력을 쥔 자들을 존경하고 거의 공경하다시피 하는 성향과 가난하고 미천한 조건을 가진 사람들을 무시하거나 적어도 소홀히 하는 성향"이 "우리의 도덕 감정이 타락하는 가장 크고 보편적인 원인"이라는 놀라운 주장을 추가한 것도 이 때문이다.[66] 흄은 이따금 경제적 불평등의 잠재적 문제를 다루긴 했지만 대체로 이 논지에서는 스미스보다 훨씬 안일했다.[67]

아무튼 상업 사회에 대한 스미스의 옹호가 편파적이거나 냉정했다고 말하는 사람은 없다. 오히려 그는 상업 사회를 여느 대안들보다 명백히 더 낫다고 여긴다는 점에서 흄과 같은 생각이었다. 더욱 원시적 단계의 생활 방식은 그를 너무 불쾌하게 만들었다. 그러나 스미스는 상업 사회의 이득—자유, 안보, 번영 등—이 비용보다 훨씬 더 크다는 데 동의하면서도, 분명히 거기엔 비용이 따른다는 점을 인정하고 그걸 개선할 방법을 찾으려는 의지가 누구보다 컸다.

스미스가 《국부론》에서 흄에게 정면으로 도전장을 내민 한 가지 쟁점은 교회와 국가의 관계에 대한 것이다. 전반적으로 이 책의 표현과 가치관은 현저하게 세속적이다. 우선 스미스가 상업을 지나치다 싶을 정도로 대놓고 찬양 및 홍보한다는 바로 그 사실이 어떤 이들에게는 신성 모독이라는 인상을 줬다. 빅토리아 시대 비평가 존 러스킨(John Ruskin)은 스미스를 가리켜 "'당신의 하느님을 미워하시오. 그의 법을 저주하시오. 그리고 당신 이웃의 재산을 탐하시오'라는 …… 의도적 신성 모독"을 전파한 "얼치기 멍텅구리 스코틀랜드놈"이라고 불렀다.[68] 모든 걸 다 떠나서 《국부론》에는 《도덕감정론》(특히 초판들) 구석구석에 배어 있는 신의 소명에 대한 호소가 전혀 담겨 있지 않다. 스미스는 이 두꺼운 책에서 "하느님"이나 "하느님의 섭리" 또는 "만물의 창조주"를 단 한 번도 들먹이지 않으며, 유일하

게 "신"을 언급한 부분도 고전 시대와 중세 대학의 연구 과목을 기술하는 맥락에서 등장한다.[69] 종교학, 아니 종교 제도에 대한 의문에 할애한 책의 한 단락에서 스미스가 인용하는 권위자는 마키아벨리(Niccolò Machiavelli), 흄, 볼테르—그다지 신앙심으로 유명하지 않은 저자들—뿐이다.[70]

게다가 여기저기 흩어져 있는, 기독교의 도덕적·사회적·정치적 영향에 대한 스미스의 논평은 대체로 꽤 비판적이다. 가령 흄이 《두 번째 탐구》에서 "수도자들의 미덕"을 조롱한 대목을 연상케 하는 한 구절에서는 "인간의 자유롭고 관대하고 활기찬 행위"와 "수도자들의 고행과 금욕" 및 "내핍과 자기를 낮추는 태도"를 대비한다.[71] 다른 구절에서는 종교적 편견이 "모든 차별 중에서 가장 혐오스럽다"고 쓴다. 그것은 "무엇보다 억압하는 자들의 오만은 물론이고 억압받는 자들의 증오와 분노에 생기를 불어넣기" 때문이다.[72] 어떤 대목에서는 중세 시대의 가톨릭교회가 "시민 정부의 권한과 안보에 맞설 뿐만 아니라, 시민 정부가 국민을 보호할 때 비로소 번창할 수 있는 인류의 자유·이성·행복에 대항해 결성된 가장 가공할 조합"이라고까지 선언한다.[73] 그렇긴 하지만 스미스가 언제나, 혹은 전적으로 교권 개입에 반대하는 태도를 취한 것은 아니다. 사실 바로 몇 쪽 뒤에서는 "유럽 어디서도 네덜란드, 제네바, 스위스, 스코틀랜드의 장로교 목사들보다 더 박식하고 품위 있고 독립적이고 존경받을 만한 일단의 사람을 찾지는 못할 것"이라고 단언한다.[74]

스미스가 흄과 극명하게 반대 입장을 취하는 것은 바로 종교 제도 문제에 관한 부분이다. 흄은 전반적으로 회의론적 세계관을 가졌고 종교가 도덕과 정치에 미치는 악영향을 자주 경고하긴 했지만 —많은 독자가 경악할 것이다—국교회에 대한 맹렬한 옹호론을 개진하기도 한다. 흄은 종교적 관용의 필요성에 대해서는 단호했으므로 교회 구성원이 되는 게 의무라고는 확실히 말하지 않지만 정부가 특정 종교의 종파를 재정적으로뿐 아니라 공식 승인을 통해 지지해야 한다고 주장한다. 사실 그는 "모든 문명화한 정부에서는 시민과 교회의 권력을 연합하는 것이 평화와 질서 유지에 지극히 중요한 역할을 한다"고 선언하며 교회와 국가의 철저한 분리 개념은 "위험하다"고 언급한다.[75] 그러나 예상했겠지만 그가 이런 시각의 근거로 내미는 이유는 독특하지는 않더라도 인습에서 벗어나 있다.

흄의 가장 상세한 국교회 찬성론은 《영국사》 3권에 등장한다. 영국의 종교 개혁 전파를 논의하기에 앞서 그는 "문제를 좀더 중요하게 받아들여 왜 모든 문명 공동체에 기독교적 질서와 공인된 종교 제도가 있어야 하는지 그 이유를 잠시 되돌아보자"고 제안한다. 흄은 일반적으로 자유 시장—국가의 과도한 간섭 없이 사람들이 자신만의 경제적 선택을 하게끔 내버려두는 것—의 확고한 옹호자였지만, 이런 사고를 종교에 적용했을 때는 치명적이라고 여겼다. 시장은 결국에는 경쟁을 부추기며, 종교 종파의 경쟁이야말로 그를 괴롭힌 것이었기 때문이다. 흄이 기술하듯 추종자를 끌어들이려는 성직자 간의 경쟁이 편협성과 광신을 자극하는 결과를 부른다는 게 문제였다. "모든 고해 사제는 스스로를 추종자의 눈에 더욱 존귀하고 신성하게 보이도록 만들기 위해 그 밖의 모든 종파에 대한 가장 격렬한 혐오감을 불어넣을 것이며, 지속적으로 참신한 방법을 동원해 청중의 잠자는 열정을 깨우려들 것이다. 주입된 교리의 진실성이나 도덕성 또는 품위에는 아무런 관심도 기울이지 않을 것이다. ……고객들은 대중의 열정과 맹신을 실천하는 데 있어 새로운 업종과 호칭을 가진 각각의 비밀 집회에 이끌릴 것이다."

흄의 주장에 따르면, 이런 상황을 피하는 최상의 방법은 "단순히 새로운 풀밭을 찾아 떠난 양 떼가 길을 헤매지 않도록 사전에 예방하기보다"

는 "그들의 태만함을 매수해 훨씬 더 적극적이 되도록" 정부가 특정 종파에 특전을 주고 그 종파의 목회자에게 봉급을 지불하는 것이다.[76] 다른 말로 하면, 짐승은 먹이를 줘야 길들일 수 있다는 것이다. 교회 제도는 성직자가 자기 의무에 지나치게 충실한 것을 은근히 만류한다. 따라서 이런 정책은 성직자가 사회적·정치적 안정을 유지하도록 기득권을 부여하고 그들을 행정 당국에 의존하게끔 만듦으로써 거기에 복종하도록 하는 장점도 있다. 말할 필요도 없겠지만, 이는 흄 시대의 신도들이 특별히 흔쾌하게 받아들일 만하다고 여길 주장은 아니었다. 실제로 어떤 유명한 흄 학자가 썼듯 "종교와 무관한 국교회의 정당화란 도무지 상상할 수 없었다. ……사실 우리가 할 수 있는 최선은 더 위험한 종교 형태에 대비한 일종의 예방 접종으로서 가장 무난한 형태의 종교를 찾은 다음 최소한의 불쾌감을 줄 목회자들이 거기에 붙어 있도록 만들 묘안을 짜는 것인 듯하다".[77]

스미스는 흄과 같은 목적, 즉 종교적 편협성과 광신의 최소화라는 목적을 갖고 그 사안에 접근했지만, 거기에 맞는 가장 확실한 수단과 관련해서는 상반된 결론에 도달했다.[78] 사실 스미스는 흄과는 대조적으로 자유 시장과 경쟁이 상업 영역만큼이나 종교 영역에서도 유익하다는 게 입증될 거라고 역설한다. 그는 성직자 장려책과 관련한 주요 논거, 즉 정부로부터 어떤 지원도 없을 때 "그들의 노력, 그들의 열의와 근면이 훨씬 더 증대될 가능성이 있다"는 주장의 진실성을 인정하면서 얘기를 시작한다.[79] 그런 다음 더 나아가 이런 취지에 맞는 흄의 논거—《영국사》의 네 문단 전체—를 거의 통째로 인용한다.[80] 스미스는 흄이 자신의 견해가 초래할 수 있는 영향을 충분히 주의 깊게 생각하지 않았다고 말함으로써 사실상 거기에 응답한다. 국교회 성직자들은 공공 실업 수당을 받음으로써 온건해질 수 있겠지만, 만일 그 밖의 비국교회 종교가 있다면—종교적 관용과 다원주의를 어느 정도 허용하는 사회라면 어디든 확실히 존재하는 것처럼—그 교회의 성직자들은 정부 지원을 받지 **않으려** 할 것이다. 자신들의 태만함에 대한 뇌물을 받지 **않으려** 할 것이기 때문이다. 사실 국교회에 반대하는 성직자는 국교회에 비해 그들이 직면할 불이익 때문에 추종자를 끌어 모으는 노력에 2배로 열심일 필요가 있다. 결과적으로 더욱 열성적인 이들 종파는 국민 중에서 개종자를 얻기 시작할 테고, 국교회 성직자는 정치권력을 소집해 "대중의 평화를 방해하는 그들의 적을 박해하거나 파괴하거나 몰아내고" 싶은 충동을 느낄 거라고 스미스는 말한다.[81] 하지만 이러한 공격은 당연히 반대파의 열의를 한층 더 강화하고, 박해와 갈등의 끝없는 순환을 초래할 것이다. 근본적으로 스미스는 특정 종파에 특혜를 준다면 무엇보다도 유럽에서 치명적인 종교 전쟁을 초래하는 상황만 되풀이될 것이라고 주장한다. 국교회 수립은 편협성과 광신의 기세를 꺾기보다는 그 불씨에 부채질을 할 뿐이다.

스미스는 대신 정부가 "온갖 종파를 동등하게 비편파적으로 대하고 …… 모든 사람이 자기 생각에 따라 적당한 사제와 종교를 선택하도록" 한다면 어떻게 될지 추측한다. 스미스는 그 결과 "종교 종파가 엄청나게" 급증할 거라고 예상한다. 아울러 그들은 자연히 추종자와 영향력을 놓고 서로 겨루고, 그럼으로써 상호 권력을 견제할 것이라고 말한다. "단체가 200~300개, 아니 수천 개의 작은 종파로 쪼개져 어느 한 곳도 사회의 평온을 방해할 만큼 커지지 못한다면 종교 지도자들의 이해관계가 걸린 적극적 열의도 …… 전적으로 순수해질 것이다"고 스미스는 주장한다.[82] 이를테면 짐승에게 먹이를 줘 길들이려 하기보다 분할 정복 전략을 옹호한 것이다. 그는 더 나아가 이 군소 종파의 "기분 나쁠 정도로 엄격하고 비사회적인" 요소 일체는 예술과 학문의 도움으로 개선할 수 있다고 말한다. 즉 "학문은 광신과 미신이라는 독의 위대한 해독제"이므로 정부는 "모든 전문직 자격"을 얻기 전에 일종의 시험을 통과할 것을 국민에게 요구함으로써 학문 연구를 장려해야 한다고 주장한다. 또한 정부에 "그림, 시, 음악, 춤 등 모든 종류의 극적인 재현(representation)과 전시(exhibition)로 국민의 기분을 좋게 풀어주려" 노력하는 이들에게 "전면적 자유"를 줄 것을 권한다. 왜냐하면 이런 것이 "홍겨움과 선한 성품"을 고취하고, 그럼으로써 "항상 대중적 미신과 광신의 온상이 되는 우울하고 침울한 기분을 …… 소멸시키는" 데 일조하기 때문이다.[83]

오늘날에는 많은 이들에게 교회와 국가의 완전 분리에 대한 스미스의 옹호가 나무랄 데 없고 예측 가능해 보이기까지 하겠지만, 당시만 해도 이는 상당한 도약이었다. 1776년에는 몇몇 아메리카 식민지를 제외하면 세상의 어떤 정부도 이 원칙을 고수하지 않았고, 영국에서 완벽한 국교 폐지라는 발상은 스미스가 "매우 이상한 광신도들의 …… 종파"라고 묘사한 집단인 17세기 내란 당시의 독립파(Independents: 영국 청교도혁명의 중심 세력이었던 종파—옮긴이)와 가장 밀접한 연관이 있었다.[84] 그러니까 국교회 문제와 관련해 굽힘 없이 급진적인 쪽은 바로 스미스였고, 흄은 둘 중 좀 더 신중한 쪽이었다.

《국부론》에서 두드러진 역할을 한 또 하나의 주제인 영국과 아메리카 식민지 사이의 갈등에 대해 흄과 스미스는 둘 다 확고한 급진주의 진영에 있었다. 물론 이 갈등은 1770년대 영국 정치에서 가장 긴급한 사안에 속

했다. 식민지 정책은 오랫동안 중상주의적 요구에 좌지우지되고 있었다. 본국은 복잡한 규제와 관세 전략을 통해 식민지에 비해 반드시 유리한 무역수지를 유지하려 했다. 영국 측의 비용이 상승하기 시작하자—무엇보다 아메리카에서 프렌치 인디언 전쟁(French Indian War, 1756~1763: 북아메리카 대륙의 오하이오강 주변 인디언 영토를 둘러싸고 영국과 프랑스 사이에 벌어진 식민지 쟁탈 전쟁—옮긴이)으로 알려진 사건 때문에—의회는 그 일부를 식민지에 전가하려 했다. 많은 식민지 주민들이 의회가 부과한 세금에 분노했고, 두 진영 간 긴장은 마침내 1775년 전쟁이 발발할 때까지 고조됐다. 스코틀랜드 지식인 중 흄과 스미스의 친구 대부분은 노스 경〔Lord North: 1770년부터 12년 동안 총리를 지낸 길포드 프레더릭 노스(Guilford Frederick North)를 말함—옮긴이〕 정부의 충실한 지지자였고, 영국의 울타리 안에 계속 식민지를 가둬두려는 강경한 조치를 옹호했다.[85] 이런 점에서 거의 외로운 반대자이던 흄과 스미스는 한목소리로 전쟁은 물론 그것을 도발한 정책을 맹렬히 비난했다.

그 주제에 대해 흄은 어떤 글도 발표하지 않았다. 하지만 흄의 편지는 영국 전체에서 아메리카의 독립을 가장 먼저 그리고 가장 일관되게 옹호한 사람이 그였다는 사실을 보여준다. 1771년 3월—아메리카의 거의 모든 주민이 본국과 완전히 절연할 것을 심각하게 고려하기 한참 전—그는 "아메리카와의 연합은 …… 본질적으로 장기간 지속될 수 없다"고 결론지은 적이 있다.[86] 일단 전쟁이 터지자 그는 즉각 "해군 함대와 육군 모두 아메리카에서 철수해야 하고, 전적으로 식민지 주민에게 맡겨야 한다"며 공개적으로 식민지를 지지했다. 그가 보기에 영국과 아메리카는 "모든 분노를 내려놓고 악수를 나누며 사이좋게 헤어져야" 했다.[87] (이해할 수 없던 편지 수신인 윌리엄 스트러핸은 "저는 이 고집 센 미치광이들한테는 강압적인 방법을 써야 한다는 데 전적으로 동의합니다. ……당신이 다른 의견이라는 게 정말 놀랍네요"라고 답장했다.)[88] 언젠가 흄은 "나는 신념에 있어서는 아메리카 주민이며, 잘하든 못하든 자기들이 적절하다고 생각하는 방식으로 통치하도록 내버려뒀으면 한다"고 선언하기까지 했다.[89] 하지만 흄이 **신념**에 있어서 아메리카 주민이라는 생각에는 약간 오해의 소지가 있다. 그의 식민지 독립 지지는 아메리카 혁명가들이 호소하던 추상적 유형의 신념—가령 조만간 미국독립선언문의 특징을 이룰 자명한 진리와 양도할 수 없는 권리—이 아니라 현실적인 고려를 기반으로 한 것이었다. 대부분의 영국인은 식민지가 국가의 부 및 힘의 주요 원천이라고 확신한 반면, 흄은 식민지가 경제적·정치적·군사적으로 부담이며 식민지적 관계를 종식하고 자유 무역 체계를 수립하면 모든 진영이 이득을 볼 거라고 믿었다. 실제로 최근 발견된 1775년 8월의 편지를 보면 그는 "이 당파적인 식민지 주민과 엮이지 않고도 우리는 완벽하게 할 수 있을 텐데"라고 투덜댄다.[90]

《국부론》은 전쟁이 시작되고 약 1년이 지난 1776년 3월에 나왔고, 스미스는 책의 많은 구절을 자신이 "작금의 사태"라고 부르는 것에 할애했다. 예상할 수 있듯 스미스 역시 영국의 식민지 정책과 그것이 기초로 삼고 있는 중상주의적 가정(假定)에 반대했다. 흄을 제외한 당시 거의 모든 사람의 견해와 달리 그는 "현 체제 아래서 …… 대영제국은 식민지에서 휘두르고 있는 통치권으로부터 오직 손실만 얻을 뿐"이며, 자유 무역 체제가 모두를 위해 훨씬 더 이득이 될 것이라고 주장한다.[91] 하지만 스미스는 이러한 체제가 어떠해야 할지에 관해서는 흄과 다른 두 가지 방향을 지적한다. 4편의 식민지에 관한 긴 장(章)에서 그는 흄이 선호하는 결과인 자발적 아메리카 독립 승인은 터무니없는 몽상이라고 판단한다. "대영제국이 자발적으로 식민지에 대한 모든 권한을 포기해야 한다고 주장하는 것은 …… 세상의 어떤 나라도 취한 적 없고 앞으로도 취하지 않을 조치를 제안하는 것이다. ……선견지명이 있는 가장 열렬한 지지자일지라도 최소한 언젠가 채택될 거라는 진지한 희망이 없다면 이런 조치를 절대 제안해서는 안 된다."[92] 대안으로—이 역시 상당한 선견지명이라 해야 할 것 같다—스미스는 잉글랜드와 스코틀랜드 사이의 1707년 연합을 모델로 영국과 아메리카 사이의 합헌적 연합을 제시한다. 당시 거의 모든 영국 정치인의 소망을 거역하고 이런 연합을 실현했더라면 영국 의회에서는 아메리카의 전면적 대의권을 고려했을 테고, 아메리카 주민에게는 모든 영국 국민과 마찬가지로 권리를 (그리고 마찬가지로 부담을) 부여했을 것이다. 스미스는 "1세기 정도 지나면" 아메리카의 인구와 경제가 본국 수준을 넘어설 테니 런던에서 대서양 맞은편으로 제국의 중심지를 옮기는 것까지 구상한다.[93]

하지만 책의 마지막 문단에서 스미스는 방향을 틀어 결국에는 자발적인 식민지 독립 허용을 옹호한다. 그는 "대영제국의 통치자들은 지난 1세기 남짓 동안 대서양 서쪽에 거대한 제국을 소유했다는 상상으로 국민을 즐겁게 했다"고 쓴다. 하지만 식민지를 유지하는 데 이익보다 비용이 훨씬 더 들었으므로 "이 제국은 …… 지금까지 상상 속에서만 존재해왔다. 지금까지 그것은 제국이 아니라 제국 프로젝트였다. 금광이 아니라 금광 프로젝트였다"고 주장한다. 스미스는 "프로젝트를 완성할 수 없다면 포기해야 한다"면서 "미래에 대한 전망과 설계는 나라가 처해 있는 진정으로 평범한 상황에 맞춰"야 한다고 조언하며 책을 마친다.[94]

흄과 스미스가 아메리카 문제에 대해 영국의 정치적·문학적 주류와 동떨어진 너무나 흡사한 시각을 키웠다는 것은 놀랍기만 하다. 그것도 서로 거의 완전히 격리되어 있는 상황에서 말이다. 1773년 4월 스미스가 런던을 향해 떠난 시기와 책의 출간 시기 사이에 그들의 서신 왕래가 상당히 제한적이었다는 점을 상기하라.[95] 애석하게도 흄은 살아서는 자신의 몽상이 실현되는 것을 보지 못한다. 그가 죽기 바로 며칠 전까지 독립선언문 소식은 스코틀랜드에 당도하지 않았고, 파리 조약은 전쟁으로 점철된 7년이 지나고서야 찾아올 터였다.

드디어 1776년 3월 9일 《국부론》이 나왔고, 스미스는 당연히 흄에게 증정본을 보냈다. 그 책의 19세기 편집인 제임스 토럴드 로저스(James Thorold Rogers)는 자신이 쓴 권두언에서 이 증정본을 봤다고 주장하며 "책 앞뒤 여백에 저자가 쓴 특유의 메모"가 있다고 했으나, 불행히도 그는 메모의 내용이 무엇인지 한마디도 하지 않았고 현재 이 책의 행방은 묘연하다.[96] 늘 그렇듯 흄은 건강 악화에도 불구하고 즉시 책을 읽기 위해 몸을 일으켰다. 4월 1일자 편지는 적어도 현존하는 것 중에서 스미스에게 쓴 최초의 축하 서신이었다. 여기에는 《도덕감정론》 출간 축하 편지에서 볼 수 있던 유머는 거의 없지만 그 못지않게 스미스에 대한 애정과 그의 성공에 대한 만족감이 드러난다. 흄은 이렇게 시작한다. "브라보(euge)! 잘했어요(belle)! 친애하는 스미스 씨에게. 당신의 성과에 정말 기쁩니다. 그리고 많이 걱정했는데, 책을 정독하고 나니 모든 우려가 사라지는군요." ('euge'는 그리스어, 'belle'은 라틴어로 모두 '브라보' 또는 '잘했다'를 뜻한다.) 흄은 "당신 자신도 그렇고 친구와 독자들도 너무나 많이 기대했던 책인지라 그것이 앞에 있으니 내 몸이 다 떨리더군요"이라고 말한다. 그리고 "이제는 많이 안심된다"며 행복해한다. 그는 책이 당장 베스트셀러가 될 거라고 예상하지는 않는다. "이 책을 읽는 것은 너무나 많은 주의를 요하고, 대중은 주의를 거의 기울이지 않는 경향이 있으므로 처음 한동안은 인기가 많을지 아직 의문입니다. 하지만 거기엔 깊이와 탄탄함과 날카로움이 있고 아주 많은 흥미로운 사실이 예시되어 있으므로 마침내 대중의 주목을 받을게 틀림없습니다."[97] 흄은 그 책이 대중의 주목을 받는 것은 물론 그것이 수세기 동안 유지되리라는 걸 전혀 알지 못했다.

물론 스미스와 친하고 그의 사상을 높이 평가한다고 해서 흄이 자신의 다른 견해를 표현하지 않았을 리는 없다. 그는 친구에게 말한다. "당신이 지금 우리 집 난롯가에 있다면 나는 당신의 일부 신조에 대해 반박할 겁니다." 그러나 이 경우 흄이 찾아낸 차이는 상당히 경미하다. 사실 그가 거론한 가장 큰 의견 차이는 "농장 임대료는 생산물 가격의 일부가 되지만 가격이 전적으로 수량과 수요에 의해 결정된다고는 생각할 수 없네요"라는 부분이다.[98] 이는 많은 제품의 가격—특히 식품과 잡동사니—이 공급과 수요에 의해서뿐 아니라 그것을 경작하는 부동산 소유주들이 청구하는 임대료에 의해서도 결정된다는 스미스의 주장을 가리킨다. 이 주장에 대한 흄의 의구심은 훗날 데이비드 리카도(David Ricardo)의 논쟁을 예고한다.[99] 흄이 제기하는, 심지어 프랑스 왕정이 자국 주화(coinage, 鑄貨)에 인상할 수 있는 가격 수준과 관련한 또 다른 쟁점은 더욱 사소하다.[100] 흄이 상업 사회의 문제점에 대한 그들의 견해차나 심지어 국교 수립 문제에 대해 스미스가 자신에게 던진 상세한 반박 얘기를 꺼내지 않았다는 게 흥미롭다. 하지만 스미스가 자신의 핵심 개념을 흄의 저술에서 얼마나 많이 가져와 예시했는지를 감안하면 그가 이 책에서 반박할 게 별로 없다고 여겼다 해도 놀랄 일은 아니다.

이 편지가 흄이 《국부론》을 높이 평가했다는 유일한 증거는 아니다. 가령 흄과의 마지막 인터뷰에 대한 제임스 보스웰의 설명에는 흄이 "여러 차례 추천한" 스미스의 책 얘기가 나온다.[101] 하지만 흄이 그 책을 추천했다는 다른 기록에는 비판의 흔적이 있기도 하다. 흄은 맨 처음 축하 편지를 쓰고 약 한 달 후, 런던에서 스미스에게 보낸 짧은 편지에 "내가 만난 몇 안 되는 사람을 통해 이 도시〔즉 런던〕가 온통 당신의 책 얘기뿐이라고 들었는데, 책은 대체로 찬사를 받고 있습니다. 많은 사람이 특정 요점에 대해 논란의 여지가 있다고 생각하더군요. 하지만 당신은 분명 이걸 예상했을 겁니다"라고 쓴다. 그리고 실제로 흄은 이렇게 말한다. "나도 그 무리 중 한 명이어서 기쁩니다. 그 요점들이 향후 우리 대화의 주제가 될 테니 말입니다."[102] 이와 비슷하게, 그는 몇 주 후 조카에게 여름 독서 과정을 추천하기 위해 편지를 썼는데, 많은 고대 저자를 언급한 다음 이렇게 말한다. "만일 밀러 씨의 강의"—조카가 당시 글래스고 대학에서 듣고 있던 존 밀러의 민법 강좌를 말한다—"와 잘 어울린다면(나는 어울린다고 생각해) 스미스 씨의 신작을 정독하라고 자네한테 이미 추천한 것 같은데, 그것은 인문학 서적으로서 깊은 사유를 담고 있고 일부 견해와 추론에 논의의 여지가 있으므로 그런 점에서 자네의 생각과 연구에 더더욱 좋은 훈련이 될 것이야."[103] 언제나 그렇듯 흄은 스미스의 견해를 매우 높이 평가하면서도 그 안에서 의문을 제기할 구석을 찾아냈다.

어쨌든 흄은 《국부론》에 관한 첫 편지에서 스미스에게 축하를 하고 난 뒤, 출간한 지 한 달이 채 안 된 에드워드 기번의 《로마제국 쇠망사(History of the Decline and Fall of the Roman Empire)》로 화제를 전환한다. 그는 이 책을 매우 좋아해서 기번에게 "저자를 개인적으로 몰랐다면 이렇게 훌륭한 책이 잉글랜드인의 펜에서 나왔다고는 절대 상상하지 못했을 겁니다. 우리 시대에 이 나라가 문학에서 얼마나 많이 퇴보했는지를 생각하면 통탄할 일입니다"라고 조심스럽게 말한 적이 있었다.[104] 흄은 기번이 이런 생각을 불쾌하게 받아들이지 않길 바랐지만 걱정할 필요가 없었다. 기번은 나중에 흄이 자신에게 보낸 편지가 "10년간의 작업에 대한 과분한 보상을 줬다"고 말했으니 말이다.[105] 하지만 흄은 기번의 책이든 스미스의 책이든 길게 계속 얘기하는 것은 꺼려했다. 그는 "이것을 비롯한 100개의 요점은 오직 대화로 논의하는 게 적합하겠습니다. 그리고 당신이 얼마 안 가서 반대 의견을 말하겠지만, 그때까지 나는 대화에 자신 있다고 착각하겠지요. 곧 그리 되기를 바랍니다. 내 건강 상태가 아주 안 좋아서 오래 지연되는 걸 감당할 여력이 없으니까요"라고 말한다. 그리고 스미스로부터 이전 편지에 대한 답장을 받지 않았다고 언급하면서도 "우리의 우정은 이런 의식 절차에 좌우되지 않으니까요"라고 안심시킨다.[106] 그다음 2개월 반 동안 스미스가 흄에게 보낸 편지는 더 이상 없지만, 바로 그날 기번은 애덤 퍼거슨에게 편지를 써서 스미스가 "빠른 시일 안에 〔에든버러에서〕 당신을 방문할 생각이고, 그가 할 수 있는 모든 노력을 기울여 흄 씨에게 자기와 함께 도시〔즉 런던〕로 돌아가자고 설득하기로 작정한 것 같다"고 알린다.[107] 사실 그들의 여정은 그달 중에 서로 교차한다.

스미스가 《국부론》에서 수많은 기득권층 사람들과 싸웠다는 사실—애덤 퍼거슨은 스미스가 상인뿐 아니라 특히 교회, 대학, 민병대를 "자극했다"고 적었다—에도 불구하고, 책은 상당히 잘 팔렸고 전반적으로 긍정적인 평가를 받았다.[108] 스미스가 나중에 논평했듯 "나는 …… 대체로 내가 당연하다고 예상했던 것보다 욕을 훨씬 덜 먹었다. 따라서 이 점에서는 그렇지 않은 것보다는 운이 좋았다고 생각한다".[109] 그의 말년에 들어 그 책은 베스트셀러가 되고, 영국의 경제·무역 정책에 상당한 영향력을 행사하기에 이른다.[110]

흄의 4월 1일자 편지는 많은 서신들의 서막이었다. 그달의 나머지 기간 내내 다른 스코틀랜드 지식인들이 보낸 축하 메시지가 계속 밀려들었다. 이 메시지들은 과장된 표현으로 스미스에게 찬사를 바쳤지만, 흄의 병세와 관련해 슬픈 분위기를 띠기도 했다. 4월 3일 스미스에게 보낸 편지에서 휴 블레어는 "당신의 책은 국가들의 상법이 되어야 하며 어느 정도는 그렇게 될 거라고 저는 믿습니다. 한 장(章) 한 장 읽을 때마다 빛과 가르침을 많이 얻었습니다. 유럽에서 몽테스키외의 《법의 정신(Esprit des Loix)》 이래로 인류의 사상을 확대하고 바로잡는 경향이 이렇게 강한 출판물은 없었다고 확신합니다"라고 썼다. 하지만 "이곳〔에든버러〕에 있는 당신의 친구들은 잘 지냅니다. 불쌍한 흄 박사를 제외하면요. (이런 예외를 두어야 하다니 얼마나 비참한지요!) 슬프게도 그의 건강은 나빠지고 있습니다. 정말 두렵고 두렵습니다—그리고 순전히 불가항력적일 그 충격을 …… 생각하면 몸서리가 납니다"라고도 적는다.[111] 비슷하게 며칠 뒤 윌리엄 로버트슨은 "당신은 정치학에서 가장 복잡하면서도 중요한 부분 중 하나를 분명하고 일관된 체계로 만들었습니다. ……당신의 책은 틀림없이 현장에서 일하는 사람들과 책상에서 고민하는 이들 모두 자주 찾아볼 정치법이나 상법이 될 것입니다"라고 단언했다. 하지만 그의 편지 역시 침울한 문장으로 끝난다. "흄 씨의 건강이 아주 빠르게 악화하고 있어 정말 걱정이 이만저만 아닙니다. 만약 날씨가 다시 좋아져도 활기를 되찾지 못한다면 그에게 안 좋은 일이 일어나는 건 아닐까 아주 걱정입니다. 우리 모두에게 얼마나 상실감이 클지는 말할 필요도 없겠지요."[112] 애덤 퍼거슨은 "당신은 틀림없이 이 학문 분야에서 홀로 군림할 것이며, 가설을 창출할 것이며, 바라건대 적어도 다가올 세대를 지배할 것"이라고 동의하면서 마찬가지로 흄의 건강 상태를 개탄한다. 하지만 "이런 상황에서도 그나마 기분 좋은 것이 있을 수 있다면, 바로 그의 마음과 영혼이 정말 편안하고 즐거운 상태라는 겁니다".[113] 흄의 의사이자 탁월한 화학자 조지프 블랙은 "대단히 공정하고 자유주의적인 감성으로 이뤄진 이런 종합적 체계를 발전시킨 데 대해 스미스 씨에게 축하를 보내"지만 신속하게 다음 소식을 알리는 쪽으로 전환한다. "당신의 친구 데이비드 흄의 건강이 …… 너무도 안 좋아서 제 심경이 매우 우울합니다. 그런데 당신이 이 나라[즉 스코틀랜드]를 곧 방문할 작정이라는 말을 들었습니다. 가능하다면 서둘러 오셔서 그가 아주 빠른 시일 내로 당신과 함께하며 위안을 얻을 수 있었으면 좋겠습니다."[114]

그달 말 흄은 자신의 병세에 관해 추가적인 조언을 구하기 위해 런던으로 떠났고, 그때 마침 스미스는 그를 만나기 위해 북쪽인 에든버러로 향했다. 다행히도 그들은 도중에 서로 마주쳤다. 둘은 3년 만에 처음으로 서로를 만나 분명 감격했지만, 이 만남은 흄의 마지막 철학적 대작의 운명을 둘러싼 그들의 연속적인 의견 충돌이 시작될 전조이기도 했다.

1776 — 10

자연 종교에 관한 대화

흄은 1776년 1월 유언장을 작성하면서 3년 전 스미스가 자신에게 그런 역할을 해달라고 요청했듯 자연스럽게 그를 유저 관리자로 지명했다. 흄이 친구에게 부여하려 했던 임무 중 하나는 《자연 종교에 관한 대화》의 사후 출판을 감독하는 것이었지만, 스미스는 이런 요청을 단호하게 거부했다. 이 일화는 그들의 우정을 심각하게 손상시켰고 생애 마지막 몇 달 동안 흄에게 크나큰 고통을 가져온 것으로 종종 알려졌다. 스미스의 이런 행동은 대체로 쓸데없이 신중하고 완전히 이해할 수 없는, 아니 심지어 배신적인 행위—가장 친한 친구의 임종 직전 소망을 거부했다—로까지 여겨진다. 이런 견해는 보통은 스미스에게 대단히 동조적인 학자들 사이에서조차 흔하다. 니컬러스 필립슨은 "가장 절친한 친구의 인생에서 마지막 몇 주 동안 스미스가 한 행동은 헤아리기 어렵다"면서 그의 《자연 종교에 관한 대화》 출판 거부는 "흄의 인생에서 마지막 몇 주 동안 그들의 관계에 그림자를 드리웠다"고 논평한다.[1] 이언 심슨 로스는 스미스의 행동이 "죽음이 임박한 흄을 틀림없이 괴롭혔을 것"이며 스미스가 "흄에 대한 자비심을 희생시키고 …… 신중함의 편에 섰다"는 데 동의한다.[2] 라이언 핸리 역시 흄과 스미스의 "그것만 아니었다면 한 치의 오점도 없었을 우정이 …… 〔이〕 사건으로 손상됐다"고 주장한다.[3] 개빈 케네디(Gavin Kennedy)는 자신이 보기에 "스미스는 흄에게 결코 충실하게 행동하지 않았"으며 전체적인 일화는 "뒷맛이 개운치 않다"고 주장한다.[4]

이러한 주장을 평가하기 전에 증거를 검토해보자.

흄은 《자연 종교에 관한 대화》의 초고를 1750년대 초 《두 번째 탐구》와 《정치론》을 쓰고 어쩌면 《종교의 자연사》도 집필했을, 유난히 창작력이 왕성했던 2년에 걸쳐 썼다. 그는 다음 몇 년간 여러 차례 그 원고에 다시 손을 댔다. 1757년 《종교의 자연사》를 출판한 직후 그것을 고쳐 쓰고, 1760년대 초에는 더 많은 부분을 바꾸고, 맨 마지막으로 1776년에는 몇 군데를 더 다듬었다.[5] 스미스가 언제 처음 그 원고를 읽었는지는 알 수 없다. 흄이 처음 몇 단락을 길버트 엘리엇에게 보낸 1750년대 초에 흄은 스미스와 원고를 공유했을지도 모른다. 흄이 수정본을 엘리엇과 또다시 논의하고 휴 블레어에게도 보낸 1760년대 초까지 스미스가 보지 않았을 공산이 더 크지만 말이다.[6] 어쨌든 스미스는 1776년 이전에는—어쩌면 그것을 '망각할' 정도로 오랜 시간이 지나기 전에—그 작품에 대해 알고 있었다.[7]

《자연 종교에 관한 대화》는 쉽사리 요약하기 힘들지만, 개략적으로 말하면 대화자(interlocutor)들이 네 가지 주요 주제를 다루는 책이다. 첫 번째 주제는 목적론적 증명, 요컨대 세상의 질서는 지극히 지혜롭고 강력하고 자애로운 설계자—즉 하느님—의 존재를 시사한다는 생각이다. 사실상 이것이 책의 주요 주제다. 1부의 도입부 토론 이후, 2~8부는 전부 이 논거에 초점을 맞춘다. 9부에서는 대화자들이 제1원인론으로 돌아가는데, 이에 따르면 만물에는 원인이 있으며 만일 우리가 일련의 원인을 찾아서 태초까지 거슬러 올라간다면 반드시 최초의 원인인 만물의 창조자—즉 하느님—에 도달할 것이다. 그런 다음 10부와 11부는 악의 문제, 즉 어떻게 세상 속 악의 존재가 지극히 지혜롭고 강력하고 자애로운 신이라는 개념과 조화를 이룰 수 있는지의 문제를 철저히 파고든다. 끝으로 12부는 종교적 신앙과 열성이 도덕과 정치에 미친 영향을 숙고한다. 책의 결론은 매우 모호하지만, 흄은 대화 중간에 목적론적 증명과 제1원인론—그가 살던 시대 그리고 어쩌면 우리 시대에도 여전한, 신의 존재에 관한 대표적인 철학적 옹호론 두 가지—의 약점이 쉽게 드러나도록 만든다. 마찬가지로 그는 악의 문제를 만족스럽게 해결하기가 진정으로 어렵다는 것을 보여주고, 종교의 도덕적·정치적 이익에 큰 의문을 던진다.

물론 이 모든 것은 논란의 소지가 극도로 많지만, 사실 《자연 종교에 관한 대화》의 광범위한 논쟁이나 연구 중 어느 것도 전적으로 새로울 게 없었다. 앞서 살펴봤듯 흄은 이미 목적론적 증명이 의심스럽고 쓸모없는 가설임을 《첫 번째 탐구》의 두 번째 단락에서 시사한 적이 있었다. 제1원인론의 약점은 《인간 본성에 관한 논고》의 인과관계 토론에서 암시했고, 《첫 번째 탐구》에서 그 토론을 재구성하며 더욱 확연해졌다.[8] 악의 문제는 흄의 어떤 다른 저술보다도 《자연 종교에 관한 대화》에서 자세히 다뤘지만, 역시 《첫 번째 탐구》에서 거론했던 주제다.[9] 그리고 물론 종교의 도덕적·정치적 해악은 흄의 《도덕·정치 논집》, 《두 번째 탐구》, 《영국사》 그리고 특히 《종교의 자연사》 전반을 통틀어 두드러진 주제였다. 《자연 종교에 관한 대화》의 새로운 점은 이 모든 쟁점을 단 한 권의 책 속에 엄청나게 충격적으로—그리고 재미있게—묶어냈다는 것이다. 흄이 쓴 거의 모든 글은 어떤 점에서는 종교와 관계가 있었고, 대체로 종교를 손상시키는 쪽이었다. 하지만 그는 출판물에서 자신의 모든 회의주의적 반론을 한꺼번에 결집시키는 일을 항상 삼가왔고, 그렇게 함으로써 독실한 신자들을 위한 일종의 피신처를 남겨뒀던 것 같다. 신의 존재에 대한 주요 논쟁 중 가장 정곡을 찌르는 연구서 《첫 번째 탐구》에서는 종교의 도덕적·정치적 영향에 대한 어떤 상세한 논의도 피했다. 반대로 그가 종교의 도덕적·정치적 영향에 대해 제일 가차 없이 얘기했던 《종교의 자연사》에서는 목적론적 증명 같은 쪽에 가능성을 열어둔 듯했다.[10] 《자연 종교에 관한 대화》의 독특함은 종합성에 있으며, 이는 독실한 독자들에게 어떤 출구도 어떤 피난처도 남겨주지 않는다.

《자연 종교에 관한 대화》의 운명과 관련해 흄과 스미스가 서신 교환을 시작한 것은 병세가 회복되지 않을 것임을 깨달은 흄이 1776년 1월 4일 새 유언장을 작성했을 때다. 그는 자신의 재산을—하인들과 일부 친구와 친척도 포함시키기는 했지만—대부분 형제자매에게 물려줬다. 스미스에게는 "《자연 종교에 관한 대화》를 출간해주길 …… 그러나 최근 5년 내에 쓰이지 않았다고 의심되는 그 밖의 어떤 글도 출판하지 말고 틈날 때 모조리 없애주길 바라면서 예외 없이 모든 원고"를 남겼다. 이어서 흄은 스미스가 이 일을 수행하는 것과 관련해 "우리 사이에 이어져

온 친근하고 진심 어린 우정을 믿지만, 이 책을 수정하고 출판하는 수고에 대한 작은 보상으로 출판 직후 받을 200파운드를 그에게 남긴다"고 말한다.[11]

스미스는 당시 아직 런던에 있었는데, 이 유증(遺贈)과 요청을 정확히 언제 알게 됐는지는 명확하지 않다. 흄의 2월 8일자와 4월 1일자 편지는 그야말로 《국부론》이 초점이고 그 문제는 전혀 언급하지 않았다. 다음 장에서 살펴보겠지만, 두 사람은 4월 23일 여행 도중 런던과 에든버러 사이에 있는 모페스(Morpeth)에서 우연히 마주쳤고, 스미스는 아마도 이때 처음으로 흄의 유언장에 대한 이야기를 들었을 것이다. 아무튼 런던에 도착하자마자 흄이 그 문제와 관련해 스미스에게 편지 두 통을 쓴 것으로 보아 스미스가 모페스에서 《자연 종교에 관한 대화》의 출판 관리 건에 거리낌을 표시했던 것 같다. 그중 첫 번째 편지("나의 친애하는 벗"이라는 호칭을 썼다)는 흄이 예의 평소 어조대로 자신의 최신 건강 소식과 기타 문제에 대해 쓴 반면, 두 번째 편지("친애하는 선생님"이라는 호칭을 썼다)는 《자연 종교에 관한 대화》와 관련해 스미스에게 어떠한 의무도 없음을 알려주는 좀 더 형식적인 내용이다. 두 번째 편지에서 흄은 자신이 스미스에게 《자연 종교에 관한 대화》를 출판해달라고 요청한 건에 대해 "좀더 신중하게 고민해보니, 책의 성격도 그렇고 당신이 처한 상황도 그렇고 출판을 서두르는 게 부적절할 수 있겠다는 걸 깨달았다"고 말한다. 흄이 말하는 스미스의 "상황"이 정확히 무엇을 말하는지는 그다지 확실하지 않다. 스미스가 《국부론》을 발표한 지 2개월도 채 되지 않았으니 괜히 문제작에 관여했다가 책의 평판에 손상이 가는 걸 원치 않았을 거라는 얘기일지도 모른다. 어쨌든 흄은 《자연 종교에 관한 대화》를 스미스가 출판해줬으면 하는 "다정한 요청"을 수정해 이제는 "그 책을 언제 출판할지, 아니 그것을 당

신이 출판할지 말지 여부를 당신의 전적인 재량에 맡기는" 정도로 흡족해 했다.[12]

하지만 흄의 좀더 비공식적인 편지를 보면 정식으로 "전적인 재량"을 약조하기는 했지만 《자연 종교에 관한 대화》를 스미스가 출판하도록 설득하겠다는 희망을 버리지 않았음이 드러난다. 흄은 "당신의 바람에 부합되게" 용서 편지를 동봉했다는 말로 서두를 꺼내지만 곧바로 "그러나 당신의 거리낌은 근거가 없다고 생각합니다"라고 말을 잇는다. 흄은 볼링브룩 경이 사망한 직후인 1752년 그의 논란 많은 책들을 출간하고도 전혀 나쁜 영향에 시달리지 않았던 것처럼 보이는 데이비드 맬리트(David Mallet)와 스미스의 상황을 비교한다. 흄은 사실 맬리트가 훗날 국왕 조지 3세와 "세상에서 가장 고상한 체하는" 뷰트 경(Earl of John Stuart Bute)으로부터 관직을 하사받았으며, 맬리트는 "언제나 고인이 된 친구의 유언을 신성하게 여긴다고 자신을 정당화했다"(주측하건대 스미스가 《자연 종교에 관한 대화》에 대해서도 그렇게 할 수 있을 것이라는 듯)고 쓴다.[13] 하지만 이때 흄은 맬리트의 명성이 입은 손실을 과소평가했던 것 같다. 새뮤얼 존슨이 볼링브룩과 그의 공모자로서 맬리트를 고발했다는 증거가 있다. "그〔즉 볼링브룩〕는 악당이고 겁쟁이였다. 종교와 도덕을 겨냥해 나팔총(blunderbuss: 총부리가 넓은 구식 총—옮긴이)을 장전했으니 악당이요, 본인은 발사할 결심을 못하고 푼돈을 남겨 자신이 죽은 뒤에 거지꼴 같은 스코틀랜드인〔즉 맬리트〕에게 방아쇠를 당기도록 했으니 겁쟁이가 아니고 뭔가!"[14] 만일 스미스가 이 논평을 알았다면 흄의 비유에 용기를 내기보다는 좌절했을 것이다.

흄은 이 좀더 비공식적인 편지에서 만일 자신이 몇 년 뒤까지 산다면 혼자서라도 《자연 종교에 관한 대화》를 출판하겠지만, 어쨌든 그 책이 후세를 위해 반드시 보존되었으면 한다고 스미스에게 말한다. 그래서 "만일 내가 죽고 나서 당신이 이 글을 절대 출판하지 않기로 결정한다면, 내 형 및 가족과 함께 그것들을 밀봉하고 당신이 적절하다고 생각하는 때에는 언제든 그것을 돌려받을 권리가 오롯이 당신에게 있다는 문서를 남겨야 합니다"라고 요청한다. 하지만 흄의 마지막 말은 자신이 스미스의 어깨에 지우려 했던 잠재적 부담이 얼마나 큰지를 본인도 알고 있었다는 암시를 준다. "바람은 촛불을 끄지만 큰불을 일으킨다는 로슈푸코(Duc de François la Rochefoucault)의 말이 생각나네요."[15] 흄의 요청을 이행할 경우 정확히 어떤 종류의 얼마나 큰불을 맞닥뜨리게 될지 분명 스미스는 알고 싶었을 것이다. 스미스는 답장—흄이 받았을 수도, 받지 못했을 수도 있다—에서 흄에게 "당신이 제게 거는 무한한 신뢰"에 감사를 전하고 "만일 불행히도 제가 당신보다 오래 살게 된다면 당신이 보존했으면 하는 모든 것이 사라지지 않도록 가능한 한 모든 대책을 강구할 거라고 믿으셔도 좋습니다"라고 안심시킨다.[16] 그러나 딱 꼬집어 출판 문제에 관한 결심이 바뀌었는지는 드러내지 않는다.

이러한 합의가 어째 썩 흄의 성에 차지는 않았던 듯싶다. 한 달 뒤 윌리엄 스트러핸에게 편지를 써서 《자연 종교에 관한 대화》—오랜 시간 함께 일한 출판업자임에도 이 책에 대해 들어본 건 이번이 처음이었던 듯하다—에 대해 얘기하고, 인쇄 교정본을 보는 책임을 져달라고 부탁한 것을 보면 말이다. 흄은 "속표지에 당신의 이름을 넣을 필요는 없습니다"라고 얘기하지만, 스트러핸이 《첫 번째 탐구》 출판을 공개적으로 인정한 적이 있으므로 "나는 이 《자연 종교에 관한 대화》와 관련해 당신이 조금이라도 거리낄 이유가 없다고 봅니다. 이 책은 교회법에도 훨씬 덜 저촉될 테고 대중의 소란에도 훨씬 덜 노출될 테니까요"라고 밀어붙인다.[17] 스트러핸은 그의 말에 수긍했고, 그리하여 흄은 《자연 종교에 관한 대화》의 소유권을 스미스 대신 그에게 남기는 쪽으로 유언장을 변경했다. 그리고 만일 어떤 이유에서건 스트러핸이 흄 사망 후 2년 6개월이 지나도록 그 책을 출판하지 않는다면 "소유권은 조카인 데이비드에게 돌아가고, 세상 사람들은 틀림없이 삼촌의 마지막 요청으로 그걸 출판하는 그의 임무를 당연하게 받아들일 것"이라고 덧붙였다.[18] 흄은 스트러핸에게 이런 책임을 져준 데 대해 고마움을 표시하는 짧은 편지에서 "죽은 뒤에 일어날 일을 걱정하고 앉아 있으니 우리도 참 한가한 사람들입니다. 하지만 모름지기 인간이란 다 그런 법이니까요. 다만 내가 특별히 편애하는 글이 내가 죽은 후 금지당할 위험을 감수해야 한다는 게 종종 유감스럽습니다"라고 말한다.[19]

유언을 수정한 뒤에도 흄은 《자연 종교에 관한 대화》의 운명이 여전히 걱정스러운 나머지 안전한 보관을 위해 원고 복사본 한 부를 받겠냐고 묻는 편지를 8월 중순 스미스에게 보냈다. "당신을 어떤 것에도 구속하지 않고, 원고를 안전하게 지키려는 겁니다"라고 흄은 그를 안심시킨다. 그러면서도 참지 못하고 스미스의 거리낌이 과도한 것이었다고 다시 한번 넌지시 내비친다. "원고를 수정하고 보니(최근 15년간 하지 않았던 일입니다) 어떤 글도 이만큼 신중하고 완벽하게 쓸 수는 없겠다는 생각이 들더군요. 당신은 분명 그걸 잊은 겁니다." 그러고 나서 스미스를 어떤 것에도 구속하지 않겠다고 안심시킨 말을 번복하며 또다시 유언장 변경을 제안한다. "내가 죽은 뒤 5년 내로 출판되지 않을 경우, 당신한테 원고의 소유권을 남기는 걸 허락하시겠습니까?"[20] 스미스는 "매우 기쁘게" 원고를 받겠으며 "설령 출판되기 전에 제가 죽는 일이 있다 해도 마치 제가 100년은 사는 것처럼 잘 보존하도록 신경 쓰겠습니다"고 자신 있게 응답한다. 또한 자신에게 5년 뒤 책의 소유권을 남기는 것에 대해 "당신이 적절하다고 생각한다면 그러셔도 좋습니다"라고 말한다. 물론 몸소 인쇄 교정본을 보겠다는 약속은 하지 않았다. 그는 덧붙여 "특정 기간 안에 당신의 책을 출판하지 않게 되면 어떤 손실을 입을 거라고 스트러핸을 위협하지" 말아달라면서 "그가 출판을 미룰 리는 없지만, 만일 어떤 이유로 그렇게 된다면 출판을 지연시킨 데 대해 훌륭한 구실을 제공하는 게 바로 이런 식의 조항일 겁니다"라고 흄에게 경고한다.[21] 흄이 마지막으로 스미스에게 쓴 편지에 등장하는, 이 문제에 관한 최종 답변을 보면 그는 스트러핸에 대한 신뢰를 표명하면서 현재의 유언장을 그대로 두기로 했다고 알린다.[22] 그들의 논쟁은 마침내 이런 식으로 끝났고, 스미스는 자신이 원하는 대로 출판 문제로부터 완벽하게 벗어났다. 하지만 문제가 완전히 해결된 것은 아니었다.

흄이 사망하고 2주가 지난 뒤, 스미스는 《자연 종교에 관한 대화》에 대해 상의하려고 스트러핸에게 편지를 썼다. 여기서 스미스는 그 책이 "명문이기는 하지만 저는 소수의 사람들 사이에서만 오가는 원고 상태로 남아 있길 바랐습니다"라고 말한다. "원고를 읽어보시면 제가 편지에서 굳이 그걸 읽으라고 하지 않는 이유를 아실 겁니다. 하지만 그〔즉 흄〕가 원한 것은 다른 방식이었죠." 결정이 오롯이 그에게 달려 있었다면 "원고는 틀림없이 가장 잘 보존되었을 테고, 제가 죽자마자 〔흄의〕 가족에게 반환되었을 겁니다. 어쨌든 제가 살아 있는 동안에는 출판되지 않았겠죠"라고 스미스는 말을 잇는다. 그러곤 스트러핸에게 그가 그 문제에 관해 어떤 결정을 내리든 《자연 종교에 관한 대화》와 흄의 병세가 최악이던 시기에

스미스 자신이 쓴 이야기—훗날의 〈스트러핸 씨에게 보내는 편지〉—는 어떤 경우에도 함께 출판해서는 안 된다고 알린다. "저는 여러 가지 이유 때문에 《자연 종교에 관한 대화》의 출판에 전혀 관여하지 않기로 했던 겁니다."[23] 스미스는 여기서 이 "여러 가지 이유"를 상세히 설명하지 않았지만, 몇 주 뒤에 쓴(그러나 실제로는 스트러핸에게 부치지 않은) 두 편지의 초안에서 자신의 "조용한 삶"과 흄 모음집의 신판 매출 양쪽에 영향을 줄 것으로 예상되는 소란을 언급한다. "〔《자연 종교에 관한 대화》가〕 자극할 것으로 예상되는 소란이 여전히 우려됩니다."[24]

스트러핸은 답장을 보내 "친구들의 조언 없이는 성급하게 아무것도 하지 않겠습니다. 저는 친구들의 의견, 특히 당신의 의견을 대단히 존중합니다"라고 약속했다. 그는 독자적인 의견을 갖기 위해 원고를 "굉장히 주의 깊게 정독"할 기대에 부풀어 있던 참이었는데, 스미스가 심히 거리낀다는 것을 알고 놀라움을 표한다. "그〔즉 흄〕가 제게 보낸 미지막 편지들 중 한 통에서 **이 책에는 내가 이미 출간한 것보다 나쁜 게 하나도 없다**거나 그런 취지의 말씀을 하셨기 때문에 책이 그 정도로 아주 특이하다는 얘길 제가 들을 거라고는 예측하지 못했습니다." 특히 책을 출판해야 한다는 흄의 "지극한 간청"을 고려했을 때 스트러핸은 "만일 그것이 적어도 빛을 보도록 하는 게 합당하다고 판단될 경우 저는 그의 뜻을 이행하고 싶습니다"라고 말한다.[25] 그러나 결국 스트러핸은 《자연 종교에 관한 대화》가 적어도 자신의 후원 아래 빛을 보는 것은 부적절하다고 판단했던 것 같다. 약 6개월간 망설인 끝에 그는 "흄 자신이 표현한 …… 것처럼 **삼촌의 마지막 요청을 받든**" 조카에 의해 "출판되는 것이 좀더 바람직할 것"이라고 결정했으니 말이다.[26]

흄의 조카는 흄이 죽고 3년 후인 1779년 적절한 절차에 따라 《자연 종교에 관한 대화》의 인쇄 교정본을 봤다. 최근 학계는 거의 만장일치로 그 책의 출판이 절대 예상했던 것만큼 격렬한 반응을 일으키지 않았다고 하지만, 당시의 정기 간행물을 조사해보면 얘기가 다르다.[27] 1779년 9월 〈비평 리뷰〉는 그 책에 관한 최초의 리뷰에서 만일 흄의 "치명적인" 교리를 유행하게 내버려둔다면 "창조(론) 전체에 그늘을 드리울 것이며 인류는 정말 걷잡을 수 없는 경악과 의기소침과 우울증으로 멸망할 것이다"라고 논평했다.[28] 같은 달 〈런던 매거진(London Magazine)〉은 흄의 세계관이 "무신론으로 끝난다"고 단도직입적으로 선언하며 "그는 성격이 너무나 특이해 〔《자연 종교에 관한 대화》를〕 그의 곁에 묻어줄 만큼 진심 어린 친구조차 남기지 않고 죽었다"고 개탄했다. 익명의 한 평론가는 "이성을 방해받고 싶지 않고 마음의 평화를 위험에 빠뜨리고 싶지 않은" 독자라면 이 책 읽기를 포기하라고 충고하기까지 했다.[29] 〈먼슬리 리뷰〉의 경우는 흄이 "자신의 철학서 중에서 가장 특이한 부분을 모아 새로운 양식에 던져 넣은" 것이나 다름없다고 주장했다. 이 평론가에 의하면, 흄은 원칙을 수립하려 했는데 거기에 따를 경우 "법의 통제를 제외한 모든 규제에서 악인들이 풀려난다. 선량한 이는 그들이 가진 가장 중요한 위안을 강탈당한다. 인간 정신의 모든 관대한 열정은 폐기된다. 우리가 사는 세계는 아버지가 없는 세계다. 우리는 비참함과 불행으로 가득 찬 삶의 족쇄에 묶여버린다. 그리하여 무덤 말고는 아무런 희망이 없다". 그 책은 틀림없이 모든 선량한 시민의 "감각과 미덕에 충격을 줄" 것이다.[30] 제법 우호적인 평론을 게재한 유일한 정기 간행물 〈런던 리뷰(London Review)〉는 그로 인해 독자들의 비난을 샀다.[31] 멀리 독일의 〈괴팅기셰 학술비평(Göttingische Gelehrte Anzeigen)〉은 "그러지만 않았으면 너무나도 아름다웠을 흄의 성격이라는 캔버스 위에 얼룩을 뿌린" 게 유감스럽다면서 "아직 생각하는 훈련이 덜 된 젊은이들에게 성급히 이 책을 읽혀서는 안 된다"고 경고했다.[32] 마지막으로, 제임스 보스웰은 《자연 종교에 관한 대화》에 예외적이라기보다는 일반적인 반응을 보였다. 요컨대 개인적으로 흄의 조카를 좋아하지만 그가 "삼촌의 사후 독약 같은 책을 출간하다니 심히 불쾌하다"고 말했다.[33]

이 일화를 어떻게 받아들여야 할까? 우선 《자연 종교에 관한 대화》를 둘러싼 흄과 스미스의 의견 충돌이 유난히 격렬했다는 일반적 주장을 뒷받침할 증거는 거의 없다. 흄이 그 책을 편애하고 그것이 출간되는 걸 간절히 보고 싶어 한 것은 사실이지만, 스미스가 이런 책임을 맡길 거부하는 바람에 흄이 엄청나게 상처받고 그들의 우성에도 상당히 금이 갔다는 생각은 확실히 과장된 것처럼 보인다. 사실 스미스에 대한 흄의 애정은 조금도 식은 것 같지 않다. 우리가 갖고 있는, 이 주제와 관련해 흄이 쓴 첫 번째 편지—스미스의 거리낌이 '근거가 없다'고 말하는 편지—는 스미스에게 좀더 자주 편지를 보내라는 흄 특유의 간청과 더불어 직접 만나지 못하는 데 대한 역시 특유의 유감을 표출하는 것으로 마무리된다. "당신이 내게 편지를 쓴다면, 음, 음! 있잖아요, 그러니까 당신이 내게 편지를 쓴다면, 편지를 밀봉해서 내 동향을 알고 있을 스트러핸 씨에게 부쳐주세요. 내가 에든버러를 떠나게 되면 이번 여름에 누렸어야 할, 당신과 보내는 시간이 대부분 사라지는 게 못내 아쉽군요."[34] 다음 장에서 살펴보겠지만, 당시 흄은 스미스가 에든버러로 온 7월 3일부터 자신이 사망하기 불과 딱 2주 전인 8월 중순까지 한 달 이상을 자기 집에서 묵으라고 스미

스를 초대했다. 우리는 또한 흄이 자서전인 〈나의 생애〉—차후에 발간할 자신의 모음집 인쇄본에서 서문 역할을 할 글—에 "마음대로 내용을 추가할 전면적 자유"를 기꺼이 스미스에게 주었음을 알게 될 것이다. 흄이 스미스에게 보낸 마지막 편지는 그를 "나의 가장 친애하는 벗"이라고 부르는 것으로 시작해 같은 말로 끝난다.[35] 어떤 것을 살펴봐도 심각하게 사이가 틀어졌다거나 원망의 감정이 뿌리 깊다는 느낌은 보이지 않는다.

그럼에도 불구하고 대부분의 학자를 당혹스럽게 만드는 가장 큰 의문은 스미스가 도대체 **왜** 그토록 완강하게 《자연 종교에 관한 대화》의 출판을 거부했냐는 것이다. 스미스의 행동을 이해하는 문제는 두 가지 요인 때문에 더더욱 난관에 봉착했다. 첫째, 스미스는 법학 강의에서 자신의 입으로 임종 전 소망의 신성함을 강조하며 "친구가 죽기 전에 남긴 말을 기억하고 그의 마지막 부탁을 이행하는 데서 기쁨을 찾는 것은 자연스러운 일"인데, 그것은 한편으로는 우리가 "우리의 마지막 부탁이 이행되지 않았음을 알게 될 경우 얼마나 괴로울지" 알기 때문이라고 말했다.[36] 그러니 왜 스미스가 가장 친한 친구의 병세가 최고조에 달했던 때에 임종 직전은 아니라도 적어도 유언장에서 한 부탁을 한사코 거절했는지 많은 이들이 의아했던 것이다. 수수께끼를 증폭시키는 것은 오늘날 흄의 《자연 종교에 관한 대화》가 받고 있는 극도의 추앙이다. 대표적인 학자들은 이 책을 "스코틀랜드 계몽주의, 아니 실은 유럽 계몽주의의 영광", "의심할 여지없이 영어로 쓰인 가장 위대한 종교철학서", "이제까지 이 주제에 관해 쓰인 가장 주목할 만한 논고", 흄의 "철학적 유언", 그리고 "그의 필생의 업적의 요약판"이라고 불러왔다.[37] 이렇게 누가 봐도 위대한 작품의 출판을 스미스는 왜 거부했을까?

이런 질문에 대한 놀랍도록 보편적인 한 가지 대답은 스미스가 《자연 종교에 관한 대화》의 내용에 반대했기 때문—그가 이 책으로 인해 동요 혹은 분개했거나, 아니면 심각하게 자신의 철학에 부합하지 않는다고 여겼거나, 아니면 개인적으로 흄이 퍼붓는 회의론 세례를 이해할 수 없었기 때문—이라는 것이다.[38] 하지만 스미스의 종교관이 본고에서 시사한 것처럼 흄의 생각과 가깝다면, 이런 설명은 개연성이 낮아 보인다. 옥스퍼드 시절부터 시작된 흄의 사상에 대한 스미스의 깊은 관심, 그의 초기작 《철학적 탐구를 이끄는 원리》에 나타난 회의주의, 《도덕감정론》의 모호함과 개정판, 《국부론》의 확고하게 세속적인 세계관, 흄과의 서신에 나타난 종교에 관한 수많은 농담과 독백—이 모든 것은 스미스가 흄의 회의론 때문에 몹시도 골머리를 썩었다는 생각과는 들어맞기 힘들 듯싶다. 게다가 〈스트러핸 씨에게 보내는 편지〉는 말할 것도 없다. 《자연 종교에 관한 대화》에 관해 서신을 교환하고 불과 몇 달 지나지 않아 스미스는 공개적으로 흄을 지혜와 도덕의 귀감이라고 묘사하기까지 했다.

스미스의 견해에 대한 이런 일반적인 말은 《자연 종교에 관한 대화》 자체와 관련한 좀더 구체적인 언급으로 입증된다. 스미스는 "매우 기쁘게" 그 책이 반드시 "가장 잘 보존"될 수 있도록 "가능한 한 모든 대책"을 강구하겠다고 누차 약속했으며, 또한 그 책이 "명문"이라고 생각했다—그는 다만 그것이 "소수의 사람들 사이에서만 오가는 원고 상태로 남아 있길" 바랐을 뿐이다—는 사실을 상기하라.[39] 다른 말로 하면 스미스는 이런 대담한 종교 비판은 대중의 시선에서 멀리 떨어져 있는 게 상책이라고 생각한 듯한데, 친구들 사이에 유포된다는 생각에는 반대하지 않았다. 로슈푸코 공작(도덕주의자 로슈푸코의 4대손)이 《자연 종교에 관한 대화》가 출간되자마자 한 부를 프랑스에 있는 자신한테 보내줘서 고맙다며 스미스에게 쓴 편지를 보면 사실 스미스는 그 책을 적극적으로 전파시킨—얼마

나 널리 전파시켰는지는 모르지만—것 같다.[40]

스미스가 《자연 종교에 관한 대화》의 출판을 거부한 데 대한 제일 그럴싸한 설명은 역시 가장 단순하다. 스트러핸에게 보낸 편지들의 초안에서 직접 내비쳤듯 스미스는 그 책이 도발할 대중의 "소란"과 그러한 소란이 자신의 "조용한 삶"과 흄의 사후 평판에 미칠 영향을 경계했다. 또한 대중의 관심을 염두에 뒀을 수도 있다. 그가 《도덕감정론》에서 종교는 사람들의 도덕규범 준수를 강화함으로써 종종 도덕에 힘을 실어준다고 말한 것을 상기하라. 아마 그는 《자연 종교에 관한 대화》 같은 책이 이 지지대를 약화시킬지도 모른다고 우려했을 것이다. 우리는 흄과 가족끼리 가까운 사이였던 앤 키스(Anne Keith)가 보낸 편지를 갖고 있는데, 여기엔 《자연 종교에 관한 대화》가 "사회에 유해한 성향이 있어" 스미스가 "출판에 반기를 들었다"고 쓰여 있다.[41] (그녀는 또한 흄이 "스미스 씨의 충고를 거부해서 많은 이들로부터 비난을 샀다"고 적기도 했다.) 사실 스미스의 출판 거절은 적어도 일부는 단순히 예의상의 문제였을 수 있다. 스미스의 어머니, 대부분의 친구, 그리고 실제로 스미스가 아는 거의 모든 사람은 이 책과 그가 연루됐다는 데 분개했을 것이다. 어쨌든 핵심은 스미스가 언제나 흄보다는 대중의 논란을 훨씬 더 경계했다는 것이며—루소 사건을 생각해보라—《자연 종교에 관한 대화》 같은 책과 관련해서는 더더욱 최대한 주의를 기울이려 했다 해도 전혀 놀랄 일은 아니라는 것이다.

그렇다면 이는 종종 회자되는 것처럼 지나치게 주의 깊은, 아니 심지어 지나치게 비겁한 사례였을까? 만일 그렇다면 이는 스미스에게만 있는 특별한 결점은 아니었을 것이다. 적어도 현존하는 기록만으로 보면 《자연 종교에 관한 대화》에 대해 아는 흄의 친구들은 하나같이 그에게 출판하지 말라고 촉구했다. 우리는 흄이 길버트 엘리엇에게 보낸 편지를 통해 엘리엇이 출판에 반대했다는 사실을 알 수 있는데, 거기서 흄은 이렇게 불평한다. "《자연 종교에 관한 대화》를 출판하지 말라니 당신이 이렇게 경직되고 폭압적인 사람이었습니까? 스튜어트 왕조가 했던 짓보다 더 폭압적입니다. 참된 헌신이 그 책의 특이한 부분을 속죄할 수 있다고는 생각하지 않으십니까?"[42] 휴 블레어도 흄에게 똑같은 충고를 했다. "행여 그것이 빛을 보더라도 부디 유작이 되도록 하세요. 솔직히 그러지 않는 편이 낫다는 게 제 생각이지만 말입니다."[43] (흄은 답장에서 "현재로서는 당신이 언급하는 그 책을 출판할 생각이 없습니다"라고 블레어에게 말하고 나서 놀리듯 덧붙였다. "출판하게 된다면 내가 그 책을 당신에게 바친다고 써도 반대하지 마시길.")[44] 우리는 애덤 퍼거슨도 그 책의 출간에 "반대했다"는 기록을 갖고 있다.[45] 게다가 직업적으로뿐 아니라 개인적으로도 흄과 가까웠던 스트러핸 또한 《자연 종교에 관한 대화》의 출판을 최종적으로 거부했다—그것도 스미스와 달리 흄에게 그렇게 하겠노라고 약속한 뒤에 말이다.

흄의 가장 절친한 친구들이 이구동성으로 했던 조언만으로는 스미스가 비겁했다는 혐의를 벗기기에 충분치 않다면, 흄 본인이 한 말과 행동이 그렇게 해줄 것이다. 흄은 어느 때보다 기꺼이 논란을 자초하겠다는 각오와 《자연 종교에 관한 대화》를 좋아하는 확고한 마음에도 불구하고 본인 스스로 **25년간** 그 책의 출판을 자제해왔다. 사실 그는 죽기 두 달 전까지도 출판업자에게 원고가 있다는 말조차 하지 않았다. 앞서 인용한 엘리엇에게 보낸 편지가 보여주듯 그도 이따금 출판 가능성을 곰곰이 생각해본 건 사실이지만, 본인조차 그것이 대담한 행동이라는 걸 알았다—이 때문에 편지에서도 "속죄"하기 위해 참된 헌신이 필요할 만큼 "특이한" 뭔가가 그 책에 있다고 스스로 인정했을 것이다. 그보다 훨씬 더 놀라운 것은 스트러핸에게 《자연 종교에 관한 대화》를 맡아달라고 요청하는 1776년

6월의 편지에서 쓴, 오래전에 출판하지 않은 이유에 대한 흄의 설명이다. "나는 지금까지 이 책의 출판을 삼가왔습니다. 조용히 살고 싶었고 모든 소란으로부터 계속 벗어나 있길 간절히 바랐기 때문입니다. 비록 이 책이 전작들보다 더 특이하달 것은 없지만, 당신도 알다시피 그중 일부는 대단히 특출 났고 신중하게 생각한다면 출간을 자제했어야 했죠. 나는 이 책에서 한 회의주의자〔즉 필로(Philo)라는 인물〕를 소개하는데, 그는 사실 반박을 당하고 마침내 자신의 주장을 포기합니다. ……그는 입을 다물기 전에 몇 가지 주제를 제기하는데, 이것이 사람들에게 불쾌감을 주고, 아울러 매우 대담하고 자유롭다고 여겨질 겁니다."[46] 바꿔 말하면, 병세가 최악에 이를 때까지 흄은 그 책이 그를 "조용히" 살지 못하게 할 "소란"을 창출할 것이라는, 스미스가 거절했던 바로 그 이유 때문에 출판을 삼가왔다는 얘기다. 둘은 설명하는 단어조차 거의 똑같다.

어떤 점에서 가장 당혹스러운 질문은 스미스가 책의 출판을 왜 거절했느냐가 아니라, 25년간 비밀에 부쳤던 원고를 출판하는 데 흄이 갑자기 왜 그토록 확고부동했는가, 그리고 심지어 그 의무를 왜 스미스에게 떠맡기려고 했는가이다. 흄은 무덤에 한 발을 집어넣은 시점에서 더 이상 잃을 게 없다고 생각했을지 모르지만, 스미스는 분명 같은 처지가 아니었다. 게다가 흄은 스미스가 항상 자신의 사생활과 평온—그의 "조용한 삶"—을 유지하고 싶어 한다는 걸 익히 알고 있었다. 흄 자신도 예견했던, 《자연 종교에 관한 대화》가 불러올 대중의 "소란"을 스미스가 싫어할 거라고 깨닫는 데 대단한 공감 능력까지는 필요하지도 않았을 것이다. 그리고 《국부론》을 출판하고 겨우 한 달이 지난 시점에 흄이 스미스에게 이런 부담을 져달라고 요청했다는 점도 잊어서는 안 된다. 스미스가 그 책에 쏟아부은 오랜 세월 동안의 노력, 출간을 둘러싼 큰 기대, 그리고 책에서 주장하는 것이 사상과 실천 양면에 영향을 미치길 바라는 스미스의 원대한 소망을 감안하면, 이러한 시점은 그가 대중의 논란이라는 수렁으로 빠져들기엔 최악의 타이밍 중 하나였다. (뒤에서 살펴보겠지만, 이런 전후 사정이 〈스트러핸 씨에게 보내는 편지〉를 한층 더 위험하게 만들었다.) 따라서 모든 상황을 고려해보면, 이들이 주고받은 서신에서 스미스의 말보다는 흄의 말을 해명하기가 더 어렵다.

1776 11

한 철학자의 죽음

《자연 종교에 관한 대화》를 출판하기 전에도 흄의 불경함에 대한 평판이 너무나 자자했기에 그의 죽음은 몹시 기대되는 사건이었다. 한 동시대인이 표현했듯 그가 죽기 전 몇 달 동안은 "어딜 가나 그의 처지를 대화와 질문의 소재로 삼았다. 모든 사람은 흄이 마치 친하고 특별한 친구나 됐던 것처럼 그의 건강에 걱정과 염려를 표현했다".[1] 물론 이 만연한 관심의 이유는 바로 흄이 최후 순간까지 자신의 회의주의를 고수할 것인지—그리고 만일 그렇다면 잘못을 뉘우칠 줄 모르는 이들의 임종에 따라오게 마련이라는 번민과 절망을 그도 겪을 것인지—여부를 온 세상이 알고 싶어 한다는 데 있었다. 흄의 〈나의 생애〉에 대한 〈먼슬리 리뷰〉의 소개글은 그러한 집착을 제대로 포착한다. "흄 씨의 성격과 저술을 차별화하는 부분인 그런 신념을 가진 사람들이 목전에 죽음의 공포와 직면하면 세상은 언제나 그들이 어떤 식으로 힘겨운 싸움을 지탱할지, 이제 곧 겪을 상황의 끔찍한 변화가 시시각각 다가올 때(가장 대담한 인간이라 해도 감히 숨기거나 우습게 여기지 못할 거라고 사람들이 생각하는 그 순간에) 그들의 **심경**에 어떤 변화가 생길지, 그들이 과거에 천명한 것을 계속 확고하게 고수할지 아니면 한 시인〔에드먼드 월러(Edmund Waller)〕의 표현처럼 "**새로운 빛**"이 "폐허의 틈새를 통해"—낡은 틀이 소멸되려는 바로 그 절체절명의 순간에 더욱 활짝 열리면서—"어두운 영혼의 오두막"으로 들어올지 궁금해한다."[2]

흄의 건강은 1770년대 이후로 변덕을 부렸지만 1775년 봄에는 심각하게 나빠지기 시작했다. 우리가 이미 살펴봤듯 그는 1776년 1월 새 유언장을 작성하는 게 좋겠다고 여겼으며, 2월에는 스미스에게 "몸무게가 5스톤", 즉 70파운드나 빠졌다고 말했다.[3] 주치의 조지프 블랙이 스미스에게 전한 것처럼 흄은 밤중의 신열과 내출혈과 심한 설사—대장암의 결과였을 테고, 어쩌면 결장염도 원인이었을 것이다—에 시달렸다.[4] 봄이 되자 흄은 마지막이 가까워졌음을 확신했다. 특히 어머니가 임종 직전 몇 달 동안 똑같은 증상을 경험했기 때문이다. 하지만 모든 징후에도 불구하고 그는 에든버러로 돌아온 이래 그래왔듯 똑같이 지냈다. 친구들과 만나고, 저녁 만찬을 열고, 휘스트 카드 게임을 했다. 그는 막 출간된 스미스와 에드워드 기번의 역작을 포함해 옛날 책이건 새 책이건 닥치는 대로 읽었다. 기존의 저술을 다듬고 철학 모음집과 《영국사》 신판을 준비했다. 사실상 뭔가 잘못됐다는 유일한 신호는 《자연 종교에 관한 대화》의 앞날에 대한 갑작스러운 초조함뿐이었다. 한참 젊었던 시절, 흄은 노년이 "비애"와 "어떤 불행"의 시기임을 발견하게 될 거라고 예상했지만, 사실 그의 혈기는 치명적인 질병이 있을 때조차 너무나 왕성해서 "나보고 인생에서 가장 다시 살아보고 싶은 때를 대라면 이 마지막 시기를 지목하고 싶을 정도"였다.[5]

이 모든 게 완전히 진실인 것처럼 보임에도, 흄은 온 세상 사람들에게 모든 게 진실임을 알리고 싶었다. 자신의 다가오는 죽음을 둘러싼 강한 호기심을 그도 익히 알고 있었고, 철학자는 모름지기 그래야 한다고 생각했던 대로—유쾌하고 조용하게, 지나친 희망이나 공포 없이—죽기로, 그리고 대중을 위해 그렇게 하기로 결심했다. 흄과 스미스는 둘 다 종교가 주로 심리적 필요성을 충족시키고 사람들이 자신의 본성과 운명을 받아들이도록 하기 위해 생겨난 것이라고 주장해왔다. 종교 없이도 행복하고 선하게 살다 죽음으로써 흄은 자신이 이런 필요성을 초월했다는 걸 몸소 입증하고 있었다. 자신의 사례를 통해 인간이 올바른 방법으로 접근한다면 이 세상으로도, 현세로도 충분하다는 걸 보여주고 있었다.

이런 노력의 일환으로 흄은 4월 중순 자서전 〈나의 생애〉—그는 "나 자신의 죽음을 위한 추도사"라고 설명했다—를 썼다.[6] 그는 "사람이 자기 얘기를 오래 하다 보면 자랑하지 않기가 힘들다. 고로 나는 짧게 말하려 한다"고 부드럽게 인정하면서 글을 시작한다. 자서전이 10쪽도 안 됐으므로 이 약속은 확실히 지켰다. "내가 나의 일생에 관해 쓰는 시늉을 한다는 것부터가 자만심의 사례로 여겨질 수도 있겠다." 그는 이어서 말한다. "하지만 이 이야기에는 나의 저술 이력 정도를 포함할 것이다. 내 삶의 대부분을 집필 활동과 글쓰기 관련 직업에 종사하며 보낸 게 사실이니 말이다. 하지만 내 저작물의 최초 성과는 대체로 자랑할 만한 수준이 아니었다."[7] 엄격히 말하면 흄이 〈나의 생애〉를 자신의 저술 이력으로 한정하겠다는 것은 사실과 다르다. 이야기 전반에 걸쳐 그는 비교적 무명인 상태에서 전 세계적 유명세를 얻고, 얼마 안 되는 유산에서 예기치 않은 부

를 이루기까지 자신이 꾸준히 성공했다는 점을 강조한다. 또한 훌륭하고 위대한 사람들이 빈번히 그를 찾았던 것이지 그 반대는 아니었다고 말한다. 요컨대 애넌데일 경의 가정 교사 일, 세인트클레어 장군과 함께한 군사 및 외교 사절단 일, 허트포드 경과 함께한 주프랑스 대사관 일, 그리고 콘웨이 장군과 함께한 북국무부 일은 전부 그가 청하지도 않았는데 부탁받은 것들이라는 얘기다. 그러나 이 글에 은밀한 개인적 세부 사항이라고 할 만한 것은 거의 없는 게 사실이다. 부플레르 백작 부인과의 관계에 대한 고백이라든가, 루소를 향한 추가적 인신공격을 기대했던 사람이라면 실망할 것이다. 흄은 친구들을 몇 차례 언급하기는 하지만 그중 누구의 이름도 대지 않는다. 스미스도 언급하지 않는다. 에든버러의 문필가나 파리의 계몽사상가 친구들 역시 마찬가지다.[8]

또한 놀랍게도 흄은 자신의 저작물 내용에 대해 좀처럼—사실은 거의 아무것도—얘기하지 않는다. 그 대신 자신의 출판물이 받았던 형편없는 평가와 매번 좌절로부터 신속히 회복할 수 있도록 해준 낙천적이고 회복력 강한 기질을 화제의 중심으로 삼는다. 《인간 본성에 관한 논고》는 "인쇄기 속에서 사산"되었고, 《첫 번째 탐구》는 "완전히 외면받고 무시당"했으며, 《두 번째 탐구》는 "세상의 아무런 주목도, 관심도 받지 못했고", 《종교의 자연사》를 읽은 "독자들의 목소리"는 "듣기가 어려웠다"고 그는 말한다. 《영국사》 1권 때는 "비난, 반대, 심지어 혐오의 외침이 한목소리로 쏟아졌다". 튜더 왕조 편에 대한 "반대의 아우성"은 "처음 냈던 스튜어트 왕조사 두 권 때와 막상막하였다". 그리고 초기 영국사 편은 "무난한, 그냥 무난하기만 한 성적"을 거뒀다.[9] 흄의 말에 따르면, 초판 때 호평을 받은 것은 에세이들과 《영국사》 중 두 번째 스튜어트 왕조 편뿐이었다. 하지만 그 모든 일을 겪으면서도 그는 "쾌활하고 낙천적인 기질"을 잃지 않았고, "문학과 관련한 모든 언쟁을 피하"려 애썼으며, 한사코 "문학적 재능 향상을 제외한 모든 목표는 능히 경멸할 만하다"고 여겼다.[10]

위 이야기 중 두 부분에는 확실히 효과를 노린 과장이 포함되어 있다. 만일 흄의 저서가 거의 전부 완전히 무시당했거나 전반적으로 비난받았다면, 독자들은 그가 어떻게 그토록 부유하고 유명해졌겠느냐고 반문할 수밖에 없다. 물론 공직에서 보낸 얼마 안 되는 기간 동안 월급과 연금을 받긴 했지만 그의 유명세와 재산의 주요 원천은 저작물이었다. 흄은 도입부에서 예측한 자만이라는 비난을 미연에 방지하고자 자신의 출판물이 받은 형편없는 평가를 강조하고 싶었던 모양인데, 약간은 정도를 벗어난 것 같다. 기분 좋게 문학과 관련한 언쟁을 피하고 조용하게 연구에 전념했다는 흄의 설명은 자신의 책이 얼마나 불경스럽고 논란을 일으켰는지 거의 완벽하게 간과하고 있다. 흄이나 그의 저서에 대한 아무런 사전 지식 없이 〈나의 생애〉를 만난 독자들은 자신이 악명 높은 무신론자의 자서전을 읽고 있다는 사실을 거의 알아차리지 못할 것이다. 이런 느낌을 풍기는 힌트라고는 《인간 본성에 관한 논고》가 "광신도들을 수군대게 만들 정도의 명성"에도 도달하지 못했다고 탄식하는 부분, "사회적·종교적 파벌들의 노여움에 나 자신을 노출"시켰다고 인정하는 부분, 그리고 윌리엄 워버튼과 리처드 허드가 그에게 던진 비방에 대한 두 차례의 언급밖에 없다.[11] 이런 힌트마저도 어떤 점에서는 캔터베리 대주교와 전 아일랜드 주교가 《영국사》 1권의 대중적 반응이 저조하자 "각각 좌절하지 말라는 전갈을 보냈다"는 흄의 말로 상쇄된다.[12] 흄은 또한 두 차례의 대학교수 임용 실패와 스코틀랜드 국교회의 제명 시도처럼 자신의 논쟁적 시각이 경력에 악영향을 미친 갖가지 방식을 거론하는 것도 꺼린다.

물론 흄은 자신의 신앙심 결핍에 대해 상술할 필요가 없었다. 〈나의 생애〉를 읽은 모든 독자가 그것을 날카롭게 알아차릴 테니 말이다. 흄은 사실 많은 사람이 유죄를 입증하는 듯한 증거—그가 속으로는 타락했다거나 낙담했다거나 두려워한다거나 깊이 뉘우친다는 어떤 종류의 징후—를 찾기 위해 책을 샅샅이 뒤지리라는 걸 알고 있었다. 그는 이런 노력에 좌절감을 안기고 확실히 그 반대가 맞다는 것을 입증하기로 결심했다. 마지막 두 문단은 그 점을 이해하게끔 만든다. 끝에서 두 번째 문단에서 흄은 "치명적이고 치유가 불가능"하다고 알려진 질병에 직면한 자신의 심경을 서술한다. 그는 이제 "빠른 소멸"을 예상하면서도 "단 한순간도 내 정신이 쇠퇴하는 것을 경험한 적이 없다. ……연구에 대한 열의도 예전과 같고, 사람들과 있을 때의 유쾌함도 여전하다"고 말한다. 다른 말로 하면, 죽음이 다가온다고 해서 자신의 태도나 가치관이나 생활 방식이 바뀔 일은 없다는 얘기다. 대신 "65세의 한 인간이 몇 년간 앓아온 질병을 죽음으로 중단시키는 것일 뿐"이라는 견해를 밝히면서 차분하게 피할 수 없는 현실을 받아들인다.[13] 이 모든 게 대부분의 18세기 독자들에겐 분통 터질 만큼 건방지게 보였을 것임에 틀림없다. 현세의 마지막은 지극히 중요한 내세를 준비하며 보내야 하는 것 아니던가? 한 학자가 썼듯 "어떤 사람은 흄이 산책에 대해 말하는 줄 알았을 수도 있다".[14]

흄은 이 글을 《영국사》에서 각 왕조의 통치기를 완료했을 때 쓰곤 했던 군주들의 성격 스케치와 다르지 않게 자신의 성격 평가로 마무리한다. 이 마지막 문단은 마치 저승에서 쓰기라도 한 것처럼 과거 시제를 사용하고, 도입부에서 부인했던 자랑도 완전히 회피하지는 않는다. 이를테면 이런 식이다. "나는 이런 사람이다. 아니, 이런 사람이었다. 기질이 온순하고, 성질을 잘 다스리고, 개방적이고, 사교적이고, 유머 감각이 좋으며, 사람에게 애착은 갖지만 적의는 거의 느끼지 않고, 모든 감정을 대단히 절제하는 사람이었다. 내 최고의 열정인 문학적 명성에 대한 사랑조차 그토록 많은 좌절에도 불구하고 내 성질을 절대 버려놓지 못했다." 이런 묘사는 약간 장밋빛이지만—다시 한번 루소와의 갈등을 생각해보라—대체로 상당히 정확하다. 흄은 과연 상냥한 사람으로 유명했다. 하지만 그가 "나는 그런 비방의 포악한 이빨에 상처받지 않았고 …… 내가 비록 경망스럽게도 사회적·종교적 파벌들의 노여움에 나 자신을 노출시킨 것은 사실이나, 그들의 일상적 분노는 나를 위해 무장 해제된 것 같았다. 나의 친구들은 내 성격과 행동을 둘러싼 정황을 입증할 이유가 하나도 없었다"고 선언하는 대목에서는 상당히 도를 넘는다.[15] 심한 냉소나 놀랄 만한 건망증이 아니고서야 이런 주장을 할 수는 없었을 것이다. 흄은 사실 엄청난 비방을 겪었고, 친구들은 실제로 그를 방어하는 일에 뛰어들 때가 많았다. 가장 친한 친구는 머지않아 또다시 그를 방어해야 할 필요성을 느낀다. 그 결과 탄생한 〈스트러핸 씨에게 보내는 편지〉는 흄의 인생 이야기를 마무리하고, 그럼으로써 〈나의 생애〉가 말하고자 했던 것을 확인시켜 준다. 한 회의론자가 평화롭고 품위 있게 죽을 수 있었다는 것을 말이다.

흄은 〈나의 생애〉를 끝내고 며칠 뒤 의사에게 건강 상담을 받으러 런던으로 떠났다. 비슷한 시기에 스미스와 두 사람의 친구인 존 홈(극작가)은 흄의 계획을 알지 못한 채 그를 만나러 에든버러를 향해 북쪽으로 떠났다. 행운의 여신은 그들이 서로를 못 보고 스쳐갈 뻔한 순간을 막아줬다. 흄은 두 수도(런던과 에든버러를 말함—옮긴이) 사이를 이동하던 중 모페스의 여관에서 쉬던 참이었는데, 마침 그의 수발을 드는 하인이 스미스와 홈을

태운 마차가 멈춰 섰을 때 정문에 서 있었던 것이다.[16] 흄과 스미스가 직접 만난 것은 3년 만이었다. 흄은 컨디션이 좋았다. 홈은 "그는 자기의 병, 자기의 죽음을 전혀 중요하지 않은 문제인 것처럼 얘기한다. ……나는 그가 그 정도로 유쾌한 상태를, 아니 그의 모든 자질, 기억력, 이해력, 기지를 그토록 완벽하게 갖춘 것을 본 적이 없다"고 썼다.[17] 앞에서도 살펴봤지만, 흄이 스미스에게 《자연 종교에 관한 대화》 문제를 처음 꺼낸 것은 아마도 바로 이곳에서였을 듯싶다. 하지만 두 사람은 곧 각자의 길을 떠났다. 홈은 런던으로 향하는 길에 흄과 동행하려고 발길을 돌렸지만, 스미스는 몹시 편찮은 데다 아들이 와주길 학수고대하는 어머니를 돌보기 위해 스코틀랜드로 가지 않을 수 없었다.[18] 흄은 런던을 향해 천천히 이동하며 편지로 자신의 건강 상태를 계속해서 형에게 알렸고, 그 소식을 스미스에게 전해달라고 청하기도 했다.[19]

5월 1일 런던에 도착한 직후, 흄은 스미스에게 건강이 약간 좋아졌다고 알리는 편지를 썼다. "우리 친구 존〔즉 홈〕의 낙관적인 생각에 완전히 미치지는 못해도, 여행 중에 아주 많이 회복됐다는 느낌이 듭니다." 흄은 《자연 종교에 관한 대화》와 관련한 유언장의 지침을 수정한 것 말고도 분명 모페스에서 잊고 얘기하지 못한 듯한 또 하나의 중요한 사안을 스미스에게 알렸다. "내 글 중에서 대중의 심기를 전혀 건드리지 않는 〈나의 생애〉라는 글을 보게 될 겁니다. 이 짧은 글을 앞으로 찍을 다른 책들의 서문에 붙이려면 스트러핸 씨와 카델 씨를 비롯한 내 저작물의 기타 소유권자들에게 보내야 한다는 데는 아무런 이의가 없습니다."[20] 흄이 〈나의 생애〉가 "대중의 심기를 전혀 건드리지 않는"다고 묘사한 것은 명백히 《자연 종교에 관한 대화》와 거리를 두려는 의도 때문이었다. 사실 일부 독자들은 〈나의 생애〉로도 심기가 불편했다. 하지만 뒤에서 살펴볼 것처럼 정작 대중의 분노를 유발한 것은 바로 스미스가 거기에 덧붙인 내용이었다.

의사들의 권유에 따라 흄은 곧 온천 요양을 위해 배스(Bath)로 이동했다. 다시 한번 그의 건강은 여행으로 좋아진 듯했고, 첫 온천 치료 시도가 너무나도 성공적이어서 스스로도 몇 년은 더 살 만큼 충분히 회복할 수 있겠다는 희망을 갖기 시작했다. 그는 자신이 "생기가 넘치고 …… 휘스트 게임에서 이상하게 운이 따라 이길 때 말고는 한 번도 못 느껴본 감정 상태"라고 주장했다.[21] 배스에서 들리는 소식은 한동안 계속 긍정적이었다. 6월 6일 알렉산더 웨더번은 "흄 박사가 보낸 굉장히 유쾌한 편지를" 읽었다면서 흄이 "〔그의 유저 관리자인〕 당신에게 상당 기간 동안 수수료를 남길 가능성이 낮아졌다"고 말했다는 얘기를 스미스에게 전했다.[22] 그러나 희망적인 소식은 오래가지 않았다. 며칠 뒤 흄은 윌리엄 스트러핸에게 "내 건강에 대해 당신에게 했던 모든 즐거운 이야기를 철회"하겠다는 편지를 썼고, 스트러핸은 다시 스미스에게 "우리의 가장 소중한 친구의 우울한 이야기"를 전하면서 "배스의 첫 온천욕 때 나타났던 모든 좋은 징후가 이제는 사라졌다"고 썼다.[23] 스트러핸의 전갈을 받자마자 스미스는 흄에게 온천이 더 이상 회복의 마법을 일으키는 것 같지 않아 슬프다는 편지를 썼다. 흄은 이미 내로라하는 여러 의사들과 상담을 했지만, 스미스는 자신의 조언을 전달해야만 할 것 같았다. "당신에게 잘 맞는 약 하나를 당신은 알고 있습니다. 바로 여행과 기분 전환입니다. 제가 당신이라면 다른 것들로 자신을 괴롭히지 않고 아름다운 계절이 계속되는 동안 그 약을 끊임없이 복용할 겁니다. 그리고 한 장소에서 2~3박 이상 묵지 않고 구석구석 영국의 온갖 장소를 한가롭게 걸으며 여름을 보내겠습니다."[24]

흄의 건강은 계속 악화했고, 6월 말경 그는 스코틀랜드로 돌아왔다. 드디어 7월 3일 흄이 에든버러에 도착했을 때 스미스는 그를 맞으러 그곳에

가 있었다. 그는 흄이 "내가 절대 목격하고 싶지 않던 상태"에 있다는 걸 알았다. "하지만 그의 기분은 완벽하게 좋은 상태였다."[25] 곧 최후가 닥쳐올 것임을 안 흄은 돌아온 다음 날, 친구들을 위해 일종의 환영회 겸 송별회 만찬을 기획했다. 만찬은 대서양 맞은편의 사건들로 더 유명한 날인 1776년 7월 4일에 열렸다. 물론 스미스는 참석자 중 한 명이었다. 자신의 가장 친한 친구가 죽을 날이 가까워진 것에 의기소침해서인지 어느 순간 스미스는 세상이 악랄하고 심술궂다고 투덜댔다. "아니죠. 아닙니다." 누가 봐도 상태가 좋은 흄이 대답했다. "도덕적·정치적·종교적 적대감을 자극하기 위해 치밀하게 계산하고 온갖 주제에 대해 쓴 내가 여기 있지 않습니까. 그런데도 나한테는 적이 없습니다. 모든 휘그당원, 모든 토리당원, 모든 기독교인을 빼면요."[26]

제임스 보스웰은 그다음 일요일인 7월 7일 흄과의 만남을 간신히 성사시켰다. 둘의 대화에 관해 쓴 그의 유명한 책에 나오듯 보스웰의 방문 목적은 죽음을 앞둔 사람에게 경의를 표하는 것도 심지어 병적인 호기심을 충족하는 것도 아니고, 흄조차도 마지막까지 진정한 무신론자로 남지는 못했다는 걸 확인함으로써 자신의 종교적 신념을 강화하려는 것이었다. 이 점에서 그는 완벽하게 낭패를 봤다. "예배에 너무 늦어서" 보스웰은 세인트데이비드 스트리트로 향했고, 거기서 "지금껏 어떤 사람도 보유한 적 없는 마음의 평화와 맑은 정신을 갖고 다양한 주제에 관해 이야기하는 …… 차분하고 심지어 쾌활하기까지 한" 흄을 발견하고 놀랐다. 눈치 빠른 보스웰은 즉시 내세라는 화제를 꺼내며 저세상이 있지 않겠냐고 물었

다. 흄은 "불구덩이에 던져진 석탄 한 개가 타지 않을 수 있겠느냐"고 답하며 "우리 인간이 영원히 존재할 거라는 생각은 가장 비이성적인 공상이라고 덧붙였다". 보스웰은 소멸을 생각하면 불안해지지 않느냐고 집요하게 물었고, 그에 대해 흄은 태어나기 전에 존재하지 않았다는 생각만큼이나 자신의 존재가 중단된다는 생각에도 동요하지 않는다고 답했다. 게다가 흄은 "모든 종교의 도덕성은 나쁘다고 딱 잘라 말했다. 그리고 매우 신량하면서도 독실한 사람들의 사례를 본 적이 있긴 하다고 했다. 하지만 그는 어떤 사람이 종교적이란 말을 들으면 그가 악질이라고 결론 내린다고 했는데, 그때 나는 그가 농담을 하고 있는 게 아니라고 진심으로 생각했다".[27] 그 얘기를 듣고 대단히 심란해진 보스웰은 나중에 그를 더욱더 압박하려고 두 차례 더 그의 집을 방문하려 했지만 거절당했다.[28]

흄의 정신 상태가 어떤지 다른 모든 이들만큼 호기심이 많았던 보스웰의 죽마고우 윌리엄 존슨 템플(William Johnson Temple)은 그에게 편지를 써서 이렇게 물었다. "소멸이 바싹 다가온 이 와중에 그는 어떻게 처신하던가요? 아무런 걱정도, 아무런 불안도 없답디까? 미래를 두려워하거나 갈망하지도 않던가요?"[29] 보스웰이 흄의 가치관과 태도는 전혀 변함이 없더라고 전하자, 템플은 경멸하면서 이렇게 일축했다. "당신이 아는 그 필사적인 무신론자 데이비드 흄에 대해서라면 …… 그놈의 집요한 불경함과 무신앙이 제게는 전혀 인상적이지 않군요. 정반대의 감성이 훨씬 〔더〕 기분 좋고 합리적이고 위안을 주며, 더 지혜롭고 위대한 인물들이 그런 감성을 품어왔고 아직도 지니고 있습니다. 그렇게 계속 완강하다면 〔그는〕 처참하게 돼지겠지요. ……그런들 어쩌겠습니까. 죽어서 시궁창에 떨어지게 내버려둡시다."[30] 템플이 오랫동안 흄의 **추종자**였고 사실 그를 "세상에서 매우 위대한 역사가 중 한 명"으로 여겼던 것을 생각하면 이런 반응

은 한층 더 놀랍다.[31]

흄의 변함없는 회의주의에 동요한 것은 비단 참견하기 좋아하는 지인(知人)과 열성적인 신자들만은 아니었다. 흄이 죽기 직전 윌리엄 스트러핸은 약간 갸우뚱하면서 그가 아직도 내세의 존재를 의심하는지 묻는 편지를 썼다. 스트러핸은 이렇게 묻는다. "그토록 온 신경을 쏟아 성공적으로 일궈왔던 당신의 모든 정신적 능력과 자질이 생명을 부지하는 숨과 더불어 정지되고 사라지리라는 것을 **이제는** 믿으십니까, 아니면 의심하십니까? 우리 영혼은 …… 소멸 직전에 미래를 얼핏 볼 수 있다고들 합니다. 그렇기 때문에 저는 진심으로 이 중요한 문제에 대한 당신의 **마지막 생각**을 알고 싶습니다."[32] 흄은 편지를 받았지만, 그즈음 답장을 쓸 컨디션이 아니었다. 독실한 신자인 흄의 형이 나중에 그를 대신해 답장을 썼는데, 그조차도 "제가 판단하건대 내세에 대한 그의 생각은" 그의 마지막 며칠 동안 "건강 상태가 완벽하던 때와 마찬가지였습니다"라고 시인해야 했다.[33]

지난 3년간 흄과 스미스는 서로 거의 만나지 못했지만 잃어버린 시간을 보상하기 위해 정말 최선을 다했다. 스미스는 흄이 7월 3일 에든버러로 돌아왔을 때부터 8월 중순까지 대부분 세인트데이비드 스트리트에 있는 그의 집에 머물렀다.[34] 애석하게도 이 시기에 그들이 무엇을 했고 무슨 얘기를 했는지에 관한 증거는 거의 남아 있지 않다. 실은 7월 16일 흄이 존 홈에게 보낸 편지에서 아주 짧게 언급하긴 했다. 날씨가 참 좋았지만 흄은 그걸 즐기려고 집 밖에 나가는 위험을 무릅쓸 수 없었다. "스미스 씨가 나한테 이런 즐거운 일에 직접 참여하지 못한다고 억울해하는 대신 공

감으로 그것을 즐기라고 해서, 나도 그러려고 노력하는 중입니다."[35]

우리가 유일하게 갖고 있는 두 사람의 자세한 대화는 8월 8일의 것이다. 스미스는 이날 주고받은 대화를 며칠 뒤 알렉산더 웨더번에게 보낸 편지에서 처음 언급했고, 그 후 〈스트러핸 씨에게 보내는 편지〉에 좀더 완화된 버전을 영원히 남겼다. 이 기록에 따르면, 흄의 방에 들른 스미스는 그가 옛 친구 제임스 에드먼스톤(James Edmonstoune)이 보낸 마지막 작별 인사 편지를 읽고 있는 걸 봤다. 흄이 그 감동적인 편지를 보여줬을 때, 스미스는 그의 기운이 아주 왕성하니 아마 건강이 좋아질 거라고 했다. 하지만 흄은 수긍하려 들지 않았다. "스미스, 턱없는 희망입니다. 1년 남짓 습관성 설사를 지속한다는 건 모든 연령대 사람들에게 아주 심각한 병일 겁니다. 더구나 내 나이에는 치명타지요. 저녁에 자려고 누우면 아침에 일어났을 때보다 더 약해진 걸 느끼고, 아침에 일어나면 간밤에 누웠을 때보다 더 약해진 걸 느낍니다. 게다가 생명을 부지하는 데 필수인 부위에 병이 났으니, 나는 틀림없이 곧 죽을 거라는 느낌이 옵니다."[36] 이 우울한 예측에도 불구하고 이어진 대화는 흄이 유머 감각을 잃지 않았음을 보여준다.

스미스는 설령 흄이 곧 죽게 되더라도 남은 가족은 유복하게 지낼 거라는 사실에 분명히 위안을 받을 거라고 했다. 흄은 후회도 없고 해야 할 일도 남지 않았다고 인정하면서 그 말에 수긍했다. 그리고 최근에 다시 읽은 루키아노스(Lucianos: 2세기 로마제국의 이교도 풍자 문학가—옮긴이)의 대화 속 한 등장인물과 자신의 상황을 비교함으로써 그 점을 분명히 보여준다. (루키아노스는 미신을 타파한 사람으로, 흄과 스미스가 둘 다 제일 좋아한 작가였다.[37] 스미스는 나중에 흄이 언급한 책은 루키아노스의 《죽은 자들의 대화(Dialogues of the Dead)》이지만 사실 문제의 책은 《내리막 여행(Downward Journey)》일 가능성이 더 크다고 주장했다.」[38] 흄이 떠올린 등장인물들은 최근에 사망한 영혼을 삼도천(三途川: 사람이 죽어서 저승으로 가는 도중에 있는 큰 내—옮긴이) 건너에 있는 하데스(Hades)한테 데려다주는 뱃사공 카론(Charon)에게 유예 기간을 얻어내길 소망하며 간곡히 부탁한다. 한 사람은 딸부터 먼저 시집보내고 싶어 했고, 다른 사람은 집 짓는 일을 마치길 바랐다. 세 번째 사람은 어린 자녀들을 위해 저축을 좀 했으면 했다. 흄은 자신을 위해서도 비슷한 변명거리를 떠올리려 했지만, 지금껏 그가 하려고 마음먹은 중요한 일은 전부 끝냈기에 그럴싸한 구실을 댈 수 없었다. 그러다 마침내 말할 게 생각났다. "친절한 카론님, 저는 사람들의 눈을 뜨게 하려고 열심히 노력해왔습니다. 교회가 입을 다물고 성직자가 내쫓기는 날을 제 눈으로 기쁘게 목격할 때까지 조금만 기다려주세요." 그러나 이런 변명이 통하지 않으리라는 걸 그도 잘 알았다. "카론은 이렇게 대답하겠지요. 야, 이 건달 사기꾼 같은 놈아. 앞으로 200년을 기다려봐라, 그런 일이 일어나나. 내가 그렇게 장기간 동안 계약을 연장해줄 거라 착각했니? 당장 배에 타지 못할까."[39]

웨더번에게 개인적으로 보낸 편지에서는 그 대화에 대한 스미스의 설명이 여기서 끝난다. 하지만 〈스트러핸 씨에게 보내는 편지〉에서는 그 일화를 부연할 뿐 아니라 반종교적인 등장인물을 약간 부드럽게 만들기도 한다. 출판 버전에서, 흄은 자신이 카론에게 하는 두 가지 다른 "농담조의 변명"과 뱃사공의 "매우 무례한 대답"을 지어낸다. 흄은 "친절한 카론님, 저는 신판을 위해 제 책들을 수정해왔습니다. 고친 부분을 대중이 어떻게 받아들이는지 확인할 시간을 제게 조금 주십시오"라고 이유를 대기 시작한다. 하지만 분명 흄을 잘 알고 있는 카론은 이렇게 대답한다. "그 결과를 확인하고 나면 다른 곳을 고치고 싶을 걸세. 이런 변명이 끝도 없을 게야. 그러니 정직한 양반, 당장 배에 타시게." 흄은 계속 조른다. "친절한 카론님, 조금만 기다려주세요. 저는 사람들의 눈을 뜨게 하려고 열심히 노력해왔습니다. 만일 제가 몇 년 더 산다면 지금 유행 중인 미신 제도의 일부가 무너지는 걸 보고 만족해할 겁니다." 이 버전에서 흄은 더 이상 "교회가 입을 다물고 성직자가 내쫓기는" 것을 자기 눈으로 목격하길 바란다는 데까지 나아가지 않지만, 카론은 웨더번과 관련 있는 좀더 냉혹한 버전에서처럼 자비를 베풀지 않는다. "야, 이 건달 사기꾼 놈아. 앞으로 수백 년을 기다려봐라, 그런 일이 일어나나. 내가 그렇게 장기간 동안 계약을 연장해줄 거라 착각했니? 당장 배에 타지 못할까, 이 게으름뱅이 건달 사기꾼 놈 같으니."[40]

여기서 흄이 분명 악의 없는 장난을 치고 있었다는 점 외에도 우리는 그가 내세의 판타지에 장난스럽게 탐닉할 때조차 천국의 문에서 기독교의 하느님이 아닌 이교도의 신화 속 인물을 만난다고 상상했다는 점에 주목할 필요가 있다. 일주일 뒤에는 그가 자신의 임박한 죽음과 관련해 한 가지 크게 아쉬운 점을 진짜로 찾아냈다는 점 또한 주목할 만하다. 바로 "남겨두고 가야 하는 …… 좋은 친구들"이었다.[41]

이 대화를 나누고 하루나 이틀 뒤—정확히 언제인지는 불분명하다—스미스는 흄이 지나치게 약해진 나머지 "나와 함께 있는 것조차 그를 피곤하게 만듭니다. 특히 정신이 아직 대단히 팔팔해 누구라도 곁에 있으면 쉼 없이 떠들지 않고는 못 배길 정도였거든요. 그가 혼자 있을 때는 자신의 책을 다듬고 평상시에 하던 모든 소일거리로 기분을 전환"한다는 걸 알고 커콜디로 떠났다.[42] 스미스는 흄의 의사 조지프 블랙이 그의 건강

상태에 대한 최신 소식을 알려주고, 흄이 스미스를 보고 싶어 부르면 언제든 바로 돌아오겠다는 조건하에 떠나기로 합의했다.[43] 커콜디로 돌아간 스미스는 8월 14일 웨더번에게 쓴 편지에서 흄이 예전에 사용했던 기독교를 향한 신랄한 어조로 흄의 건강에 대해서는 나쁜 소식을, 그의 기운에 대해서는 좋은 소식을 전했다. "불쌍한 데이비드 흄은 매우 빠르게 죽어가고 있습니다. 하지만 그는 매우 밝고 쾌활하게 죽음에 임하고 있습니다. 그리고 하느님의 뜻을 감수하는 척하는 위선에 물들어 칭얼대는 어떤 기독교인보다도 더욱 진실하게 삼라만상의 필연적 섭리를 감수하고 있지요."[44] 스미스는 죽음에 대한 흄의 태도에 많은 이들이 던지고 있는 중요성을 익히 알고 있었으며, 그 역시 비평가들이 틀렸음을 흄이 증명하길 바랐다. 그는 "우리가 친구를 잃을 수밖에 없다면, 가장 바람직한 것은 그가 분별력 있는 사람이라면 의당 그래야 하는 방식으로 죽음을 맞이하는 것"이라고 쓴다.[45] 다행히도 흄은 자기의 본분을 다하고 있었다. 같은 날 블랙은 흄이 "지난 사흘간 놀라우리만치 편안하고 유쾌했다"고 알리는 편지를 스미스에게 썼다.[46]

다음 날 흄은 스미스와의 마지막 서신 교환을 개시했다. 앞장에서 인용했듯 그는 스미스한테 《자연 종교에 관한 대화》의 원고를 보관해달라고 부탁한 뒤 "아무쪼록 빠른 시일 내에 답장을 써주기 바랍니다. 내 건강 상태로 봐서는 수개월 동안 기다릴 수가 없으니"라는 간청으로 끝맺는다.[47] 답장에 대한 흄의 갈망에도 불구하고 편지는 우체국이 아닌 배달원을 통해 커콜디로 보내졌고, 그 때문에 스미스는 총 1페니스털링(penny sterling: 영국의 옛날 화폐 단위—옮긴이)을 아꼈지만 편지는 일주일간 배달원의 집에 방치되었다—흄도 나중에 인정했듯 "이상한 실수"였다.[48] 스미스는 마침내 8월 22일 편지를 받았고, 그 즉시 답장을 쓰기 위해 책상에 앉았다. 흄에게 《자연 종교에 관한 대화》 원고 한 부를 신경 써서 보관하겠다고 안심시키는 것 말고도 스미스는 한 가지 제안을 한다. "만일 당신이 허락한다면 당신의 생애에 대한 글에 몇 줄을 보태려 합니다. 제 바람과 달리 이것이 당신의 마지막 글인 것으로 밝혀진다면, 병마와 싸우던 이 시기 당신의 행동에 대해 제 이름으로 몇 가지를 이야기하려 합니다."[49] 말하자면 어떤 면에서 스미스는 〈나의 생애〉 이야기를 가져와 그 원고가 중단된 4월 18일부터 흄의 임종 때까지 친구의 자서전을 마무리할 허가를 요청했던 셈이다. 스미스는 흄이 어떻게 종말을 맞았는지에 대한 대중의 지대한 관심을 알아차렸고, 그 이야기의 '승인된' 버전을 기록으로 남겨 흄이 철학자답게 죽었음을 세상 사람들에게 입증하고 싶었던 것이다.

스미스는 그 글이 어떤 형식일지 흄에게 힌트를 준다. 그는 "우리가 최근에 나눴던 대화의 일부"라고 쓴다. "특히 당신이 카론에게 댈 핑계가 없었다는 것과 관련한 대화, 당신이 마침내 생각해낸 구실, 그리고 카론이 거기에 쏘아붙였을 법한 바로 그 불친절한 대꾸는 이야기의 일부로 들어가도 무방할 거라는 게 제 생각입니다." 스미스는 나중에 〈스트러핸 씨에게 보내는 편지〉가 너무나도 많은 공분을 사서 놀랐지만, 실은 애초부터 그러리라는 것을 알고 있었다—아니, 알았어야 했다. 독실한 신도들의 감수성을 달래는 것을 거의 계산하지 않은 대화였으니 말이다. 스미스는 또한 지난하고 분명 치명적인 병이 있었음에도 불구하고 흄의 기분은 계속 좋았다는 사실도 부각시킬 계획이었다. "총 2년이 넘도록 진을 다 빼버리는 병마의 공격을 받으며 쇠퇴하는 건강 속에서도 다가오는 죽음을, 아니 적어도 당신이 다가온다고 생각한 죽음을 가장 완벽한 건강 상태에 있는 웬만한 사람들이라도 몇 시간 지탱하지 못할 정도의 유쾌함으로 줄곧 관조해왔습니다."[50] 확실히 이것은 대중이 들을 필요가 있는 이야기였다.

아울러 스미스는 이 편지에서 흄의 마지막 수정에 준해 모음집의 다음 판을 개정할 것을 권한다. 물론 흄이 이 과제를 이행했는지는 알 수 없다.[51] 그러고 나서 스미스는 자신이 마치 흄이 이미 죽기라도 한 것처럼 쓰고 있다는 사실을 깨닫고 하던 말을 뚝 끊는다. "당신의 증세가 제가 아직 품고 있는 희망과는 다른 것으로 밝혀질 거라는 가정 아래 제가 이 모든 걸 쓰고 있었네요." 그리고 이어서 말한다. "당신은 너무나 쾌활하고, 당신 안에 있는 생명의 기운도 여전히 너무나 강하고, 병세도 대단히 느리고 점진적으로 진행되므로 저는 상황이 좋아질 거라는 믿음을 아직 접지 않았습니다." 스미스는 자신의 벗에게 쓰는 마지막 말로 다음을 기약하며 편지를 끝맺는다. "당신이 저를 만나고 싶어 하시면 저는 언제든 대기 중이라는 것을 거듭 말씀드리지 않아도 되겠지요. 그럴 때는 언제든 주저하지 말고 저를 불러주셨으면 합니다."[52] 흄의 건강과 관련한 스미스의 소박한 바람은 결국 실현되지 못한다. 바로 그날 블랙이 흄의 의욕은 여전히 강하지만 신체적 컨디션은 꾸준히 나빠지고 있다고 알리는 편지를 보내왔다. "그는 하루 한 차례 일어나 앉고, 계단을 내려가고, 독서를 즐기지만 거의 아무도 만나지 않습니다. 가장 친한 친구들과의 대화마저 피곤하고 힘들다는 걸 알게 됐거든요." 그러나 다행히 "그는 전혀 불안해하거나 조바심을 내거나 무기력해지지 않고 재미있는 책들 덕분에 시간을 아주 잘 보내고 계십니다". 자신이 보낸 편지가 그토록 오래 지연된 것을 몰랐던 흄은 아직 답장(그날 썼다)을 받지 못했으므로 스미스가 소홀하다고 여겨 애를 태운 모양이었다. 블랙은 스미스에게 보낸 글을 이렇게 마무리한다. "그[즉 흄]는 최근 당신에게 편지를 썼고, 답장을 기다린다고 합니다."[53]

흄은 마침내 다음 날인 8월 23일 스미스의 편지를 받았다. 그의 답장은 흄이 쓴 마지막 편지였다. 이즈음 흄은 너무나도 쇠약해져서 직접 펜을 들지 못하고 조카에게 짧은 편지를 받아 적게 할 수밖에 없었다. 흄은 비록 자신의 성에 찰 만큼 빠르지는 않지만 "나는 아주 빠르게 쇠퇴하고" 있다고 스미스에게 말한다. "어젯밤 열이 약간 있었는데, 그것이 이 지긋지긋한 병에 좀더 빨리 종지부를 찍어주길 바랐건만 불행히도 확 사라져 버리더군요." 자신을 보러 에든버러에 오겠다는 스미스의 열의는 고맙지만 흄은 그 제안을 거절해야 한다고 느꼈다. "나 때문에 이곳에 오겠다는 생각에는 따를 수 없습니다. 당신을 만나는 건 하루 중 극히 짧은 시간만 가능할 테니 말입니다." 그는 또한 스미스가 적절하다고 생각한다면 어떤 방식이든 괜찮으니 자신의 자서전을 마무리해달라며 전적인 재량권을 준다. "나와 관련한 것이면 아무리 하찮은 것이라도 당신의 관심을 받을 만한 가치가 있다고 생각하다니 너무 친절하십니다. 당신이 원한다면 무엇이건 내 인생 이야기에 추가할 수 있는 전적인 자유를 드리지요." 여기서 흄은 고분고분하게 남의 말을 따르는 어조를 띠고 있지만, 그가 수락한 것은 결코 작은 제안이 아니었다. 〈나의 생애〉는 결국 흄이 독자들에게 던지는 마지막 메시지요, 그의 모음집의 차후 인쇄본에서 서문 역할을 할 터였기 때문이다. 사후 유산에서 이렇게 중요한 것과 관련해 즉각적으로 스미스에게 "전적인 자유"를 선뜻 부여했다는 것은 최고 수준의 신뢰와 확신이 있었음을 입증한다. "안녕히 계십시오, 나의 가장 친한 친구." 그는 마지막 편지에 서명했다.[54]

이틀 뒤인 8월 25일 흄은 65세의 나이로 세인트데이비드 스트리트에 있는 자택에서 숨을 거뒀다. 블랙은 스미스에게 그 소식을 알릴 슬픈 의무가 있었으므로 다음 날 편지를 썼다. "어제 오후 4시경, 흄 씨가 세상을 떠났습니다. ……마지막까지 그는 완벽하게 이성적이었고 큰 고통이나 비애감은 없었습니다." 24일 저녁 무렵 임종의 순간이 임박한 것이 확실했지만, 블랙은 스미스에게 에든버러로 오라고 요청하는 것은 적절치 않은 일이라 생각했다. 그러지 말라는 흄 본인의 지시를 고려하면 특히나 그랬다. 하지만 그는 흄이 "지극히 행복한 마음의 평정 속에서 생을 마쳤으니 이보다 더 나을 게 있을까요"라고 스미스를 안심시킨다.[55]

1776~1777

12

10배 많은 비난

장례식은 지금의 에든버러 올드칼튼 묘지(Old Calton Burial Ground)에서 8월 29일 쏟아지는 빗속에서 거행됐다. 어리둥절했던 한 동시대인이 적은 것처럼 악천후에도 불구하고 "마치 영구차가 희미한 불길에 휩싸이거나 영광의 빛에 둘러싸이기를 기대하기라도 한 듯" 행사장에는 많이 군중이 운집했다.[1] 스미스가 불참했을 거라고는 상상하기 힘들지만 그가 참석했다는 확증은 없다. 흄의 가족이 무덤 훼손을 방지하려고 장례식 후 며칠간 주변에 경비원을 배치하지 않을 수 없었던 것을 보면, 흄은 죽어서까지도 일부 사람들의 적대감을 계속 자극했던 모양이다.[2] 흄은 로버트 애덤—친구이자 당대의 매우 선도적인 건축가 중 한 명—에게 소박하지만 웅대한 신고전주의 스타일로 무덤을 디자인하도록 의뢰하는 한편, 거기에 성명과 날짜만 새기고 "나머지를 추가하는 일은 후대에 남겨두길" 원한다고 말했다.[3] 당시 무덤은 올드타운과 뉴타운이 한꺼번에 기막히게 내려다보이는 전망 좋은 칼튼힐(Calton Hill)에 홀로 우뚝 서 있었다. 스미스는 훗날 도시 양쪽 지역을 연결하는 노스브리지를 거닐면서 한 동료에게 이렇게 말했다. "나는 저 기념물을 안 좋아합니다. 내 친구 흄에게서 본 최고의 허영이에요."[4]

장례식이 있고 이틀 후, 스미스는 흄의 유언장에서 유저 관리자 역할을 해주는 대가로 그에게 주기로 했던 200파운드를 지불할 의무로부터 흄의 가족을 벗어나게 해주려고 흄의 형인 존 홈에게 편지를 썼다. 스미스는 특히 자신이 《자연 종교에 관한 대화》 발행을 거절한 일을 생각하면 유산을 수락하는 것은 부적절하다고 느꼈다.[5] 홈은 일에 대한 대가라기보다는 "우정의 증거"로 그 돈을 주는 게 흄의 의도였을 거라고 안심시켰으나 스미스는 한사코 사절했다.[6]

그사이 스미스는 표면상 윌리엄 스트러핸 씨에게 보내는 편지 형식으로 흄의 마지막 몇 달을 기술한, 〈나의 생애〉에 덧붙이는 글을 집필했다. 흄의 유언장에 준해 스트러핸은 〈나의 생애〉 출간을 맡았고, 따라서 스미스의 추가분 책임자도 스트러핸이었기에 편지는 그에게 보냈다. 스미스는 9월 말 〈스트러핸 씨에게 보내는 편지〉를 쓰기 시작한 듯하다.[7] 날짜를 11월 9일이라고 기입했지만 10월 7일경 초고를 끝낸 터였고, 그 시점에서 조지프 블랙과 존 홈(흄의 형)에게 논평을 부탁하며 복사본을 보냈다. 블랙은 다시 존 홈(극작가)과 다른 친구들의 견해를 구했다.[8] 몇 차례의 수정을 거친 끝에 스미스는 11월 13일 스트러핸에게 최종 원고를 보냈다.[9]

흄은 이 자서전을 자기 저서의 "차후에 찍을 모든 인쇄본 맨 앞에 붙여"야 한다고 스미스와 스트러핸에게 부탁했으므로, 그것이 스미스가 예상한 〈나의 생애〉와 〈스트러핸 씨에게 보내는 편지〉의 공개 방식이었다.[10] 그러나 스트러핸은 처음부터 ― 심지어 두 글 중 하나를 보기 전부터—그것들을 따로 내고 싶어 했다.[11] 스트러핸은 스미스의 편지를 받고 "더할 나위 없이" 맘에 들었지만, 그걸 〈나의 생애〉와 묶는다 하더라도 "**최소 두께**의 책 한 권을 만들기"엔 너무 짧다는 걸 알았다. 그는 두 원고를 흄이 수년간 자신에게 보낸 정치적 주제에 관한 몇 통의 편지와 합치자고 제안했다. 그리고 "당신의 충고와 승인 없이는 아무것도 하지 않겠다"고 약속하며 이 문제에 대해 스미스의 의견을 구했다.[12] 스미스는 재빨리 이 제안을 무산시켰다. 스미스는 "흄 씨의 많은 편지가 그에게 커다란 영광을 베풀 테고 〔스트러핸이〕 그렇게 될 것들만 출판하리라는 걸" 알긴 하지만, 그들은 다른 무엇보다 흄의 의사를 존중해야 하기 때문에 흄이 〈나의 생애〉와 《자연 종교에 관한 대화》 말고는 어떤 글도 출판하는 걸 원치 않았다는 점을 확실히 짚고 넘어가야 한다고 역설했다. "제가 알기로 그는 항상 자신의 편지가 언젠가 공개될 거라는 생각에 넌더리를 냈습니다"라고 그는 썼다—정작 자기 자신이 곧 출판될 흄의 최후에 관한 이야기에 친구의 마지막 편지를 포함시켰다는 사실은 잠시 묵과한 채 말이다.[13]

그러나 실제로 스미스는 암암리에 〈나의 생애〉와 〈스트러핸 씨에게 보내는 편지〉의 별도 출간에 합의했으며, 그것들이 "책(volume) 한 권은 아니더라도 작은 팸플릿 한 권은 될 것"이라고 말했다.[14] 그렇게 해서 그의 말마따나 "조급한 대중의 호기심을 채우기 위해" 스트러핸은 1777년 3월 두 책을 차례로 발행했다.[15] 그러나 굉장히 불가사의하게도 그 원고는 〈스코츠 매거진(Scots Magazine)〉 1777년 1월호에 이미 전문이 게재된 터였다. 이런 일이 어떻게 혹은 누구의 후원 아래 일어난 것인지는 불확실하다. 관계자들의 서신은 마치 그런 일은 일어난 적 없다는 듯 이 주제에 관해 완전히 입을 다물고 있다.[16] 어쨌든 흄이 죽고 나서 아주 빨리—스트러핸이 흄의 지시에 따라 흄의 모음집 신판에 그것들을 넣으려고 기다렸다면 나왔을 시기보다 훨씬 더 빨리—별도로 출판된 덕에 〈나의 생애〉와 〈스트러핸 씨에게 보내는 편지〉는 그렇지 않았다면 불가능했을 유명세를 얻었다.

스미스는 "작고한 우리의 멋진 친구 흄 씨의 마지막 병환 중 행동에 관해 당신에게 이야기하려고 책상 앞에 앉으니 매우 기쁘면서도 심히 울적한 마음입니다"라는 말로 〈스트러핸 씨에게 보내는 편지〉의 서두를 연다. 그는 〈나의 생애〉가 1776년 4월 말 중단된 시점부터 이야기를 시작한다. 흄은 자신의 상태가 "치명적이고 치유 불가능하다"고 믿었음에도 친구들에게 설득당해 "효험이 있을지도 모를 장기 여행을 하게" 됐다고 스미스는 쓴다. 그러고 나서 흄의 여행과 관련한 세부 내용—모페스에서 스미스 및 존 홈과 마주친 행운, 온천 치료를 위해 배스를 방문하라는 런던 의사들의 조언, 배스에서 흄의 병세가 일시적으로 주춤했던 것과 뒤이어 증상이 "평소대로 다시 심해졌"다는 것, 그리고 집으로 돌아와 에든버러의 친구들을 만난 것—을 들려준다. 스코틀랜드에 돌아온 후 점차 쇠약해졌지만 그렇다고 흄이 평소처럼 지내지 않을 사람은 아니었다고 스미스는 적는다. "그는 평소처럼 계속해서 신판을 위해 자신의 책을 수정하고, 재미있는 책을 읽고, 친구들과 대화를 나누고, 저녁에는 가끔씩 자신이 가장 좋아하는 휘스트 게임을 하면서 기분을 전환했지요." 이때 흄의 몇몇 친구는 "그가 너무나 유쾌하고 대화와 취미 생활도 너무나 평소 리듬처럼 이어졌기에" 그가 정말로 죽어가고 있다는 걸 믿지 못했다. 그러나 흄은 이것이 희망 사항임을 알았다. 스미스는 "저한테 적이라는 게 있다면 그들이 바라는 만큼 빠르게, 그리고 절친한 친구들이 바라는 만큼 편안하고 기분 좋게 죽어가고 있다"고 한 흄의 말을 인용한다.[17]

스미스는 흄이 친구들에게 작별을 고할 때 보여준 태도에 특히 찬사를 보낸다. "흄 씨는 아량이 대단히 넓고 결의가 아주 굳은 사람인지라 가장 가까운 친구들은 죽음을 앞둔 사람에 관해 얘기하거나 편지를 쓴다 해도 전혀 해가 되지 않으며 그가 이런 솔직함에 상처를 받기는커녕 오히려 기분 좋아하고 우쭐해한다는 것을 알고 있었거든요." 그 과정에서 죽음에 직면한 흄의 침착함과 평정심을 잘 보여주는 사례로 그는 앞에서 살펴봤듯 흄의 반종교적 발언 중에서도 더욱 귀에 거슬리는 카론에 관한 재담을 한풀 누그러진 어조로 들려준다. 스미스는 또한 "흄 씨는 다가오는 자신의 소멸을 언제나 더없이 유쾌하게 말하면서도 자신의 아량이 넓다는 것을 과시하며 으스대지 않았습니다. 그는 대화가 자연스럽게 그쪽으로 흘러갈 때가 아니면 절대 이 주제를 꺼내지 않았고, 대화할 때 필요한 수준 이상으로 누누이 말하지도 않았습니다"라고 쓴다.[18]

스미스는 8월 중순 커콜디로 돌아갔으므로 마지막 2주 동안 더 이상 친구와 함께 있지 않았다. 그래서 평소 사적인 서신 공개에 대한 흄의 혐오는 잠시 제쳐놓고 세 통의 편지에서 발췌해 이야기를 진전시킨다. 발췌 내용은 흄의 악화한 건강과 왕성한 혈기, 조카의 손을 통해 스미스에게 보낸 마지막 편지, 그리고 블랙의 흄 사망 선언 및 죽음에 이르는 순간들의 "행복한 마음의 평정" 이야기 등이 담긴 조지프 블랙의 8월 22일자 기록에서 가져왔다.[19] 아마도 스미스는 이 편지들을 죽기 전 며칠간 흄의 기분이 좋았다는 구체적 증거에 포함시켜 독자들이 자신의 말을 단순하게 받아들이지 않도록 하고 싶었던 것 같다.[20]

마지막 문단에서 스미스는 〈나의 생애〉에 나오는 흄의 자기소개를 재삼 확인하면서 — 심지어 증폭하면서 — 흄의 성격을 압축해 보여주려 한다. 그의 전기 작가 이언 심슨 로스가 제대로 썼듯 이 구절은 "유려하게 호흡과 리듬을 조절한 산문의 일부로서 아마도 스미스 문학의 백미"일 것이다.[21] 스미스는 적어도 부분적으로는 알면서 모르는 척한 게 틀림없는 도입부로 시작한다. "이렇게 누구보다 멋지고 결코 잊지 못할 우리의 친구가 갔습니다. 그의 철학적 견해에 관해서는 그와 일치하느냐 아니냐에 따라 모두가 찬성하든지 아니면 비난하든지 틀림없이 저마다 달리 판단하겠지요. 하지만 그의 성격과 행동에 관해서는 이견이 있을 수 없습니다."[22] 흄의 상냥한 태도가 그와 직접 만난 수많은 비평가를 무장 해제시킨 것은 사실이지만, 흄 같은 회의론자가 흠잡을 데 없는 성격을 가졌을 거라는 발상에 일부 독자 — 다수일지도 모른다 — 가 소리 높여 항의할 거라는 걸 스미스도 틀림없이 알고 있었을 것이다. 그렇더라도 그는 어쨌든 자기주장을 밀고 나간다.

스미스는 흄의 기질 묘사를 시작하며 "제가 이제까지 만났던 다른 어떤 사람보다도 …… 행복하게 균형 잡힌 성격의 소유자"였다고 천명한다. 이런 균형의 사례로 그는 "재정 상태가 최악이었을 때"조차 흄이 "탐욕이 아니라 자립에 대한 기쁨에 기초한 근검절약"을 했음은 물론 "자선과 관용"을 실천했다고 지적한다. 흄이 일종의 아리스토텔레스적 중용에 도달한 또 다른 사례로 스미스는 "천성이 지극히 상냥했지만 그것 때문에 그의 굳은 결의나 변함없는 결심이 약해지지는 않았"다고 쓴다. 무엇보다도 그는 흄의 재치 있는 유머 감각, 대화를 유쾌하게 만드는 재능, 남다른 친화력을 강조하는데, 이 모든 것은 에든버러의 문필가들과 프랑스의 많은 '좋은 사람 데이비드' 추종자들에게 두말할 필요 없이 잘 알려져 있었다. "굴욕감을 주는 것은 그의 농담에 담긴 의미가 절대 아니었"다고 스미스는 말한다. "따라서 농담의 대상이 된 사람들조차 기분이 상하기는커녕 꼭 재미있어하고 기분 좋아했지요. 자주 그 대상이 된 친구들에게 이런 농담만큼 그의 다정하고 아주 멋진 자질 중에서 그와의 대화를 더욱 사랑하게 만든 요인도 없었을 겁니다." 끝으로 그는 흄의 "유쾌한 기질"이 "가장 엄정한 적용, 가장 해박한 지식, 가장 심도 깊은 사고, 그리고 모든 면에서 가장 종합적인 역량"—흄의 책을 읽은 독자라면 누구나 하나같이 입증할 수 있는 특징—과 결합했다고 평가한다.[23]

스미스는 〈스트러핸 씨에게 보내는 편지〉를 자신이 이제까지 쓴 아주 치명적인 문장 중 하나로 끝맺는다. "전체적으로 저는 그가 살아생전에도 그렇고 사후에도 그렇고, 인간의 나약함이라는 본성이 허용하는 선에서 어쩌면 완벽하게 지혜롭고 도덕적인 인간이라는 개념에 거의 근접한 사람일 수 있겠다고 항상 생각해왔습니다."[24] 이것은 확실히 플라톤의 《파이돈(Phaido)》 마지막 문장에 나오는 소크라테스의 묘비명을 생각나게 하는데, 거기서 내레이터인 파이돈은 소크라테스가 "우리가 아는 우리 시대의 모든 사람 중에서 가장 용감하고 가장 지혜롭고 가장 강직한 사람"이라고 말한다.[25] 친구의 임종과 서구 전통에서 가장 상징적인 죽음 중 하나를 이렇게 연관시킨 것이 대담하기는 하지만 문장에서 가장 논란을 일으킨 측면은 그게 아니었다. 오히려 진짜 스캔들을 일으킨 것은 자칭 회의론자인 흄이 지혜와 도덕의 모범이었다는 스미스의 주장이다.

〈스트러핸 씨에게 보내는 편지〉는 비록 짧지만 영리하게 여러 가지 역할

을 한다. 첫 번째이자 가장 분명한 역할은 감동적인 추도사라는 것이다. 그레이그가 썼듯 "어느 누구도 이보다 더 멋진 헌사를 친구에게 요청할 수도, 받아본 적도 없을 것이다".[26] 〈스트러핸 씨에게 보내는 편지〉의 내용은 차치하고라도 스미스가 자진해서 흄의 생애 이야기를 마무리하기로 했다는 사실부터가 벌써 분명한 찬사다. 아리스토텔레스의 주장대로 친구가 정말로 "또 다른 자아"라고 한다면, 스미스는 의심할 바 없이 흄의 자서전적 스케치를 완성할 유일한 적임자였다.[27] 그리고 흄의 성격과 행동에 대한 스미스의 묘사는 개연성의 범주를 넘지 않는 선에서 가능한 최상의 찬사에 가깝다. 오직 가까운 친구만이 내러티브에 끌어들일 수 있는 자신감과 애정으로 흄의 억누를 수 없는 유쾌함, 무너지지 않는 침착함, 엄청난 지적 역량, 상대의 마음을 열게 만드는 유머 감각을 연대순으로 기록한다. 흄처럼 선량하고 위대한 사람을 그토록 익히 오래 알고 지낸 자신이 행운아라는 스미스의 생각이 여실히 드러난다.

어찌 보면 그보다는 덜 명확하지만 〈스트러핸 씨에게 보내는 편지〉는 우정에 대한 일종의 찬가이기도 하다.[28] 스미스는 "작고한 우리의 멋진 친구 흄 씨의 마지막 병환 중 행동"에 관한 이야기를 해주겠다는 의도를 드러내는 것으로 말문을 연 뒤 "누구보다 멋지고 결코 잊지 못할 우리의 친구"의 성격 묘사로 끝을 맺는다.[29] 실제로 그는 '친구'란 단어를 여섯 쪽의 책에서 17회나 사용한다. 친구에 대한 흄의 자세와 엄청난 친화력은 스미스의 묘사에 따르면 그의 선량한 성격을 입증하는 주요 증거에 속했고, 우정은 결과적으로 이 선량한 성격으로 인해 얻은 가장 큰 보상에 속했다. 〈스트러핸 씨에게 보내는 편지〉는 이렇게 흄과 스미스가 자신들의 철학 저서에서 얘기했던, 우정은 선하고 행복한 삶의 중심이며 진정 없어서는 안 될 요소라는 주장을 입증하고 강화한다. 이 글은 또한 본질적으로 흄과 스미스의 우정에 주의를 집중시키며, 은근슬쩍 그것을 진정한 우정의 귀감으로 제시한다. 이것이야말로 그들의 우정은 "천재성에 대한 존경과 소박함에 대한 애정에 기초한 쌍방의 감정이었고, 그 우정을 후세에 기록하려는 두 사람 모두의 야심이 이 거목들 각각의 역사에 흥미로운 상황을 만들어냈다"는 두걸드 스튜어트의 다소 아리송한 주장의 핵심인 것처럼 보인다.[30]

무엇보다 〈스트러핸 씨에게 보내는 편지〉는 흄의 명성의 정당성을 입증하고, 흄에게 빈번히 적대적이었고 그의 사상에 거의 언제나 적대적이었던 세상에서 그의 업적을 확보하려는 시도였다. 이는 스미스가 이 글을 쓴 맥락에서 보면, 한 회의론자가 그러지 못할 거라는 거의 보편적인 여론에도 불구하고 잘 살고 잘 죽을 수 있다고 딱 잘라 말하는 것을 뜻했다. 스미스가 흄을 지혜와 미덕의 모범으로 그린 것과 죽기 전 몇 달간 흄이 유쾌했다고 거듭 언급한 것은 의도적으로 신자들에게 맞선 도전 말고는 다른 식으로 해석하기 어렵다. 카론에 대한 재담에서 가시 돋친 반종교적 말투를 부드럽게 바꾼 것은 틀림없지만—"교회가 입을 다물고 성직자가 내쫓기는 것"을 보고 싶어 하는 흄의 욕망을 "유행 중인 미신 제도의 일부가 무너지는 것"을 보고 싶어 하는 욕망으로 대체했다—스미스는 여전히 기분을 상하게끔 할 것이 뻔한 이 이야기를 글의 가장 중요한 핵심으로 삼기로 했다. 흄의 죽음을 거론할 때는 흄 본인이 〈나의 생애〉에서 그랬던 것만큼이나 하느님, 영혼, 내세 따위를 암시조차 하지 않았다.

그렇다면 적어도 은연중에 〈스트러핸 씨에게 보내는 편지〉는 종교 없는 삶의 가능성과 도덕성에 대한 변호이기도 한 셈이다. 《도덕감정론》에서 스미스는 종교적 신앙이 죽음에 직면했을 때의 위안뿐 아니라 이곳 지상에서 모욕을 당했거나 그릇된 판단을 받은 이들에게 위로를 제공한다고 시사한 적이 있었다. 흄은 자신의 죽음이 임박했고 종종 오해를 받고 있다는 걸 알고 있었지만 〈스트러핸 씨에게 보내는 편지〉는 흄에게 내세의 위안과 위로는 필요하지 않았다고 명료하게 밝힌다. 스미스 역시 첫 번째 책에서 하느님과 내세에 대한 믿음은 종종 도덕성에 힘을 실어주는 데 일조한다고 주장했다. 그러면서도 종교가 올바른 생활에 **없어서는 안 될** 요소라고까지는 말하지 않았고, 〈스트러핸 씨에게 보내는 편지〉에서는 아예 그것이 얼마나 불필요한지를 규명한다. 스미스가 "인간의 나약함이라는 본성이 허용하는 선에서 어쩌면 완벽하게 지혜롭고 도덕적인 인간이라는 개념에 거의 근접"했다고 여긴 그 주인공은 종교적으로 회의론자였다. 스미스에게 지혜와 도덕의 귀감은 기독교의 성인(saint, 聖人)이 아니라 세인트데이비드 스트리트의 전(前) 거주자였다.

〈스트러핸 씨에게 보내는 편지〉의 출간은 용감한 행동이었다. 특히 대중의 논란에 대한 스미스의 만성적 혐오를 생각하면 더욱 그랬다. 독실한 신도들에게는 흄이 끝까지 회의론자였다는 사실이 불쾌하기 짝이 없었지만, 어쨌든 그들은 옛날부터 그를 구제 불능의 무신론자라 여기고 단념해 온 터였다. 더 분노가 치민 것은 널리 존경받던 전직 도덕철학 교수 스미스가 그들에게 잔소리를 퍼부었다는 점이다. 그는 그 대가를 톡톡히 치렀다. 스미스는 훗날 "작고한 친구 흄 씨의 죽음에 관해 무심코 쓴, 내가 보기에는 지극히 무해한 단 한 편의 글이 내가 대영제국 전체의 상업 체제에 가했던 격렬한 맹공보다 10배는 더 많은 비난을 샀다"고 주장했다.[31] 사실상 모든 스미스 학자들은 《국부론》—〈스트러핸 씨에게 보내는 편지〉보다 겨우 1년 전에 나온 책이라는 점을 기억하는 것이 중요하다—에 대한 흥미로운 언급 때문에 이 글에 익숙하지만, 스미스가 친구에게 바친 헌사 때문에 겪은 비난의 정확한 성격과 그 정도가 어땠는지를 아는 사람은 극히 드물다.

물론 모두의 비위가 상했던 것은 아니다. 흄에 대한 스미스의 성격 묘사를 입증하는 데 가장 유리한 위치에 있던 흄의 다른 친구들은 선적으로 이해했다. 휴 블레어—목사였음을 상기하라—는 스트러핸에게 이렇게 썼다. "불쌍한 데이비드! 이곳〔에든버러〕의 우리들 사이에서 그의 빈자리가 얼마나 큰지 모릅니다. 그의 모든 면면을 생각하면, 우리는 그 같은 사람을 못 만날 겁니다. 애덤 스미스가 당신에게 보내 출간한 편지의 마지막 문장에서 그에 대해 한 말에 동의할 수밖에요."[32] 흄과 스미스에게는 또한 새뮤얼 잭슨 프랫(Samuel Jackson Pratt)이란 이름의 한 극성맞은 옹호자가 있었는데, 그는 자신의 요란한 책 《데이비드 흄의 삶과 글에 대한 사과(Apology for the Life and Writings of David Hume)》를 극도로 과장된 다음과 같은 선언으로 시작했다. "데이비드 흄이 죽었습니다! 작금의 이 사건만큼 정통성의 기둥을 지독하게 흔든 것은 결코 없었습니다."[33] (프랫 또한 즉시 비난을 샀다.) 하지만 각계각층에서 보인 대부분의 반응은 이와 사뭇 달랐다. 오크터타이어의 존 램지가 썼듯 〈스트러핸 씨에게 보내는 편지〉는 "적잖이 유감스럽게도 그의 성격을 숭배하고 그의 글을 존경했던 많은 이들에게 엄청난 모욕감을 안겼고, 이후 〔스미스를〕 공공연한 회의론자로 여기게끔 만들었다. 그의 친구가 엄청난 재주를 가졌고 언변은 더 대단한 상냥한 철학자였다는 점은 논란이 되지 않았다. 그러나 스미스 박사가 '살아생전에도 그렇고 사후에도 그렇고, 인간의 나약함이라는 본성이 허용하는 선에서 어쩌면 완벽하게 지혜롭고 도덕적인 인간이라는 개념에 거의 근접한 사람일 수 있겠다고 항상 생각해왔습니다'라는 식으로 무조건 선언하자 모든 이들은 한때 교수였던 사람이 이런 용어들로 자신의 생각을 표현했어야 하는지에 깜짝 놀랐다. 그것은 인간이 추측에 근거해 어떤 견해—정신이 제대로 박힌 모든 기독교인을 경악시킨 진술—를 품건 상관없다고 단언한 셈이다".[34]

공격을 주도한 것은 당시 옥스퍼드 대학 부총장이자 옥스퍼드의 머들린 칼리지(Magdalen College) 학장 겸 국왕 조지 3세의 상임목사였던 조지 혼(George Horne)이었다. 혼은 '고교회파(high church: 영국 국교회 내에서 가톨릭 전통을 좀더 존중하는 분파—옮긴이)' 국교회주의의 충실한 옹호자였고, 훗날 캔터베리 대성당 주임사제에 이어 노리치(Norwich) 주교가 된 인물이다. 혼이 스미스에게 보낸 《기독교인이라 일컫는 사람들 중 한 명이 법학 박사 애덤 스미스에게 그의 친구인 데이비드 흄 씨의 삶, 죽음 및 철학에 관해 보내는 편지(A Letter to Adam Smith LL.D. on the Life, Death and Philosophy of His Friend David Hume Esq. by One of the People Called Christians)》라는 조롱 섞인 제목의 공개서한(하지만 익명)은 1777년 4월 출간됐고, 너무나 인기가 좋아 그해에 중판을 두 차례 더 찍은 데 이어 다음 몇 십 년간 여섯 판을 더 발행했다. 혼의 기본 요점은 논쟁 과정에서 누누이 반복된다. 즉 흄은 무신론자이고 글을 통해 무신론을 퍼뜨리려 노력했으므로 진정으로 선했을 리 없다는 것이다. (존 레이가 적었듯 이런 논법은 문제와 관련한 전체 논점을 회피한다.)[35] 혼은 글 전체에 스며 있는 빈정거리는 어조로 고발을 시작한다. "당신은 최근 한 철학자를, 아니 이렇게 말해야겠네요, 그의 **시체**를 방부 처리하느라 시간을 보내셨습니다. 그분의 육신이 아닌 다른 부분에 관해서는 당신은 물론 그도 자나 깨나 생각을 품을 수는 없었을 테지만요. 아니, 그것은 분명히 당신의 주의와 관심을 약간은 끌었을 겁니다. 그리고 영혼의 존재와 불멸에 대한 믿음은 아무런 해가 되지 않는다고 사람들은 생각할 겁니다. 《도덕감정론》에서는 아무런 도움이 되지 않았어도 말입니다. 하지만 자기 일은 자기가 가장 잘 아는 법이죠."[36]

모두 "그의 견해와 일치하느냐 아니냐에 따라" 흄의 철학적 견해를 찬성하거나 비난할 것이라는 스미스의 선언으로 돌아가 혼은 안타깝게도 그게 사실일 거라고 선언한다. "그 의도가 진리와 위안, 구원과 불멸, 내세, 신의 섭리, 그리고 심지어 하느님의 존재라는 모든 개념을 세상에서 추방하는 것인 이상 거기에 대해서는 우리 모두가 당신과 같은 의견이 아니라서 유감입니다." 그러곤 "저자가 술을 마시며 우스갯소리로 지껄인 거라면 예전에는 우리도 좋아했을지 모르죠"라고 은근히 헐뜯으며 덧붙인다. 혼은 흄이 "명랑한 기질을 가진 사교적이고 쾌활한 사람으로서 말도 재미있게 하고 그가 가장 좋아하는 휘스트 게임"도 잘했을 거라고 인정하지만, 흄이 "조용히 책상에 앉아 하느님과 그분의 베풀어주심에 대한 지식의 모든 흔적을, 그분의 자상하신 섭리와 자애로우신 보호에 대한 모든 믿음을, 현세 혹은 내세에 그분의 은혜를 누릴 수 있다는 모든 희망을, 그분에 대한 모든 사랑과 그분을 위하는 신도들의 모든 사랑을, 시련 아래서도 버티는 모든 인내를, 슬픔의 시간에 이 영원한 결실을 맺는 원천으로부터 나온 모든 위안을 의도적으로 인간의 마음에서 말살시킨 게 한두 번이 아니었음에도"—스미스가 주장한 대로—진정으로 점잖고, 성격 좋고, 동정심 많고, 관대하고, 자선을 베푸는 사람이었을 리는 없다고 힘줘 말한다.[37]

무엇보다 혼은 스미스가 죽음과 내세에 대한 흄의 무심한 태도를 전파하고 누가 봐도 지지한 것을 질책한다. 스미스는 "무신론이 무기력을 위한 유일한 코디얼(cordial: 과일즙에 물과 설탕을 탄 음료—옮긴이)이요, 죽음의 공포에 대항하는 적절한 해독제"라고 독자들을 설득하고 싶은 듯하지만 "자신의 죽음을 앞두고 루키아노스, 휘스트, 카론을 통해 즐거워하는 …… 친구를 느긋하게 회상할 수 있는 사람이라면 분명 폐허가 된 바빌론을 보고 미소 지을 수 있고, 리스본을 파괴한 지진을 유쾌한 사건으로 여길지도 모르며, 냉혹한 파라오에게 홍해에서 멸망한 걸 축하할 수도 있다"고 혼은 말한다. 만일 스미스가 진정한 친구, 다른 말로 심지어 괜찮은 사람이었다면, 그는 흄에게 카드 게임을 하고 루키아노스에 관한 농담을 하기보다 영원한 구원을 찾으라고 간곡히 요청했을 것이며, 흄의 불경한 태도를 온 세상에 널리 알리는—사실은 가두 행진을 벌였다—짓은 분명 하지 않았을 것이란 얘기다. 혼은 이 경우 그들의 결합된 행위는 "거짓 철학이 인간의 마음에 미치는 사악하고 전염성 있는 영향"의 확실한 징조라고 글을 끝맺는다.[38]

혼에 이어 'E. M.'이라고만 서명한 한 저자가 가세했는데, 그는 〈위클리 매거진(Weekly Magazine)〉에 〈스트러핸 씨에게 보내는 편지〉가 단순한 풍자였을지 여부를 놓고 몹시 의아해하는 글을 썼다. 그는 스미스가 십중팔구 "친구에 대한 찬사"를 쓰려는 의도였겠지만 사실 "죽음을 앞두고 바보 같은 짓을 하는 특별한 지능을 가진 사람"이라는 그의 묘사는 "흄 씨에 대한 기억을 진정으로 지혜롭고 도덕적인 사람들의 경멸의 대상, 그게 아니라면 동정의 대상으로 만들"기만 할 뿐이라고 주장했다. 혼처럼 이 논객은 자신의 최후가 닥쳐왔음을 인식하고 있는 사람에게 "흄 씨와 카론의 장난스러운 대화보다 더 방정맞고 유치하고 추잡하게 제멋대로이고 돼먹지 못한 것은" 결코 없을 거라면서, 흄의 사례는 "진정으로 중요한 가치를 위해 신앙 속에서 죽어가는 가장 보잘것없는 기독교인"과는 비교할 수도 없다고 말한다.[39] 더 짧지만 비슷하게 비판적인 평가들이 특히

〈런던 리뷰〉, 〈젠틀맨 매거진(Gentleman's Magazine)〉, 〈위클리 매거진〉(또 다시)에 실렸다.[40]

예상했겠지만 새뮤얼 존슨과 제임스 보스웰도 이런 판단에 동조했다. 존슨은 스미스와 보스웰이 말했음에도 불구하고 흄이 죽었다는 사실을 믿지 않았다. 보스웰이 "소멸한다는 생각이 흄에게 아무런 고통도 주지 않았다"고 언급하자 존슨은 이렇게 대꾸했다. "그렇지 않습니다. 그는 편안하게 보이고 싶은 허영이 있었던 겁니다." 흄의 기적론에 반발하며 존슨은 이어서 이렇게 말했다. "미지의 상태로 …… 들어가는 것을 두려워하지 않고 자신이 아는 모든 것을 떠나는 데 대해 불안해하지 않는 사람처럼 절대 일어날 리 없는 일이 일어났다기보다는 그가 틀림없이 편안한 척 가장하고 있을 거라는 게 더 개연성 있지요. 그리고 소멸에 대한 그만의 신조에 대해서는 그가 진실을 말할 이유가 전혀 없었다는 걸 고려해야 합니다."[41] 앞에서 살펴봤지만 보스웰은 흄이 죽음 앞에서도 여전히 회의론자로 남을 거라고 정말 믿었으며, 이것이 그의 마음을 괜스레 동요시켰다. 그런 이유로 그는 〈스트러핸 씨에게 보내는 편지〉를 "후안무치"의 글이며 "이 시대에 득실거리는 독버섯 같은 저작물"의 사례라 여겼고, 존슨에게 "한 걸음 앞으로 나아가 흄과 스미스를 혼쭐내주고" 오만하고 과시적인 무신론을 완전히 웃음거리로 만들어달라고 간청했다. 그러곤 "도덕의 정원에서 이런 유해한 잡초를 짓이기는 것은 가치 있는 일 아니겠습니까?"라고 묻는다.[42] 보스웰은 다른 책에서 "내 옛날 도덕철학 교수님이 쓴" 〈스트러핸 씨에게 보내는 편지〉의 마지막 문장을 읽었을 때 "시편(詩篇)을 들고 '이제는 확실히 내가 스승님들보다 더 많이 아는구나!'라고 외치지 않을 수 없었다"고 썼다.[43] 이런 논평들이 사적인 대화에만 갇혀 있었던 것은 아니다. 오히려 하나같이 인쇄물에 게재됐고, 마지막 것을 제외하면 모두 보스웰의 인기작 《새뮤얼 존슨의 생애(The Life of Samuel Johnson)》에 실렸다. (스미스에게는 고맙게도 이 책은 그가 죽기 전까지 출간되지 않았다.) 〈스트러핸 씨에게 보내는 편지〉 출간 이후 2년이 넘도록 보스웰은 스미스를 향해 다음과 같이 분노를 표시할 만큼 감정이 상해 있었다. "나는 그가 데이비드 흄을 그렇게 많이 칭찬한 것이 맘에 들지 않는다고 솔직하게 말했다. 그는 씩씩거리며 자리를 떠나 배에 올랐다."—그들은 세관에 있었다—"하지만 내 비판을 어리석은 짓으로 취급하는 척하고 있다. 그가 어떻게 받아들였는지는 신경 쓰이지 않았다. 흄에 대한 그의 터무니없는 찬사 이후 …… 그와 어울리고픈 마음이 없었다."[44]

보스웰의 친구 윌리엄 존슨 템플은 스미스가 스스로를 부끄러워해야 한다고 생각했다. "(한때) 도덕철학 교수요, 청년들의 스승이었던 사람이 신의 섭리와 내세에 대한 불신 속에서 매우 기뻐하며 죽은 어떤 이와 그토록 가까운 사이였고, 그에 대해 비난받아 마땅한 존경심을 그토록 많이 품었다니 부끄러워해야 할 일입니다. 이 사람에 대한 공개 고백 때문에 자신의 인격이 근본적인 큰 타격을 입었다는 걸 그는 곰곰이 생각해봐야 합니다. 종교계와 정치계 모두에 반(反)해 최악의 의견을 채택한 것이나 다름없습니다."[45] 보스웰의 말을 믿는다면, 심지어 스미스를 엄청나게 추종한 에드먼드 버크조차 〈스트러핸 씨에게 보내는 편지〉를 무신론의 복음을 전파하려는 어이없는 시도로 여겼다. "데이비드 흄에 대해 얘기하면서 버크 씨는 그의 생애〔즉 〈나의 생애〉〕와 스미스의 부록에 나오는 '가장 도덕적인' 대목 등을 읽으며 웃음이 나왔다고 한다. '이는 그들 교회의 명예를 위해 한 짓입니다. 교회 없는 신도들이라 더 많은 기술을 동원하면서 말입니다. ……고령의 한 남자가 있었습니다. 그는 줄곧 죽음을 두려워하지 않고 죽을 채비를 해왔는데, 이내 두려움이 생겼고 그 때문에 난리가 났습니다. 사람들은 대개 수월하게 죽는데 말입니다'라고 그는 말했다."[46]

그런데 논란은 빨리 가라앉지 않았다. 감리교 운동의 창시자 존 웨슬리(John Wesley)는 10년이 지난 후, 스미스가 죽기 몇 개월 전에 한 설교에서 (말할 것도 없이 흄의 망령을 향해) 천둥 같은 고함을 질렀다. "지금은 카론을 어떻게 생각합니까? 카론이 당신을 배에 태워 삼노천을 건너게 해주던가요? ……드디어 당신은 살아 있는 하느님의 수중에 들어가는 게 무서운 일이라는 걸 알겠지요!"[47] 죽기 직전 몇 주 동안 흄이 유쾌하고 평온했다는 스미스·블랙·홈·보스웰 및 다른 사람들의 설명이 있었음에도 불구하고, 한참이 지난 19세기 초에는 그가 사실은 이 시기의 대부분을 괴로움·공포·회한에 둘러싸여 보냈는데 방문객들이 있을 때에만 그렇지 않은 척했다는 이야기가 유포되기 시작했다.[48] 스미스를 대놓고 거짓말쟁이—아니면 기껏해야 죽음을 앞두고 자기가 실제로 그런 것보다 더욱 평온하다는 걸 보여주려던 흄의 계책에 속아 넘어간 얼간이—라고 부르는 이도 있었다. 예상했겠지만 이 소문의 모든 출처는 광신도였고, 그들은 흄의 모든 고통이 육체의 질병이 아니라 종교가 없는 탓이라고 했다. 그 소문 중 하나는 그 고통을 확대해 스미스까지 끌어들였다. 1852년 발간된 책에 나오는 제삼자의 정보에 따르면, 스미스는 흄이 죽기 직전 흄으로부터 죽고 난 후에 "그가 그럴 수만 있다면 미지의 세계의 비밀을 알려주기" 위해 "조지 광장(George Square)"—대학에 인접한 올드타운 남쪽—"뒤쪽에 있는 '메도스(Meadows)'의 그늘진 대로에서 〔스미스를〕 만나겠노라는" 약속을 얻어냈다고 한다. 이 맹세가 스미스에게 끼친 영향이 너무나 지대했던 나머지 "아무리 설득해도 그는 해가 지고 난 뒤에는 메도스를 걸으려 하지 않았다"는 얘기다.[49] 이런 소문을 어디까지 믿어야 할지는 순전히 독자의 몫이지만, 이는 흄의 죽음과 그에 대한 스미스의 설명이 그 일이 있은 지 수십 년이 지나서까지도 지속적으로 종교적 감수성에 영향을 미쳤음을 입증한다. 실제로 〈스트러핸 씨에게 보내는 편지〉가 세상에 나오고 거의 1세기가 지난 후, 두꺼운 종교 서적을 왕성하게 내놓던 한 저자는 아직도 그 책에 심히 격분한 나머지 "영국 문학사 전체"에서 "그만큼 무종교와 무신론의 약점과 어리석음을 보여주는 통탄할 증거"는 본 적이 없다고 말할 정도였다.[50]

당사자인 스미스는 〈스트러핸 씨에게 보내는 편지〉를 "지극히 무해한 한 편의 글"이라고 여겼던 (혹은 여기는 척했던) 데 반해, 분명 다른 많은 사람은 그렇게 생각하지 않았다.[51] 그리고 스미스와 흄의 좀더 과격한 문장을 삭제한 이후까지 이 모든 비난이 따라왔다는 점을 기억하는 것이 중요하다. 흄은 "교회가 입을 다물고 성직자가 내쫓기는 것을 보는 기쁨"을 희망했고, 스미스가 흄이 "하느님의 뜻을 감수하는 척하는 위선에 물들어 칭얼대는 어떤 기독교인보다도 삼라만상의 필연적인 섭리를 더욱 진실하게 감수"하며 죽었다고 선언한 것을 만일 평론가들이 알았다면 그가 얼마나 더 많은 오욕에 시달렸을지 알 수 없다.[52]

스미스는 훗날 〈스트러핸 씨에게 보내는 편지〉가 《국부론》보다 10배는 더 많은 모욕을 안겼다고 했지만 절대 그 책에서 한 주장을 철회하지 않았고, 절대 책을 출판한 것을 사과하지 않았고, 절대 비평가들에게 대꾸하지 않았다. 그레이그가 썼듯 "그는 '좋은 사람 데이비드'에 관한 자신의 견해를 내놓았고, 더 이상 아무 말도 하지 않은 채 잠자코 있었다. 애덤 스미스는 자기 친구를 잘 알았다".[53]

맺음말 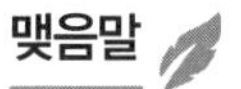

에든버러에서 보낸 스미스의 말년

1777~1790

1776년 《국부론》 출판과 흄의 죽음이 있은 뒤, 스미스는 국제적 명성과 지적 영향력이라는 관점에서 봤을 때 의심할 여지없이 스코틀랜드 지식인의 대표 주자로 부상했다. 역설적이게도 스미스는 흄이 죽고 얼마 안 되어 그가 그토록 긴 세월 동안 권고했던 에든버러로 이사했다. 두 번째 대작을 드디어 끝냈으므로 커콜디의 상대적인 고독에서 마침내 벗어나고 싶었던 것이다. 스미스는 1778년 초 그 도시에 주거지를 마련했고, 1782년과 1787년 각각 4개월씩 런던을 다녀온 것을 제외하면 거기서 남은 12년을 살았다.

이사는 새로운 일자리에서 비롯되었다. 후대 사람들에게는 대단히 홍미롭고 실망스럽겠지만, 스미스는 《국부론》 출간 후 약 10년을 세관원 일을 하며 보냈다. 요컨대 역사상 가장 유명한 자유 무역 옹호자가 여왕 폐하의 정부를 위해 관세를 걷는 본업에 종사했던 것이다. 사실 그는 적극적으로 그 자리를 물색했다. 이사는 생각보다 번거롭지 않았다. 우선 아버지를 포함한 몇몇 친척이 커콜디에서 세관원으로 일했으므로 가문의 전통 같은 것이기도 했고, 스미스는 그와 관련한 문제에 조예도 깊고 관심도 많았다.[1] 더욱 중요하게는 스미스가 단순히 모든 관세에 반대하지는 않았다는 점이다. 오히려 그는 관세가 당시 영국 정부 세수의 중요한 출처임을 알고 있었다. 그것을 독점 수단이나 수입품보다 국산품에 특혜를 주는 수단으로 이용하는 데는 반대했지만, 적정선에서 공정하게 부과해 국방·사법 행정·공공사업 같은 필요 경비의 지출에 쓰는 데는 반대하지 않았다. 그 일은 단순한 한직이 아니었다. 적어도 그는 그렇게 여기지 않았다. 그는 그 직책이 "상당한 주의를 요한다"고 평했지만 "수월하면서도 명예롭고 생계에 충분히 도움을 준다"고 생각하기도 했다. 유일하게 아쉬운 점은 "문학적 탐구를 중단했다는 것인데, 내 직책의 임무상 이는 불가피했다".[2]

이 시기에 스미스는 오늘날의 로열마일 동쪽에서 약간 떨어진 캐넌게이트에 있는 팬무어 하우스(Panmure House)—스미스가 거주했던 곳 중 유일하게 현존하는 장소—라는 평범한 L자 건물에서 살았다. (이 집은 현재 관광 안내센터로 개조 중이다.) 늘 그랬듯 그는 1784년까지 적어도 아흔이라는 지긋한 나이에 생을 마감한 어머니와 글래스고 시절부터 상주 가사 도우미 역할을 해준 사촌 재닛 더글러스와 함께 살았다. 에든버러로 이사한 직후 그들은 또 다른 동거인인 데이비드 더글러스를 집에 들였는데, 당시 9세이던 그는 또 다른 사촌의 아들로서 최종적으로 스미스의 첫 번째 계승자가 되었다.

스미스는 그때까지 에든버러에 오래 살아본 적이 없고 심지어 그 도시를 별로 좋아하지도 않았지만 얼마 지나지 않아 그곳의 유지 같은 존재가 됐다. 관광객들은 종종 그와 친분 있는 사람들을 찾아내려 했고, 이 도시의 엘리트 사회에는 그와 어울리려는 이들의 수요가 항상 많았다. 모임을 주관할 흄이 더 이상 곁에 없었으므로 스미스가 그 바통을 이어받았다. 두걸드 스튜어트는 그가 "초대의 격식에서 벗어나 언제나 즐겁게 친구들을 맞아주는 융숭하면서도 소박한 식사"를 대접했다고 썼다.[3] 스미스는 또한 조지프 블랙, 최종적인 그의 유저 관리자 제임스 허튼과 더불어 오이스터 클럽(Oyster Club)이라 부르는 주간 식도락 클럽—종종 '애덤 스미스 클럽'으로 알려지기도 했다—을 창립했다. 이 클럽은 상당 부분 3인 주도로 운영되었다. 존 레이가 적었듯 스미스, 블랙, 허튼은 각각 근대 경제학, 화학, 신학의 창시자라는 신뢰할 만한 명성을 얻고 있었다.[4] 그 모든 향연은 흄을 보낸 상실감을 완벽하지는 않지만 완화하는 데 분명 도움을 주었을 것이다. 1784년 스미스는 윌리엄 스트러핸에게 "이 세상에서 내 친구들은 줄어가는데, 새로운 친구들이 그 자리를 메울 것 같지는 않습니다"라고 말했다.[5] 스미스가 2년 뒤 스트러핸의 동료 토머스 카델에게 한 말에서도 우리는 약간의 아쉬움을 감지할 수 있다. 요컨대 그는 존 브루스(John Bruce)라는 사람이 쓴 도덕철학서 한 권을 추천하며 이렇게 썼다. "내가 데이비드 흄과 달랐던 것처럼 이 작가도 나와는 견해가 조금 다르지만 이 책이 그에게 아주 큰 영광을 베풀 거라고 생각합니다."[6] 잠깐 동안 회원으로 있던 프랑수아 그자비에 슈베디아우어(Francois Xavier Schwediauer)란 이름의 오스트리아 의사 겸 자유사상가가 제러미 벤담에게 스미스는 "작고한 데이비드 흄의 가까운 친구였고 같은 신념을 가졌다"고 얘기할 정도로 확신한 것을 보면 흄의 이름과 사상이 가끔씩 오이스터 클럽 내에서도 언급되곤 했던 모양이다.[7]

세관원 일이 시간을 많이 뺏긴 했지만, 스미스는 계속 글을 썼다. 흄이 죽고 난 직후 아직 커콜디에 있을 때, 그는 자신이 "모방 예술"—시, 회화,

조각, 춤, 심지어 음악까지 포함한 범주—이라고 부르는 것에 대한 집필을 시작했다.[8] 그는 1788년 글래스고 문학협회에서 이 주제에 관해 두 편의 논문을 발표하긴 했지만 책은 끝내 마무리하지 못했고, 초고의 일부는 그의 사후 《철학적 주제들에 관한 논집》에 실렸다.[9] 1785년의 한 편지에서 "검토 중인 대기획"이 두 가지 있는데 하나는 "문학, 철학, 시와 웅변술의 모든 분야에 관한 일종의 철학사"이고 다른 하나는 "일종의 법과 정치에 관한 이론과 역사"라고 말한 것을 보면 그의 야심은 적어도 한동안 훨씬 더 컸던 듯하다. 그는 "두 책의 자료를 상당히 모았고 두 편 다 일부는 꽤 정리를 잘 해놓았다"면서도 "아무리 그러지 않으려 미친 듯이 애를 써도 고령의 나태함이 내게 빠르게 찾아오는 게 느껴지니 둘 중 한 권이라도 마칠 수 있을지 지극히 불확실하다"고 말했다.[10] 이런 우려는 현실이 되었다. 그중 한 권도 그를 만족시킬 정도까지 완성하진 못했기 때문이다.

스미스는 또한 흄이 말년에 그랬듯 기존의 책들을 계속 개정했다. 1778년에 출간한 《국부론》 2판은 보태고 고친 부분이 극히 일부였지만, 3판은 수정한 내용이 꽤 많았다. 1784년에 출판한 이 버전은 스미스 본인이 실질적으로 관심을 기울인 마지막 판이었다. 추가한 내용은 대부분 스미스의 엄청나게 충격적인 중상주의적 사고 및 정책 분석이 담긴 4편에 있었다. 그는 스트러핸에게 추가분으로는 "곡물 장려금과 청어잡이 어선 장려금에 관한 새로운 반론, 새로 쓴 중상주의 체제에 관한 마지막 장, 〔그리고〕 우리나라의 거의 모든 공인 무역 회사—특히 동인도회사—의 부조리와 유해성에 대한 짧은 역사와 내가 보기에 완벽한 상세한 설명"이 있다고 썼다.[11]

그러는 사이 책의 영향력은 커져만 갔다. 최초로 자유 무역을 강조하긴 했어도 스미스가 절대 최초로 자유 무역을 옹호한 사람은 아니었다. 하지만 그는 자유 무역이라는 개념에 예전에는 없던 중요성과 위엄을 부여하는 데 일조했다. 월터 배젓은 《국부론》 출간 이전까지 자유 무역은 경고할 필요 있는 "귀가 솔깃할 이단"으로 알려져 있었으며 "훌륭한 부모라면 아마도 아들에게 빠지지는 말라고 주의를 줄 교리"였다고 말한다.[12] 책을 발간하고 10년 만에 이 이단은 정부의 공식 정책이 되었다. 스미스의 삶에 대한 거의 모든 책에 실려 있는—1787년 런던 방문 기간 동안 일어난—한 일화에 따르면 스미스가 윌리엄 피트(William Pitt) 총리와 최고위급 장관들이 모여 있는 어떤 방에 들어가자 모두가 그를 반기려 자리에서 일어났다고 한다. 이때 스미스가 다들 앉으라고 요청하자 피트는 이렇게 대답했다. "아닙니다. 먼저 앉으실 때까지 저희는 서 있겠습니다. 저희는 모두 당신의 모범생이니까요."[13] 이야기의 출처가 불분명하기는 하지만 피트가 스미스의 책을 면밀히 연구했고, 그 논지에 깊이 영향을 받았으며, 피트 정부의 정책·협정·예산이 적어도 혁명기의 프랑스와 전쟁을 벌일 때까지 성격상 많은 면에서 대단히 스미스적이었던 것은 사실이다.

그러나 이 시기 동안 스미스가 가장 공을 들인 저작물은 첫 번째 책이었다. 1790년—초판 이후 30년이 넘었고 스미스가 죽기 불과 몇 달 전—에 발간한 《도덕감정론》 6판에는 〈미덕의 성격에 관하여(Of the Character of Virtue)〉라는 제목의 완전히 새로 쓴 6부를 비롯해 매우 많은 수정분과 추가분이 포함됐다.[14] 이런 변화의 의의에 대해 학자들의 의견은 제각각이다. 어떤 이들은 바뀐 내용은 책에서 그다지 중요하지 않으며 오히려 기존 판들에 이미 들어 있던 생각을 확인하고 살을 붙인 거라고 주장한다.[15]

어떤 이들은 6판은 중요한 새로운 논지—가령 실제로 미덕을 구성하는 것은 무엇인지(사람들로 하여금 미덕을 승인하도록 만드는 것과는 다르다)에 관한 체계적 논의를 처음 제기한 것, 또는 기존 판들보다 상업 사회의 도덕적·정치적 문제점을 훨씬 더 강조한 것, 또는 반대로 그 문제점에 대한 해결책을 제시하는 데서 한발 더 나아간 것—를 포함하고 있다고 주장한다.[16] 이 논쟁에 뛰어든다면 맺음말이 주제에서 너무 벗어나겠지만, 많은 개정 내용을 다른 식으로, 요컨대 데이비드 흄의 삶과 저술에 대한 헌사로 해석할 수 있다는 점에 주목하는 것도 나쁘지는 않을 것 같다.[17]

우선 몇 개의 새 단락은 흄의 책에서 두드러지게 나타나는 논지들을 떠올리게 한다. 가령 "제도의 정신(spirit of system)"과 관련해 정곡을 찌르는 스미스의 분석은 이념 정치에 대한 흄의 오랜 반대를 상기시킨다.[18] 사회적·종교적 당파성에 관한 비판 역시 성격상 상당히 흄적이며, "도덕 감정을 타락시키는 모든 원인 중에서 …… 당파성과 광신은 언제나 단연코 주된 요소였다"는 논지는 흄의 《도덕·정치 논집》과 《영국사》에서 주제문(thesis statement) 역할을 한다고 할 수 있다.[19] "중간 이하의 사회 계층"과 "분별력 있는 사람"의 미덕에 관한 칭찬은 상업 사회가 가장 도덕적이라는 흄의 확고한 주장을 반영한다.[20] 이웃 나라의 번영을 "악의에 찬 질투"로 바라보지 말아야 한다는 시각은 《국부론》에 나타난 스미스 자신의 관점뿐 아니라 〈무역의 질투에 관하여〉에 나타난 흄의 초기 논지를 따른다.[21] 자살에 대한 스미스의 논의는 이 주제에 관한 흄의 사후 논고에서 비롯됐을 법하다. 스미스는 자살의 도덕성을 옹호한 흄의 수준까지 가지는 않지만 "이렇게 비참하게 삶을 마감하는 불행한 사람들은 마땅히 비난이 아닌 동정의 대상"이며 "그들이 인간의 처벌 범위를 벗어났음에도 형벌을 내리려는 것은 부당할 뿐만 아니라 부조리하다"고 사실상 흄의 견해

에 동의한다.[22]

스미스는 또한 《도덕감정론》 6판에서 종교에 대한 주장을 강화했다. 한 학자가 썼듯 개정 내용은 "하느님이라는 개념을 폄하하고, 하느님의 존재를 언급할 때에도 우리가 실재한다고 알고 있는 어떤 것이라기보다는 우리가 실재한다고 상정한 어떤 것으로 만드는" 경향이 있다.[23] 이런 변화들이 깊어진 회의주의와 줄어든 신중함에서 비롯된 것인지는 알 수 없다.[24] 물론 이런 방향의 변화로 인해 스미스의 견해는 흄의 견해와 더욱 근접해졌지만, 그중 두 가지 변화는 친구에게서 직접적으로 영감을 받은 듯하다. 첫 번째 변화는 칭찬받고자 하는 욕망과 칭찬받을 만한 사람이고 싶은 욕망 사이의 중요한 구분에 관해 새로 쓴 장에 나온다. 스미스는 "헌신의 의무, 하느님에 대한 사회적·개인적 숭배"가 미덕 중 가장 중요하다는 생각을 상당히 경멸조로 비판하면서 이 장을 끝맺는다. 요컨대 하느님은 지속적인 아부를 필요로 할 만큼 유약하고 소심하지 않다면서 "수도원의 헛된 고행"은 "생계, 편의, 혹은 삶의 품위에 이바지하는 기술"—흄의 《두 번째 탐구》에 나오는 쓸데없고 불쾌한 "수도자들의 덕목"에 대한 분명한 암시—에 비해 하찮다고 조롱한다.[25]

흄에게서 영감을 받은 듯한 또 다른 변화—개정된 모든 내용 가운데 가장 두드러지면서도 많은 해설을 낳은 것 중 하나—는 스미스가 책 전체에서 유일하게 속죄론을 논의한 기독교적인 구절을 "모든 종교, 그리고 세상이 이제까지 봐왔던 모든 미신에는 …… 낙원〔엘리시움(Elysium)〕뿐 아니라 지옥〔타르타로스(Tartaros)〕, 즉 올바른 이들의 보상을 위한 장소뿐 아니라 사악한 자들의 형벌을 위해 마련된 장소가 있었다"는 냉소적 논평으로 바꿨다는 것이다.[26] 나중에 더블린 대주교 윌리엄 마지(William Magee)가 말한 "데이비드 흄 일당의 전염병" 때문에 스미스가 그런 교체를 했는지 여부를 놓고 논란이 일었다. 마지는 이런 개정을 "무신론과의 접촉에 익숙해지다 보면 가장 계몽된 사람에게까지도 위험이 닥친다는 …… 하나의 증거"에 지나지 않는다고 여겼다.[27] 그의 생각이 완전히 틀리지는 않았을지도 모른다. 이 구절이 스미스가 흄의 정의(正義) 개념에 이의를 제기하는 장(章)의 결론을 이루고 있음을 감안할 때, 그런 교체는 최소한 어느 정도는 우정이 동기로 작용했을 법해 보이니 말이다. 라파엘(D. D. Raphael)은 스미스가 흄 사후에 《도덕감정론》을 개정하면서 "흄을 가장 맹렬하게 비방했던 그 '야심적인' 설교자들을 연상케 하는 구절로 흄에 대한 비판을 마무리한 데 적잖이 혐오감을 느낀 게 틀림없다. ……그래서 그는 기독교의 속죄론 대신 어조가 너무나 흄적이어서 거의 흄의 유령한테 바치는 신주(libation, 神酒)라 불러도 무방할 정도의 문장으로 대치함으로써 스스로 속죄를 했다"고 지적한다.[28]

더 넓게 보면, 새로 쓴 6부 〈미덕의 성격에 관하여〉는 전반적으로 흄에 대한 일종의 헌사로 해석할 수 있다.[29] 어쨌든 스미스는 이미 〈스트러핸 씨에게 보내는 편지〉에서 스스로 재단한, 최상의 도덕을 가진 성격에 대해 기술한 적이 있었다. 6부에서 가장 높은 경지의 도덕은 극기다. 스미스는 "극기는 그 자체만으로도 대단한 도덕일 뿐 아니라, 그 밖의 모든 도덕이 거기서부터 주된 빛을 얻는 듯하다"고 쓴다.[30] 흔히 스미스의 극기 강조가 스토아 철학에서 영감을 받았다고들 하지만, 병세가 최고조에 달했을 때 흄이 보여준 극기에서도 영감을 받았을 가능성이 있다. 사람은 죽음이 임박했을 때 감정을 통제하기 힘들다는 것을 알게 되며, 따라서 특히 이런 상황에서 극기란 존경할 만한 것이라고 스미스는 말한다. "죽음이 다가올 때 …… 자신의 평정심을 변함없이 유지하고, 가장 중립적인 관찰자의 감정과 완벽하게 일치하지 않을 경우 기억나지 않는 말 한

마디, 몸짓 하나도 하지 않는 사람은 마땅히 매우 높은 칭송을 받을 만하다."[31] 이 구절을 쓰는 동안 흄을 염두에 뒀을 것이라는 추측은 스미스가 몇 문장 앞에서 흄의 생각—특히 흄이 아름다움과 효용성 사이에 있다고 생각한 연관(connection)—을 암시했다는 사실로 뒷받침된다. 이어서 그는 이 문단에서 소크라테스의 죽음을 사례—물론 〈스트러핸 씨에게 보내는 편지〉의 마지막 문장에서 넌지시 비유했던 사례—로 든다. 스미스는 "소크라테스의 적들이 그가 침상에서 조용히 죽어가도록 내버려뒀더라면, 그 위대한 철학자의 영광조차도 후대에 지속된 저 휘황찬란한 광채를 결코 얻지 못했을 것"이라고 쓴다.[32] 흄은 독미나리는 모면했지만, 회개할 줄 모르는 그의 회의주의에 대한 신도들의 분노를 놓고 봤을 때 그의 죽음도 그다지 조용하지는 않았다.

끝으로 6부에 나오는 스미스의 우정론은 누가 봐도 자신과 흄의 우정을 떠오르게 한다.[33] 그는 진정한 우정을 혈족, 이웃, 심지어 "직장 동료"나 "사업 파트너" 사이에서 발전하는 우정과 대조한다. 요컨대 후자는 "강요된 공감"이나 "편의와 협상을 위해 가장되고 습관화한 공감"에서 발생한다고 적는다. 반대로 진정한 우정은 "자연스러운 공감", 즉 "우리가 아끼는 사람들이 의당 우리가 존경하고 칭송하는 대상이라는 무의식적인 감정"에서 생겨난다. 스미스는 두 번째 유형의 우정이 특히 "많은 경험과 오랜 친분으로 다져질" 때 "모든 애착 중에서 가장 도덕적이다. 그러므로 가장 변함없고 안전할 뿐 아니라 가장 행복하기도 하다"고 주장한다. 여기서 그가 흄을 염두에 두지 않았다고는 상상할 수 없다. 스미스는 이어서 이런 우정은 서로의 지혜와 도덕—그가 〈스트러핸 씨에게 보내는 편지〉의 치명적인 마지막 문장에서 흄이 지녔다고 말한 바로 그 특성—에 대한 친구들 간의 상호 인정에 달려 있다고 주장한다. 스미스는 지혜롭고 도덕적인 이들 사이의 우정만이 "우정이라는 신성하고 공경할 만한 존귀한 이름을 누릴 자격이 있다"고 선언하며 논의를 마친다.[34]

특별히 건강 체질이었던 적은 없지만 1790년 1월 《도덕감정론》 6판이 나올 무렵 스미스는 건강이 급속히 나빠지기 시작했다. 그는 2월 6일 유언장을 작성했는데, 그때 이후 스미스가 썼거나 받은 편지 또는 그에 대해 얘기한 사실상의 모든 편지에는 그의 병을 언급하고 있다. 훗날 두걸드 스튜어트는 "그의 목숨을 앗아간 만성 장폐색증은 장기간 지속되어 고통을 안겼다. 하지만 친구들의 더할 나위 없는 공감과 모든 것을 내려놓는 자신의 마음가짐으로 그는 고통을 가라앉힐 최상의 위안을 받았다. …… 날로 악화하는 병세에 시달리면서도 그가 누렸던 평온과 즐거움, 그리고 마지막까지 친구들의 안녕과 관련한 것이라면 무엇에든 내보였던 따뜻한 관심은 그가 체력이 허락하는 한 주중에 한 번씩 꼬박꼬박 저녁을 함께 보냈던 소수의 사람들에 의해 오래도록 기억될 것"이라고 말했다.[35]

여름이 되자 스미스 본인을 포함해 모두가 그의 종말이 임박했음을 느꼈다. 자신이 만족할 정도로 마무리하지 못한 글은 어느 것 하나 남기고 싶지 않았던 그는 7월 11일—후대의 학자들에게는 무척이나 안타깝게도—오이스터 클럽의 동료이자 유저 관리자 조지프 블랙과 제임스 허튼에게 자신의 글 대부분을 불태워달라고 부탁했다. 당시 그에게 있던 많은 원고 중 화염에서 무사히 살아남은 글은 고작 훗날 유고집 《철학적 주제들에 관한 논집》에 실린 몇 안 되는 에세이뿐이다.

그로부터 불과 일주일도 채 지나지 않은 7월 17일, 스미스는 67세의 나이로 팬무어 하우스에서 숨을 거뒀다. 그는 임종 직전의 흄보다 더 많은 고통을 감내한 듯하지만, 다른 사람들의 말에 따르면 그 못지않게 차분히 생을 마감했다. 스미스는 7월 22일 캐넌게이트 교회 묘지에 묻혔다. 역시 로버트 애덤이 설계한 그의 기념비는 흄이 본인을 위해 의뢰했던 웅장한 스타일보다 훨씬 더 소박하다. 교회 묘지의 한적한 귀퉁이에 눈에 안 띄게 자리 잡은 묘비에는 스미스의 출생 및 사망 날짜, 그리고 《도덕감정론》과 《국부론》 저자의 유해가 그곳에 있다는 간단한 글귀만 새겨져 있다.

스미스의 죽음은 흄의 죽음만큼 흥미와 소란을 불러일으키지는 않았다. 런던의 한 추종자는 "그의 죽음이 이곳에서 아무런 느낌도 주지 않는 것을 보고 놀랐다. 고백하건대 약간은 화가 났다. 존슨 박사가 죽었을 때(1784)는 1년 내내 그에 관한 찬사밖에 들리지 않았건만 그런 걸 거의 알아차리지도 못했다".[36] 하지만 사실은 런던의 신문들을 한 차례 돌았던 익명의 한 사망 기사가 상당히 비열하게도 스미스의 부자연스러운 태도, 그의 책들에서 발견할 수 있는 독창성 결여, 그리고 그가 "종교 문제에서는 일찍이 볼테르의 제자가 되었"고 "데이비드 흄을 이제까지 세상이 배출한 단연코 가장 위대한 철학자로 존경했다"는 사실을 부각시켰다.[37] 〈타임스(Times)〉에 실린 첫 안내문에도 그가 "데이비드 흄의 스토아주의적 종말에 관해 지나치게 공들인 추도사를 발표"한 것을 은근히 비난하는 내용이 들어 있었다.[38] 에든버러 언론으로 말하자면, 그들은 스미스의 죽음에 놀라우리만치 관심을 보이지 않았다. 가령 〈스코츠 매거진〉은 그의 죽음을 12건의 다른 현지 사망 기사 속에 끼워 넣고 고작 아홉 줄을 할애했을 뿐이다.[39] 오늘날의 시각에서 보면 스미스처럼 중요한 사상가를 그렇게 무관심하게 떠나보내다니 너무했다 싶지만, 그가 바란 것 역시 그런 식이 아니었겠냐는 의견도 있다.

이 부록은 앞의 설명에서 두드러지게 다룬 두 저술의 전문을 담고 있다. 바로 데이비드 흄의 자서전 〈나의 생애〉와 거기에 대한 애덤 스미스의 보충분 〈애덤 스미스 법학 박사가 윌리엄 스트러핸 씨에게 보내는 편지〉이다(이 글들에 관한 논의는 특히 11장과 12장 참조). 두 글은 《흄이 직접 쓴 데이비드 흄 씨의 생애(The Life of David Hume, Esq., Written by Himself)》(London: Printed for W. Strahan; and T. Cadell, in the Strand, 1777)로 묶여 출간됐는데, 나는 이 버전—스미스의 허가를 받은 버전—을 인용 원문으로 사용했다.

데이비드 흄: 〈나의 생애〉

사람이 자기 얘기를 오래 하다 보면 자랑하지 않기가 힘들다. 고로 나는 짧게 말하려 한다. 내가 나의 일생에 관해 쓰는 시늉을 한다는 것부터가 자만심의 사례로 여겨질 수도 있겠다. 하지만 이 이야기에는 나의 저술 이력 정도를 포함할 것이다. 내 삶의 대부분을 집필 활동과 글쓰기 관련 직종에 종사하며 보낸 게 사실이니 말이다. 하지만 내 저작물의 첫 성과는 대체로 자랑할 만한 수준이 아니었다.

나는 율리우스력으로 1711년 4월 에든버러에서 태어났다. 아버지 쪽도 어머니 쪽도 좋은 집안 출신이었다. 아버지 가문은 홈 또는 흄 백작의 일족으로 조상들은 몇 세대 동안, 내 형님이 소유하고 있는 대토지의 주인이었다. 어머니는 스코틀랜드 고등법원장 데이비드 팰코너 경의 딸이었는데, 핼커튼 경(Lord Halkerton) 작위는 계승권을 가진 그녀의 오라버니에게 갔다.

그러나 우리 집은 부자가 아니었고, 나는 차남인 관계로 우리나라 관습에 따라 유산도 당연히 몇 푼 되지 않았다. 팔방미인으로 통했던 아버지는 내가 갓난아기일 때 어머니에게 나와 형과 누나를 남기고 돌아가셨다. 어머니는 젊고 매력적이었지만 자녀의 양육과 교육에 자신의 모든 걸 바친 훌륭한 여성이었다. 나는 보통 교육 과정을 잘 마쳤고, 아주 일찍부터 내 인생 최고의 관심사이자 즐거움의 커다란 원천인 문학에 대한 열정에 사로잡혔다. 학구적 성향, 냉철함, 근면함 때문에 가족은 내게 어울리는 직업이 법률가라고 생각했지만, 나는 철학 및 종합적인 학문 탐구 말고는 일체의 것들에서 극복할 수 없는 혐오감을 느꼈다. 그들이 내가 푓과 피니위스를 파고 있을 거라 믿는 동안 남몰래 탐독하던 작가는 바로 키케로와 베르길리우스였다.

그러나 얼마 되지 않는 내 재산은 이런 인생 설계에 맞지 않았고 미친 듯 몰두하다 보니 건강도 좀 상하고 해서, 아주 미약하나마 좀더 활동적인 삶의 현장에 뛰어들기 위한 실험을 해볼까 싶었다, 아니, 그럴 수밖에 없었다. 1734년 유명한 상인들에게 전달할 추천장을 지참하고 브리스톨에 갔는데, 몇 달 만에 그 분야는 도무지 적성에 안 맞는다는 것을 깨달았다. 시골에 틀어박혀 연구를 해볼 목적으로 프랑스로 건너갔다. 그리고 거기서 인생 계획을 세웠고, 그것을 꾸준히 용케도 추구해왔다. 나는 온전하게 자립 생활을 유지하도록 매우 엄격한 근검절약을 통해 부족한 재산을 충당하기로 마음먹었고, 문학적 재능 향상을 제외한 모든 목표는 능히 경멸할 만하다고 간주하기로 결심했다.

처음은 랭스에서, 그러나 대부분은 앙주(Anjou)의 라플레슈에서 지낸 프랑스 칩거 생활 중 나는 《인간 본성에 관한 논고》를 집필했다. 시골에서 3년을 아주 기분 좋게 보낸 뒤, 1737년에는 런던으로 건너갔나. 1738년 말에는 논고를 출간했고, 그 즉시 어머니와 형님이 계신 곳으로 내려갔다. 형님은 시골 저택에 거주하며 제법 현명하게 성공적으로 재산 증식에 몰두하고 있었다.

어떤 문학적 시도도 결코 내 《인간 본성에 관한 논고》보다 더 불운하지는 않았다. 그것은 광신도들을 수군대게 만들 정도의 유명세에도 도달하지 못한 채 인쇄기 속에서 사산되었다. 하지만 선천적으로 쾌활하고 낙천적인 기질인 나는 곧 충격에서 회복했고, 시골에서 엄청난 열의로 학문에 매진했다. 1742년 에든버러에서 《도덕·정치 논집》 1권을 발간했다. 책이 우호적인 평판을 얻어 곧 예전의 좌절을 송두리째 잊게 해줬다. 전원에서 어머니 및 형님과 지내는 생활이 이어졌고, 그러는 동안 어릴 때 너무 소홀히 했던 그리스어 지식을 만회했다.

1745년 애넌데일 후작으로부터 잉글랜드로 와서 함께 지내자는 초청 편지를 받았다. 이 젊은 귀족의 친구들과 가족이 내가 그를 보살피고 지도해주길 바란다는 사실도 알게 됐다. 그의 심신의 건강 상태로 봤을 때 그게 필요했기 때문이다—나는 그와 함께 12개월을 지냈다. 그때 맡은 일로 얼마 안 되던 내 재산은 꽤 불어났다. 그다음에는 세인트클레어 장군으로부터 자신의 비서로 원정대에 참가해달라는 초청을 받았는데, 이 원정은 애초 캐나다를 겨냥했으나 결국 프랑스 해안 침공으로 끝났다. 이듬해, 그러니까 1747년에는 장군으로부터 빈과 토리노 왕궁에 파견할 그의 군사 사절단에 역시 같은 직위로 동행해달라는 요청을 받았다. 그리하여 나는 장교 제복을 입고 해리 어스킨 경(Sir Harry Erskine)과 지금은 장군이 된 그랜트(Grant) 대위와 함께 이들 궁정에서 장군의 부관으로 일했다. 이 2년간이 내 인생 전체에서 연구를 중단한 거의 유일한 시기다. 하지만 나는 이 시기를 좋은 동료들과 함께 기분 좋게 보냈다. 그리고 이런 일자리와 절약 정신 덕분에 나는 거금을 손에 쥐었다. 친구들은 내가 이런 얘기를 하면 대부분 웃는 경향이 있었지만 내가 자립이라고 부르는 거금을 말이다. 간단히 말해서, 나는 이제 1000파운드에 달하는 돈을 가졌다.

나는 늘 《인간 본성에 관한 논고》를 출간했을 때 성공하지 못한 이유가 내용보다는 방식 때문이었고, 내가 흔히들 저지르는 경솔한 짓을 해서 너무 일찍 인쇄에 넘겼다는 생각을 품어왔다. 그 때문에 책의 1부를 《인간 오성에 관한 탐구》로 고쳐 썼고, 이를 내가 토리노에 있는 동안 출간했다. 하지만 이것도 처음에는 《인간 본성에 관한 논고》와 마찬가지로 성공을 거두지 못했다. 이탈리아에서 돌아온 나는 코니어스 미들턴(Conyers Middleton) 박사의 《입문적 담론과 자유 질의(The Introductory Discourse and the Free Inquiry)》로 영국 전체가 들썩이는 데 비해 내 작품은 완전히 외면받고 무시당하고 있다는 것을 알고 굴욕감을 느꼈다. 런던에서 발간한 《도덕·정치 논집》 신판도 그보다 썩 나은 평판을 얻지는 못했다.

타고난 기질이 워낙 강해서 이런 실망에도 나는 거의, 아니 전혀 상처받지 않았다. 나는 1749년 형님의 시골 저택으로 내려가 2년을 그와 같이 살았다. 이제 어머니는 돌아가시고 없었다. 《도덕·정치 논집》에서 내가 '정치론'이라고 불렀던 2부와 《인간 본성에 관한 논고》 중에서 고쳐 쓴 또 다른 원고인 《도덕 원리에 관한 탐구》를 거기서 집필했다. 그러는 동안 서적상 밀러가 내 이전 출판물(불운했던 《인간 본성에 관한 논고》를 제외한 모든 책)들이 대화의 주제가 되기 시작했고, 매출이 점점 늘고 있으며, 신판 수요도 있다고 알려왔다. 목사들과 주교들의 반론이 1년에 두세 차례 나왔다. 워버튼 박사의 폭언을 통해 나는 내 책들도 다른 훌륭한 책처럼 존중받기 시작했음을 알았다. 그러나 나는 어느 누구에게도 대꾸하지 말자는 다짐을 맘속에 새긴 터였고, 이를 꿋꿋이 지켰다. 게다가 화를 잘 내는 성격이 아닌지라 문학과 관련한 모든 언쟁을 피하는 것은 어렵지 않았다. 늘 사물의 부정적 측면보다 긍정적 측면을 보는 성향이 더 강했기에 평판이 상승세라는 이런 조짐이 내게 힘을 주었다. 천만금의 재산을 갖고 태어난 것보다 이런 사고방식을 소유한 게 더 행복하다.

1751년에는 시골에서 문필가의 진정한 무대인 도시로 거처를 옮겼다. 1752년 당시 살고 있던 에든버러에서 《정치론》을 출간했는데, 내 저서 중 첫 출판에 성공을 거둔 유일한 책이었다. 그것은 국내외에서 호평을 받았다. 같은 해 런던에서 《도덕 원리에 관한 탐구》를 발간했는데, 이 책은 (이런 문제에 대해 내가 판정을 내려서는 안 되지만) 내 소견으로는 내가 쓴 모든 역사·철학·문학 저술 중에서 비교가 안 될 정도로 최고작이다. 하지만 그것은 세상의 아무런 주목도, 관심도 받지 못했다.

1752년 변호사협회가 나를 사서로 뽑았는데, 그 일로 받는 보수는 거의 없다시피 했으나 나한테 대형 도서관에 대한 통솔권이 생겼다. 그때 영국의 역사에 대해 쓸 계획을 세웠다. 하지만 1700년이라는 세월에 걸친 이야기를 이어갈 생각에 지레 겁을 먹고는 내가 역사소설식 와전이 주로 일어나기 시작했다고 생각하는 시대인 스튜어트 왕조의 개막에서부터 손을 댔다. 이 책의 성공을 낙관적으로 내다봤었다는 점을 나도 인정한다. 나는 나 자신을 현 정권, 이해관계 및 권위는 물론 대중적 편견의 외침을 무시해온 유일한 역사가로 생각했고, 책의 주제도 만인이 수용하기에 적합했기 때문에 그에 비례한 박수갈채를 기대했다. 하지만 내 실망은 정말 참담했다. 비난, 반대, 심지어 혐오의 외침이 한목소리로 나를 향해 쏟아졌다. 잉글랜드인과 스코틀랜드인과 아일랜드인, 휘그당원과 토리당원, 국교도와 비국교도, 자유사상가와 광신자, 그리고 공화파와 왕정파가 똘똘 뭉쳐 찰스 1세와 스트래퍼드 백작(Earl of Strafford)의 운명에 아낌없이 눈물을 흘렸다고 여기는 사람에게 분노를 퍼부었다. 그리고 일단 그들의 분노가 끓어 넘치자 훨씬 더 굴욕스럽게도 그 책은 망각의 늪으로 가라앉는 듯했다. 밀러 씨는 12개월 동안 팔린 게 고작 45부라고 했다. 실은 나도 지위나 학식이 상당한 사람치고 그 책을 감당할 사람이 세 왕국에 단 한 명이라도 있다는 소리를 들어보지 못했다. 별종으로 보이는 잉글랜드 대주교 허링(Thomas Herring) 박사와 아일랜드 대주교 스톤(George Stone) 박사 2명만은 제외해야겠다. 이 기품 있는 고위 성직자들은 각각 내게 좌절하지 말라는 전갈을 보냈다.

그러나 고백하건대 나는 좌절했다. 그리하여 당시 프랑스와 영국 사이에 전쟁이 발발하지 않았더라면 분명 프랑스의 어느 시골 마을에 틀어박혀 이름을 바꾸고 더 이상 고국에 돌아가지 않았을 것이다. 하지만 이제 그 계획은 실행이 불가능했고, 다음 책도 꽤 진척된 터라 용기를 내서 버텨보기로 결심했다.

막간을 이용해 나는 런던에서 《종교의 자연사》와 다른 짧은 글 몇 편을 발표했다. 유일하게 허드 박사가 워버튼 학파의 특징답게 최대한 졸렬하게 짜증을 내고 잘난 체하며 천박하게 반론 소책자를 쓴 것을 제외하면 독자들의 목소리를 듣기가 어려웠다. 그것 말고는 내 작품에 대한 반응이 그저 그랬으므로 이 소책자는 내게 일말의 위로를 주었다.

1권이 망하고 2년 후인 1756년 찰스 1세의 죽음부터 명예혁명까지 시기를 담은 《영국사》 2권을 냈다. 이 작품은 마침 휘그당의 심기를 덜 불편하게 만들었고 평가도 더 좋았다. 책은 스스로 살아났을 뿐만 아니라 불운했던 자신의 형제까지 수면 위로 뜰 수 있게끔 해줬다.

그러나 정부는 물론 문단의 모든 자리가 휘그당의 손아귀에 있다는 걸 체득했음에도 불구하고 나는 그들의 무분별한 요구에 굴복하고픈 마음이 추호도 없었으므로 스튜어트 왕조의 1·2대 국왕(제임스 1세와 찰스 1세—옮긴이) 통치기 중 추가적인 연구와 독서 그리고 사색 이후 고칠 수밖에 없었던 100군데 넘는 모든 곳을 하나같이 토리당 편에서 써버렸다. 그 시기 이전의 영국 헌법을 완전한 자유의 방안으로 간주하는 것은 어불성설이다.

1759년 나는 튜더 왕조사를 발간했다. 이 작품에 대한 반대의 아우성은 처음 냈던 스튜어트 왕조사 두 권 때와 막상막하였다. 엘리자베스 여왕 통치 기간은 특히 고약했다. 그러나 나는 대중의 어리석음이 할퀸 상처 자국에 이제는 무감각했고, 에든버러의 조용한 집에서 아주 평화롭고 만족스럽게 초기 영국사를 두 권으로 마무리하는 작업을 계속 이어갔다. 그것은 1761년에 발표했는데 무난한, 그냥 무난하기만 한 성적을 거뒀다.

하지만 이렇게 온갖 풍파에 노출됐음에도 불구하고 내 저작물은 서적상들로부터 받는 내 원고료가 지금까지 영국에서 알려진 모든 액수를 한참 뛰어넘을 정도로 계속해서 성공을 거두었다. 나는 단지 재정적으로만 자립한 게 아니라 엄청난 부자가 되었다. 나는 더 이상 스코틀랜드 밖으로는 한 발짝도 나가지 않으리라 결심하고 조국인 스코틀랜드로 낙향했다. 그리고 어떤 대단한 사람에게 청탁하는 것을, 아니 그런 사람들에게 친목을 위해 접근하는 것조차 결코 좋아한 적이 없다는 만족감을 유지했다. 이제 오십 줄에 접어들었고 하니 이런 철학적 태도로 남은 인생 전체를 보내리라 생각하던 차에 1763년 일면식도 없던 허트포드 백작으로부터 요청을 받았다. 대사관 비서 임명이 거의 확실시되니 파리 주재 대사관에 동행해달라는 것과 그동안 그 자리의 직무를 수행해달라는 것이었다. 귀가 솔깃했지만 처음에는 이 제안을 거절했다. 거물들과 인연을 맺는 게 망설여지기도 했고, 파리의 정중함과 즐거운 사교가 나 같은 나이와 유머 감각을 가진 사람에게 맞지 않으면 어쩌나 싶었기 때문이기도 했다. 하지만 귀족 나리가 거듭해서 권유하는 통에 나는 이를 수락했다. 그 분뿐 아니라 훗날 그의 형제인 콘웨이 장군을 알게 되어 다행이라 생각한 데는 즐거움과 이득의 양 측면에서 충분한 이유가 있다.

유행이 끼친 이상한 영향을 경험해본 적이 없는 사람은 파리에서 계급과 지위를 막론하고 모든 남녀로부터 내가 받은 환대를 결코 상상하지 못할 것이다. 그들의 과도한 정중함을 피하면 피할수록 그들은 나를 더욱 공손하게 대했다. 그러나 파리에서의 삶에는 우주 어느 곳보다 이 도시의 풍부한 분별력과 학식과 예절을 갖춘 다수의 사람들에게서 얻는 진정한 만족감이 있다. 한때는 영원히 그곳에 정착할 생각을 했다.

나는 대사관 비서로 임명됐고, 1765년 여름 허트포드 경은 아일랜드 주지사로 부임해 날 남기고 떠났다. 그해 말 리치몬드(Richmond) 공작이 도착할 때까지 내가 대사 직무 대행을 맡았다. 나는 1766년 초 파리를 떠났고, 이듬해 여름에는 예전처럼 철학적 칩거 생활에 들어가기 위해 에든버러로 갔다. 그곳을 떠날 때보다 더 부자가 된 정도가 아니라, 허트포드 경의 우정 덕분에 훨씬 더 많은 돈, 훨씬 더 큰 수입을 갖고 돌아왔다. 그리고 예전에 역량을 실험해보긴 했지만, 과잉이 어떤 결과를 양산할지 시험해보고 싶었다. 하지만 1767년 콘웨이 씨로부터 차관으로 일해달라는 초청장을 받았다. 이 초청은 그의 인품과 허트포드 경과의 인연 모두로 봤을 때 거절할 수 없었다. 1769년 나는 에든버러로 돌아왔다. 매우 부유하고(연간 1000파운드의 수입을 올렸기 때문이다) 건강한 상태로, 그리고 나이가 약간 들긴 했지만 오래도록 안락함을 누리며 내 명성이 높아지는 걸 보겠다는 전망을 갖고 말이다.

1775년 봄 갑자기 장에 이상이 왔다. 처음에는 전혀 놀라지 않았는데, 그 후 내가 알기로는 내단히 심각한 난치 상태가 됐다. 이제 빠른 소멸이 닥쳐올 거라 믿고 있다. 장 이상으로 겪는 통증은 극히 경미했다. 그런데 더욱 이상한 것은 육신이 크게 쇠했음에도 불구하고 단 한순간도 내 정신이 쇠퇴하는 걸 경험한 적이 없다는 사실이다. 나보고 인생에서 가장 다시 살아보고 싶은 때를 대라면 이 마지막 시기를 지목하고 싶을 정도다. 연구에 대한 열의도 예전과 같고, 사람들과 있을 때의 유쾌함도 여전하다. 게다가 나는 65세의 한 인간이 몇 년간 앓아온 질병을 죽음으로 중단시키는 것일 뿐이라고 생각한다. 그리고 내 문학적 명성이 마침내 더욱 빛을 발하려는 조짐이 많이 보이긴 하지만, 그걸 누릴 시간이 몇 년밖에 없다는 것도 알고 있다. 지금의 나만큼 삶에서 거리를 두기란 쉽지 않다.

내 성격으로 연대기를 마무리할까 한다. 나는 이런 사람이다. 아니, 이런 사람이었다. (이것이 지금 나 스스로에 대해 말하며 사용해야 할 문체다. 이렇게 하면 감정 표현에 좀더 대담해지기 때문이다.) 나는, 그러니까, 기질이 온순하고, 성질을 잘 다스리고, 개방적이고, 사교적이고, 유머 감각이 좋으며, 사람에게 애착은 갖지만 적의는 거의 느끼지 않고, 모든 감정을 대단히 절제하는 사람이었다. 내 최고의 열정인 문학적 명성에 대한 사랑조차 그토록 많은 좌절에도 불구하고 내 성질을 절대 버려놓지 못했다. 학구적인 문인들은 물론이고 아무 걱정 없는 젊은이들도 나와 어울리는 것을 환영했다. 그리고 나는 특히 조신한 여성들과 함께 있는 것을 좋아했기에 그들로부터 환영받는 게 불쾌할 이유가 전혀 없었다. 한마디로 대부분의 유명인은 중상모략에 대해 푸념할 이유를 찾아냈지만 나는 그런 비방의 포악한 이빨에 상처받지도, 심지어 물린 적도 없다. 그리고 내가 비록 경망스럽게도 사회적·종교적 파벌들의 노여움에 나 자신을 노출시킨 것은 사실이나, 그들의 일상적 분노는 나를 위해 무장 해제된 것 같았다. 나의 친구들은 내 성격과 행동을 둘러싼 정황을 입증할 이유가 하나도 없었다. 내게 불리한 이야기들을 꾸미고 퍼뜨려 광신도들이 기쁘지 않았을 리 없지만, 자기들 생각에도 딱 봐서 개연성을 띨 것 같은 이야기를 도무지 찾을 수 없었기 때문임은 짐작하고도 남을 것이다. 내가 나의 장례식을 위해 이 글을 썼으니 자만심이 없다고는 하지 못하겠으나, 생뚱맞은 추도사는 되지 않았으면 하는 바람이다. 그리고 이것은 쉽게 밝혀지고 확인될 사실이다.

1776년 4월 18일

〈애덤 스미스 법학 박사가 윌리엄 스트러핸 씨에게 보내는 편지〉

1776년 11월 9일, 파이프셔(Fifeshire)주 커콜디에서

선생님께,

작고한 우리의 멋진 친구 흄 씨의 마지막 병환 중 행동에 관해 당신에게 이야기하려고 책상 앞에 앉으니 매우 기쁘면서도 심히 울적한 마음입니다.

자신의 병이 치명적이고 치유 불가능하다는 스스로의 판단에도 불구하고 그는 친구들의 간청에 못 이겨 효험이 있을지도 모를 장기 여행을 시도하기로 했습니다. 출발하기 며칠 전 그는 자서전을 썼고, 그것을 다른 논고들과 함께 당신이 관리하도록 남겼지요. 그러니까, 제 이야기는 그의 글이 끝나는 시점부터 시작될 것입니다.

그는 4월이 끝나갈 무렵 런던으로 떠났고, 모페스에서 존 홈 씨와 서로를 마주쳤습니다. 저희 둘은 에든버러에서 그를 볼 수 있을 거라 예상하고 그를 만나기 위해 런던에서 내려와 있던 참이었죠. 홈 씨는 그와 함께 런던으로 되돌아가 완벽하게 친절하고 다정한 성격의 소유자로부터 기대할 수 있는 그런 배려와 관심을 받으며 잉글랜드 체류 내내 그를 돌봤습니다. 저는 어머니께 제가 스코틀랜드에 오길 기다리실 것 같다는 편지를 보냈던 터라 어쩔 수 없이 제 여정을 이어가야 했죠. 그의 병은 운동과 전지(轉地) 요양에 항복하는 듯했고, 런던에 도착했을 때는 확실히 에든버러를 떠날 때보다 건강 상태가 훨씬 나아 보였습니다. 그는 광천수를 마시러 배스에 가라는 조언을 들었고 한동안 물이 효과가 아주 좋은 듯했으므로, 원래는 그런 사람이 아니지만 본인조차 건강이 나아졌다는 생각을 품기 시작했죠. 그러나 증세는 곧 평소대로 다시 심해졌고, 그때부터 그는 회복할 거라는 생각을 일체 버리고 극도로 유쾌하면서도 현 상태에 완전히 안주하고 체념하는 태도를 갖기로 했습니다. 에든버러로 돌아와서는 자신이 훨씬 더 약해진 것을 알았지만, 그래도 그의 쾌활함은 절대 수그러들지 않았죠. 그는 평소처럼 계속해서 신판을 위해 책을 수정하고, 재미있는 책을 읽고, 친구들과 대화를 나누고, 저녁에는 가끔씩 자신이 가장 좋아하는 휘스트 게임을 하면서 기분을 전환했지요. 그가 너무나 유쾌하고 대화와 취미 생활도 너무나 평소 리듬처럼 이어졌기에 많은 사람들은 모든 불길한 증상에도 불구하고 그가 죽어가고 있다는 걸 믿지 못했습니다. 어느 날 던더스(Dundas) 의사 선생님이 그에게 이렇게 말했습니다. "당신의 친구 에드먼스톤 대령에게 말하겠습니다. 당신이 훨씬 호전됐고 회복할 것 같다고요." 그가 말했죠. "선생님께서 사실만을 말씀하실 거라 믿지 않습니다. 저한테 적(敵)이라는 게 있다면 그들이 바라는 만큼 빠르게, 그리고 절친한 친구들이 바라는 만큼 편안하고 기분 좋게 죽어가고 있다고 그에게 얘기하시는 편이 낫겠습니다." 에드먼스톤 대령은 머지않아 작별 인사를 하기 위해 그를 만나러 왔습니다. 그리고 돌아가는 길에 차마 참지 못하고 그에게 영원한 작별을 고하는 편지 한 통을 썼고, 죽음을 앞둔 숄리외(Chaulieu) 대수도원장이 친구 드 라 파르(de la Fare) 후작과의 이별이 다가오는 것을 탄식하는 아름다운 프랑스 시(詩)의 구절 중에서 죽어가는 사람을 그에게 비유했죠. 흄 씨는 아량이 대단히 넓고 결의가 아주 굳은 사람인지라 가장 가까운 친구들은 죽음을 앞둔 사람에 관해 그에게 얘기하거나 편지를 쓴다 해도 전혀 해가 되지 않으며 그가 이런 솔직함에 상처를 받기는커녕 오히려 기분 좋아하고 우쭐해한다는 것을 알고 있었거든요. 그가 막 이 편지를 받아 읽고 있을 때 마침 제가 그의 방에 들어가게 됐는데, 제게 그것을 바로 보여줬지요. 저는 그에게 말했습니다. 그가 얼마나 많이 약해졌는지, 언뜻 봐도 상태가 여러모로 얼마나 나빠졌는지 감지할 수 있는데도, 그가 너무 쾌활하고 그의 안에 있는 생명의 기운이 아직 너무나 강해 보여서 제가 한 가닥 희망을 품지 않을 수 없다고요. 그는 이렇게 대답하더군요. "스미스 씨, 턱없는 희망입니다. 1년 남짓 습관성 설사를 지속한다는 건 모든 연령대 사람들에게 아주 심각한 병일 겁니다. 더구나 내 나이에는 치명타지요. 저녁에 자려고 누우면 아침에 일어났을 때보다 더 약해진 걸 느끼고, 아침에 일어나면 간밤에 누웠을 때보다 더 약해진 걸 느낍니다. 게다가 생명을 부지하는 데 필수인 부위에 병이 났으니 나는 틀림없이 곧 죽을 거라는 느낌이 옵니다." 제가 말했죠. "저, 설령 그렇다 해도 최소한 당신의 모든 친구, 특히 남은 형님 가족은 매우 유복하게 지낼 거라는 만족감이 있으시잖아요." 그는 자신이 그 만족감을 너무나 뚜렷하게 느껴서인지 며칠 전 루키아노스의 《죽은 자들의 대화》를 읽고 있었는데, 당장 배에 타지 않으려고 카론에게 대는 모든 핑계 중에서 자신에게 적합한 변명거리를 하나도 찾을 수 없더라고 했습니다. 마저 지어야 할 집도 없고, 부양해야 할 딸도 없고, 복수하고픈 적도 없다면서요. 그는 이런 말을 했습니다. "약간의 유예 기간을 확보하기 위해 카론에게 어떤 변명을 할 수 있을지 잘 생각나지 않더라고요. 여태껏 내가 하려고 마음먹은 중요한 일은 전부 끝냈고, 내 혈육과 친구들도 지금보다 더 나은 상황에 남기고 갈 수는 없을 것이고요. 그러니 나는 만족하며 죽을 이유가 충분히 있더라는 거죠." 그러고 나서 그는 카론에게 댈 수 있을 것으로 추정되는 몇 가지 익살스러운 변명거리를 지어내고 거기에 돌아올, 카론이란 인물에 잘 들어맞는 아주 퉁명스러운 대답을 상상하며 기분을 전환했습니다. 그가 말했습니다. "곰곰이 생각해보니 이렇게 얘기하면 되겠더군요. '친절한 카론님, 저는 신판을 위해 제 책들을 수정해왔습니다. 고친 부분을 대중이 어떻게 받아들이는지 확인할 시간을 제게 조금 주십시오.' 하지만 카론은 '그 결과를 확인하고 나면 다른 곳을 고치고 싶을 걸세. 이런 변명이 끝도 없을 게야. 그러니 정직한 양반, 당장 배에 타시게'라고 대답할 것입니다. 그래도 나는 계속 조르겠지요. '친절한 카론님, 조금만 기다려주세요. 저는 사람들의 눈을 뜨게 하려고 열심히 노력해왔습니다. 만일 제가 몇 년 더 산다면 지금 유행 중인 미신 제도의 일부가 무너지는 걸 보고 만족해할 겁니다.' 하지만 카론은 이

제 이성과 품위를 잃고 버럭 화를 낼 겁니다. '야, 이 건달 사기꾼 놈아. 앞으로 수백 년을 기다려봐라, 그런 일이 일어나나. 내가 그렇게 장기간 동안 계약을 연장해줄 거라 착각했니? 당장 배에 타지 못할까, 이 게으름뱅이 건달 사기꾼 놈 같으니.'"

그러나 흄 씨는 다가오는 자신의 소멸을 언제나 더없이 유쾌하게 말하면서도 자신의 아량이 넓다는 것을 과시하며 으스대지 않았습니다. 그는 대화가 자연스럽게 그쪽으로 흘러갈 때가 아니면 절대 이 주제를 꺼내지 않았고, 대화할 때 필요한 수준 이상으로 누누이 말하지도 않았습니다. 사실 그 주제는 그를 만나러 온 친구들이 자연스럽게 그의 건강 상태와 관련해 던지는 질문 때문에 꽤 빈번하게 등장했는데도 말입니다. 제가 아까 언급했던 8월 8일 목요일의 대화는 제가 그와 나눈 마지막 두 차례의 대화 중 하나였습니다. 이제 그는 지나치게 약해진 나머지 가장 친한 친구들과 함께 있는 것조차 피곤해했습니다. 그는 여전히 유쾌했고 정중함과 사교적 성향도 아직 멀쩡해서 어떤 친구와 함께 있든지 자신의 약한 몸 상태에 맞는 수준 이상으로 흥분하고 떠들지 않고는 못 배길 정도였거든요. 그리하여 그 자신의 희망에 따라 그를 위해 저 역시 머물고 있던 에든버러를 떠나는 데 어느 정도 동의했고, 저를 만나고 싶을 때면 언제든지 사람을 보내겠다는 조건 아래 저는 여기 커콜디의 어머니 댁으로 돌아왔습니다. 그동안 그를 가장 자주 진찰했던 의사 블랙이 그의 건강 상태에 대한 소식을 가끔 제게 편지로 전해줄 임무를 맡았고요.

8월 22일 의사는 다음과 같은 편지를 보냈습니다.

"지난번 편지 이후로 흄 씨는 꽤 편안하게 시간을 보냈지만 훨씬 더 약해졌습니다. 하루 한 차례 일어나 앉고, 계단을 내려가고, 독서를 즐기지만 거의 아무도 만나지 않습니다. 가장 친한 친구들과의 대화마저 피곤하고 힘들다는 것을 알게 됐거든요. 그리고 그에게 대화가 필요하지 않아 다행입니다. 왜냐하면 그는 전혀 불안해하거나 조바심 내거나 무기력해지지 않고 재미있는 책들 덕분에 시간을 아주 잘 보내고 있으니까요."

다음 날 저는 흄 씨가 직접 보낸 편지를 받았는데, 다음은 그중 일부를 발췌한 것입니다.

1776년 8월 23일, 에든버러에서

"나의 가장 친애하는 벗에게,

당신에게 편지를 쓰는 데 조카의 손을 이용할 수밖에 없군요. 오늘 제가 몸을 일으킬 수 없어서…….

나는 아주 빠르게 쇠퇴하고 있습니다. 어젯밤 열이 약간 있었는데, 그것이 이 지긋지긋한 병에 좀더 빨리 종지부를 찍어주길 바랐건만 불행히도 확 사라져버리더군요. 나 때문에 이곳에 오겠다는 생각에는 따를 수 없습니다. 당신을 만나는 건 하루 중 극히 짧은 시간만 가능할 테니 말입니다. 하지만 내 기력이 어느 정도 남았는지와 관련해서는 이따금 나보다 블랙 선생이 더 잘 알려드릴 겁니다. 안녕히 계십시오, 나의 가장 친한 친구."

3일 뒤 나는 블랙에게서 다음과 같은 편지를 받았습니다.

1776년 8월 26일 월요일, 에든버러에서

"선생님께,

어제 오후 4시경, 흄 씨가 세상을 떠났습니다.

병세가 위중해지고 얼마 지나지 않아 너무 약해진 나머지 더 이상 침대에서 일어나지 못했던 목요일에서 금요일로 넘어가는 밤에 그의 임종이 거의 임박했다는 게 극명해졌습니다. 마지막까지 그는 완벽하게 이성적이었고 큰 고통이나 비애감은 없었습니다. 초조한 기색은 결코 조금도 내비치지 않았습니다. 대신 자신에 대해 사람들에게 얘기할 필요가 있을 때는 언제든지 다정하고 부드럽게 말했죠. 당신을 모셔오기 위해 편지를 보내는 건 적절치 않은 일이라고 생각했습니다. 특히 그가 당신이 오는 걸 원치 않는다는 편지를 받아 적게 했다는 얘기를 들었으니까요. 아주 약해졌을 때는 말하는 것조차 어려웠는데, 지극히 행복한 마음의 평정 속에서 생을 마쳤으니 이보다 더 나을 게 있을까요."

이렇게 누구보다 멋지고 결코 잊지 못할 우리의 친구가 갔습니다. 그의 철학적 견해에 관해서는 그와 일치하느냐 아니냐에 따라 모두가 찬성하든지 아니면 비난하든지 틀림없이 저마다 달리 판단하겠지요. 하지만 그의 성격과 행동에 관해서는 이견이 있을 수 없습니다. 사실 그는, 이런 표현을 해도 좋다면, 제가 이제까지 만났던 다른 어떤 사람보다도 행복하게 균형 잡힌 성격의 소유자였습니다. 재정 상태가 최악이었을 때조차 그는 어쩔 수 없이 극도의 내핍 생활을 하면서도 적절한 상황이 오면 자선과 관용의 행위를 실천하는 것을 마다하지 않았습니다. 그것이 탐욕이 아니라 자립에 대한 기쁨에 기초한 근검절약이었기 때문이죠. 천성이 지극히 상냥했지만 그것 때문에 그의 굳은 결의나 변함없는 결심이 약해지지는 않았습니다. 그의 쉴 새 없는 농담은 섬세함과 겸손함으로 단련된 훌륭한 성품과 유머 감각의 순수한 표출이었고, 거기에는 흔히 다른 사람들이 기지라고 부르는 것의 불쾌한 원천이기 마련인 악의라고는 티끌만큼도 없었습니다. 굴욕감을 주는 것은 그의 농담에 담긴 의미가 절대 아니었기에 농담의 대상이 된 사람들조차 기분이 상하기는커녕 꼭 재미있어하고 기분 좋아했지요. 자주 그 대상이 된 친구들에게 이런 농담만큼 그의 다정하고 아주 멋진 자질 중에서 그와의 대화를 더욱 사랑하게 만든 요인도 없었을 겁니다. 게다가 유쾌한 기질이란 게 사람들의 기분을 아주 좋게는 만들어도 경솔하고 가벼운 자질이 수반될 때가 많은데 확실히 그의 경우는 가장 엄정한 적용, 가장 해박한 지식, 가장 심도 깊은 사고, 그리고 모든 면에서 가장 종합적인 역량이 수반되었습니다. 전체적으로 저는 그가 살아생전에도 그렇고 사후에도 그렇고, 인간의 나약함이라는 본성이 허용하는 선에서 어쩌면 완벽하게 지혜롭고 도덕적인 인간이라는 개념에 거의 근접한 사람일 수 있겠다고 항상 생각해왔습니다.

그대에게,

언제나 당신의 가장 다정한 벗

애덤 스미스 올림

인용 문헌 관련 주

일부 더욱 자주 인용한 문헌에 관해서는 다음의 약어를 사용했다. 필요할 때에는 쪽수와 더불어 권, 편, 부, 장, 그리고/또는 문단의 수도 언급했다.

데이비드 흄의 저서

EHU *An Enquiry Concerning Human Understanding*, ed. Tom L. Beauchamp (Oxford: Clarendon, [1748] 2000).

EMPL *Essays, Moral, Political, and Literary*, ed. Eugene F. Miller (Indianapolis: Liberty Fund, [1741~1777] 1987).

EPM *An Enquiry Concerning the Principles of Morals*, ed. Tom l. Beauchamp (Oxford: Clarendon, [1751] 1998).

FHL *Further Letters of David Hume,* ed. Felix Waldmann (Edinburgh: Edinburgh Bibiographical Society, 2014).

HE *The History of England, from the Invasion of Julius Caesar to the Revolution in 1688*, 6 vols. (Indianapolis: Liberty Fund, [1754~1762] 1983).

HL *The Letters of David Hume*, ed. J. Y. T. Greig, 2 vols. (Oxford: Clarendon, 1932).

MOL *My Own Life*, in *Essays, Moral, Political, and Literary,* ed. Eugene F. Miller (Indianapolis: Liberty Fund, [1777] 1987).

NHL *New Letters of David Hume*, ed. Raymond Klibansky and Ernest C. Mossner (Oxford: Clarendon, 1954).

NHR *The Natural History of Religion*, in *A Dissertation on the Passions and The Natural History of Religion*, ed. Tom L. Beauchamp (Oxford: Clarendon, [1757] 2007).

THN *A Treatise of Human Nature*, ed. David Fate Norton and Mary J. Norton (Oxford: Clarendon, [1739~1740] 2007).

애덤 스미스의 저서

CAS *Correspondence of Adam Smith*, ed. Ernest Campbell Mossner and Ian Simpson Ross (Indianapolis: Liberty Fund, 1987).

EPS *Essays on Philosophical Subjects*, ed. W. P. D. Wightman and J. C. Bryce (Indianapolis: Liberty Fund, [1795] 1980).

LJ *Lectures on Jurisprudence*, ed. R. L. Meek, D. D. Raphael, and P. G. Stein (Indianapolis: Liberty Fund, [1762~64] 1982).

LRBL *Lectures on Rhetoric and Belles Lettres*, ed. J. C. Bryce (Indianapolis: Liberty Fund, [1762~1763] 1985).

Strahan *Letter from Adam Smith, LL. D. to William Strahan, Esq.*, in David Hume, *Essays, Moral, Political, and Literary*, ed. Eugene F. Miller (Indianapolis: Liberty Fund, [1777] 1987).

TMS *The Theory of Moral Sentiments*, ed. D. D. Raphael and A. L. Macfie (Indianapolis: Liberty Fund, [1759~1790] 1982).

WN *An Inquiry into the Nature and Causes of the Wealth of Nations*, ed. R. H. Campbell, A. S. Skinner, and W. B. Todd, 2 vols. (Indianapolis: Liberty Fund, [1776] 1981).

기타 문헌

Fieser James Fieser, ed., *Early Reponses to Hume*, 2nd ed., 10 vols. (Bristol: Thoemmes Continuum, 2005).

Harris James A. Harris, *Hume: An Intellectual Biography* (Cambridge: Cambridge University Press, 2015).

Mossner Ernest Campbell Mossner, *The Life of David Hume*, 2nd ed. (Oxford: Clarendon, 1980).

Phillipson Nicholas Phillipson, *Adam Smith: An Enlightened Life* (New Haven, CT: Yale University Press, 2010).

Rae John Rae, *Life of Adam Smith* (New York: Augustus M. Kelley, [1895] 1965).

Ross Ian Simpson Ross, *The Life of Adam Sith*, 2nd ed. (Oxford: Oxford University Press, 2010).

Stewart Dugald Stewart, *Account of the Life and Writings of Adam Smith, LL. D.*, ed. I. S. Ross, in Adam Smith, *Essays on Philosophical Subjects* (Indianapolis: Liberty Fund, [1794] 1980).

주

서문: 가장 친애하는 벗들에게

1. Adam Smith to Andreas Holt, 26 October 1780, in CAS, 251.
2. Strahan, xlix.
3. 흄의 진술에 관해서는 David Hume to Andrew Millar, 21 July 1757, in HL I, 256 참조. David Hume to Andrew Millar, 20 May 1757, in HL I, 249; Adam Smith to William Strahan, 2 December 1776, in CAS, 223도 참조. 스미스의 진술에 관해서는 Adam Smith to Count Joseph Niclas Windisch-Grätz, 4 July 1785, in "Adam Smith and Count Windisch-Grätz: New Letters," ed. Ian Ross and David Raynor, *Studies on Voltaire and the Eighteenth Century* 358 (1997), 181 참조.
4. Adam Smith to William Strahan, 2 December 1776, in CAS, 223-224.
5. 흄에 관해서는 HL II, 317, CAS, 195-196에서 인용한 1776년 1월 4일자 유언장과 Adam Smith to William Strahan, 2, December 1776, in CAS, 223 참조. 스미스에 관해서는 Adam Smith to David Hume, 16 April 1773, in CAS, 168; Stewart, 303, 327-328 참조.
6. LRBL, 132.
7. James Boswell, *Journal of a Tour to the Hebrides with Samuel Johnson, LL.D.*, ed. Frederick A. Pottle and Charles H. Bennett (New York: McGraw-Hill, [1785] 1961), 9.

8. 크누트 하콘슨의 《입법자의 과학》이 여기에 해당하는 것처럼 보일 수도 있지만, 사실 이 책에서 흄에 관한 장은 단 한 곳뿐이고, 그마저도 하콘슨의 한층 더 상세한 스미스 연구를 위한 장치에 포함된다. 더욱이 하콘슨은 전적으로 흄과 스미스의 정의론에만 초점을 맞추고 "거의 무궁무진하게 많은 두 사상가의 비교점과 대조점은—그것들이 대단히 흥미롭고 중요함에도 불구하고—포기한다". Knud Haakonssen, *The Science of a Legislator: The Natural Jurisprudence of David Hume & Adam Smith* (Cambridge: Cambridge University Press, 1981), 2. 흄과 스미스 사상의 다양한 양상에 대해서는 그보다 짧은 수십 편의 연구가 더 있는데, 그중 일부는 본서에 인용되어 있다. 그들의 우정에 관한 두 편의 짧은 개관에 관해서는 Karl Graf Ballestrem, "David Hume und Adam Smith: Zur philosophischen Dimension einer Freundschaft," in *Adam Smith als Moralphilosoph*, ed. Christel Fricke and Hans-Peter Schütt (Berlin: Walter de Gruyter, 2005), 331-346; Ian Simpson Ross, "The Intellectual Friendship of David Hume and Adam Smith," in *New Essays on David Hume*, ed. Emilio Mazza and Emanuele Ronchetti (Milan: FrancoAngeli, 2007), 345-363 참조.

9. Adam Smith to William Strahan, October 1776, in CAS, 217 참조.

10. David Hume to Adam Smith, end of January 1766, in HL II, 5 and CAS, 110; David Hume to Adam Smith, 8 February 1766, in HL II, 308 and CAS, 185.

11. Christopher J. Berry, "Introduction: Adam Smith: An Outline of Life, Times, and Legacy," in *The Oxford Handbook of Adam Smith*, ed. Christopher J. Berry, Maria Pia Paganelli, and Craig Smith (Oxford: Oxford University Press, 2013), 1 참조.

12. 흄은 이 칭호를 스미스를 만나기 전인 1745년 헨리 홈에게 사용했고, 스미스는 흄이 사망하고 한참 지난 뒤인 1785년 제임스 멘티스(James Menteath)에게 사용했다. David Hume to Henry Home, 13 June 1745, in NHL, 16; and Adam Smith to James Menteath, 22 February 1785, in CAS, 281 참조. 흄과 스미스가 서로를 알게 되고 나서 바로 상대방을 자신의 가장 친한 친구로 여겼다는 생각에 의혹을 제기하는 유일한 증거는 콜드웰의 윌리엄 뮤어가 사망한 직후 흄이 뮤어가 "세상에서 가장 오래되고 가장 친한 나의 친구였다"고 극작가 존 홈에게 쓴 대목이다. David Hume to John Home, 12 April 1776, in HL II, 314. 흄은 스미스에

게 편지를 쓰면서 그 주장의 강도를 낮춰 뮤어가 "세상에서 가장 오래되고 가장 친한 나의 친구들 중 한 명이었다"고 말했다. David Hume to Adam Smith, 1 April 1776, in CAS, 187.

13. David Edmonds and John Eidinow, *Wittgenstein's Poker: The Story of a Ten-Minute Argument between Two Great Philosophers* (New York: HarperCollins, 2001); David Edmonds and John Eidinow, *Rousseau's Dog: Two Great Thinkers at War in the Age of Enlightenment* (New York: HarperCollins, 2006); Yuval Levin, *The Great Debate: Edmund Burke, Thomas Paine, and the Birth of Left and Right* (New York: Basic Books, 2014); Steven Nadler, *The Best of All Possible Worlds: A Story of Philosophers, God, and Evil* (New York: Farrar, Straus and Giroux, 2008); Matthew Stewart, *The Courtier and the Heretic: Leibniz, Spinoza, and the Fate of God in the Modern World* (New York: Norton, 2006); Robert Zaretsky and John Scott, *The Philosophers' Quarrel: Rousseau, Hume, and the Limits of Human Understanding* (New Haven, CT: Yale University Press, 2009) 참조.
14. 아리스토텔레스의 주장에 관해서는 *Aristotle, Nicomachean Ethics*, trans. Robert C. Bartlett and Susan D. Collins (Chicago: University of Chicago Press, 2009), 1155a5-6, 163 참조.
15. EHU, 1.20, 105; and TMS I.ii.5.1, 41. 스미스는 실제로 이 구절에서 "인간의 행복을 이루는 주된 부분은 사랑받고 있다는 의식에서 발생한다"고 쓰지만, 여기서 "사랑받고 있다"는 것은 연애 감정이 아니라 친구들의 존경과 애정을 가리킨다는 게 문맥상 명료하다.
16. THN 2.2.5.15, 235. EMPL, 185: "Destroy love and friendship; what remains in the world worth accepting?"에 나온 흄의 수사학적 질문도 참조.
17. Annette C. Baier, *The Cautious Jealous Virtue: Hume on Justice* (Cambridge, MA: Harvard University Press, 2010), 14; 9도 참조.
18. TMS VI.ii.1.18, 225. 스미스의 우정론과 아리스토텔레스의 우정론 비교에 관해서는 Douglas J. Den Uyl and Charles L. Griswold, "Adam Smith on Friendship and Love," *Review of Metaphysics* 49.3 (March 1996), 609-637 참조.
19. 우정에 대한 이런 철학적 사유를 담은 유용한 작품집으로는 Michael Pakaluk,

ed., *Other Selves: Philophers on Friendship* (Indianapolis: Hackett, 1991) 참조. 이런 다수의 책들에 대한 진지하고 심도 깊은 분석—제목이 시사하는 것보다 훨씬 더 광범위한 영역을 분석한다—에 관해서는 Lorraine Smith Pangle, *Aristotle and the Philosophy of Friendship* (Cambridge: Cambridge University Press, 2003) 참조. 좀더 가벼운 느낌으로 현대 세계를 바라본 최신 연구에 관해서는 A. C. Grayling, *Friendship* (New Haven, CT: Yale University Press, 2013) 참조.

20. 에라스뮈스와 모어의 우정에 관한 연구로는 E. E. Reynolds, *Thomas More and Erasmus* (London: Burns & Oates, 1965) 참조.
21. David Hume to Edward Gibbon, 18 March 1776, in HL II, 310.
22. David Hume to Gilbert Elliot of Minto, 2 July 1757, in HL I, 255.
23. Dugald Stewart, *Dissertation, Exhibiting a General View of the Progress of Metaphysical, Ethical, and Political Philosophy, since the Revival of Letters in Europe*, in *The Collected Works of Dugald Stewart*, ed. Sir William Hamilton, vol. 1 (Edinburgh: Thomas Constable and Co. [1815] 1854), 551.
24. Walter Scott, *The Miscellaneous Prose Works of Sir Walter Scott*, vol. 1 (Edinburgh: Robert Cadell, [1824] 1847), 345.
25. Edward Gibbon to Adam Ferguson, 1 April 1776, in *The Letters of Edward Gibbon*, ed. Jane Elizabeth Norton, vol. 2 (London: Cassell & Co., 1956), 100-101.
26. Arthur Herman, *How the Scots Invented the Modern World: The True Story of How Western Europe's Poorest Nation Created Our World and Everything in It* (New York: Three Rivers, 2001). 스코틀랜드 계몽주의에 대한 더욱 학구적인 개요는 Christopher J. Berry, *Social Theory of the Scottish Enlightenment* (Edinburgh: Edinburgh University Press, 1997); and Alexander Broadie, *The Scottish Enlightenment: The Historical Age of the Historical Nation* (Edinburgh: Birlinn, 2001) 참조.
27. Richard B. Sher, *Church and University in the Scottish Enlightenment: The Moderate Literati of Edinburgh* (Edinburgh: Edinburgh University Press, 1985), 10-11 참조.

28. 교구 소속 학교에 관해서는 T. C. Smout, *A History of the Scottish People, 1560-1830* (New York: Charles Scribner's Sons, 1969), chap. 18 참조. 대학에 관해서는 Roger L. Emerson, *Academic Patronage in the Scottish Enlightenment: Glasgow, Edinburgh and St Andrews Universities* (Edinburgh: Edinburgh University Press, 2008); and Roger L. Emerson, *Professors, Patronage and Politics: The Aberdeen Universities in the Eighteenth Century* (Aberdeen: Aberdeen University Press, 1992) 참조. 18세기 스코틀랜드의 다양한 클럽과 협회에 대한 가장 완벽한 설명은 D. D. McElroy, "The Literary Clubs and Societies of Eighteenth-Century Scotland, and Their Influence on the Literary Productions of the Period from 1700 to 1800" (PhD diss., Edinburgh University, 1952); 약간은 덜 완벽하지만 같은 저자가 출간한 책으로 Davis D. McElroy, *Scotland's Age of Improvement: A Survey of Eighteenth-Century Literary Clubs and Societies* (Pullman: Washington State University Press, 1969) 참조. 출판 산업에 관해서는 Richard B. Sher, *The Enlightenment and the Book: Scottish Authors & Their Publishers in Eighteenth-Century Britain, Ireland, & America* (Chicago: University of Chicago Press, 2006) 참조. 온건파와 커크에 관해서는 Sher, *Church and University in the Scottish Enlightenment* 참조.
29. 짧고 훌륭한 18세기 스코틀랜드 역사에 관해서는 Richard B. Sher, "Scotland Transformed: The Eighteenth-Century," in *Scotland: A History*, ed. Jenny Wormald (Oxford: Oxford University Press, 2005), 177-208 참조. 고전의 반열에 오를 만한 것으로, 더 길고 오래됐지만 여전히 아주 읽기 쉬운 책으로는 Smout, *History of the Scottish People*, pt. 2 참조. 에든버러 계몽주의에 초점을 맞춘 좀더 최신작으로는 James Buchan, *Crowded with Genius: The Scottish Enlightenment, Edinburgh's Moment of the Mind* (New York: HarperCollins, 2003) 참조.
30. Sher, *Church and University in the Scottish Enlightenment*, 152.
31. Voltaire, *Letters Concerning the English Nation*, ed. Nicholas Cronk (Oxford: Oxford University Press, [1733] 1994), 29-30.
32. 이 사건에 관해서는 Michael Hunter, "'Aikenhead the Atheist': The Context and Consequences of Articulate Irreligion in the Late Seventeenth Century," in *Atheism from the Reformation to the Enlightenment*, ed. Michael Hunter and

David Wootton (Oxford: Clarendon, 1992), 221-254; and Michael F. Graham, *The Blasphemies of Thomas Aikenhead: Boundaries of Belief on the Eve of the Enlightenment* (Edinburgh: Edinburgh University Press, 2008) 참조.

33. Smout, *History of the Scottish People*, 204, 207.

34. 온건파에 관한 최고의 연구서는 Sher, *Church and University in the Scottish Enlightenment*이다.

35. John R. McIntosh, *Church and Theology in Enlightenment Scotland: The Popular Party, 1740-1800* (East Linton: Tuckwell, 1998) 참조.

36. 스미스의 절충주의와 관련한 주장은 대표적인 한 기사에서 찾아볼 수 있다: Jacob Viner, "Adam Smith and Laissez Faire," in *Journal of Political Economy* 35.2 (April 1927), 199. 내가 **거의** 모든 스미스 학자들이 스미스에게 미친 흄의 영향을 알아차렸다고 말한 것은 적어도 한 학자, 즉 애솔 피츠기번스가 "스미스의 철학이 그의 친구 데이비드 흄의 철학을 반영한다는 일반적인 가정"에 이의를 제기하려고 많은 애를 써왔고 심지어는 스미스가 "도덕과 방법론 양면에서 흄과 다른 것은 마치 분필이 치즈와 다른 것과 같다. 스미스는 효용성, 회의주의, 가치의 상대성, 근본적 개인주의, 실증적 사고와 규범적 사고의 엄격한 구분을 포함하는 흄의 주요 철학적 명제 하나하나를 거부했다"고 말하기까지 했기 때문이다. Athol Fitzgibbons, *Adam Smith's System of Liberty, Wealth, and Virtue: The Moral and Political Foundations of the Wealth of Nations* (Oxford: Oxford University Press, 1995), v, 28-29. 하지만 인용구의 후반부가 시사하듯 그리고 스티븐 다월이 지적하듯 피츠기번스는 흄을 근본적으로 버나드 맨더빌의 희화화로 완전히 잘못 해석하고, 그것만으로 "도덕에 대한 이론적 관심은 마땅히 실증경제학과 양립할 수 있으며 또한 도덕에 대한 실제적 관심은 경제의 번영과 양립할 수 있다고 주장하는 이기적인 도덕 회의론자"라는 자신의 결론에 도달한다. Stephen Darwall, "Sympathetic Liberalism: Recent Work on Adam Smith," in *Philosophy & Public Affairs* 28.2 (April 1999), 147-148.

37. Phillipson, 65, 71, 67.

38. Samuel Fleischacker, "Adam Smith," in *A Companion to Early Modern Philosophy*, ed. Steven Nadler (Oxford: Blackwell, 2002), 508.

39. Samuel Fleischacker, "Sympathy in Hume and Smith: A Contrast, Critique,

and Reconstruction," in *Intersubjectivity and Objectivity in Adam Smith and Edmund Husserl: A Collection of Essays*, ed. Christel Fricke and Dagfinn Føllesdal (Frankfurt: Ontos Verlag, 2012), 282.

40. Duncan Forbes, *Hume's Philosophical Politics* (Cambridge: Cambridge University Press, 1975), esp. chap. 5; Duncan Forbes, "Sceptical Whiggism, Commerce, and Liberty," in *Essays on Adam Smith*, ed. Andrew S. Skinner and Thomas Wilson (Oxford: Clarendon, 1975), 179-291 참조. "휘그이지만 매우 회의주의적인 휘그"라는 흄의 자기 정의에 관해서는 David Hume to Henry Home, 9 February 1748, in HL I, 111 참조.

41. Dennis C. Rasmussen, *The Pragmatic Enlightenment: Recovering the Liberalism of Hume, Smith, Montesquieu, and Voltaire* (Cambridge: Cambridge University Press, 2014), esp. chaps.2 and 4에서 나는 이러한 해석의 정당성을 꽤 상세하게 입증했다.

42. 세부적인 논쟁에 관해서는 J. C. A. Gaskin, *Hume's Philosophy of Religion*, second edition (Atlantic Highlands, NJ: Humanities Press, 1988), esp. 219-223; and Paul Russell, *The Riddle of Hume's Treatise: Skepticism, Naturalism, and Irreligion* (Oxford: Oxford University Press, 2008), esp. 284-285를 비교할 것.

43. J. C. A. Gaskin, "Hume on Religion," in *The Cambridge Companion to Hume*, 2nd ed., ed. David Fate Norton and Jacqueline Taylor (Cambridge: Cambridge University Press, 2009), 480.

44. MOL, xxxiv.

45. John Ramsay of Ochtertyre, *Scotland and Scotsmen in the Eighteenth Century*, ed. Alexander Allardyce, vol. 1 (Edinburgh: William Blackwood, 1888), 463; 467도 참조.

46. James Wodrow to Samuel Kenrick, 10 July 1759, Dr. Williams's Library, London, MSS 24.157(33).

47. 스미스를 기독교도(이신론자와 반대로)로 해석한 좀더 심층적인 연구로는 Brendan Long, "Adam Smith's Theism," in *The Elgar Companion to Adam Smith*, ed. Jeffrey T. Young (Cheltenham: Edward Elgar, 2009), 73-99; and Paul Oslington ed., *Adam Smith as Theologian* (New York: Routledge, 2011)에 실린 여러 에

세이가 있다. 스미스를 숨겨진 무신론자로 해석한 것 중 가장 상세한 글은 Peter Minowitz, *Profits, Priests, and Princes: Adam Smith's Emancipation of Economics from Politics and Religion* (Stanford, CA: Stanford University Press, 1993), esp. chaps. 6-10에서 찾아볼 수 있다.

48. Emma Rothschild, *Economic Sentiments: Adam Smith, Condorcet, and the Enlightenment* (Cambridge, MA: Harvard University Press, 2001), 301n84; 130도 참조. 로스차일드와 새뮤얼 플라이섀커의 언쟁에 관해서는 Samuel Fleischacker, "Smith's Ambiguities: A Response to Emma Rothschild's Economic Sentiments," in *Adam Smith Review* 1 (2004), 143-144; and Emma Rothschild, "Dignity or Meanness," in *Adam Smith Review* 1 (2004), 160-161 참조.

49. 개빈 케네디는 스미스의 말조심이 주로 어머니를 속상하게 하는 일을 피하려는 소망에서 비롯되었다는 생각을 제시해왔다. Gavin Kennedy, *Adam Smith's Lost Legacy* (New York: Palgrave Macmillan, 2005), 40; Gavin Kennedy, "Adam Smith on Religion," in Berry, Paganelli, and Smith, *Oxford Handbook of Adam Smith*, 467 참조.

50. Rasmussen, *Pragmatic Enlightenment*, 178-179에서도 나는 이런 관점을 내세웠다. 유사하게 회의적인 해석에 관해서는 Rothschild, *Economic Sentiments*, 129-134; Gavin Kennedy, "The Hidden Adam Smith in His Alleged Theology," *Journal of the History of Economic Thought* 33.3 (September 2011), 385-402; and Colin Heydt, "The Problem of Natural Religion in Smith's Moral Thought," *Journal of the History of Ideas* 78.1 (January 2017), 73-94 참조.

01 쾌활한 무신론자

1. David Bourget and David J. Chalmers, "What Do Philosophers Believe?" *Philosophical Studies* 170.3 (September 2014), 476 참조.
2. David Hume to Gilbert Elliot of Minto, 22 September 176, in HL I, 470.
3. Isaiah Berlin, *The Age of Enlightenment: The 18th Century Philosophers* (New York: George Braziller, 1956), 163.

4. 흄에 대한 기초적인 인적 사항은 흄의 편지, 〈나의 생애〉, 그리고 없어서는 안 될 어니스트 캠벨 모스너와 제임스 해리스의 (본문에서 인용한) 전기들에서 가져왔다.

5. 종종 흄이 열한 살에 대학에 들어갔다고들 하는데, 이것은 그가 처음 수업을 듣기 시작한 때가 아니라 대학 입학 명부에 정식으로 서명한 때이다. 흄의 대학 시절과 좀더 일반적으로 어린 시절의 지적 발달에 대한 가장 완벽한 설명은 M. A. Stewart, "Hume's Intellectual Development, 1711-1752," in *Impressions of Hume*, ed. M. Frasca-Spada and P. J. E. Kail (Oxford; Clarendon, 2005), 11-58 참조. 역사가로서 흄의 지적 발달에 초점을 맞춘 스튜어트의 에세이에 대한 보충 자료로는 Roger L. Emerson, "Hume's Intellectual Development: Part II," in *Essays on David Hume, Medical Men and the Scottish Enlightenment: "Industry, Knowledge and Humanity"* (Farnham: Ashgate, 2009), 103-125 참조. Harris, chap. 1도 유익하다.

6. David Hume to James Birch, 18 May 1735, in E. C. Mossner, "Hume at La Flèche, 1735: An Unpublished Letter," *University of Texas Studies in English* 37 (1958), 32. 흄과 자연철학에 관해서는 Michael Barfoot, "Hume and the Culture of Science in the Early Eighteenth Century," in *Studies in the Philosophy of the Scottish Enlightenment*, ed. M. A. Stewart (Oxford: Clarendon, 1990), 151-190 참조.

7. MOL, xxxii-xxxiii. David Hume to George Cheyne, March/April 1734, HL I, 13도 참조. 흄의 법학 강좌 청강에 관해서는 William Zachs, *David Hume: Man of Letters, Scientist of Man* (Edinburgh: Writers' Museum, 2011), 59 참조.

8. David Hume to Michael Ramsay, 4 July 1727, in HL I, 9.

9. Richard Allestree, *The Whole Duty of Man, Laid Down in a Plain and Familiar Way, for the Use of All, but Especially the Meanest Reader* (Dublin: A. Reilly, [1658] 1756), 358-359. 이 책을 자기 성격을 검사하기 위해 사용했다는 흄의 주장에 관해서는 James Boswell, *Boswell in Extremes, 1776-1778*, ed. Charles McC. Weis and Frederick A. Pottle (New York: McGraw-Hill, 1970), 11 참조.

10. David Hume to Gilbert Elliot of Minto, 10 March 1751, in HL I, 154.

11. Boswell, *Boswell in Extremes*, 11.

12. Peter Gay, *The Enlightenment: An Interpretation, vol. 1: The Rise of Modern*

Paganism (New York: Norton, 1966), 326 참조.

13. David Hume to George Cheyne, March/April 1734, in HL I, 13-15.

14. MOL, xxxiii.

15. MOL, xxxiv.

16. Alexander Pope, *Epilogue to the Satires*, in *The Major Works*, ed. Pat Rogers (Oxford: Oxford University Press, [1738] 2006), 407.

17. Thomas H. Huxley, *Hume: With Helps to the Study of Berkeley* (London: Macmillan, [1887] 1908), 12.

18. THN intro.1, 3; intro.6, 4.

19. THN intro.7, 4.

20. THN intro.7, 5 참조.

21. 흄의 동시대인들 사이에서 《인간 본성에 관한 논고》의 무신론적 성격이 널리 알려진 것에 관해서는 Paul Russell, *The Riddle of Hume's Treatise: Skepticism, Naturalism, and Irreligion* (Oxford: Oxford University Press, 2008), chap. 2 참조.

22. 기적에 대한 단락에 관해서는, David Hume to Henry Home, 2 December 1737, in NHL, 2 참조. 사후 발간한 〈영혼의 불멸성에 관하여〉라는 에세이를 아마도 〈영혼의 비실체성에 관하여(Of the Immateriality of the Soul)〉라는 에세이 바로 뒤에(또는 그 안에) 맞도록 《인간 본성에 관한 논고》의 일부로 애초에 집필했을 것이라는 추측에 관해서는 J. C. A. Gaskin, *Hume's Philosophy of Religion*, second edition (Atlantic Highlands, NJ: Humanities Press, 1988), 102 참조.

23. David Hume to Henry Home, 2 December 1737, in NHL, 2-3.

24. David Hume to Francis Hutcheson, 17 September 1739, in HL I, 34.

25. David Hume to Gilbert Elliot of Minto, March/April 1751, in HL I, 158.

26. David Hume to John Stewart, February 1754. in HL I, 187; David Hume, "A Letter from a Gentleman to His Friend in *Edinburgh*," in *A Treatise of Human Nature*, ed. David Fate Norton and Mary J. Norton (Oxford: Clarendon, [1745] 2007), 431도 참조.

27. 1775년 가을에 쓰고 1776년 1월에 인쇄된 EHU, 1에 실린 광고 참조.

28. T. H. Grose, "History of the Editions," in *The Philosophical Works of David*

Hume, ed. T. H. Green and T. H. Grose, vol. 3 (London: Longmans, Green, 1875), 39n.

29. EHU, 1에 실린 광고 참조.

30. EMPL, 535.

31. EMPL, 534-535.

32. EMPL, 55, 53.

33. EMPL, 78, 77, 62.

34. 흄은 플라돈주의자의 삶을 종교적 헌신의 삶이라기보다는 '철학적 헌신'의 삶으로 기술하지만, 그가 이 글에서 묘사하는 철학의 유형은 불가분하게 종교적인 것 같다. EMPL, 155 참조.

35. EMPL, 170; 179n12도 참조.

36. EMPL, 5, 7.

37. 이 일화에 관해서는 Roger L. Emerson, "The 'Affiair' at Edinburgh and the 'Project' at Glasgow: The Politics of Hume's Attempts to Become a Professor," in *Hume and Hume's Connexions*, ed. M. A. Stewart and John P. Wright (University Park: Pennsylvania State University Press, 1994), 1-22; Richard B. Sher, "Professors of Virtue: The Social History of the Edinburgh Moral Philosophy Chair in the Eighteenth Century," in Stewart, *Studies in the Philosophy of the Scottish Enlightenment*, esp. 103-108; and M. A. Stewart, "The Kirk and the Infidel," inaugural lecture delievered at Lancaster University on 9 November 1994 (Lancaster: Lancaster University Publications Office, 1995), 1-29 참조.

38. David Hume to Matthew Sharpe of Hoddam, 25 April 1745, in HL I, 59; David Hume to William Mure of Caldwell, 4 August 1744, in HL I, 57-58도 참조.

39. Sher, "Professors of Virtue," 99-100 참조.

40. David Hume to Francis Hutcheson, 17 September 1739, in HL I, 34.

41. David Hume to James Edmonstoune, April 1764, in NHL, 83.

42. David Hume to Henry Home, end of June 1747, in NHL, 25-26.

43. David Hume to Gilbert Elliot of Minto, March/April 1751, in HL I, 158.

44. 흄이 에든버러 교수 임용 실패에 대한 대응으로 《철학 논집》을 썼을 거라는 의견에 관해서는 M. A. Stewart, "Two Species of Philosophy: The Historical Significance of the First Enquiry," in *Reading Hume on Human Understanding: Essays on the First Enquiry*, ed. Peter Millican (Oxford: Clarendon, 2002), 67-95 참조.
45. 《철학 논집》의 초판 표지는 흄의 이름을 포함하지 않았지만, 이 책이 "《도덕·정치 논집》의 저자"—같은 해(1748) 말에 같은 발행인(앤드루 밀러)이 출간했고 표지에 "저자 데이비드 흄 박사"가 포함된 《도덕·정치 논집》 판을 지칭한다—에 의해 쓰인 것이라고 확실히 명시했다. 따라서 적어도 간접적으로는 흄의 신원을 드러낸 셈이다.
46. David Hume to James Oswald of Dunnikier, in HL I, 106. David Hume to Henry Home, in HL I, 111도 참조.
47. 《인간 본성에 관한 논고》에 실린 〈원시 계약에 관하여〉와 〈절대 복종에 관하여〉 논쟁의 초기 버전에 관해서는 THN 3.2.8-9, 345-354 참조.
48. David Hume to Lord Elibank, 8 January 1748, in Ernest Campbell Mossner, "New Hume Letters to Lord Elibank, 1748-1776," *Texas Studies in Literature and Language* 4.3 (Autumn 1962), 437.
49. David Hume to Henry Home, 9 February 1748, in HL I, 111. David Hume to Charles Erskine, Lord Tinwald, 13 February 1748, HL I, 112도 참조.
50. EMPL, 208. 이 주석은 흄의 《도덕·정치 논집》 1753년판에 처음 실렸고 이후 개정됐다. 이 책 본문에서 인용한 버전은 그의 사후 모음집 초판(1777)에 있다.
51. TMS V.2.9, 206.
52. David Hume to James Oswald of Dunnikier, 29 January 1748, in HL I, 109.
53. David Hume to John Home of Ninewells, 15 April 1748, in HL I, 127.
54. MOL, xxxv.

02 흄과의 조우

1. Robert L. Heilbroner, *The Worldly Philosophers: The Lives, Times, and Ideas of the Great Economic Thinkers*, 7th ed. (New York: Simon & Schuster, 1999), 41.

2. 스미스는 6월 5일 세례를 받았지만 실제로 태어난 날은 알려져 있지 않다. 스미스에 관해서는 최소한 네 권의 전기가 필수다. 바로 두걸드 스튜어트, 존 레이, 이언 심슨 로스, 니컬러스 필립슨의 책이다(모두 본문에서 인용).

3. 스미스에게는 사실 아버지의 앞선 결혼에서 생긴 배다른 형제 휴(Hugh)가 있었지만, 그와 많은 접촉을 했던 것 같지 않다.

4. Friedrich Nietzsche, *On the Genealogy of Morals*, in *Basic Writings of Nietzsche*, trans. Walter Kaufmann (New York: Modern Library, [1887] 1992), 543.

5. Adam Smith to William Strahan, 10 June 1784, in CAS, 275.

6. Adam Smith to Archibald Davidson, 16 November 1787, in CAS, 309.

7. Strahan, xlviii. Adam Smith to John Home of Ninewells, 7 October 1776, in CAS, 214도 참조.

8. Stewart, 270.

9. TMS III.2.20, 124.

10. WN V.i.f.8, 761; V.i.f.34, 772.

11. Adam Smith to William Cullen, 20 September 1774, in CAS, 173.

12. Roger L. Emerson, "Scottish Universities in the Eighteenth Century, 1690-1800," *Studies on Voltaire and the Eighteenth Century* 167 (1977), 453-474 참조.

13. Adam Smith to William Smith, 24 August 1740, in CAS, 1.

14. Adam Smith to his mother, 29 November 1743, in CAS, 3; Adam Smith to his mother, 2 July 1744, CAS, 3 참조

15. Stewart, 271.

16. 확실히 베일리얼의 분위기는 제임스 왕조에 동조하는 경향이 있었고, 스미스는 하노버 왕조 쪽이었다. 고고학자 조지 찰머스가 쓴, 스미스가 넌더리가 나서 옥스퍼드를 떠났다는 주장을 담고 있고 스미스의 옛 제자이던 웨스터타운의 데이비드 캘런더(David Callander of Westertown)를 출처로 밝히고 있는 문헌에 관해서는 D. D. Raphael, "Adam Smith 1790: The Man Recalled; the Philosopher Revived," in *Adam Smith Reviewed*, ed. Peter Jones and Andrew S. Skinner (Edinburgh: Edinburgh University Press, 1992), 93-94 참조.

17. 서문에서 18세기 스코틀랜드 국교회는 장로교라고 한 말을 상기할 것. 한편 비국교

회인 성공회는 감독교회(Episcopalian: 감독직, 즉 주교·사제·부제의 3단계 직제로 구성된 교회 통치 체제를 가진 모든 교회를 통칭하는 용어—옮긴이)라고 불렸다.

18. Stewart, 272 참조. 스미스와 스넬 장학금에 관해서는 Iain McLean, *Adam Smith, Radical and Egalitarian: An Interpretation for the 21st Century* (Edinburgh: Edinburgh University Press, 2006), 6-7 참조.

19. Review of Adam Smith's *Essays on Philosophical Subjects*, in *Monthly Review*, vol. 22 (January 1797), 60.

20. Ibid. 이 글의 저자 레슬리의 신원에 관해서는 Ross, 71 참조. 스미스의 레슬리 고용과 그에 대한 높은 존경에 관해서는 Adam Smith to Sir Joseph Banks, 18 December 1787, in CAS, 309-310 참조.

21. John Ramsay McCulloch, *Treaties and Essays on Subjects Connected with Economic Policy, with Biographical Sketches of Quesnay, Adam Smith, and Ricardo* (Edinburgh: Adam and Charles Black, 1853), 445-446; and John Strang, *Glasgow and Its Clubs, or Glimpses of the Condition, Manners, Characters, and Oddities of the City, during the Past and Present Centuries* (Glasgow: Richard Griffin, 1857), 27-28 참조.

22. Strang, *Glasgow and Its Clubs*, 27-28. 개빈 케네디는 스미스가 "지도교수들의 평가에는 동의했어도 처리 방식에는 그럴 수 없었다. 흄의 《인간 본성에 관한 논고》가 사제 서품 후보자에게 적합한 읽을거리는 아니었으므로 그는 마침내 후보자가 되기를 중단하기로 결심했다"고 쓴다. Gavin Kennedy, *Adam Smith's Lost Legacy* (New York: Palgrave Macmillan, 2005), 19.

23. 허치슨이 자신의 제자인 스미스에게 《인간 본성에 관한 논고》를 분명 소개했고, 그에게 써보라고 제안한 그 책의 개요가 너무나도 인상적이어서 그것을 흄에게 건넸으며, 이에 흄이 다시 스미스에게 책 한 부를 보내주고 그 개요를 출판하려 했다고 알려진 것은 오래전 일이다. 이러한 추측은 흄이 허치슨에게 "제 서적상이 스미스 씨에게 책 한 부를 보냈습니다"라고 알리며 "개요는 어떻게 됐답니까?"라고 묻는 편지에 기반을 두고 있다. David Hume to Francis Hutcheson, 4 March 1740, in HL I, 37. 아울러 수십 년간 다른 많은 이들에 의해 반복되기는 했지만 그 원천은 John Hill Burton, *Life and Correspondence of David Hume*, vol. 1 (Edinburgh: William Tait, 1846), 116-117에서 비롯된 듯하다. 그러나 최근 학계

에서는 그 문제의 '스미스 씨'가 애덤 스미스가 아니었다는 의견이 몇 차례 대두되었다. 흄이 말한 사람은 더블린에 있는, 허치슨의 서적상이자 발행인인 존 스미스 아니면(이게 더 개연성이 있다) 암스테르담의 〈비블리오테크 레조네(Bibliothèque raisonnèe)〉의 공동 발행인 윌리엄 스미스이고, 흄이 언급한 《인간 본성에 관한 논고》의 개요는 흄 자신이 쓴 것이라는 얘기다. editors' introduction in *An Abstract of a Treatise of Human Nature, 1740: A Pamphlet hitherto unknown by David Hume*, ed. J. M. Keynes and P. Sraffa (Cambridge: Cambridge University Press, 1938); R. W. Connon and M. Pollard, "On the Authorship of 'Hume's' *Abstract*," *Philosophical Quarterly* 27.106 (January 1977), 60-66; Jeff Broome, "On the Authorship of the *Abstract*: A Reply to John O. Nelson," *Hume Studies* 18.1 (April 1992), 95-104; David Raynor, "The Author of the *Abstract* Revisited," *Hume Studies* 19.1 (April 1993), 213-215; David Fate Norton, "More Evidence That Hume Wrote the *Abstract*," *Hume Studies* 19.1 (April 1993), 217-222 참조. 반대 시각에 관해서는 John O. Nelson, "Has the Authorship of *An Abstract of a Treatise of Human Nature* Really Been Decided?," *Philosophical Quarterly* 26.102 (January 1976), 82-91; and John O. Nelson, "The Authorship of the *Abstract* Revisited," *Hume Studies* 17.1 (April 1991), 83-86 참조.

24. 개연성 있는 이런 연쇄적 사건은 Phillipson, 65에 나와 있다.

25. Phillipson, 71. 필립슨이 스미스가 지녔던 흄과의 지적인 친밀감을 강조했던 것을 감안하면 그가 《철학적 탐구를 이끄는 원리》를 힐끔 보고 지나친 것은 놀랍다.

26. 이 책의 집필 시기에 관해서는 W. P. D. Wightman's introduction in EPS, 6-7 참조. 이 책—아니, 그 책의 1부—은 일반적으로 〈천문학의 역사(History of Astronomy)〉라고 부르는데, 최초 편집자인 조지프 블랙과 제임스 허튼은 물론 스미스 문헌의 글래스고 현대판 편집자들도 그 제목을 붙였다. 하지만 스미스가 이 책 전체에 붙인 제목은 《천문학의 역사로 알아보는 철학적 탐구를 이끄는 원리(The Principles Which Lead and Direct Philosophical Enquiries; Illustrated by the History of Astronomy)》였다. 또한 그는 별도의 글 두 편을 더 남겼는데, 그것들이 동일한 표제 아래 '고대 물리학의 역사로 알아보는(Illustrated by the History of the Ancient Physics)'과 '고대 논리학과 형이상학의 역사로 알아보는(Illustrated by

the History of the Ancient Logics and Metaphysics)'이라는 부제를 나란히 달고 있다는 사실로 보건대 같은 책의 일부로 계획했을 것이라 짐작된다. 천문학 에세이에서는 〈고대 논리학〉의 한 단락을 가리켜 "이후에 출판할"(EPS, 53) 거라고 언급하기도 한다. 따라서 나는 이 세 편을 한데 묶어《원리》로 지칭하고자 한다.

27. Adam Smith to David Hume, 15 April 1773, in CAS, 168.《인간 본성에 관한 논고》가 "어린애 같은 책"이라는 흄의 지적에 관해서는 EHU, 1의 광고 참조.

28. EPS, 97-105에서 찾아볼 수 있는 뉴턴 관련 단락 추가분에 관해서는 Wightman's introduction in EPS, 7 참조. 스미스가 말년에 천문학 에세이를 개정했다는 주장에 관해서는 Lord Loughborough to David Douglas, 14 August 1790, in William Robert Scott, *Adam Smith as Student and Professor* (New York: Augustus M. Kelley, [1937] 1965), 313 참조.

29. EPS, 45-46.

30. EPS, 105.

31. EPS, 104.

32. EPS, 40-41. 흄의 장 제목에 관해서는 THN 1.1.4, 12 참조. 그 밖의《인간 본성에 관한 논고》암시에 관해서는 EPS, 34 and 42 참조. 편집자는 EPS, 37과 더불어 두 쪽 모두에서 스미스가 '관념'과 '인상'이라는 흄의 용어를 차용하고 있으며 EPS, 45에서는 지속적인 연합론을 이어간다고 쓴다.

33. John Millar to David Douglas, 10 August 1790, in Scott, *Adam Smith as Student and Professor*, 313. 이런 연관성에 대한 현대 학계의 일부 견해에 관해서는 D. D. Raphael and A. S. Skinner's general introduction in EPS, 16-19; D. D. Raphael, "'The True Old Humean Philosophy' and Its Influence on Adam Smith," in *David Hume: Bicentenary Papers*, G. P. Morice ed. (Austin: University of Texas Press, 1977), 23-38; Eric Schliesser, "Wonder in the Face of Scientific Revolutions: Adam Smith on Newton's 'Proof' of Copernicanism," in *British Journal for the History of Philosophy* 13.4 (2005), 697-732 참조. 라이언 핸리는 이 책에 나오는 철학적 탐구에 대한 스미스의 이해가 흄이 반대했던 경험을 벗어난 일종의 추측에 근거하고 있다는 점에서 그의 천문학 에세이는 근본적으로 반(反)흄적이라고 주장한다. Ryan Patrick Hanley, "Skepticism and Imagination: Smith's Response to Hume's Dialogues," in *New Essays on Adam Smith's*

Moral Philosophy, ed. Wade L. Robison and David B. Suits (Rochester, NY: Rochester Institute of Technology Press, 2012), esp. 174-175, 183-184, 190 참조. 여기에서 이런 점을 계속 밀고나갈 수는 없으나, 내가 볼 때 핸리는 스미스의 《원리》에 암시된 회의주의를 과소평가하는 동시에 경험을 벗어난 탐구에 대한 흄의 반대를 과대평가하고 있다.

34. EPS, 48-49.
35. EPS, 50; EPS, 112-113도 참조.
36. EPS, 113; EPS, 50-51, 114도 참조.
37. EPS, 113.
38. Eric Schliesser, "Toland and Adam Smith's Posthumous Work," in *Diametros* 40 (2014), 123 참조.
39. 《종교의 자연사》 집필에 관해서는 editor's introduction in NHR, xx-xxi 참조. 이 책을 스미스의 《원리》와 비교하는, 시사하는 점이 많은 에세이에 관해서는 Spencer, J. Pack, "Theological (and Hence Economic) Implications of Adam Smith's 'Principles Which Lead and Direct Philosophical Enquiries'," *History of Political Economy* 27.2 (Summer 1995), 289-307 참조.
40. 팩은 이런 유사성을 멋지게 펼쳐 보인다. Pack, "Theological (and Hence Economic) Implications" 참조.
41. 스미스가 흄이 그것을 모른다고 생각하는 측면에서 그 책을 기술하는 Adam Smith to David Hume, 16 April 1773, in CAS, 168 참조.
42. David Hume to Adam Smith, March 1757, HI I, 245, and CAS, 20.
43. Ross, chap. 7 참조.
44. 찰머스는 스미스의 옛 제자인 웨스터타운의 데이비드 캘런더가 정보의 출처라고 인용한다. Raphael, "Adam Smith 1790," 94 참조. 두걸드 스튜어트는 "내가 받은 모든 정보에는 〔스미스의〕 데이비드 흄 씨와의 인연이 어떤 특정 시기에 시작됐는지 나타나 있지 않다"고 인정한다. Stewart, 273.
45. Scott, *Adam Smith as Student and Professor*, 49-50 참조. 흄은 1751년 12월 철학협회의 비서로 선출됐는데, 그는 이 자리를 1763년 프랑스로 떠날 때까지 유지했던 것 같다. Mossner, 257-258 참조.
46. David Hume to Adam Smith, 8 June 1758, in HI I, 280, and CAS, 24 참조.

47. James Caulfeild, *Memoirs of the Political and Private Life of James Caulfeild, Earl of Chestermont*, ed. Francis Hardy (1810), in Fieser X, 21.

48. David Hume to John Wilkes, 16 October 1754, in HL I, 205.

49. Alexander Carlyle, *Autobiography of the Rev. Dr Alexander Carlyle, Minister of Inveresk, Containing Memorials of the Men and Events of His Time*, 2nd ed. (Edinburgh: William Blackwood, 1860), 273, 276.

50. 하지만 스미스는 1년 전쯤 윌리엄 해밀튼(William Hamilton)의 시 모음집을 위해 매우 짧은 권두언을 쓴 적이 있다. EPS, 261 참조.

51. John Ramsay of Ochtertyre, *Scotland and Scotsmen in the Eighteenth Century*, ed. Alexander Allardyce, vol. 1 (Edinburgh: William Blackwood, 1888), 461; Rae, 28도 참조.

52. 스미스가 "가끔 신성한 예배 도중에 웃거나 미소를 지어 진지한 사람들을 불쾌하게 만들었다"는 사실에 관해서는 Ramsay of Ochtertyre, *Scotland and Scotsmen in the Eighteenth Century*, 461 참조.

53. James Boswell, *London Journal, 1762-1763*, ed. Frederick A. Pottle (New York: McGraw-Hill, 1950), 248; Stewart, 329.

54. Carlyle, *Autobiography of the Rev. Dr Alexander Carlyle*, 279.

55. Ibid., 280; Ramsay of Ochtertyre, *Scotland and Scotsmen in the Eighteenth Century*, 464도 참조.

56. J. Y. T. Greig, *David Hume* (New York: Garland, [1931] 1983), 252.

57. 흄의 "소수의 엄선한 벗들" 선호에 관해서는 EMPL, 7, 626; and David Hume to the Comtesse de Boufflers, 15 May 1761, in HL I, 345 참조.

58. Rae, 27.

59. Walter Bagehot, "Adam Smith as a Person," in *Biographical Studies* (London: Longmans, Green, [1895] 1907), 285.

03 싹트는 우정

1. 스미스의 수락 편지는 글래스고 대학의 교수로 선정된 다음 날 에든버러에서 발송

됐다—당시 우편물의 배달 속도로 봤을 때, 인상적인 일이었다.

2. 이 시기에 나날이 계몽화되고 있던 글래스고 대학의 성격에 관해서는 Roger L. Emerson, "Politics and the Glasgow Professors, 1690-1800," in *The Glasgow Enlightenment*, ed. Andrew Hook and Richard B. Sher (East Linton: Tuckwell Press, 1995), 21-39 참조.
3. editors' introduction in *Scottish Philosophy in the Eighteenth Century,* vol. 1: *Morals, Politics, Art, Religion*, Aaron Garrett and James A. Harris ed. (Oxford: Oxford University Press, 2015), 6 참조.
4. Stewart, 274-275 참조.
5. 스미스의 법학 강의 수강생이 작성한 필기 노트 두 묶음—하나는 1762~1763년도 학기의 것이고 다른 하나는 아마도 스미스의 글래스고 대학 임기 마지막 해인 다음 년도의 것인 듯하다—에 관해서는 LJ 참조. 일반적으로 '앤더슨 노트'라고 부르는 세 번째 노트 묶음은 스미스의 글래스고 대학 동료 교수 중 한 명인 존 앤더슨의 비망록에서 발견됐다. 이 노트는 LJ에 실린 두 묶음보다 완성도가 한참 떨어진다. 요컨대 더 완전했을 학생들의 필기를 선별해서 발췌한 것처럼 읽힌다. 이 필기 노트가 정말 스미스의 강좌에서 비롯된 것이라면, LJ에 있는 두 묶음보다 오래된 학기 중 아마도 1750년대 초반이나 중반 어느 때인가에 기록한 것인 듯하다. Ronald L. Meek, "New Light on Adam Smith's Glasgow Lectures on Jurisprudence," *History of Political Economy* 8.4 (Winter 1976), 439-477 참조.
6. Stewart, 274.
7. John Ramsay of Ochtertyre, *Scotland and Scotsmen in the Eighteenth Century*, ed. Alexander Allardyce, vol. 1 (Edinburgh: William Blackwood, 1888), 462.
8. Ibid., 463; Henry Grey Graham, *Scottish Men of Letters in the Eighteenth Century* (London: Adam and Charles Black, 1908), 153도 참조. 스미스가 대학에서 부활절 예식을 거행해야 하는 데 따른 짜증을 확실히 드러내는 편지에 관해서는 Adam Smith to Willim Johnstone, March/April 1752-63, in CAS, 326 참조.
9. Ramsay of Ochtertyre, *Scotland and Scotsmen in the Eighteenth Century*, 462-463.
10. Théodore Tronchin to Louis François Tronchin, 17 July 1762, in *Correspondance complète de Jean-Jacques Rousseau*, R. A. Leigh et al., vol. 12 (Geneva:

Institut et Musée Voltaire, 1967), 125-126 참조.

11. Stewart, 275.

12. James Boswell to John Johnston of Grange, 11 January 1760, *The Correspondence of James Boswell and John Johnston of Grange*, ed. Ralph S. Walker (New York: McGraw-Hill, 1966), 7 참조.

13. Gordon Turnbull, "Boswell in Glasgow: Adam Smith, Moral Sentiments and the Sympathy of Biography," in Hook and Sher, *Glasgow Enlightenment*, esp. 164-165, 167도 참조.

14. Adam Smith to William Strahan, winter 1766-1767, in CAS, 122. Stewart, 350-351도 참조.

15. Adam Smith to Archibald Davidson, 16 November 1787, in CAS, 309.

16. David Hume to John Clephane, 4 February 1752, in HL I, 164. 제임스 해리스는 흄이 실제로는 자신이 지원한 대학의 두 자리 중 어느 쪽도 원하지 않았을 거라고 말한다. Harris, viii, 17-18, 209, 306-307 참조.

17. Adam Smith to William Cullen, November 1751, in CAS, 5-6.

18. J. Y. T. Greig, *David Hume* (New York: Garland, [1931] 1983), 188-189.

19. Rae, 47-48. 흄이 컬른에게 보낸, 자신을 위해 수고해줘서 고맙다는 편지에 관해서는 David Hume to William Cullen, 21 January 1752, in HL I, 163 참조.

20. Mossner, 249.

21. 대학의 교수진 수에 관해서는 editors' introduction in Hook and Sher, *Glasgow Enlightenment*, 10-11 참조.

22. Gerhard Streminger, *David Hume: DerPhilosoph und sein Zeitalter* (Munich: Verlag C. H. Beck, [1994] 2011), 324 참조. 와트는 대학에서 교수가 아니라 도구 제작자로 일했다. 스미스와 와트의 우정에 관해서는 Rae, 74 참조.

23. David Hume to John Clephane, 4 February 1752, in HL I, 164-165.

24. MOL, xxxvi. 에든버러와 글래스고의 18세기 인구 통계에 관해서는 T. C. Smout, *A History of the Scottish People, 1560-1830* (New York: Charles Scribner's Sons, 1969), 261 참조.

25. Tobias Smollett, *The Expedition of Humphry Clinker*, ed. Lewis M. Knapp and Paul-Gabriel Boucé (Oxford: Oxford University Press, [1771] 2009), 233.

26. Adam Smith to Lord Shelburne, 29 October 1759, in CAS, 59. 스미스는 에든버러에 10년 넘게 살았던 시점인 1788년에도 여전히 글래스고를 더 좋아했다. Adam Smith to Henry Herbert, Lord Porchester, 23 September 1788, in CAS, 432 참조. LJ, 333, 486도 참조.

27. 불균형을 바로잡으려는 시도에 관해서는 Hook and Sher, *Glasgow Enlightenment* 참조.

28. Ibid., 13-14의 editors' introduction 참조. 글래스고의 이런 측면에 대한 스미스의 불만에 관해서는 가령 Adam Smith to William Johnstone, March/April 1752-63, in CAS, 326 참조.

29. 《두 번째 탐구》의 훌륭한 개괄과 그것이 어떻게 《인간 본성에 관한 논고》 3권과 다른지에 관해서는 Annette C. Baier, "*Enquiry concerning the Principles of Morals*: Incomparably the Best?," in *A Companion to Hume*, Elizabeth S. Radcliffe ed. (Oxford: Blackwell, 2008), 293-320 참조.

30. David Hume to Francis Hutcheson, 17 September 1739, in HL I, 32; THN 3.3.6.6, 395도 참조.

31. 이 점에 대한 유용한 논의는 Kate Abramson, "Sympathy anad the Project of Hume's Second Enquiry," *Archiv für Geschichte der Philosophie* 83.1 (May 2000), esp. 66-71 참조.

32. EPM 9.3, 73.

33. David Hume to the abbé le Blanc, 5 November 1755, in HL I, 227. David Hume to David Dalrymple, 3 May 1753, in HL I, 175도 참조.

34. MOL, xxxvi.

35. EMPL, 255.

36. EMPL, 324.

37. EMPL, 269, 271, 277.

38. MOL, xxxvi.

39. J. H. Hollander, "Adam Smith 1776-1926," *Journal of Political Economy* 35.2 (April 1927), 164.

40. 문학협회의 설명에 관해서는 D. D. McElroy, "The Literary Clubs and Societies of Eighteenth-Century Scotland, and Their Influence on the Literary Produc-

tions of the Period from 1700 to 1800," (PhD diss., Edinburgh University, 1952), 118-127 참조.

41. William James Duncan, *Notes and Documents Illustrative of the Literary History of Glasgow, During the Greater Part of the Last Century* (Glasgow: Maitland Club, 1831), 132; and James Coutts, *A History of the University of Glasgow, from Its Foundation in 1451 to 1909* (Glasgow: James MacLehose and Sons, 1909), 316 참조.

42. 책 출간의 정확한 시기는 불확실하다. 이러한 논의에 관해서는 Jacob Viner, "Guide to John Rae's Life of Adam Smith," in Rae, 55-56 참조.

43. Stewart, 300; 320-321도 참조.

44. Meek, "New Light," 470 참조.

45. LJ, 507. 전년도의 법학 강좌 필기들은 가격 정화 흐름 메커니즘을 더 자세하게 다루면서도 흄의 이름은 언급하지 않는다. LJ, 386-389 참조. (LJ, 576에 실려 있는) 보통 '《국부론》의 초고 일부'라고 부르는 원고와 똑같은 내용에 나오는, 흄에 대한 짧은 언급도 참조. 지폐에 대한 흄의 비판에 관해서는 특히 EMPL, 284-285, 316-318 참조. 나중에 지폐에 대한 흄의 태도는 유연해졌고—논고의 1764년판 EMPL, 318-320에 추가된 문단 참조—《국부론》에서 스미스는 결국 흄의 바뀐 시각에 꽤 가까운 견해를 취한다. 이 점에 대한 논의는 Carl C. Wennerlind, "The Humean Paternit to Adam Smith's Theory of Money," *History of Economic Ideas* 8.1 (Spring 2000), esp. 89-92 참조. 웨너린드의 에세이는 스미스가 흄의 가격 정화 흐름 메커니즘을 《국부론》의 경제 이론에 포함시킨 것인지, 과연 그렇다면 어느 정도까지 포함시켰는지에 대한 오랜 논쟁과 관련해 유용한 논의를 제공한다.

46. LJ, 514.

47. 흄의 논지를 반복하는 스미스에 관해서는 LJ, 316-325, 402-404 참조. 그가 흄을 "매우 기발한 어떤 신사"라고 지칭한 것에 관해서는 LJ, 317 참조. 흄의 비유에 관해서는 EMPL, 475 참조.

48. Duncan Forbes, "Sceptical Whiggism, Commerce, and Liberty," in *Essays on Adam Smith*, ed. Andrew S. Skinner and Thomas Wilson (Oxford: Clarendon, 1975), 181.

49. 위에서 인용한 것 외에 흄의 이름을 유일하게 언급한 예는 LJ, 332에 있지만, 글래

스고 편집자들은 LJ, 25, 31, 51, 87, 93, 153, 180, 181, 182, 193, 194, 239, 240, 245, 248, 249, 255, 257, 261, 262, 266, 270, 275, 276, 279, 307, 320, 334, 390, 393, 519, 548, and 550에 그의 다양한 책에 대한 추가적인 언급이 있다고 적고 있다. 노트 전반에 틀림없이 훨씬 더 많은 언급이 산재해 있다.

50. '4단계' 이론과 관련한 흄의 영향은 EMPL, 256, 260-261 참조. 여기서 스미스에게 가장 가능성 있는 출처는 몽테스키외다. 특히 Charles de Secondat, baron de Montesquieu, *The Spirit of the Laws*, trans. Anne M. Cohler, Basia C. Miller, and Harold S. Stone (Cambridge: Cambridge University Press, [1748] 1989), XVII. 8-17, 289-293 참조. 스미스의 많은 동시대인들은 '4단계' 이론의 한 형태를 채택했다. 이 이론의 가장 완벽한 선구자이자 주창자는 여전히 로널드 미크다. Ronald L. Meek, *Social Science and the Ignoble Savage* (Cambridge: Cambridge University Press, 1976).

51. 봉건 시대에서 상업 사회로의 이행에 관해서는 EMPL, 277; HE II, 108-9, 522-524; HE III, 76-77, 80; HE IV, 383-385를 LJ, 50-51, 202-203, 261-264, 420과 비교. 엘리자베스 여왕 통치기 동안 범죄에 관해서는 HE IV, 414와 LJ, 332를 비교.

52. LRBL, 116 참조.

53. David Hume to Adam Smith, 24 September 1752, in HL I, 167-169, and CAS, 8-9. 흄은 이 마지막 주장을 〈나의 생애〉에서 반복하며 자신이 스튜어트 왕조를 "역사소설식 와전이 주로 일어나기 시작했다고 생각하는 시대"로 여겼기 때문에 《영국사》를 거기서부터 시작했다고 쓴다. MOL, xxxvi.

54. David Hume to Andrew Millar, 20 May 1757, in HL I, 249. 흄은 그 실수를 그 밖의 많은 수신자들한테도 인정했다. David Hume to Lord Elibank, 8 June 1756, in Ernest Campbell Mossner, "New Hume Letters to Lord Elibank, 1748-1776, " *Texas Studies in Literature and Language* 4.3 (Autumn 1962), 440; David Hume to William Strahan, 25 May 1757, in HL I, 251; David Hume to John Clephane, 3 September 1757, in HL I, 264; and David Hume to William Robertson, 25 January 1759, in HL I, 294 참조.

55. editor's introduction in David Hume, *The History of Great Britain: The Reign of James I and Charles I*, ed. Duncan Forbes (Middlesex: Penguin, 1970), 24 참조.

56. David Hume to Adam Smith, 24 September 1752, in HL I, 168, and CAS, 8.

57. David Hume to Adam Smith, 26 May 1753, in HL I, 176, and CAS, 9-10. 흄이 변호사협회 도서관 자료를 스미스로 하여금 쓸 수 있게 해준 것에 관해서는 William Robert Scott, *Adam Smith as Student and Professor* (New York: Augustus M. Kelley, [1937] 1965), 116 참조.

58. David Hume to Adam Smith, 24 September 1752, in HL I, 168, and CAS, 9.

59. David Hume to Adam Smith, 27 February 1754, in NHL, 35-37, and CAS, 10-11.

60. David Hume to the Dean and Faculty of Advocates, November 1754; and David Hume to Robert Dundas of Arniston the Younger, 20 November 1754 참조. 둘 다 J. C. Hilson, "More Unpublished Letters of David Hume," *Forum for Modern Language Studies* 6.4 (1970), 323-324에 나온다.

61. David Hume to Adam Smith, 17 December 1754, in HL I, 212, and CAS, 16-17.

62. Mossner, 253.

63. David Hume to Adam Smith, 17 December 1754, in HL I, 212, and CAS, 17.

64. Fieser IX, 198-230 참조.

65. 존 레이는 이렇게 설명한다. 《기준》은 "흔히 애덤 스미스를 개종시켜 기독교 기적의 증거들을 믿게 하려는 특별한 목적을 위해 쓰인 것이라고 일컬어진다. ……그것은 익명의 수신자에게 보내는 편지의 형식으로 쓰였는데 그는 …… [알렉산더] 찰머스의 《인명사전(Biographical Dictionary)》에 '지금까지 애덤 스미스인 것으로 알려져왔다'고 전해진다. 이후 여러 인명사전과 다른 책들이 연이어 찰머스의 《인명사전》에서 따온 똑같은 문장을 똑같은 단어들로 되풀이해왔지만, 찰머스도 그를 따라한 자들도 이 사람이 도대체 누구인지 혹은 어떻게 그걸 알게 됐는지 밝히지 않는다. 그런가 하면 더글러스의 사위이자 전기 작가인 [윌리엄] 맥도널드는 이 책과 관련해 스미스의 이름은 전혀 입 밖에 내지 않은 채 복음서의 기적이 실재한다는 것을 반박한 흄과 그 외 사람들의 영향을 받아온 저자의 친구 중 적어도 한 명의 만족을 위해 쓰였다고 솔직하게 진술한다. 가장 중요한 문제를 다소 미확인 상태로 남겨둔 셈이다". Rae, 129.

66. John Douglas, *The Criterion; or, Miracles Examined, with a View to Expose the Pretensions of Pagans and Papists* (London: A. Millar, 1754), 1-2.

67. 스미스가 더글러스와 친한 관계를 유지한 것에 관해서는 Adam Smith to John

Douglas, 6 March 1787, in CAS, 301 참조.

68. David Hume to William Strahan, 30 January 1773, in HL II, 269 참조. 하지만 David Hume to William Strahan, 22 February 1773, in HL II, 276도 참조.

69. Rae, 101.

70. Alexander Carlyle, *Autobiography of the Rev. Dr Alexander Carlyle, Minister of Inveresk, Containing Memorials of the Men and Events of His Time*, 2nd ed. (Edinburgh: William Blackwood, 1860), 275.

71. 선택협회의 설명에 관해서는 Roger L. Elmerson, "The Social Composition of Enlightened Scotland: The Select Society of Edinburgh, 1754-1764," *Studies on Voltaire and the Eighteenth Century* 114 (1973), 291-329; and McElroy, "Literary Clubs and Societies of Eighteenth-Century Scotland," 138-197 참조.

72. 사실 웨더번은 흄과 스미스가 그를 위해 독서 목록을 작성해줬으니 대단한 행운아였다. Streminger, *David Hume*, 363 참조.

73. Carlyle, *Autobiography of the Rev. Dr Alexander Carlyle*, 279 참조.

74. Mossner, 281.

75. Dugald Stewart, *Biographical Memoirs of Adam Smith, LL. D., of William Robertson, D. D., and of Thomas Reid, D. D.* (Edinburgh: George Ramsay, 1811), 316 참조.

76. Mossner, 281-283.

77. David Hume to Allan Ramsay, April/May 1755, in HL I, 219-220.

78. Carlyle, *Autobiography of the Rev. Dr Alexander Carlyle*, 298.

04 역사가와 교회

1. Richard Hurd, *Moral and Political Dialogues* (London: A. Millar, 1759), 304 참조.

2. 흄은 이 두 권에 *The History of Great Britain*이라는 제목을 붙였는데, 튜더 편에만 *The History of England*라고 제목을 바꿨다.

3. George Berkeley Mitchell, *Hume's History of England, Revised for Family Use; With Such Omissions and Alterations as May Render It Salutary to the Young,*

and Unexceptionable to the Christian, 8 vols. (London: J. Hatchard, 1816).

4. MOL, xxxviii.

5. Voltaire, review of David Hume, *L'Histoire complète de l'Angleterre depuis Jules César jusqu'à sa révolution*. from *La Gazette Littéraire*, 2 May 1764, in *Oeuvres complètes de Voltaire*, ed. Louis Moland, vol. 25 (Paris: Garnier, 1879), 169; and Edward Gibbon to Georges Deyverdun, 7 May 1776, in *The Letters of Edward Gibbon*, ed. Jane Elizabeth Norton, vol. 2 (London: Cassell & Co., 1956), 107.

6. David Hume to John Clephane, 5 January 1753, in HL I, 170; James Oswald of Dunnikier, 27 June 1753, in HL I, 179도 참조.

7. THN intro.10, 6.

8. EMPL, 566.

9. David Hume to William Mure of Caldwell, October 1754, in HL I, 210.

10. David Hume to the abbé le Blanc, 12 September 1754, in HL I, 193.

11. Andrew Sabl, "David Hume: Skepticism in Politics?," in *Skepticism and Political Thought in the Seventeenth and Eighteenth Centuries*, ed. John Christian Laursen and Gianni Paganini (Toronto: University of Toronto Press, 2015), 151.

12. David Hume to James Oswald of Dunnikier, 28 June 1753, in HL I, 179. David Hume to John Clephane, 28 October 1753, in HL I, 180; David Hume to Matthew Sharp of Hoddam, 25 February 1754, in HL I, 185; David Hume to William Strahan, 3 May 1755, in HL I, 221-222; David Hume to William Mure of Waldwell, February 1757, in HL I, 242; and MOL, xxxvii도 참조.

13. David Hume to Andrew Millar, 18 December 1759, in HL I, 317. David Hume to the Comtesse de Boufflers, 15 May 1761, in HL I, 344도 참조. 이 쟁점에 관한 대표적인 에세이로는 Ernest Campbell Mossner, "Was Hume a Toy Historian? Facts and Reconsiderations," *Journal of the History of Ideas* 2.2 (April 1941), 225-236 참조.

14. HE III, 329; HE V, 142; and EMPL, 278, 464도 참조.

15. David Hume to Thomas Percy, 16 January 1773, in NHL, 198.

16. HE II, 525. 이 문제를 더 본격적으로 다룬 논의로는 Dennis C. Rasmussen, *The Pragmatic Enlightenment: Recovering he Liberalism of Hume, Smith, Montesquieu, and Voltaire* (Cambridge: Cambridge University Press, 2014), 221-223 참조.

17. Frederick G. Whelan, "'Contrary Effects' and the Reverse Invisible Hand in Hume and Smith," in *The Political Thought of Hume and His Contemporaries: Enlightenment Projects*, vol.2 (New York: Routledge, 2015), 84-147 참조.

18. David Hume to John Clephane, 18 February 1755, in J. C. A. Gaskin, "Hume's Attenuated Deism," Archiv für Geschichte der Philosophie 65 (1983), 172; David Hume to William Strahan, 22 March 1755, in Heiner Klemme, "'And Time Does Justice to All the World': Ein unveröffentlichter Brief von David Hume an William Strahan," *Journal of the History of Philosophy* 29.4 (October 1991), 659도 참조.

19. HE II, 14.

20. HE II, 518; 520도 참조.

21. HE V, 558.

22. HE IV, 145-146.

23. Don Herzog, *Without Foundations: Justification in Political Theory* (Ithaca, NY: Cornell University Press, 1985), 199. 던컨 포브스가 썼듯 흄은 《영국사》에서 일종의 '이중적인' 접근법을 택할 때가 많아 어떤 사상과 행동이 그 당시에는 일제히 비난받아 마땅했지만 돌이켜보면 그것들이 유익한 영향을 주었기 때문에 정당하다고 주장한다. Duncan Forbes, *Hume's Philosophical Politics* (Cambridge: Cambridge University Press, 1975), chap. 8, sec. 2 참조.

24. David Hume to Adam Smith, 17 December 1754, in HL I, 213, and CAS, 17.

25. David Hume to Adam Smith, 9 January 1755, in HL I, 216-17, and CAS, 18. 아일랜드 대학살에 대한 인용은 HE V, 341 참조.

26. David Hume to Adam Smith, 9 January 1755, in HL I, 216, and CAS, 17-18.

27. Richard B. Sher, *The Enlightenment and the Book: Scottish Authors & Their Publishers in Eighteenth-Century Britain, Ireland, & America* (Chicago: University of Chicago Press, 2006), 66.

28. 적어도 18세기에는 〈에든버러 리뷰〉의 두 호만 유일하게 발간되었다. 1802년 프랜시스 제프리(Francis Jeffrey)가 같은 이름으로 잡지를 발행하기 시작했는데, 이것은 오랫동안 성공을 누렸다.

29. 두 번째 서한을 흄식의 "인문과학"을 장려하려는 시도라고 표현하면서도 신중하게 흄의 이름을 언급하는 일은 피하고 있다는 분석에 관해서는 Jeffrey Lomonaco, "Adam Smith's 'Letter to the Authors of the *Edinburgh Review*'," *Journal of the History of Ideas* 63.4 (October 2002), 659-676 참조.

30. Dennis C. Rasmussen, *The Problems and Promise of Commercial Society: Adam Smith's Response to Rousseau* (University Park: Pennsylvania State University Press, 2008), esp. 59-70에서 나는 편지의 이 부분을 분석한 바 있다.

31. 데이비드 레이너는 흄이 스미스가 〈에든버러 리뷰〉에 보낸 두 번째 기고문에 사실상 관여했을 것이라고 말해왔지만, M. A. 스튜어트, 이언 심슨 로스, 그리고 (스튜어트에 따르면) 데이비드 페이트 노턴(David Fate Norton)은 모두 고개를 젓는다. David Raynor, "Adam Smith, David Hume, and the 'Extravagances' of Rousseau" (lecture, Scotland, Europe, and Empire in the Age of Adam Smith and Beyond conference, Université Paris-Sorbonne, 4 July 2013): editor's introduction in *Studies in the Philosophy of the Scottish Enlightenment*, ed. M. A. Stewart (Oxford: Clarendon, 1990), 6-8 and Ross, 150-151 참조.

32. 〈에든버러 리뷰〉가 신학적 반발 때문에 종간됐다는 주장에 관해서는 Alexander Fraser Tytler, *Memoirs of the Life and Writings of Henry Home of Kames* (Edinburgh: William Creech, 1807), 1: 169 참조.

33. Mossner, 545에 인용되어 있다. 유사한 불평으로는 David Hume to Hugh Blair, autumn 1761?, in HL I, 351 참조.

34. David Hume to John Clephane, 18 February 1755, in Gaskin, "Hume's Attenuated Deism," 172; David Hume to William Strahan, 22 March 1755, in Klemme, "And Time Does Justice to All the World," 659도 참조.

35. David Hume to Allan Ramsay, June 1755, in HL I, 224.

36. James Bonar, *An Analysis of the Moral and Religious Sentiments Contained in the Writings of Sopho, and David Hume, Esq.* (1755), in Fieser IX, 38-48.

37. 예를 들면 EPM D.19, 114; D.32, 117; and D.47-48, 120-121 참조.

38. David Hume to James Edmonstoune, 29 September 1757, in NHL, 43.

39. Bonar, *Analysis of the Moral and Religious Sentiments*, 48. Harris, 356-357도 참조.

40. David Hume to Hugh Blair, autumn 1761?, in HL I, 351.

41. *Annals of the General Assembly of the Church of Scotland, from the Origin of the Relief in 1752, to the Rejection of the Overture on Schism in 1766* (Edinburgh: John Johnstone, 1840), 58.

42. David Hume to Adam Smith, March 1757, in HL I, 246, and CAS, 20.

43. 스미스가 흄에게 이 에세이들을 출간하지 말라고 설득하는 데 일조했다는 추측에 관해서는 Mossner, 323 참조.

44. David Hume to William Strahan, 25 January 1772, in HL II, 253.

45. NHR 15.6, 86.

46. NHR 14.1, 81.

47. NHR 14.7-8, 83-84.

48. 흄이 출간 전에 책을 수정한 부분에 대해 우리가 알고 있는 요약에 관해서는 editor's introduction in NHR, xxiv-xxvi 참조.

49. David Hume to Adam Smith, March 1757, in HL I, 245, and CAS, 19-20.

50. William Warburton and Richard Hurd, *Remarks on Mr. David Hume's Essay on the Natural History of Religion* (1757), in Fieser V, 301-348 참조.

51. MOL, xxxvii.

52, David Hume to Adam Smith, March 1757, in HL I, 246, and CAS, 20-21.

53. David Hume to Gilbert Elliot of Minto, 9 August 1757, in HL I, 262.

54. David Hume to Adam Smith, March 1757, in HL I, 246, and CAS, 21.

55. David Hume to Adam Smith, 8 June 1758, in HL I, 279-80, and CAS, 24-25.

05 도덕 감정의 이론화

1. Adam Smith to Thomas Cadell, 15 March 1788, in CAS, 311.

2. Stewart, 326.

3. 밀러, 스트러핸, 카델의 경력에 대한 상세한 설명은 Richard B. Sher, *The Enlightenment and the Book: Scottish Authors & Their Publishers in Eighteenth-Century Britain, Ireland, & America* (Chicago: University of Chicago Press, 2006), 275-306, 327-372 참조.
4. James Boswell, *The Life of Samuel Johnson*, ed. David Womersley (New York: Penguin, [1791] 2008), 157에 인용되어 있다.
5. Samuel Romilly to Madame G, 20 August 1790, in *Memoirs of the Life of Sir Samuel Romilly, Written by Himself*, vol. 1 (London: John Murray, 1840), 404.
6. TMS VII.i.2, 265.
7. Richard F. Teichgraeber III, *'Free Trade' and Moral Philosophy: Rethinking the Sources of Adam Smith's Wealth of Nations* (Durham, NC: Duke University Press, 1986), 132 참조.
8. D. D. Raphael, *The Impartial Spectator: Adam Smith's Moral Philosophy* (Oxford: Clarendon, 2007), 96 참조.
9. TMS IV.1.2, 179; IV 2.3, 188도 참조. 책의 초판에서 흄을 드러내놓고 언급하는 부분에 관해서는 TMS I.i.1.2-13, 9-13; I.i.3.8, 18; I.i.4.4, 20; II.ii.3.6, 87-91; IV.2.2-12, 179; IV.2.2-12, 187-193; V.1.2, 194; VII.ii.3.21, 305-306; VII.iii.1.2, 316; VII.iii.3.17, 321; VII.iii.3.17, 327 참조. 2판에 추가한 (그리고 이번 장 후반부에서 논의하는) 흄에 대한 반응에 관해서는 TMS I.iii.1.9, 46n 참조. 끝으로 흄을 좀더 알아차리기 힘들게 암시하는 몇몇 문단에 관해서는 TMS I.i.5.1, 23; I.iii.2.1, 50; I.iii.2.3, 52; II.i.2.5, 71; III.1.3, 110; III.2.35, 134 (6판에 추가); III.3.2, 135 (2판에 추가); III.3.4, 136-137 (2판에 추가); VI.iii.4, 238 (6판에 추가); VI.conlc.6, 264 (6판에 추가); VII.ii.1.34, 287 (6판에 추가); and VII.iii.2.7, 320 참조.
10. 명백한 예외는 책의 마지막 부분으로, 이전의 많은 '도덕철학 체계'를 검토하는 데 그 목적이 있다. 본문의 나머지 부분에서 스미스가 왜 다른 철학자들을 공개적으로 언급하는 걸 피했는지에 관해서는 Charles L. Griswold, *Adam Smith and the Virtues of Enlightenment* (Cambridge: Cambridge Universty Press, 1999), 47 참조.
11. TMS VII.i.1, 265 참조.
12. TMS VII.ii.3.21, 306; and VII.iii3.17, 327 참조.

13. 흄과 스미스 도덕 이론 사이의 관계에 관해서는 책 한 권이 나올 수 있을—그리고 솔직히 말해서 나와야 할—것이다. 지금까지 이런 관계에 대해 가장 광범위하게 논의한 것은 아직 발표되지 않은 한 박사 논문이다. John William McHugh, "Sympathy, Self, and Society: Adam Smith's Response to David Hume's Moral Theory" (PhD diss., Boston University, 2011). 더 짧지만 아주 유용한 개요에 관해서는 Ryan Hanley, "Hume and Smith on Moral Philosophy," in *The Oxford Handbook of Hume*, ed. Paul Russell (Oxford: Oxford University Press, 2016), 708-728 참조.

14. TMS III.5.5, 165.

15. TMS VII.iii.2.7, 320.

16. TMS III.4.5, 158; and VII.iii.3, 321-327 참조.

17. THN 3.3.1.15, 371-372; 3.3.1.18, 373; 3.3.1.30, 377; EPM 9.6.75 참조.

18. TMS III.3.3, 135. 이 단락은 2판에 추가했지만 그 생각은 초판에서도 뚜렷하게 드러난다.

19. THN 3.3.1.14, 371; 3.3.1.30, 377; EPM 5.1, 33 참조.

20. Raphael, *Impartial Spectator*, 30-31 참조.

21. EPM 5.41, 43; and TMS III.3.2-3, 134-135 참조. 여기서도 마찬가지로 TMS의 단락은 2판에 추가했지만 그 생각은 초판에서도 뚜렷하게 드러난다.

22. 흄과 스미스의 공감 개념 사이의 관계는 많은 학술적 해설의 소재가 되어왔다. 특별히 유용한 두 연구로는 Samuel Fleischacker, "Sympathy in Hume and Smith: A Contrast, Critique, and Reconstruction," in *Intersubjectivity and Objectivity in Adam Smith and Edmund Husserl: A Collection of Essays*, ed. Christel Fricke and Dagfinn Føllesdal (Frankfurt: Ontos Verlag, 2012), 273-311; and Geoffrey Sayre-McCord, "Hume and Smith on Sympathy, Approbation, and Moral Judgment," *Social Philosophy and Policy* 30.1-2 (December 2013), 208-236 참조.

23. THN 2.2.5.15, 234-235.

24. THN 2.1.11.2, 206.

25. THN 3.3.1.7, 368 참조.

26. THN 3.3.3.5, 386; and EPM 7.2, 59; 7.21, 64 참조. 인정하건대, 흄이 항상 이렇

게 공감이 단순하고 직접적인 방식으로 일어난다고 기술한 것은 아니다. 《인간 본성에 관한 논고》에서, 그는 이런 자질을 적어도 다섯 군데의 다른 대목—2.1.11, 2.2.7, 2.2.9, 3.3.1, and 3.3.6의 단락—에서 논하며, 후반부의 논의에서는 가끔 한 개인의 미래 감정, 그리고(또는) 많은 개인의 감정을 동시에 고려하는 '확장된' 공감에 대해 얘기한다. 이 점에 대한 논의는 Jennifer A. Herdt, *Religion and Faction in Hume's Moral Philosophy* (Cambridge: Cambridge University Press, 1997), chap. 2; and Kate Abramson, "Sympathy and the Project of Hume's Second Enquiry," *Archiv für Geschichte der Philosophie* 83.1 (May 2000), 45-80 참조. 하지만 흄은 공감의 '확장된' 형태(들)는 다소 이례적이며, 이런 자질이 일반적으로 '작동'하는 방식은 아니라는 점을 분명히 한다. Andrew S. Cunningham, "The Strength of Hume's 'Weak' Sympathy," *Hume Studies* 30.2 (November 2004), 237-256 참조.

27. TMS I.i.1.6, 11 참조.
28. TMS I.i.1.7, 11. 비사회적 감정에 공감하지 않는 성향에 관해서는 TMS I.ii.3.1, 34; and I.ii.3.5, 36-37도 참조.
29. TMS I.i.1.10, 12.
30. Fleischacker, "Sympathy in Hume and Smith," 276 참조. 분명 흄도 상상이 공감 과정에서 중요한 역할을 한다고 생각하지만, 그의 설명에 따르면 상상의 역할은 우리 자신을 다른 사람의 상황에 투사하는 것이 아니라 그 사람의 느낌에 대한 우리의 '생각'을 더 활발한 '인상'으로 전환시키는 것이다.
31. Ibid., esp. 279-282 참조. 스미스가 《도덕감정론》 첫 장에서 흄을 끌어들이지 않는다는 대안적 관점에 관해서는 David Raynor, "Adam Smith and the Virtues," *Adam Smith Review* 2 (2006), 240 참조.
32. TMS I.i.1.2, 9.
33. TMS I.i.1.10, 12; THN 2.2.7.5, 239. 이 단락들의 유사성은 Fleischacker, "Sympathy in Hume and Smit," 281에 나와 있다.
34. TMS I.i.3.7, 18; II.i.intro.2, 67도 참조.
35. TMS II.i.intro.2, 67; I.i.3.5, 18도 참조.
36. TMS II.i.5.1, 74.
37. TMS IV.1.2, 179.

38. THN 3.3.1.8, 368; 2.2.5.16, 235; and EPM 5.19, 38도 참조.

39. TMS IV.1.3, 179-180.

40. TMS IV.1.4-5, 180.

41. TMS IV.1.7, 181.

42. 흄 또한 인간은 다른 사람들보다 부자와 권력자에게 훨씬 쉽사리 공감하는 경향이 있는데, 그것은 우리가 그들의 기분 좋은 상황(그래 보인다고 우리가 상상하는 상황)에 '들어가는' 게 더 쉽기 때문이라고 주장한다. THN 2.2.5, 231-236 참조.

43. TMS IV.1.8, 182-183.

44. 나는 스미스의 생각 중 이런 측면을 더욱 상세하게 검토했다. Dennis C. Rasmussen, "Does 'Bettering Our Condition' Really Make Us Better Off? Adam Smith on Progress and Happiness," *American Political Science Review* 100.3 (August 2006), 309-318; and Dennis C. Rasmussen, The Problems and Promise of Commercial Society: Adam Smith's Response to Rousseau (University Park: Pennsylvania State University Press, 2008), 82-89, 131-150 참조.

45. TMS IV.2.3, 188; VII.iii.1.2, 316도 참조.

46. TMS IV.2.4, 188; VII.iii.3.17, 327도 참조.

47. TMS IV.2.12, 192-193 참조.

48. THN 3.1.2.4, 303; 3.3.5.6, 393; and EPM 5.1, 33n17 참조.

49. THN 3.3.5.6, 393.

50. TMS IV.2.5, 188 참조.

51. TMS IV.2.2, 187-88; IV.2.11, 192; VII.iii.1.2, 316도 참조.

52. TMS I.i.4.4, 20; IV.2.11, 192 참조.

53. Marie A. Martin, "Utility and Morality: Adam Smith's Critique of Hume," *Hume Studies* 16.2 (November 1990), 110 참조.

54. 스미스는 두 군데에서 흄의 "기분 좋은" 미덕들을 실제로 언급하지만—TMS IV.2.3, 188; and VII.ii.3.21, 306 참조—그것이 전반적인 흄 해석에 큰 역할을 하는 것 같지는 않다. 특히 TMS VII.iii.3.17, 327 참조.

55. EPM 5.44, 45.

56. 데이비드 레이너가 지적하듯 흄은 익명의 책 리뷰에서 스미스의 일방적 해석을 조용히 수정한다. David R. Raynor, "Hume's Abstract of Adam Smith's Theory of

Moral Sentiments," *Journal of the History of Philosophy* 22.1 (January 1984), 59-60 참조.

57. 이 주제 또한 상당히 많은 학술적 해설을 낳았다. 예를 들어 Knud Haakonssen, *The Science of a Legislator: The Natural Jurisprudence of David Hume & Adam Smith* (Cambridge: Cambridge University Press, 1981), esp. chap. 4; Samuel Fleischacker, *On Adam Smith's Wealth of Nation: A Philosophical Companion* (Princeton, NJ: Princeton University Press, 2004), 151-152, 154; Spencer J. Pack and Eric Schliesser, "Smith's Humean Criticism of Hume's Account of the Origin of Justice," *Journal of the History of Philosophy* 44.1 (January 2006), esp. 61-63; and Michael Frazer, *The Enlightenment of Sympathy: Justice and the Moral Sentiments in the Eighteenth Century and Today* (Oxford: Oxford University Press, 2010), chap. 4 참조.

58. 정의에 대한 흄의 논의는 거의 전적으로 재산 보호에 초점을 맞추는 경향이 있지만, 그의 일부 논평은 그 역시 생명과 자유의 보호를 이 범주에 포함시키려 한다는 것을 분명히 밝혀준다. 예를 들면 THN 3.2.2.7, 313; and EPM 3.10-11, 16 참조. 정의에 대한 스미스의 이해에 관해서는 TMS II.ii.1.5, 79 ; and II.ii.1.9, 82 참조.

59. EPM App.3.5, 97.

60. TMS II.ii.3.4, 86.

61. THN 3.2.2.22, 319; 3.2.3.1, 322; EPM App.3.6, 97; and TMS III.6.10, 175 참조.

62. TMS II.i.3.1, 71.

63. TMS II.ii.3.10, 90. 스미스는 우리가 사회의 일반적 이익을 이유로 처벌하는 특정한 경우가 있다는 걸 실제로 수긍한다. 그는 가령 전쟁의 관습법상 불침번을 서다가 잠든 보초병은 처형해야 한다고 주장한다. 비록 많은 관찰자에게는 이런 처벌이 지은 죄목에 비해 너무 지나쳐 보일지라도 이러한 부주의가 전체 군대를 위험에 빠뜨릴 수 있기 때문이다. TMS II.ii.3.11, 90 참조. II.ii.3.7, 88-89도 참조. Dennis C. Rasmussen, "Whose Impartiality? Which Self-Interest? Adam Smith on Utility, Happiness, and Cultural Relativism,"*Adam Smith Review* 4 (2008), 248에서 나는 이 단락을 논의한 바 있다.

64. TMS II.ii.3.6, 87.

65. TMS II.ii.3.9, 89.

66. Pack and Schliesser, "Smith's Humean Criticism", 47.

67. Emma Rothschild, *Economic Sentiments: Adam Smith, Condorcet, and the Enlightenment* (Cambridge, MA: Harvard University Press, 2001), 129. 좀더 일반적으로는 129-133도 참조.

68. 예를 들면 A. L. Macfie, *The Individual in Society: Papers on Adam Smith* (London: George Allen & Unwin, 1967), 102; Haakonssen, *Science of a Legislator*, 77; and Fleischacker, *On Adam Smith's Wealth of Nation*, 44-45 참조.

69. Haakonssen, *Science of a Legislator*, 75.

70. TMS III.5.10, 169.

71. 가령 TMS III.2.12, 120-21; III.2.33, 131-132 참조.

72. TMS III.5.3, 163.

73. Henry, Lord Brougham, *Lives of Philosophers of the Time of George III*, 3rd ed. (London: Richard Griffin, 1855), 195.

74. TMS III.5.13, 170.

75. NHR 14.1, 81.

76. TMS III.6.12, 176.

77. David Hume to Adam Smith, 12 April 1759, in NHL, 51-55; CAS, 33-36 참조. 본문에서 언급한 이 단락의 모든 인용문은 달리 명시하지 않을 경우 이 편지에서 가져온 것이다.

78. David Hume to Adam Smith, 28 July 1759, in HL I, 312, and CAS, 42. 버크는 스미스에게 "당신 이론의 독창성만 마음에 든 게 아닙니다. 저는 그것이 견고하며 진실하다고 확신합니다. 그리고 제가 예전에는 문외한이었던 엄청나게 많은 지식을 이번처럼 힘들이지 않고 받아들인 적이 있는지 모를 정도입니다"라고 썼다. CAS, 46에 실린 Edmund Burke to Adam Smith, 10 September 1759. 그는 〈애뉴얼 레지스터〉에서 스미스의 이론은 "모든 본질적 부분에 있어 공정하며, 진리와 본성에 기초하고" 있으며 "어쩌면 이제까지 등장했던 도덕 이론 중 가장 아름답게 짜여진 이론 중 하나"일 것이라고 천명했다. *Adam Smith: Critical Responses*, ed. Hiroshi Mizuta, vol. 1 (New York: Routledge, 2000), 77-78 참조.

79. 두걸드 스튜어트가 흄의 편지를 옮기면서 주교들을 "미신의 수호자"라고 지칭하는

(본문에서 다음 문단에 인용하는) 한 문장과 함께 이 문장을 조용히 누락시켰다는 데 주목하는 것도 흥미롭다. Stewart, 297-298 참조.

80. David Hume to Adam Smith, 28 July 1759, in HL I, 314, and CAS, 44.

81. Raynor, "Hume's Abstract," 참조. 흄이 정말 익명의 글을 썼다는 것을 더 확인하려면 D. D. Raphael and Tatsuya Sakamoto, "Anonymous Writings of David Hume," *Journal of the History of Philosophy* 28.2 (April 1990), 271-281 참조.

82. Raynor, "Hume's Abstract," 65-66.

83. Ibid., 78-79.

84. Ibid., 66-67. 강조는 덧붙인 것임.

85. Ibid., 74.

86. 데이비드 레이너가 지적하듯 흄은 본인이 쓴 리뷰에서, 자신의 도덕 이론에서는 그저 '대부분'이 효용성에 기초를 두고 있다고 말한다. Ibid., 59-60, 74 참조.

87. Ibid., 61.

88. Ibid., 79.

89. THN 2.3.2.3. 26. 흄은 EHU 8.26, 73에서 거의 똑같은 표현을 사용해 같은 의견을 되풀이한다.

90. David Hume to Adam Smith, 28 July 1759, in HL I, 312-313, and CAS, 43. 익명의 리뷰에서 흄은 어떤 식으로건 판단을 내리지 않고 스미스의 이런 주장을 지나쳐버린 적이 있다. Raynor, "Hume's Abstract," 56, 67-68 참조.

91. TMS I.iii.1.9, 46n.

92. TMS I.i.2.2-4, 14-15.

93. TMS I.i.2.6, 15-16. 이런 점과 관련해 데이비드 레이너, 유진 히스, 알렉산더 브로디는 모두 보통 흄의 편에 서는 반면, 새뮤얼 플라이섀커는 일반적으로 스미스의 편이다. Raynor, "Hume's Abstract," 57-58; Eugene Heath, "The Commerce of Sympathy: Adam Smith on the Emergence of Morals," *Journal of the History of Philosophy* 33.3 (July 1999), esp. 453, 455-457; Alexander Broadie, "Sympathy and the Impartial Spectator," *The Cambridge Companion to Adam Smith*, ed. Knud Haakonssen (Cambridge: Cambridge University Press, 2006), 173-174; and Fleischacker, "Sympathy in Hume and Smith," 300-301 참조.

94. Adam Smith to Gilbert Elliot, 10 October 1759, in CAS, 49.

06 프랑스의 환대

1. 이언 매클레인은 스미스가 실은 국방비를 대기 위해 아메리카 식민지 주민들한테 과세하라고 타운센드에게 조언해왔을 거라 말하면서도, 비효율적이고 타운센드 자신의 기득권에 기여하며 동인도회사의 차 수출 독점을 보호하고 식민지 의회를 무시했다는 점—《국부론》에 나오는 조세 제도에 관한 스미스의 금언에 하나같이 위배된다—을 고려할 때 타운센드 법안이 채택한 구체적인 형식에는 스미스도 반대했다고 적는다. Iain McLean, *Adam Smith, Radical and Egalitarian: An Interpretation for the 21st Century* (Edinburgh: Edinburgh University Press, 2006), 16-17 참조.
2. David Hume to Adam Smith, 12 April 1759, in NHL, 54, and CAS, 36.
3. Adam Smith to Charles Townshend, 17 September 1759, in CAS, 48; Charles Townshend to Adam Smith, 25 October 1763, in CAS, 95 참조.
4. David Hume to Adam Smith, 28 July 1759, in HL I, 313-314, and CAS, 43-44.
5. David Hume to Adam Smith, 28 July 1759, in HL I, 314, and CAS, 44.
6. Alexander Carlyle, *Autobiography of the Rev. Dr Alexander Carlyle, Minister of Inveresk, Containing Memorials of the Men and Events of His Time*, 2nd ed. (Edinburgh: William Blackwood, 1860), 394-395.
7. Benjamin Franklin to Lord Kames, 3 January 1760, in *The Papers of Benjamin Franklin*, ed. Leonard W. Larabee (New Haven, CT: Yale University Press, 1966), 9: 9-10.
8. Rae, 151 참조.
9. Benjamin Franklin to David Hume, 27 September 1760, in *The Papers of Benjamin Franklin* 9: 227-230; Benjamin Franklin to David Hume, 21 January 1762, in *The Papers of Benjamin Franklin* 10: 17-23; David Hume to Benjamin Franklin, 10 May 1762, in NHL, 66-68 ; Benjamin Franklin to David Hume, 19 May 1762, in *The Papers of Benjamin Franklin* 10: 82-84; David Hume to Benjamin Franklin, 7 February 1772, in NHL, 193-195; Adam Smith to William Strahan, 4 April 1760 in CAS, 68; and Adam Smith to William Strahan, 30 December 1760, in CAS, 73 참조.

10. David Hume to Benjamin Franklin, 10 May 1762, in NHL, 67-68.

11. Benjamin Franklin to David Hume, 19 May 1762, in *The Papers of Benjamin Franklin* 10: 83-84.

12. David Hume to Adam Smith, 29 June 1761, in HL I, 346, and CAS, 77.

13. 이 대화는 Ernest Campbell Mossner, "'Of the Principle of Moral Estimation: A Discourse between David Hume, Robert Clerk, and Adam Smith': An Unpublished MS by Adam Ferguson," *Journal of the History of Ideas* 21.2 (April-June 1960), 222-232에서 처음 발표됐다. 좀더 개량된 편집 도구로 제작한 최근 버전에 관해서는 "Of the Principle of Moral Estimation: A Discourse between David Hume, Robert Clerk, and Adam Smith," in *The Manuscripts of Adam Ferguson*, ed. Vincenzo Merolle (London: Pickering & Chatto, 2006), 207-215 참조.

14. 두 사람이 나눈 유일한 대화는 흄이 스미스에게 그(흄)와 클러크가 "당신이 조예 깊은 주제", 그러니까 "도덕(들)의 감정 이론"에 대해 토론하고 있는 중인데 "당신이 도와줬으면 좋았을 것"이라고 말하자 스미스가 자리를 비워서 죄송하다고 얘기하며 "기꺼이 당신의 의견을 듣고 도움을 받"겠노라며 클러크에게 시선을 옮기는 막간의 전환 때 나온다. Ferguson, "Of the Principle of Moral Estimation," 209-210. 한 학자의 견해에 따르면 두 사람 간에 실질적 토론이 없다는 것은 그 대화가 틀림없이 허구라는 것을 시사한다. "이것이 공격을 받고 있는 두 절친한 친구로부터 나올 행동이라고는 믿기가 어렵다." Jack Russell Weinstein, "The Two Adams: Ferguson and Smith on Sympathy and Sentiment," in *Adam Ferguson: Philosophy, Politics and Society*, ed. Eugene Heath and Vincenzo Merolle (London: Pickering & Chatto, 2009), 93.

15. 토론에 관해서는 Richard B. Sher, *Church and University in the Scottish Enlightenment: The Moderate Literati of Edinburgh* (Edinburgh: Edinburgh University Press, 1985), 168; Eugene Heath, "Ferguson's Moral Philosophy," in *Manuscripts of Adam Ferguson*, lxiv-lxviii; Weinstein, "The Two Adam"', 92-95, 98, 105; and Ross, 200-203 참조.

16. Ferguson, "Of the Principle of Moral Estimation", 207-210. 스미스는 사실 길버트 엘리엇에게 자신의 책에 관해 클러크의 의견이 어떤지 알아봐달라고 요청했었

다. Adam Smith to Gilbert Elliot, 10 October 1759, in CAS, 49 참조.

17. Peter Gay, *The Enlightenment: An Interpretation, vol. 1: The Rise of Modern Paganism* (New York: Norton, 1966), 402.

18. John H. Middendorf, "Dr. Johnson and Adam Smith," *Philological Quarterly* 40.2 (April 1961), esp. 287; and Ross, 203-204 참조.

19. David Hume to David Mallet, 8 November 1762, in HL I, 369.

20. David Hume to Gilbert Elliot of Minto, 5 July 1762, in HL I, 367.

21. David Hume to James Edmonstoune, 9 January 1764, in NHL 77.

22. Adam Ferguson to Lord Shelburne, 3 February 1762, in *The Correspondence of Adam Ferguson*, ed. Vincenzo Merolle, vol. 2 (London: Pickering & Chatto, 1995), 533-534; and Carlyle, *Autobiography of the Rev. Dr Alexander Carlyle*, 419-420 참조. 포커 클럽의 설명에 관해서는 D. D. McElroy, "The Literary Clubs and Societies of Eighteenth-Century Scotland, and Their Influence on the Literary Productions of the Period from 1700 to 1800" (PhD diss., Edinburgh University, 1952), 516-530 참조.

23. Carlyle, *Autobiography*, 420.

24. David Hume to Adam Ferguson, 9 November 1763, in HL I, 410-411.

25. James Boswell, *London Journal, 1762-1763*, ed. Frederick A. Pottle (New York: McGraw-Hill, 1950), 300.

26. Adam Smith to David Hume, 22 February 1763, in CAS, 89.

27. David Hume to Adam Smith, 28 March 1763, in HL I, 381, and CAS, 89-90.

28. 흄은 1763년 가을부터 1765년 여름까지 허트포드의 실질적인 비서로 근무했지만 1765년 7월까지는 공식 직함(그리고 충분한 급여)을 얻지 못했다. 이후 곧 허트포드가 파리를 떠났는데, 그때부터 11월 중순까지 흄은 직무 대행—사실상 대사 대행—을 맡았다.

29. Lord Elibank to David Hume, 11 May 1763, in HL I, 388.

30. David Hume to Adam Smith, 9 August 1763, in HL I, 391-392, and CAS, 91.

31. David Hume to Adam Smith, 13 September 1763, in HL I, 394-395, and CAS, 93.

32. Charles Townshend to Adam Smith, 25 October 1763, in CAS, 95-96 참조.

33. David Hume to William Robertson, 1 December 1763, in NHL 74.

34. Mossner, 445.

35. David Hume to Adam Smith, 26 October 1763, in HL I, 407-409, and CAS, 96-98. 이 편지는 두 책에서 모두 10월 28일자라고 되어 있지만, 정확한 날짜는 사실 10월 26일이다. FHL, 253 참조.

36. Adam Smith to David Hume, 12 December 1763, in CAS, 413-414.

37. David Hume to Lord Elibank, 21 December 1763, in Ernest Campbell Mossner, "New Hume Letters to Lord Elibank, 1748-1776," *Texas Studies in Literature and Language* 4.3 (Autumn 1862), 452.

38. Comtesse de Boufflers to David Hume, 13 March 1761, in HL II, 367.

39. David Hume to Comtesse de Boufflers, 29 August 1776, in HL II, 335 참조.

40. David Hume to Hugh Blair, December 1763, HL I, 419.

41. David Hume to sir John Pringle, 10 February 1773, HL II, 274.

42. Edward Gibbon, *Memoirs of My Life*, ed. Georges A. Bonnard(London: Thomas Nelson and Sons, [1796] 1966), 127.

43. Denis Diderot, letter to Sophie Volland, 6 October 1765, in *Correspondance*, ed. Georges Roth, vol. 5 (Paris: Minuit, 1959), 134. 그렇다면 흄이 에든버러에 있는 휴 블레어와 그 밖의 목사들에게 "정말로 이곳의 지식인들이 아주 마음에 들"며 "그들 중에 단 한 명의 이신론자도 없다는 것을 아시면 …… 대단히 만족하실 겁니다"라고 안심시킨 것은 꽤 반어적이다. David Hume to Hugh Blair, December 1763, in HL I, 419.

44. John Millar to Adam Smith, 2 February 1764, in CAS, 99-100 참조. 《도덕감정론》에 대한 자신의 여러 논평 중 어떤 것도 평생 발표한 적이 없지만, 리드 역시 스미스에게 비판적이었던 것 같다. David Fate Norton and J. C. Stewart-Robertson, "Thomas Reid on Adam Smith's Theory of Morals," *Journal of the History of Ideas* 41.3 (July-September 1980), 381-398 참조.

45. 이 자리의 18세기 역사에 관해서는 Paul Wood, "'The Fittest Man in the Kingdom': Thomas Reid and the Glasgow Chair of Moral Philosophy," *Hume Studies* 23.2 (November 1997), 277-314 참조.

46. Stewart, 306, 301. 한편으로 《국부론》에서 스미스는 젊은이들을 위한 이런 여행의 가치에 의문을 제기했다. WN V.i.f.36, 773-774 참조.

47. Ross, 214 참조.

48. Adam Smith to David Hume, August 1765, in CAS, 105.

49. Adam Smith to David Hume, 5 July 1764, in CAS, 101-102.

50. 이 책의 정체를 확인하는 어려움은 물론 거기서 가리키는 것이 《국부론》이라고 가정할 만한 이유에 관해서는 Ross, 215-217 참조.

51. Adam Smith to David Hume, 21 October 1764, in CAS, 102-103.

52. Isaac Barré to David Hume, 3 September 1764, in *Letters of Eminent Persons Addressed to David Hume*, ed. John Hill Burton (Edinburgh: William Blackwood and Sons, 1849), 37-38.

53. 흄과 파리에서 재회하고자 하는 스미스의 열망에 관해서는 Adam Smith to David Hume, August 1765, in CAS, 105 참조.

54. David Hume to John Home of Ninewells, 14 July 1765, in HL I, 512.

55. David Hume to Adam Smith, 5 September 1765, in HL I, 520-21, and CAS, 106.

56. David Hume to Gilbert Elliot of Minto, 22 September 1764, in HL I, 470.

57. David Hume to Adam Smith, 5 September 1765, in HL I, 521, and CAS, 107.

58. David Hume to Hugh Blair, 6 April 1765, in HL I, 498.

59. David Hume to Adam Smith, 5 September 1765, in HL I, 521, and CAS, 107.

60. Adam Smith to David Hume, September 1765, in CAS, 107-108.

61. 1766년 1월 말쯤 런던에서 쓴 편지에서 흄은 "파리를 떠나기 전에 당신을 못 만나게 돼서 미안합니다"라고 했다. David Hume to Adam Smith, ?end of January 1766, in HL I, 5, and CAS, 110. 이 말은 물론 두 사람이 만나지 못했다는 뜻일 수 있다. 흄이 파리에서 스미스를 다시 만나지 못해 미안하다(즉 그들은 이미 만났고 그때 흄이 떠나기 전 서로 **다시** 만나자고 약속했다)는 말이었을 수도 있지만 말이다. 두걸드 스튜어트는 "1765년 크리스마스 즈음" 스미스가 파리로 돌아왔다고 보고하며, 존 레이는 버클로 공작이 그다음 주 파리에 도착할 것으로 예상된다는, 12월 5일자 호레이스 월폴한테서 온 편지를 기초로 "스미스가 흄이 마침내 루소와 함께 파리를 떠나 런던으로 향하기 전 그와 1~2주를 보낼 시간에 딱 맞춰 12월 중순경 파리에 도착했다"고 추측한다. Stewart, 302; Rae, 194. 하지만 이언 심슨 로스가 썼듯 월폴이 스미스와 이탈리아 연극을 보러 갔다고 기록한 1766년 3월 2일

까지는, 그리고 최근 제네바에서 스미스를 본 적이 있음을 시사하는 제네바의 내과 의사 조르주 루이 르 사주(Georges-Louis Le Sage)한테서 온 2월 5일자 편지 이전에는 스미스가 파리에 있다는 최초의 결정적 소식은 나오지 않았다. Ross, 222. 스미스는 평소답지 않게 여행 중 일기를 썼다고 전해지지만 안타깝게도 그 일기장은 1920년대에 에든버러의 한 책방에서 팔린 이래로 종적을 감췄다. W. R. Scott, "Studies Relating to Adam Smith during the Last Fifty Years," in *Proceedings of the British Academy,* A. L. Macfie ed. (London: British Academy, 1940), 273 참조.

62. Adam Smith to David Hume, 13 March 1766, in CAS, 112.

63. Stewart, 303.

64. John Ramsay of Ochtertyre, *Scotland and Scotsmen in the Eighteenth Century*, ed. Alexander Allardyce, vol. 1 (Edinburgh: William Blackwood, 1888), 464.

65. Mme de Boufflers to David Hume, 6 May 1766, in Burton, *Letters of Eminent Persons*, 237-238.

66. Mary Margaret Stewart, "Adam Smith and the Comtesse de Boufflers," *Studies in Scottish Literature* 7.3 (January 1970), 185-186 참조.

67. David Hume to the Comtesse de Boufflers, 25 July 1766, in HL II, 63.

68. David Hume to the Comtesse de Boufflers, 15 May 1761, in HL I, 345, 343.

69. Rae, 212-213; Ross, 227 참조.

70. Ross, 228.

71. Adam Smith to David Hume, 13 March 1766, in CAS, 112.

72. Adam Smith to Andrew Millar, October 1766, in CAS, 121.

07 괴짜 철학자와의 싸움

1. 이 싸움에 대한 가장 인기 있는 책은 읽기에는 재미있지만 루소에게는 좀 지나치게 관대하고 흄에게는 지나치게 매몰차다. David Edmonds and John Eidinow, *Rousseau's Dog: Two Great Thiinkers at War in the Age of Enlightenment* (New York: HarperColllins, 2006). 가장 긴 설명은 Robert Zaretsky and John T.

Scott, *The Philosophers' Quarrel: Rousseau, Hume, and the Limits of Human Understanding* (New Haven, CT: Yale University Press, 2009)에서 찾을 수 있다.

2. Jean-Jacques Rousseau, *The Confession*, in *The Collected Writings of Rousseau*, vol. 5, ed. Christopher Kelly, Roger D. Masters, and Peter G. Stillman (Hanover, NH: University Press of New England, 1995), 304 참조.
3. David Hume to the Comtesse de Boufflers, 1 July 1762, in HL I, 363-364; David Hume to Jean-Jacques Rousseau, 2 July 1762, in HL I, 364-365; and David Hume to the Comtesse de Boufflers, 3 July 1763, in HL I, 388-389 참조.
4. Jean-Jacques Rousseau to David Hume, 4 December 1765, in *Correspondance complète de Jean-Jacques Rousseau*, ed. R. A. Leigh, vol. 28 (Oxford: Voltaire Foundation, 1977), 17, and HL II, 383; David Hume to Jean-Jacques Rousseau, 22 October 1765, in HL I, 525-527도 참조.
5. Rousseau, *Confessions*, 304.
6. 나는 조만간 발표할 에세이에서 이러한 대조를 상세히 탐구한다. Dennis C. Rasmussen, "Rousseau and Hume: The Philosophical Quarre,l" in *The Rousseauian Mind,* Eve Grace and Christopher Kelly ed. (New York: Routledge, 곧 출간).
7. 나는 다른 책에서 루소의 사상이 드러내는 도전이 스미스의 가치관 형성에 중요하면서도 저평가된 역할을 했다고 말한 바 있다. 루소가 유명해지기 이전에 대부분 집필된 흄의 저작물은 그런 영향을 보이지 않는데, 이것이 어쩌면 상업 사회에 대한 흄의 시각이 스미스보다 절대적으로 긍정적인 한 가지 이유일 듯하다. Dennis C. Rasmussen, *The Problems and Promise of Commercial Society: Adam Smith's Response to Rousseau* (University Park: Pennsylvania State University Press, 2008) 참조.
8. Arthur M. Melzer, "The Origin of the Counter-Enlightenment: Rousseau and the New Religion of Sincerity," *American Political Science Review* 90.2 (June 1996), 344-360 참조.
9. Rousseau, *Confessions*, 527 참조.
10. Jean-Jacques Rousseau to the Comtesse de Boufflers, 20 August 1762, in *Correspondance complète de Jean-Jacques Rousseau*, ed. R. A. Leigh, vol. 12 (Geneva: Institut et Musée Voltaire, 1967), 217-218.

11. David Hume to the Comtesse de Boufflers, 22 January 1763, in HL I, 373.

12. David Hume to Hugh Blair, 28 December 1765, in HL I, 529-530.

13. 이 진술은 앙드레 모르에(André Morellet)가 나중에 들려준 것이다. *Mémoires de l'abbé Morellet*, vol. 1 (Paris: Librarie Française de Ladvocat, 1821), 105 참조.

14. Jean-Jacques Rousseau to David Hume, 10 July 1766, in *Correspondance compléte de Jean-Jacques Rousseau*, ed. R. A. Leigh, vol. 30 (Oxford: Voltaire Foundation, 1977), 44, and HL II, 399.

15. Jean-Jacques Rousseau to David Hume, 10 July 1766, in *Correspondance compléte de Jean-Jacques Rousseau*, 30: 30-31, and HL II, 386.

16. Mossner, 523에 인용되어 있다.

17. David Hume to Adam Smith, ?end of January 1766, in HL II, 6, and CAS, 110.

18. David Hume to the Marquise de Barbentane, 16 February 1766, in HL II, 14; David Hume to Hugh Blair, 11 February 1766, in HL II, 13.

19. David Hume to Hugh Blair, 25 March 1766, in HL II, 29; Leo Damrosch, *Jean-Jacques Rousseau: Restless Genius* (Boston: Houghton Mifflin, 2005), 408.

20. 흄은 같은 날 쓴 세 통의 다른 편지에서 이 말을 정확히 사용했다. David Hume to Hugh Blair, 15 July 1766, in HL II, 63; David Hume to William Strahan, 15 July 1766, in HL II, 63; and David Hume to Hugh Blair, 15 July 1766, in NHL 142.

21. David Hume to Jean-Charles Trudaine de Montigny, 12 August 1766, in HL II, 81.

22. David Hume to Richard Davenport, 8 July 1766, in NHL 135.

23. editors' introduction in NHL, xv n. 2 참조.

24. David Hume to Mme la Présidente de Meinières, 25 July 1766, in NHL, 150.

25. David Hume to the Comtesse de Boufflers, 12 August 1766, in HL II, 77.

26. Adam Smith to David Hume, 7 July 1766, in CAS, 112-113.

27. J. Y. T. Greig, *David Hume* (New York: Garland, [1931] 1983), 344.

28. 흄의 편지에 관해서는 David Hume to Jean le Rond d'Alembert, 15 July 1766,

in NHL, 136-141 참조.

29. Jean le Rond d'Alembert to David Hume, 21 July 1766, in HL II, 413.

30. Jean le Rond d'Alembert to David Hume, 21 July 1766, in HL II, 415.

31. Rae, 209 참조.

32. Comtesse de Boufflers to David Hume, 25 July 1766, in *Letters of Eminent Persons Addressed to David Hume*, ed. John Hill Burton (Edinburgh: William Blackwood and SONS, 1849), 245.

33. Andrew Millar to David Hume, 22 November 1766, in *Correspondance compléte de Jean-Jacques Rousseau*, ed. R. A. Leigh, vol. 31 (Oxford: Voltaire Foundation, 1977), 199.

34. David Hume to Adam Smith, 9 September 1766, in HL II, 82-83, and CAS, 118. 이 편지는 두 책에서 모두 1766년 8월자라고 되어 있으나 R. A. 리(Leigh)는 정확한 날짜가 9월 9일이라고 추측한다. FHL, 259 참조.

35. 흄의 원고와 출간된 프랑스어본 및 영어본 소책자 사이의 관계에 관해서는 Paul H. Meyer, "The Manuscript of Hume's Account of His Dispute with Rousseau," *Comparative Literature* 4.4 (Autumn 1952), 341-350 참조.

36. David Hume to Horace Walpole, 20 November 1766, in HL II, 108; David Hume to John Crawford, 20 December 1766, in NHL 156.

37. David Hume to Hugh Blair, 20 May 1767, in HL II, 135 참조.

38. David Hume to Richard Davenport, 15 May 1767, in NHL 164.

39. Adam Smith to David Hume, 7 June 1767, in CAS, 125.

40. Adam Smith to David Hume, 13 September 1767, in CAS, 132.

41. David Hume to Adam Smith, 8 October 1767, in NHL 176, and CAS, 133. David Hume to Adam Smith, 17 October 1767, in HL II, 168-169, and CAS, 136-137도 참조. 흄은 편지에서 루소를 "괴상한 철학자"라고 부를 때가 많았는데, 루소가 머물렀던 우튼의 집주인인 리처드 데이븐포트(Richard Davenport)가 붙였던 꼬리표를 빌려온 듯하다.

42. David Hume to Adam Smith, 17 October 1767, in HL II, 168-69, and CAS, 136-137.

43. 하지만 루소 사후에 발간된 다른 자전적 저술에는 에둘러서 그 싸움을 가리키는 내

용이 있다. Jean-Jacques Rousseau, *Rousseau, Judge of Jean-Jacques: Dialogues* in *The Collected Writings of Rousseau*, vol. 1, ed. Roger D. Masters and Christopher Kelly (Hanover, NH: University Press of New England, 1990), 62, 91-95, 205, 232 참조.

44. Zaretsky and Scott, *Philosophers' Quarrel*, 206.

45. Adam Smith to David Hume, 6 July 1766, in CAS, 113.

08 치명적인 물 공포증

1. MOL, xxxix.
2. David Hume to the Comtesse de Boufflers, 2 February 1767, in HL II, 119.
3. David Hume to the Marquise de Barbentane, 13 March 1767, in HL II, 128.
4. David Hume to Hugh Blair, 1 April 1767, in HL II, 134.
5. David Hume to Adam Ferguson, 24 February 1767, in HL II, 121.
6. Lady Mary Coke, *The Letters and Journals of Lady Mary Coke*, vol. 1 (Bath: Kingsmead Bookshops, [1889] 1970), 141.
7. Adam Smith to Andreas Holt, 26 October 1780, in CAS, 252.
8. Adam Smith to Lord Hailes, 15 January 1769, in CAS, 140.
9. Adam Smith to William Pulteney, 3 September 1772, in CAS, 164.
10. Charles Rogers, *Social Life in Scotland: From Early to Recent Times*, vol. 3 (Edinburgh: William Paterson, 1886), 180-181 참조.
11. Adam Smith to David Hume, 7 June 1767, in CAS, 125.
12. David Hume to Adam Smith, 13 June 1767, in HL I, 142-43, and CAS, 126-127.
13. Adam Smith to David Hume, 13 September 1767, in CAS, 131. 여기서 스미스의 공감에 대한 타당성에 관해서는 TMS I.i.2.5, 15 참조. "우리는 친구들이 우리의 분노에 반드시 참여해주기를 바라는 만큼 우리의 우정을 선택해주기를 아주 간절히 바랍니다." 분노의 "억울하고 고통스러운" 느낌이 "공감의 치유력 있는 위안"으로 완화될 수 있기 때문에 이것이 맞는 말이라고 스미스는 설명한다.

14. David Hume to Adam Smith, ?end of September 1767, in HL II, 163, and CAS, 133.

15. David Hume to the Earl of Balcarres, 17 December 1754, in HL I, 214; and David Hume to James Oswald of Dunnikier, October 1766, in HL II, 95.

16. David Hume to Adam Smith, 20 August 1769, in HL II, 206-207, and CAS, 155-156.

17. David Hume to Adam Smith, 6 February 1770, in HL II, 214, and CAS, 156; David Hume to Adam Smith, February 1770, in HL II, 217 과 CAS, 158; David Hume to Adam Smith, 3 June 1772, in HL II, 338, and CAS, 327; David Hume to Adam Smith, 27 June 1772, in HL II, 264, and CAS, 163; David Hume to Adam Smith, 23 November 1772, in HL II, 267, and CAS, 166; David Hume to Adam Smith, 24 February 1773, in HL II, 277, and CAS, 167; and David Hume to Adam Smith, 10 April 1773, in HL II, 281, and CAS, 168.

18. David Hume to Adam Smith, 28 January 1772, in HL II, 256, and CAS, 160.

19. David Hume to Gilbert Elliot of Minto, 16 October 1769, in HL II, 208.

20. Henry Makenzie, *Anecdotes and Egotisms, 1745-1831*, ed. Harold William Thompson (Oxford: Oxford University Press, 1927), 172.

21. David Hume to Gilbert Elliot of Minto, 16 October 1769, in HL II, 208.

22. Alexander Carlyle, *Autobiography of the Rev. Dr Alexander Carlyle, Minister of Inveresk, Containing Memorials of the Men and Events of His Time*, 2nd ed. (Edinburgh: William Blackwood, 1860), 275.

23. David Hume to Gilbert Elliot of Minto, 16 October 1769, in HL II, 208.

24. 뉴타운 건설에 대한 대표적 저술로는 A. J. Youngson, *The Making of Classical Edinburgh, 1750-1840* (Edinburgh: Edinburgh University Press, 1969)이 있다.

25. David Hume to Col. Alexander Dow, 1772, in HL II, 267.

26. William Mure, *Selections from the Family Papers Preserved at Caldwell*, pt. 2, vol. 2 (Glasgow: Maitland Club, 1854), 177-178.

27. John Hill Burton, *Life and Correspondence of David Hume*, vol. 2 (Edinburgh: William Tait, 1846), 436; Mossner, 566-567, 620도 참조.

28. Benjamin Franklin to William Strahan, 27 October 1771, in *The Papers of*

Benjamin Franklin, ed. William B. Willcox, vol. 18 (New Haven, CT: Yale University Press, 1974), 236.

29. David Hume to Benjamin Franklin, 7 February 1772, in NHL, 193-194.

30. David Hume to Adam Smith, ?end of January 1766, in HL II, 6, and CAS, 110.

31. Andrew Millar to David Hume, 22 November 1766, in *Correspondance compléte de Jean-Jacques Rousseau*, ed. R. A. Leigh, vol. 31 (Oxford: Voltaire Foundation, 1977), 199.

32. *New Evening Post*, 6 December 1776, quoted in Mossner, 556.

33. David Hume to William Strahan, 2 January 1772, in HL II, 252; David Hume to William Strahan, 8 June 1776, in HL II, 322도 참조.

34. David Hume to William Strahan, 21 January 1771, in HL II, 233.

35. David Hume to Adam Smith, 27 June 1772, in HL II, 263-264, and CAS, 162-163. 에어 은행 위기에 대해 흄이 스미스에게 한 추가적인 논평에 관해서는 David Hume to Adam Smith, October 1772, in HL II, 265-266, and CAS, 165; and David Hume to Adam Smith, 10 April 1773, in HL II, 280, and CAS, 167 참조.

36. WN II.ii.77, 317; 더 일반적으로는 II.ii.73-77, 313-317도 참조.

37. David Hume to Adam Smith, 17 November 1772, in CAS, 415. 이 편지는 현재 흄의 저술 모음집 어디에도 들어 있지 않다. 편지의 발견과 그것이 스미스에게 보낸 것이라고 믿을 만한 이유에 관해서는 Toshihiro Tanaka, "Hume to Smith: An Unpublished Letter," *Hume Studies* 12.2 (November 1986), 201-209 참조.

38. David Hume to Adam Smith, 23 November 1772, in HL II, 266, and CAS, 166.

39. David Hume to Adam Smith, 10 April 1773, in HL II, 281, and CAS, 168.

40. Adam Smith to David Hume, 16 April 1773, in CAS, 168.

41. James Boswell, *Boswell: The Ominous Years, 1774-1776,* ed. Charles Ryskamp and Frederick A. Pottle ed. (New York: McGraw-Hill, 1963), 337.

42. Amicus, "Anecdotes Tending to Throw Light on the Character and Opinions of the Late Adam Smith, LLD," *The Bee, or Literary Weekly Intelligencer* (Edinburgh), 11 May 1791, 2-3.

43. James Boswell, *Boswell: Laird of Auchinleck, 1778-1782*, ed. Joseph W. Reed and Frederick A. Pottle (New York: McGraw-Hill, 1977), 298.

44. Thomas D. Eliot, "The Relations between Adam Smith and Benjamin Franklin before 1776," *Political Science Quarterly* 39.1 (March 1924), 67-96; and Jacob Viner, "Guide to John Rae's *Life of Adam Smith*," in Rae, 44-47.

45. David Hume to Adam Smith, 13 February 1774, in HL II, 285, and CAS, 171.

46. Adam Smith to David Hume, 9 May 1775, in CAS, 181.

47. 예를 들면 Adam Ferguson to Adam Smith, 2 September 1773, in CAS, 169; and Adam Ferguson to Adam Smith, 11 March 1774, in CAS, 172 참조.

48. David Hume to Adam Smith, 13 February 1774, in HL II, 286, and CAS, 171; David Hume to William Strahan, 1 March 1774, in HL II, 287도 참조.

49. TMS III.3.43, 156.

50. David Hume to Adam Smith, 13 February 1774, in HL II, 286, and CAS, 171.

51. Adam Smith to David Hume, 9 May 1775, in CAS, 181-182.

52. Adam Smith to David Hume, 9 May 1775, in CAS, 182.

53. David Hume to Adam Smith, 8 February 1776, in HL II, 308, and CAS, 185-186.

54. David Hume to Adam Smith, 8 February 1776, in HL II, 308, and CAS, 185-186.

09 국부의 탐구

1. Stewart, 311.

2. Henry Thomas Buckle, *History of Civilization in England*, 2nd ed., vol. 2 (London: John W. Parker and Son, 1858), 194.

3. Phillipson, 237; Robert Wokler, "The Enlightenment Science of Politics," in *Inventing Human Science*, ed. Christopher Fox, Roy Porter, and Robert Wokler (Berkeley: University of California Press, 1995), 336; Emma Rothschild and Amartya Sen, "Adam Smith's Economics," in *The Cambridge Companion*

to Adam Smith, Knud Haakonssen ed. (Cambridge: Cambridge University Press, 2006), 364; and Richard F. Teichgraeber III, *'Free Trade' and Moral Philosophy: Rethinking the Sources of Adam Smith's Wealth of Nations* (Durham, NC: Duke University Press, 1986), xi.

4. Timothy Ferris, *The Science of Liberty* (New York: HarperCollins, 2010), 174.

5. 18세기에는 경제학이 아직 독립된 학문으로 존재하지 않았는데, 스미스가 "국부의 본질과 원인" 연구를 "제대로 부른다면 정치경제학이라 해야 하는 것"과 동일시하는 걸로 보아 그는 《국부론》을 정치경제학 저술로 간주했음이 분명하다. WN IV.ix.38, 678-679 참조.

6. 흄과 스미스의 도덕 이론 사이의 관계와 관련해서는 그들의 정치관, 무역관, 경제관에 대한 종합적인 비교 연구가 많이 아쉽다.

7. WN I.xi.m.6, 247; II.ii.96, 325; II.iv.9, 354; III.iv.4, 412; IV.i.30, 445; and V.i.g.3-6, 790-791 참조.

8. WN II.iv.9, 354. 이자율에 대한 흄과 스미스의 유사한 시각과 이런 점에서 흄이 스미스에게 영향을 준 정도에 관해서는 W. L. Taylor, *Francis Hutcheson and David Hume as Predecessors of Adam Smith* (Durham, NC; Duke University Press, 1965), 90-102; and Carl C. Wennerlind, "The Humean Paternity to Adam Smith's Theory of Money," *History of Economic Ideas* 8.1 (Spring 2000), 92-94 참조.

9. Stewart, 320-321.

10. Stephen Buckle, "Hume and Smith on Justice," in *The Routledge Companion to Social and Political Philosophy*, ed. Gerald F. Gaus and Fred D'Agostino (New York: Routledge, 2013), 93.

11. Ernest Campbell Mossner, "An Apology for David Hume, Historian," *PMLA* 56.3 (September 1941), 679. 스미스의 《영국사》 인용에 관해서는 WN I.xi.m.6, 247; III.iv.4, 412 (물론 《정치론》을 참고한 것일 수도 있다); IV.i.30, 445; and V.i.g.3-6, 790-791 참조.

12. 흄은 사실 자신의 말뭉치 어디에서도 "노동 분업"이라는 용어를 사용하지 않는다. 이 개념에 가장 근접한 설명은 THN 3.2.2.3., 312; and 3.2.4.1, 330에서 "고용의 분할"에 대해 아주 짧게 거론한 것을 참조. 이 주제에 관해 스미스에게 가장 영감

을 준 사람은 프랜시스 허치슨과 버나드 맨더빌이었던 것 같다. Taylor, *Francis Hutcheson and David Hume*, 55-62 참조.

13. Jacob Viner, "Guide to John Rae's *Life of Adam Smith*," in Rae, 54.

14. WN III.iv.4, 412. Dennis C. Rasmussen, *The Problems and Promise of Commercial Society: Adam Smith's Response to Rousseau* (University Park: Pennsylvania State University Press, 2008), esp. 136-137. 그러나 좀더 일반적으로 chap. 4; and Dennis C. Rasmussen, *The Pragmatic Enlightenment: Recovering the Liberalism of Hume, Smith, Montesquieu, and Voltaire* (Cambridge: Cambridge University Press, 2014), 120에서 나는 이 구절의 중요성에 찬성론을 펼친 바 있다.

15. WN III.iv.4, 412.

16. WN III.ii.3, 383; III.iv.7, 415도 참조.

17. WN III.ii.8, 386-387 참조; LJ, 48, 53-55, 255도 참조.

18. WN III.iv.10, 418-419.

19. WN III.iv.15, 421.

20. WN I.v.3, 48; III.iv.11-12, 419-420; and V.i.b.7, 712 참조.

21. EMPL, 277; HE II, 108-109, 522-524; HE III, 76-77, 80; and esp. HE IV, 383-385 참조.

22. HE IV, 384. 흄의 《영국사》를 연구하는 한 대표적인 권위자는 "《영국사》에서 남작들이 최고의 악당이라는 것은 비밀이 아니다"라고 말한다. Andrew Sabl, *Hume's Politics: Coordination and Crisis in the History of England* (Princeton, NJ: Princeton University Press, 2012), 66.

23. HE IV, 385; WN III.iv.17, 422.

24. WN V.i.g.22-25, 800-804; V.iii.1-3, 907-909; LJ, 227; and LRBL, 150 참조.

25. William Robertson, *The History of the Reign of the Emperor Charles V*, vol. 1 (London: W. Strahan and T. Cadell, 1769), 30-39; and John Millar, *The Origin of the Distinction of Ranks*, ed. Aaron Garrett (Indianapolis: Liberty Fund, [1771] 2006), 236-239 참조.

26. 봉건 영주의 몰락에 대한 이야기는 LJ의 두 필기 노트 묶음에서 전체적으로 수도 없이 나온다.

27. W. R. 스콧은 《국부론》 3권이 1748년부터 1750년까지 했던 스미스의 에든버러 공개강좌에서 비롯됐을 수 있다고 주장한다. William Robert Scott, *Adam Smith as Student and Professor* (New York: Augustus M. Kelley, [1937] 1965), 56 참조. 그리고 《국부론》의 글래스고 편집자들이 앞서 인용한 구절과 관련해 쓴 것도 참조. WN, 412n6. 만일 이것이 정말 사실이라면 스미스가 흄에게 기댄 것이 아니라 《정치론》(1752)과 《영국사》(1759~1761)의 관련 부분에서 스미스에게 의존한 사람은 바로 흄일 가능성이 있지만, 현재 이런 의문을 푸는 것은 불가능해 보인다. 《국부론》에서 스미스가 흄을 지나치리만치 찬양하는 것을 보면(본문에 인용되어 있다), 아주 많은 경우 그렇듯 먼저 생각한 사람은 바로 흄이었다고 추측할 수 있다. 봉건영주들의 '호의(hospitality)' 사례를 들 때 스미스가 흄한테서 가져온 예를 사용한다는 점도 기억하자. WN III.iv.5, 413과 LJ, 51, 261, 420을, HE I, 307과 HE II, 428을 비교해보라.

28. 스미스가 4권에서 비판하는 다른 "정치경제학 체계", 즉 중농주의자들의 체계에 관해 흄은 스미스보다 훨씬 더 혹독하게 비판했다. 자신의 저서 《무역사전(Dictionnaire du Commerce)》의 출간을 앞두고 있던 모르예 주교에게 보낸 편지에서 흄은 모르예가 "그들을 몰아세우고 으스러뜨리고 짓이겨서 먼지와 재로 전락시키기" 바란다며 "그들은 소르본 대학의 전멸 이래로 사실상 현존하는 가장 허무맹랑하고 가장 교만한 무리입니다"라고 의견을 밝혔다. 그는 모르예의 책 한 부를 스미스에게 직접 건네주겠다고 약속하기도 했다. 결국 그 책은 출간조차 되지 않았지만 말이다. David Hume to the abbé Morellet, 10 July 1769, in HL II, 205.

29. WN IV.iii.c.9, 493.

30. WN IV.iii.a.1, 474.

31. EMPL, 328, 331.

32. WN IV.i.17, 438.

33. EMPL, 281.

34. Taylor, *Francis Hutcheson and David Hume,* 77.

35. 예를 들면 HE II, 177; HE III, 77-79, 330, 462; HE IV, 48, 145, 344-345, 360-361; and HE V, 20, 114, 144, 231 참조.

36. David R. Raynor, "Who Invented the Invisible Hand? Hume's Praise of Laissez-Faire in a Newly Discovered Pamphlet," *Times Literary Supplement*, 14 August

1998, 22 참조. 스미스의 곡물법 반대론에 관해서는 특히 WN IV.v.b, 524-543 참조.

37. 특히 WN IV.ix.51, 687-688; EMPL, 37; and THN, 3.2.7.8, 345 참조. 스미스가 자유 무역 절대론자가 아니었다는 사실은 오늘날 스미스 학자들 사이에 널리 인정받고 있다. 엄격한 자유방임주의 시각으로부터 스미스의 '이탈'에 관한 대표적 에세이로는 Jacob Viner, "Adam Smith and Laissez Faire," *Journal of Political Economy* 35.2 (April 1927), 198-232가 있다.

38. Stewart, 321-322 참조.

39. John Playfair to William Robertson, Jr., 12 December 1777, National Library of Scotland, Robertson Macdonald Papers, MS 3943, fol. 52.

40. EMPL, 271.

41. Duncan Forbes, *Hume's Philosophical Politics* (Cambridge: Cambridge University Press, 1975), 87-88.

42. EMPL, 529, 350-351, 360-361; 95-96; HE II, 454도 참조.

43. WN IV.vii, 556-641; and V.iii.92, 947 참조.

44. WN V.iii.10, 911.

45. 흄과의 여러 가지 유사점을 강조하는, 공공부채에 관한 스미스의 시각에 관해서는 Donald Winch, *Adam Smith's Politics: An Essay in Historiographic Revision* (Cambridge: Cambridge University Press, 1978), chap. 6 참조.

46. 이 주제에 관한 문헌은 방대하지만, 그중 몇 개만 훑어보자면 Lisa Hill, "Adam Smith and the Thme of Corruption," *Review of Politics* 68.4 (November 2006), 636-662; Ryan Patrick Hanley, *Adam Smith and the Character of Virtue* (Cambridge: Cambridge University Press, 2009) chap. 1; Rasmussen, *Problems and Promise of Commercial Society*, chap. 2; and Spiros Tegos, "Adam Smith: Theorist of Corruption," in *The Oxford Handbook of Adam Smith*, ed. Chrisotopher J. Berry, Maria Pia Paganelli, and Craig Smith (Oxford: Oxford University Press, 2013), 353-371 참조.

47. 예를 들면 TMS I.iii.2.1, 50-51; III.3.30-31, 149-150; and IV.1.8-9, 181-183 참조.

48. EMPL, 270.

49. TMS III.3.30, 149; WN I.v.2, 47; and I.v.7, 50.

50. TMS I.iii.2.1, 51.

51. WN II.iii.31, 343.

52. 스미스는 그것을 사기라고 부른다. TMS IV.1.10, 183 참조.

53. Nathan Rosenberg, "Adam Smith and Laissez-Faire Revisited," in *Adam Smith and Modern Political Economy: Bicentennial Essays on* The Wealth of Nations, ed. Gerald P. O'Driscoll, Jr. (Ames: Iowa State University Press, 1979), 21.

54. WN IV.iii.c.9-10, 493-494; IV.viii.17, 648.

55. EMPL, 300.

56. Margaret Schabas, "Hume on Economic Well-Being," in *The Continuum Companion to Hume*, ed. Alan Bailey and Dan O'Brien (London: Bloomsbury, 2012), 338.

57. WN V.i.f.50, 782.

58. EMPL, 271, 274 참조.

59. WN V.i.f.50, 782.

60. WN V.i.f.52-57, 784-786 참조.

61. Dennis C. Rasmussen, "Adam Smith on What Is Wrong with Economic Inequality," *American Political Science Review* 110.2 (May 2016), 342-352에서 나는 스미스의 생각 중 이러한 측면을 탐구한 바 있다.

62. WN V.i.b.2, 709-710.

63. LJ, 563-564; 339-341, 489-490도 참조.

64. esp. TMS I.iii.2, 50-61 참조.

65. TMS I.iii.3.2-6, 62-63.

66. TMS I.iii.3.1, 61.

67. 예를 들면 EMPL, 265-66; and EPM 3.25-28, 20-21 참조.

68. John Ruskin, *Fors Clavigera*, in *The Complete Works of John Ruskin*, ed. E. T. Cook and Alexander Wedderburn, vol. 28 (London: George Allen, [1876] 1907), 516, 764.

69. WN V.i.f.28, 770; and V.i.f.31, 772 참조.

70. WN V.i.g.2-6, 790-791; and V.i.g.39, 811 참조. 이러한 요점은 Peter Minowitz, *Profits, Priests, and Princes: Adam Smith's Emancipation of Economics from*

Politics and Religion (Stanford, CA: Stanford University Press, 1993), 156에 나와 있다. 하지만 나는 미노위츠처럼 "《국부론》은 무신론적이고 반기독교적인 책"이라고까지는 말하고 싶지 않다. Ibid., 139.

71. WN V.i.f.30, 771.
72. WN V.iii.89, 944.
73. WN V.i.g.24, 802-803.
74. WN V.i.g.37, 810. 이유야 어떻든 법학 강좌 시절의 스미스는 성직자들이 유익한 역할을 한다고 믿는 데 훨씬 더 적극적이었다: esp. LJ, 90, 146, 173, 175, 188-189, 191, 441, 449, and 454-455 참조.
75. HE I, 311, 163; 208도 참조; and EMPL, 520.
76. HE III, 134-136.
77. Annette C. Baier, *Death and Character: Further Reflections on Hume* (Cambridge, MA: Harvard University Press, 2008), 92.
78. 이런 점에서 흄에 대한 스미스의 솔직한 답변은 놀라우리만치 학계의 주목을 받지 못했다. 한 가지 유용한 논의로 Frederick G. Whelan, "Church Establishments, Liberty & Competition in Religion," *Polity* 23.2 (Winter 1990), 155-185 참조.
79. WN V.i.g.1, 788.
80. WN V.i.g.3-6, 790-791 참조.
81. WN V.i.g.1, 789.
82. WN V.i.g.8, 792-793.
83. WN V.i.g.12-15, 796.
84. WN V.i.g.8, 793.
85. Richard B. Sher, *Church and University in the Scottish Enlightenment: The Moderate Literati of Edinburgh* (Edinburgh: Edinburgh University Press, 1985), 262-276 참조.
86. David Hume to William Strahan, 11 March 1771, in HL II, 237. 몇 년 전 흄은 "오! 아메리카가 …… 완전히 그리고 최종적으로 반란을 일으키길 내 얼마나 간절히 바라고 있는지"라고 선언한 적이 있지만, 이러한 선언은 굉장히 농담조였던 것 같다. David Hume to Gilbert Elliot of Minto, 22 July 1768, in HL II, 184 참조.
87. David Hume to William Strahan, 26 October 1775, in HL II, 300-301.

88. William Strahan to David Hume, 30 October 1775, in HL II, 301n1.

89. David Hume to William Mure of Caldwell, 27 October 1775, in HL II, 303.

90. David Hume to Andrew Stuart of Torrance, 1 August 1775, in Maurice Baumstark, "The End of Empire and the Death of Religion: A Reconsideratino of Hume's Later Political Thought," in *Philosophy and Religion in Enlightenment Britain*, ed. Ruth Savage (Oxford: Oxford University Press, 2012), 257.

91. WN IV.vii.c.65, 616.

92. WN IV.vii.c.66, 616-617.

93. WN IV.vii.c.79, 625-626. Adam Smith, "Thoughts on the State of the Contest with America, February 1778," in CAS, 381-382도 참조.

94. WN V.iii.92, 946-947.

95. 앞서 살펴봤듯 이 편지 중 한 통에 사실 아메리카와의 갈등에 대한 얘기가 있긴 하다. 하지만 《국부론》이 출간되기 불과 한 달 전에 흄이 보낸 것이고 별로 상세하게 파고들지도 않았다. 흄은 "버클로 공작한테 듣자하니 그대가 아메리카 사태에 매우 열의를 보인다더군요. 내 생각에 일반적으로들 상상하는 것만큼 그 문제는 중요하지 않습니다. 만일 내가 틀렸다면 당신을 만나거나 당신의 책을 읽고 아마도 내 오류를 수정하겠지요. 우리의 제조업보다 선박업과 일반 무역이 훨씬 더 고전할 수 있어요"라고 쓴다. David Hume to Adam Smith, 8 February 1776, in HL II, 308, and CAS, 186.

96. editor's preface in Adam Smith, *An Inquiry into the Nature and Causes of the Wealth of Nations,* ed. James F. Thorold Rogers (Oxford: Clarendon, 1869), xix 참조. 우리가 입수한 증거에 따르면, 흄의 《국부론》 증정본은 그와 이름이 같은 조카가 물려받았고(알려진 바로는 그도 이 책에 "엄청난 양의 메모"를 했다), 그 후 결국에는 1850년대 초 토머스 스티븐슨(Thomas G. Stevenson)이란 이름의 에든버러 서적상에게 팔아넘겼다. 그러고 나서 얼마 지나지 않아 그 책은 찰스 배비지(Charles Babbage)의 소유가 됐는데, 그는 자신의 장서를 1872년 헐값에 매각했다. 이 시점 뒤로는 그 책의 행방을 추적할 수 없다. 배비지의 장서 다수를 보유하고 있는 에든버러 왕립천문대 크로포드 도서관(The Crawford Library of the Royal Observatory of Edinburgh)도 그 책을 소장하고 있는 것 같지는 않다. Rae, 286; David Fate Norton and Mary J. Norton, *The David Hume*

Library (Edinburgh: Edinburgh Biliographical Society, 1996), 51, 129; and James Bonar, *A Catalogue of the Library of Adam Smith*, 2nd ed. (New York: Augustus M. Kelley, 1966), 174 참조.

97. David Hume to Adam Smith, 1 April 1776, in HL II, 311, and CAS, 186. 일주일 뒤 윌리엄 스트러핸에게 쓴 편지에서 흄은 "스미스 박사의 성과물은 이번 겨울 당신의 출판사에서 나온 또 한 권의 걸작입니다. 하지만 그 책은 기번 씨의 책—즉 《국부론》보다 약 한 달 앞서 출간한 에드워드 기번의 《로마제국 쇠망사》 1권—만큼 인기를 끌기에는 독자들에게 너무 많은 생각을 요구한다고 저는 그에게 감히 말했습니다"라고 말한다. David Hume to William Strahan, 8 April 1776, in HL II, 314.

98. David Hume to Adam Smith, 1 April 1776, in HL II, 311, and CAS, 186.

99. WN I.vi.8, 67; and David Ricardo, *On the Principles of Political Economy and Taxation* in *The Works and Correspondence of David Ricardo*, ed. Piero Sraffa and M. H. Dobb, vol. 1 (Indianapolis: Liberty Fund, [1812] 2005), chap. 24 참조.

100. 흄은 "프랑스 왕이 화폐 제도에 화폐주조세(Seigniorage) 8퍼센트를 지우다니 내게는 너무 무리한 조치로 보입니다. 아무도 금괴를 조폐국으로 가져가지 않을 겁니다. 2퍼센트 이하로 주조해 프랑스로 다시 보낼 수 있는 네덜란드나 잉글랜드로 모조리 보내겠지요"라고 쓴다. David Hume to Adam Smith, 1 April 1776, in HL II, 311-312, and CAS, 186-187. 가격 인상에 대한 스미스의 진술에 관해서는 WN I.v.39, 62; IV.iii.a.10, 478; and IV.vi.19, 551 참조.

101. James Boswell, *Boswell in Extremes, 1776-1778*, ed. Charles McC. Weis and Frederick A. Pottle (New York: McGraw-Hill, 1970), 13.

102. David Hume to Adam Smith, 3 May 1776, in HL II, 317, and CAS, 195.

103. David Hume to David Hume the Younger, 20 May 1776, in Tadeusz Kozanecki, "Dawida Hume's Nieznane Listy W Zbiorach Muzeum Czartoryskich (Polska)," *Archiwum Historii Filozofii I Mysli Spoleczhej* 9 (1963), 138.

104. David Hume to Adam Smith, 1 April 1776, in HL II, 312, and CAS, 187. 기번에게 보낸 흄의 편지에 관해서는 David Hume to Edward Gibbon, 18 March 1776, in HL II, 309-310 참조.

105. Edward Gibbon, *Memoirs of My Life*, ed. Georges A. Bonnard (London: Thomas Nelson and Sons, [1796] 1966), 158.

106. David Hume to Adam Smith, 1 April 1776, in HL II, 312, and CAS, 187.

107. Edward Gibbon to Adam Ferguson, 1 April 1776, in *The Letters of Edward Gibbon*, ed. Jane Elizabeth Norton, vol. 2 (London: Cassell & Co, 1956), 100-101.

108. Adam Ferguson to Adam Smith, 18 April 1776, in CAS, 193-194.

109. Adam Smith to Andreas Holt, 26 October 1780, in CAS, 251.

110. Richard B. Sher, "New Light on the Publication and Reception of the *Wealth of Nations*," *Adam Smith Review* 1 (2004), 3-29 참조.

111. Hugh Blair to Adam Smith, 3 April 1776, in CAS, 188-190.

112. William Robertson to Adam Smith, 8 April 1776, in CAS, 192-193.

113. Adam Ferguson to Adam Smith, 18 April 1776, in CAS, 193-194.

114. Joseph Black to Adam Smith, April 1776, in CAS, 190.

10 자연 종교에 관한 대화

1. Phillipson, 244, 242.

2. Ross, 319, 445; 359-360도 참조.

3. Ryan Patrick Hanley, "Skepticism and Imagination: Smith's Reponse to Hume's *Dialogues*," in *New Essays on Adam Smith's Moral Philosophy*, ed. Wade L. Robison and David B. Suits (Rochester, NY: Rochester Institute of Technology Press, 2012), 173.

4. Gavin Kennedy, *Adam Smith's Lost Legacy* (New York: Palgrave Macmillan, 2005), 9-10.

5. M. A. Stewart, "The Dating of Hume's Manuscript," in *The Scottish Enlightenment: Essays in Reinterpretation*, ed. Paul Wood (Rochester, NY: Rochester Institute of Technology Press, 2000), esp. 291, 300-303 참조.

6. David Hume to Gilbert Elliot of Minto, 10 March 1751, in HL, I, 153-157;

David Hume to Gilbert Elliot of Minto, 12 March 1763, in NHL, 71; and David Hume to Hugh Blair, 6 October 1763, in NHL, 72 참조.

7. David Hume to Adam Smith, 15 August 1776, in HL II, 334, and CAS, 205 참조.

8. EHU 12.28-29, 122 참조. 제1원인론의 약점을 《인간 본성에 관한 논고》에서 암시했다는 논지에 관해서는 Paul Russell, *The Riddle of Hume's Treatise: Skepticism, Naturalism, and Irreligion* (Oxford: Oxford University Press, 2008), chap. 10 참조.

9. EHU 8.36, 77-78; and 11.17, 104-105 참소.

10. "자연 전체가 그 틀을 고안한 지적인 존재가 있음을 시사한다. 그리고 진정한 유신론 및 종교의 근본 원리와 관련해 진지하게 숙고해본 이성적인 질의자라면 그 누구도 절대 자신의 믿음을 내려놓을 수 없다"는 흄의 모두 발언—약간 이해가 안 가긴 하지만 일부 학자들은 이 진술을 곧이곧대로 받아들여왔다—을 참조하라. NHR intro.1, 34.

11. HL II, 317n1.

12. David Hume to Adam Smith, 3 May 1776, in HL II, 317-318, and CAS, 195-196.

13. David Hume to Adam Smith, 3 May 1776, in HL II, 316, and CAS, 194-195.

14. James Boswell, *The Life of Samuel Johnson*, ed. David Womersley (New York: Penguin, [1791] 2008), 145.

15. David Hume to Adam Smith, 3 May 1776, in HL II, 316, and CAS, 195.

16. Adam Smith to David Hume,16 June 1776, in CAS, 201-202. 이 편지가 흄에게 도착했는지 여부에 관해서는 Adam Smith to William Strahan, 6 July 1776, in CAS, 202 참조.

17. David Hume to William Strahan, 8 June 1776, in HL II, 323-324 참조.

18. HL II, 453 참조.

19. David Hume to William Strahan, 12 June 1776, in HL II, 325-326 참조.

20. David Hume to Adam Smith, 15 August 1776, in HL II, 334, and CAS, 205.

21. Adam Smith to David Hume, 22 August 1776, in CAS, 206.

22. David Hume to Adam Smith, 23 August 1776, in HL II, 335-336, and CAS, 208.

23. Adam Smith to William Strahan, 5 September 1776, in CAS, 211.

24. Adam Smith to William Strahan, October 1776, in CAS, 216; and Adam Smith to William Strahan, October 1776, in CAS, 216-217.

25. William Strahan to Adam Smith, 16 September 1776, in CAS, 212.

26. William Strahan to John Home of Ninewells, 3 March 1777, in *Letters of David Hume to William Strahan*, ed. G. Birkbeck Hill (Oxford: Clarendon, 1888), 362.

27. 예를 들면 Ross, 423; Phillipson, 246; and Harris, 445 참조. 이들은 전적으로 책이 출판되고 몇 달 후 휴 블레어가 보낸 편지 한 통을 토대로 이런 주장을 펼치는 듯한데, 블레어는 거기서 《자연 종교에 관한 대화》가 "거의 세인의 입에 오르내리지 않았다"며 놀라움을 드러낸다. Hugh Blair to William Strahan, 3 August 1779, in HL II, 454 참조.

28. *Critical Review*, vol. 48 (September 1779), in Fieser IV, 204.

29. *London Magazine*, vol. 48 (September 1779), in Fieser IV, 206.

30. *Monthly Review*, vol. 61 (November 1779), in Fieser IV, 209, 221.

31. Fieser VI, 230 참조.

32. *Zugabe zu den Göttingische gelehrte Anzeigen*, vol. 48 (27 November 1779), in Fieser VI, 229.

33. James Boswell, *Boswell: Laird of Auchinleck, 1778-1782*, ed. Joseph W. Reed and Frederick A. Pottle (New York: McGraw-Hill, 1977), 173.

34. David Hume to Adam Smith, 3 May 1776, in HL II, 317, and CAS, 195.

35. David Hume to Adam Smith, 23 August 1776, in HL II, 335-336, and CAS, 208.

36. LJ, 466-467; 63-64도 참조.

37. Alexander Broadie, *The Scottish Enlightenment: The Historical Age of the Historical Nation* (Edinburgh: Birlinn, 2001), 128; Terence Penelhum, *Hume* (London: Macmillan, 1975), 171; Isaiah Berlin, *The Age of Enligtenment: The 18th Century Philosophers* (New York: George Braziller, 1956), 163; Ernest C. Mossner, "Hume and the Legacy of the *Dialogues*," in *David Hume: Bicentenary Papers*, ed. G. P. Morice (Austin: University of Texas Press,

1977), 3; and Peter Gay, *The Enlightenment: An Interpretation, vol.1: The Rise of Modern Paganism* (New York: Norton, 1966), 414.

38. 예를 들면 T. D. Campbell and Ian Ross, "The Theory and Practice of the Wise and Virtuous Man: Reflections on Adam Smith's Reponse to Hume's Deathbed Wish," *Studies in Eighteenth Century Cuulture* II (1982), 70-72; Karl Graf Ballestrem, "David Hume und Adam Smith: Zur philosophischen Dimension einer Freundschaft," in *Adam Smith als Moralphilosoph*, ed. Christel Fricke and Hans-Peter Schütt (Berlin: Walter de Gruyter, 2005), 344-345; Brendan Long, "Adam Smith's Theism," in *The Elgar Companion to Adam Smith*, ed. Jeffrey T. Young (Cheltenham: Edward Elgar, 2009), 81-82; Annette C. Baier, *The Pursuits of Philosophy: An Introduction to the Life and Thought of David Hume* (Cambridge, MA: Harvard University Press, 2011), 121; and Hanley, "Skepticism and Imagination" 참조.
39. Adam Smith to David Hume, 16 June 1776, in CAS, 201-202; Adam Smith to David Hume, 22 August 1776, in CAS, 206; Adam Smith to William Strahan, 5 September 1776, in CAS, 211.
40. the duc de la Rochefoucauld to Adam Smith, 6 August 1779, in CAS, 238 참조.
41. Anne Keith to Sir Robert Murray Keith, 6 November 1776, Public Record Office of Northern Ireland, D2433/D/1/25.
42. David Hume to Gilbert Elliot of Minto, 12 March 1763, in NHL, 71.
43. Hugh Blair to David Hume, 29 September 1763, in NHL, 73n4.
44. David Hume to Hugh Blair, 6 October 1763, in NHL, 72.
45. Anne Keith to Sir Robert Murray Keith, 6 November 1776, Public Record Office of Northern Ireland, D2433/D/1/25 참조.
46. David Hume to William Strahan, 8 June 1776, in HL II, 323.

11 한 철학자의 죽음

1. Samuel Jackson Pratt, *Supplement to the Life of David Hume* (1777), in Fieser

IX, 312.

2. *Monthly Review*, vol. 56 (March 1777), in Fieser IX, 266-267.

3. David Hume to Adam Smith, 8 February 1776, in HL II, 308, and CAS, 186.

4. Joseph Black to Adam Smith, April 1776, in CAS, 191 참조. 현대의 진단에 관해서는 J. Wilkinson, "The Last Illness of David Hume," in *Proceedings of the Royal College of Physicians of Edinburgh* 18.1 (January 1988), 72-79 참조.

5. David Hume to Cochrane Stewart, 8 August 1751, in FHL, 99; MOL, xl.

6. MOL, xli.

7. MOL, xxxi.

8. 아네트 베어는 흄이 자신의 교우 관계가 실질적으로 약력과 무관하다고 여겼던 듯하다고 쓴다. 그녀는 또한 "어쩌면 열거할 친구가 너무 많아서? 어쩌면 그런 명단을 시도했다가 괜히 누군가를 빠뜨려 심기를 불편하게 할까봐? 하긴 우리 중 안 그럴 사람이 어디 있겠는가?"라고 묻기도 한다. Annette C. Baier, *Death and Character: Further Reflections on Hume* (Cambridge: Harvard University Press, 2008), 273-274.

9. MOL, xxxiv-xxxviii.

10. MOL, xxxiv.xxxvi.

11. MOL, xxxiv, xli, xxxvi, xxxvii.

12. MOL, xxxvii.

13. MOL, xl.

14. Donald T. Siebert, *The Moral Animus of David Hume* (Newark: University of Delaware Press, 1990), 209.

15. MOL, xl-xli.

16. John Home, "Diary of a Journey with Hume from Morpeth to Bath," in Fieser IX, 279 참조.

17. Ibid., 280.

18. Strahan, xliv 참조.

19. David Hume to John Home of Ninewells, 27 April 1776, in Sadao Ikeda, *David Hume and the Eighteenth Century British Thought: An Annotated Catalogue* (Tokyo: Chuo University Library, 1986), 193 참조.

20. David Hume to Adam Smith, 3 May 1776, in HL II, 16-18, and CAS, 195-196.

21. David Hume to Andrew Stuart of Torrance, 20 May 1776, in FHL, 93.

22. Alexander Wedderburn to Adam Smith, 6 June 1776, in CAS, 198.

23. David Hume to William Strahan, 8 June 1776, in HL II, 322; William Strahan to Adam Smith, 10 June 1776, in CAS, 199.

24. Adam Smith to David Hume, 16 June 1776, in CAS, 201.

25. Adam Smith to William Strahan, 6 July 1776, in CAS, 202.

26. Henry, Lord Brougham, *Lives of Men of Letters and Science, Who Flourished in the Time of George III* (London: Charles Knight, 1845), 233 참조.

27. James Boswell, *Boswell in Extremes, 1776-1778*, ed. Charles McC. Weis and Frederick A. Pottle (New York: McGraw-Hill, 1970), 11-13.

28. Ibid., 22, 25 참조.

29. William Johnson Temple to James Boswell, 25 June 1776, in *The Correspondence of James Boswell and William Johnson Temple, 1756-1795, Volume 1: 1756-1777*, ed. Thomas Crawford (New Haven, CT: Yale University Press, 1997), 418.

30. William Johnson Temple to James Boswell, 25 August 1776, in *The Correspondence of James Boswell and William Johnson Temple*, 422.

31. William Johnson Temple to James Boswell, 27 May 1768, in *The Correspondence of James Boswell and William Johnson Temple*, 238.

32. William Strahan to David Hume, 19 August 1776, in HL II, 325-326n2.

33. John Home of Ninewells to William Strahan, 17 February 1777, in *Letters of David Hume to William Strahan,* ed. G. Birkbeck Hill (Oxford: Clarendon, 1888), 359 참조.

34. David Hume to John Home of Ninewells, 25 July 1776, in Ikeda, *David Hume and the Eighteenth Century British Thought*, 219 참조.

35. David Hume to John Home, 16 July 1776, in Gerhard Streminger, "David Hume and John Home: Two New Letters," *Hume Studies* 10.1 (April 1984), 81.

36. Adam Smith to Alexander Wedderburn, 14 August 1776, in CAS, 203.

37. 흄과 서신을 교환한 이들 중 한 명은 실제로 흄이 "가장 좋아하는 작가"는 루키아노스라고 말했다. the abbé Morellet to David Hume, 8 September 1766, in HL II, 157-158n1 참조. 스미스로 말하자면, 그는 제자들에게 "한마디로 루키아노스만큼 진정한 가르침을 주고 분별력 있는 작가는 찾을 수 없다"고 선언했다. 바로 일주일 뒤에는 제자들에게 루키아노스의 "의도"는 "현재 신학과 철학의 구조"를 전복시키는 것이었지만 "그 자리에 다른 구조를 세우려는 계획"은 전혀 없었다고 말했다. LRBL, 51, 60; 49-50도 참조.

38. 스미스의 주장에 관해서는 Strahan, xlv 참조. 스미스가 문제의 책을 헷갈렸을 것이라는 증거에 관해서는 William Cullen to John Hunter, 17 September 1776, in Fieser IX, 294; and Annette C. Baier, *Death and Character: Further Reflections on Hume* (Cambridge, MA: Harvard University Press, 2008), 102-103 참조.

39. Adam Smith to Alexander Wedderburn, 14 August 1776, in CAS, 204. 여기서 흄이 "모든 교회가 …… 승마 학교나 공장이나 테니스장이나 공연장으로 바뀌는 것"을 보고 싶다고 표현한, 최근에 발견된 이전의 편지가 얼핏 생각난다. 하지만 이 편지에서 그는 자신이 살아생전에 이 목표가 "훨씬 더 진전"되는 것을 보고 싶다고—보나마나 농담조로—말한다. David Hume to Andrew Stuart of Torrance, 1 August 1775, in Maurice Baumstark, "The End of Empire and the Death of Religion: A Reconsideration of Hume's Later Political Thought," in *Philosophy and Religion in Enlightenment Britain*, ed. Ruth Savage (Oxford: Oxford University Press, 2012), 257.

40. Strahan, xlv-xlvi. 분명 스미스에게서 전해 들은 것과 관련이 있을 이 대화의 윌리엄 컬른 버전에서, 흄은 자신이 "동포들을 더욱 지혜롭게 만들고 특히 그들을 기독교 미신으로부터 구하느라 바쁘게 시간을 보내고" 있다고 말한다. William Cullen to John Hunter, 17 September 1776, in Fieser IX, 294.

41. David Hume to Sir John Pringle, 13 August 1776, in HL II, 333.

42. Adam Smith to Alexander Wedderburn, 14 August 1776, in CAS, 204; Strahan, xlvi도 참조.

43. Strahan, xlvi-xlvii 참조.

44. Adam Smith to Alexander Wedderburn, 14 August 1776, in CAS, 203. 스미스는 기독교도와 기독교의 영향을 받은 생각을 지칭하는 말로 '칭얼댄다'는 표현을

따로 염두에 뒀던 것 같다. TMS III.3.8, 139 and VII.ii.1.29, 283도 참조. 두 경우 모두 이 말은 1790년의 6판에 추가됐다.

45. Adam Smith to Alexander Wedderburn, 14 August 1776, in CAS, 204.
46. Joseph Black to Alexander Wedderburn, 14 August 1776, in CAS, 204.
47. David Hume to Adam Smith, 15 August 1776, in HL II, 334, and CAS, 205.
48. David Hume to Adam Smith, 23 August 1776, in HL II, 336, and CAS, 208; Adam Smith to David Hume, 22 August 1776, in CAS, 206도 참조.
49. Adam Smith to David Hume, 22 August 1776, in CAS, 206.
50. Adam Smith to David Hume, 22 August 1776, in CAS, 206.
51. 스미스는 2주일 뒤 윌리엄 스트러핸에게도 이런 제안을 했다. Adam Smith to William Strahan, 5 September 1776, in CAS, 211 참조. 이언 심슨 로스는 "〔스미스가〕 1777년도 '신판'을 위해 흄의 책들을 수정하겠다는 자신의 약속을 이행했을 것으로 추정된다"고 쓴다. Ross, 321. 하지만 그가 그랬다는 결정적 증거는 없다. editor's introduction in EPM, xxxv 참조.
52. Adam Smith to David Hume, 22 August 1776, in CAS, 206-207.
53. Joseph Black to Adam Smith, 22 August 1776, in CAS, 207.
54. David Hume to Adam Smith, 23 August 1776, in HL II, 336, and CAS, 208.
55. Joseph Black to Adam Smith, 26 August 1776, in CAS, 208-209.

12 10배 많은 비난

1. Samuel Jackson Pratt, *Supplement to the Life of David Hume* (1777), in Fieser IX, 312.
2. Mossner, 605-606 참조.
3. 무덤과 그것의 역사에 관한 상세한 연구는 Iain Gordon Brown, "David Hume's Tomb," in *Proceedings of the Society of Antiquaries of Scotland* 121 (1991), 391-422 참조.
4. John Sinclair, *Memoirs of the Life and Works of Sir John Sinclair, Bart., by His Son,* vol. 1 (Edinburgh: William Blackwood and Sons, 1837), 38 참조.

5. Adam Smith to John Home of Ninewells, 31 August 1776, in CAS, 209 참조.

6. John Home of Ninewells to Adam Smith, 2 September 1776, in CAS, 210; Adam Smith to John Home of Ninewells, 7 October 1776, in CAS, 214.

7. Adam Smith to William Strahan, October 1776, in CAS, 216 참조.

8. Adam Smith to John Home of Ninewells, 7 October 1776, in CAS, 214; Adam Smith to William Strahan, October 1776, in CAS, 216 참조.

9. Adam Smith to William Strahan, 13 November 1776, in CAS, 221 참조.

10. David Hume to Adam Smith, 3 May 1776, in HL II, 318, and CAS, 196; David Hume to William Strahan, 8 June 1776, in HL II, 323; and Adam Smith to William Strahan, 5 September 1776, in CAS, 211도 참조.

11. William Strahan to Adam Smith, 16 September 1776, in CAS, 212 참조.

12. William Strahan to Adam Smith, 26 November 1776, in CAS, 222.

13. Adam Smith to William Strahan, 2 December 1776, in CAS, 223.

14. Adam Smith to William Strahan, 2 December 1776, in CAS, 224.

15. printer's note to *My Own Life* in Fieser IX, 267.

16. Iain Gordon Brown, "Introduction: 'Embalming a Philosopher'—The Writing, Reception, and Resonance of David Hume's 'My Own Life'," in *David Hume: My Own Life*, ed. Iain Gordon Brown (Edinburgh: Royal Society of Edinburgh, 2014), 23-24 참조.

17. Strahan, xliii-xliv. 마지막 문장에 인용한 "저한테 적이라는 게 있다면"이란 구절은 흄의 형이 제안해 삽입한 듯하다. John Home of Ninewells to Adam Smith, 14 October 1776, in CAS, 215 참조.

18. Strahan, xlv-xlvi.

19. Strahan, xlv-xlviii 참조.

20. 스미스가 스트러핸에게 자신은 흄의 죽기 직전 기간에 대해 "아주 잘 입증된 이야기"를 쓰려 무던히 애쓰고 있다고 한 발언을 참조하라. Adam Smith to William Strahan, 5 September 1776, in CAS, 211.

21. Ross, 323.

22. Strahan, xlviii.

23. Strahan, xlvii-xlix. 앤드루 코사는 여기서 스미스가 흄을 묘사한 내용과 EPM 9.2,

72-73에서 흄 본인이 클레안테스(Cleanthes: 그리스의 스토아 철학자—옮긴이)를 "완벽한 도덕의 귀감"이라고 기술한 내용 사이에 비슷한 점이 많다는 데 주의를 환기시킨다. Andrew Corsa, "Modern Greatness of Soul in Hume and Smith," in *Ergo* 2.2 (2015), 48-49 참조.

24. Strahan, xlix.

25. Plato, *Phaedo*, in *The Collected Dialogues of Plato*, ed. Edith Hamilton and Huntington Cairns (Princeton, NJ: Princeton University Press, 1961), 98.

26. J. Y. T. Greig, *David Hume* (New York: Garland, [1931] 1983), 414.

27. Aristotle, *Nicomachean Ethics*, trans. Robert C. Bartlett and Susan D. Collins (Chicago: Chicago University Press, 2011), 1166a32, 194; and 1169b7, 203.

28. 〈스트러핸 씨에게 보내는 편지〉의 이런 측면은 Eric Schliesser, "Obituary of a Vain Philosophy: Adam Smith's Reflections on Hume's Life," *Hume Studies* 29.2 (November 2003), esp. 347-352에서 강조한 바 있다.

29. Strahan, xliii, xlviii.

30. Stewart, 273.

31. Adam Smith to Andreas Holt, 26 October 1780, in CAS, 251.

32. Hugh Blair to William Strahan, 10 April 1778, in *Letters of David Hume to William Strahan*, ed. G. Birkbeck Hill (Oxford: Clarendon, 1888), xl n.1.

33. Samuel Jackson Pratt, *An Apology for the Life and Writings of David Hume, Esq.* (1777), in Fieser X, 11.

34. John Ramsay of Ochtertyre, *Scotland and Scotsmen in the Eighteenth Century*, ed. Alexander Allardyce, vol. 1 (Edinburgh: William Blackwood, 1888), 466-467.

35. Rae, 312 참조.

36. George Horne, *A Letter to Adam Smith LL.D. on the Life, Death, and Philosophy of His Friend David Hume Esq. by One of the People Called Christians* (1777), in Fieser IX, 390.

37. Ibid., 391, 390, 393.

38. Ibid., 395-396.

39. E. M., "Remarks on Dr Adam Smith's Letter to Mr. Strahan, on the Death of

David Hume, Esq.," *Weekly Magazine*, vol. 36 (24 April 1777), in Fieser IX, 406, 408-409.

40. *London Review*, vol. 5 (March 1777) in Fieser IX, 275; "Strictures on the Life of David Hume," *Gentleman's Magazine*, vol 46 (March 1777) in Fieser IX, 385; and Agricola, "Observations on Mr. Hume's Life Lately Published," *Weekly Magazine*, vol. 36 (12 April 1777) 참조.

41. James Boswell, *The Life of Samuel Johnson*, ed. David Womersley (New York: Penguin, [1791] 2008), 605.

42. Ibid., 585.

43. James Boswell, *Journal of a Tour to the Hebrides with Samuel Johnson, LL.d.*, ed. Frederick A. Pottle and Charles H. Bennett (New York: McGraw-Hill, [1785] 1961), 18.

44. James Boswell, *Boswell: Laird of Auchinleck, 1778-1782*, ed. Joseph W. Reed and Frederick A. Pottle (New York: McGraw-Hill, 1977), 135; 255도 참조.

45. William Johnson Temple to James Boswell, 22 March 1777, in *The Correspondence of James Boswell and William Johnson Temple, 1756-1795, Volume 1: 1756-1777*, ed. Thomas Crawford (New Haven, CT: Yale University Press, 1997), 433.

46. James Boswell, *Boswell in Extremes, 1776-1778*, ed. Charles McC. Weis and Frederick A. Pottle (New York: McGraw-Hill, 1970), 270.

47. John Wesley, "The Deceitfulness of the Human Heart" (1790), in Fieser IX, 426.

48. Fieser IX, 319-332, 424-425에서 수집한 이야기 참조.

49. Alexander Haldane, *Memoirs of the Lives of Robert Haldane of Airthrey, and of His Brother, James Alexander Haldane* (1852), in Fieser IX, 332.

50. John Marshall Lowrie, *The Life of David* (1869), in Fieser IX, 429.

51. Adam Smith to Andreas Holt, 26 October 1780, in CAS, 251.

52. Adam Smith to Alexander Wedderburn, 14 August 1776, in CAS, 203-204.

53. Greig, *David Hume*, 414.

맺음말: 에든버러에서 보낸 스미스의 말년

1. Ross, 5-8 참조.
2. Adam Smith to Andreas Holt, 26 October 1780, in CAS, 252-253.
3. Stewart, 326.
4. Rae, 335-336 참조.
5. Adam Smith to William Strahan, 10 June 1784, in CAS, 275.
6. Adam Smith to Thomas Cadell, 7 May 1786, in CAS, 296.
7. François Xavier Schwediauer to Jeremy Bentham, 14 September 1784, in *The Correspondence of Jeremy Bentham*, ed. Ian R. Christie, vol. 3 (London: Athlone Press, 1972), 306.
8. Adam Smith to Andreas Holt, 26 October 1780, in CAS, 252.
9. Ross, 406. 니컬러스 필립슨은 이 책 또한 흄에게서 깊은 영향을 받았다고 보며, 흄의 "〈비극에 관하여〉와 〈취향의 기준에 관하여〉 같은 에세이는 "마치 흄의 통상에 대한 에세이가 그의 정치경제학적 사고에 영향을 줬듯이 스미스의 미학적 사고를 가능케 하는 데 매우 중요했다"고 쓴다. Phillipson, 249.
10. Adam Smith to the duc de la Rochefoucauld, 1 November 1785, in CAS, 286-287. 1790년 《도덕감정론》 6판에 덧붙인 광고에서 스미스는 자신이 "워낙 고령"이라서 "내가 만족할 수준까지" 법과 정치에 대한 책을 "언젠가 완료할 수 있을 거라는 기대를 할 수 없게" 됐다고 시인한다. TMS, 3 참조.
11. Adam Smith to William Strahan, 22 May 1783, in CAS, 266. advertisement to the third edition at WN, 8 and Adam Smith to Thomas Cadell, 7 December 1782, in CAS, 263도 참조.
12. Walter Bagehot, "Adam Smith as a Person," in *Biographical Studies* (London: Longmans, Green, [1895] 1907), 278.
13. John Kay, *A Series of Original Portraits and Character Etching*, vol. 1 (Edinburgh: Hugh Paton, 1842), 75; and Rae, 405.
14. 이런 변화에 대한 스미스의 짧은 설명은 advertisement to the sixth edition at TMS, 3 참조. 더 완전한 요약에 관해서는 D. D. Raphael and A. L. Macfie's introduction in TMS, 43-44; and Ryan Patrick Hanley, *Adam Smith and the*

Character of Virtue (Cambridge: Cambridge University Press, 2009), 82-83n1 참조.

15. 예를 들면 D. D. Raphael and A. L. Macfie's introduction in TMS, 18, 20; Charles L. Griswold, *Adam Smith and the Virtues of Enlightenment* (Cambridge: Cambridge University Press, 1999), 28; and James R. Otteson, *Adam Smith's Marketplace of Life* (Cambridge: Cambridge University Press, 2002), 14 참조.
16. 각각 D. D. Raphael, "Adam Smith 1790: The Man Recalled; the Philosopher Revived," in *Adam Smith Reviewed*, ed. Peter Jones and Andrew S. Skinner (Edinburgh: Edinburgh University Press, 1992), esp. 109-110; Laurence Dickey, "Historicizing the 'Adam Smith Problem' Conceptual, Historiographical, and Textual Issues," *Journal of Modern History* 58.3 (September 1986), 579-609; and Hanley, *Adam Smith and the Character of Virtue*, chaps. 3-6 참조.
17. 스미스가 《도덕감정론》 6판에서는 흄의 시각과 **거리를 뒀다**는 매우 다른 논점에 관해서는 Chad Flanders, "Hume's Death and Smith's Philosophy," in *New Essays on Adam Smith's Moral Philosophy*, ed. Wade L. Robison and David B. Suits (Rochester, NY: Rochester Institute of Technology Press, 2012), 195-209 참조.
18. TMS VI.ii.2.15-18, 232-234 참조.
19. TMS III.3.43, 155-156.
20. TMS I.iii.3.5, 63; and VI.i.6-13, 213-216 참조.
21. TMS VI.ii.2.3, 228-229 참조.
22. TMS VII.ii.1.34, 287.
23. Samuel Fleischacker, *A Third Concept of Liberty: Judgment and Freedom in Kant and Adam Smith* (Princeton, NJ: Princeton University Press, 1999), 144. Emma Rothschild, *Economic Sentiments: Adam Smith, Condorcet, and the Enlightenment* (Cambridge, MA: Harvard University Press, 2001), 129-130, 299-300nn78-79; and Emma Rothschild, "Dignity or Meanness," *Adam Smith Review* 1 (2004), 160-161 참조.
24. 하지만 종교적 함축이 처음으로 유연해진 시기는 1767년에 출간한 3판부터라는 데 주목할 필요가 있다. 이는 스미스가 교수직을 사임하고 거기에 수반되는 종교적 의

무와 기대에서 벗어난 뒤 처음으로 낸 개정판이다. 라파엘은 어쩌면 "3판의 좀더 신중한 진술에 스미스의 애초 시각이 나타나 있는데, 스미스 본인은 그러한 표현이 도덕철학 교수의 입에서 나왔다고 하기에는 부적절하다고 느꼈던 것 같다. 그는 워낙 솔직해서 교수직을 떠난 뒤로는 자신의 견해를 더 분명히 밝힐 수밖에 없었다"고 가정한다. D. D. Raphael, "Adam Smith and 'The Infection of David Hume's Society': New Light on an Old Controversy, Together with the Text of a Hitherto Unpublished Manuscript," *Journal of the History of Ideas* 30.2 (April-June 1969), 246.

25. TMS III.2.34-35, 132-134.

26. TMS II.ii.3.12, 91. 이러한 개정은 최근 들어 《도덕감정론》의 글래스고판 부록(그것 자체가 라파엘의 "Adam Smith and 'The Infection of David Hume's Society'"를 약간 편집한 버전이다)에서 논의의 주제로 삼는 바람에 특히 유명해졌다.

27. 이러한 논쟁의 개요에 관해서는 Raphael, "Adam Smith and 'The Infection of David Hume's Society'," esp. 226-227, 245-248 참조.

28. Ibid., 247. 이러한 개정 내용은 종교에 대한 스미스의 회의주의가 심화됐다—또는 그것을 표현하겠다는 의지가 커졌다—는 표시로 널리 알려졌지만, 만장일치의 관점은 아니다. Hanley, *Adam Smith and the Character of Virtue*, 197-198n22 참조.

29. 이런 방향의 시각에 대해 좀더 알고 싶으면 Ryan Patrick Hanley, "Hume's Last Lessons: The Civic Education of 'My Own Life'," *Review of Politics* 64.4 (Autumn 2002): 682-683; Eric Schliesser, "Obituary of a Vain Philosopher: Adam Smith's Refelctions on Hume's Life," *Hume Studies* 29.2 (November 2003): 350-351 참조.

30. TMS VI.iii.11, 241. 그렇긴 하지만 스미스는 극기를 순수한 선으로 간주하지 않는다. 그는 오히려 반대로 우리가 치명적 목표를 위해 극기를 사용할 때조차 그것을 우러러보는 경향이 있다는 사실에 담긴 위험성을 강조한다. TMS VI.iii.12, 241-242; and VI.concl.7, 264 참조.

31. TMS VI.iii.5, 238.

32. TMS VI.iii.5, 23; I.iii.1.14, 48도 참조.

33. Schliesser, "Obituary of a Vain Professor," 351-352에서도 이런 주장을 밝히고 있다.

34. TMS VI.ii.1.15-18, 224-225.

35. Stewart, 327, 329.

36. Samuel Romilly to Madame G, 20 August 1790, in *Memoirs of the Life of Sir Samuel Romilly, Written by Himself*, vol. 1 (London: John Murray, 1840), 404.

37. 예를 들면 *Times* (London), 16 August 1790, 4 참조.

38. *Times* (London), 4 August 1790, 2.

39. *Scots Magazine*, vol. 52 (July 1790), 363 참조.

찾아보기

ㄹ

ㅁ

ㅅ

ㅈ

ㅊ

ㅋ

ㅌ

ㅍ